꽃 핀

―

세 개 꽂 고

꽃핀
—
세개 꽂고

큰샘출판
KEUN SAM PUBLICATIONS

꽃핀 세 개 꽂고

Copyright ⓒ KEUN SAM 2019

초판 발행	2019년 9월 05일
지 은 이	오명옥
펴 낸 이	오명옥
펴 낸 곳	큰샘출판사

출판등록	제2014-000051호(1995. 3. 10)
주　　소	서울시 영등포구 도신로 244
전　　화	02) 6225-7001~3
팩　　스	02) 6225-7009

ISBN : 　978-89-89659-01-3

정가_ 값 20,000원

이 책은 저작권법에 따라 보호받는 저작물이므로 저작권자와 출판사의 동의 없이 이 책의 전부 또는 일부 내용을 복제하거나 다른 용도로 사용할 수 없습니다.

이 도서의 국립중앙도서관 출판예정도서목록(CIP)은 서지정보유통지원시스템 홈페이지(http://seoji.nl.go.kr)와 국가자료종합목록 구축시스템(http://kolis-net.nl.go.kr)에서 이용하실 수 있습니다. (CIP제어번호 : CIP2019034690)

머리말

이른 아침부터 부산하다. 샤워를 하고,
그동안 보지 못했던 옷을 입고,
머리를 단정히 빗고... 마음은 이미 딴 데 가 있는 사람처럼,
몸만 정신없이 움직인다.

남편을 만나는 날이다.

약속시간은 아직 수 시간이나 남았는데, 곤히 자던 아이 깨워 씻기고,
옷 입히고... 복잡한 심리를 몸을 움직이며 행동으로 돌려 풀더라.

... 꽃핀 세 개 꽂고...
예쁘다. 예뻐졌다. 예쁘게 보인다.

만나면 무슨 말을 어떻게 해야 할까...
무조건 손 잡아 끌고, 같이 집으로 가자 할까...
아님, 어디 조용한 곳으로 가, 우리 식구끼리 그간의 얘기들 나눠볼까...
그게 가능할까?
아니 그리 요청해 볼 거다... 했다.(간절한 눈빛으로...)
아침도 먹는 둥 마는 둥.
부랴부랴 가방부터 챙기고 문을 나섰다...

... 꽃핀 세 개 꽂고...

- 2016년 Tianpin을 보고 -

|차례|

머리말...... 5

1장 심리 조작의 비밀...... 11

2장 2013년

    2012년 12월, 시한부 종말 주장!...... 29
    잘못된 교회...... 30
    전능신교의 17계명과 10계명*(전능신교 자료) 35

3장 2014년

    전능신교(全能神敎, 전능하신 하나님 교회), 동방번개(東方閃電) 집중 보도 41
    "전능신교" 교주 조유산 : 중국 초원(招远) 유혈사건 막후 주모자 61

4장 2015년

    전능신교의 정체 69
    독점 폭로: 전능신 〈자녀관계 단절서〉 78

5장 2016년

    전능신교 교주, 한국 왔었다! 85
    '전능신(全能神)'의 종말론에 심취된 민용군 무차별 칼부림으로 87
    中 '전능신교' 신도, "난민 인정" 소송 패소 92
    전능신교, 하나님사랑교회로 위장 활동! 94
    전능신교, 하나님사랑교회(愛神敎會)로 활동! 주의 요망!...... 99
      – 강원도 횡성 '청소년 유스호스텔' 매입, 집단 거주 시도 중! –
    전능신교 – 이단·사이비 물론, 反 기독교 단체다!...... 100
    중국 전능신교, 한국 지부 앞 일인시위...... 143

6장 2017년

    전능신교, 대전서 간판 없이 "득승교회"로 활동 147
    이단·사이비 집단 신도들의 난민소송, 줄줄이 패소!..... 153

中, 맥도날드 살인사건 공범들, '개종선도교육' 으로 새 삶 찾아! 167
전능신교, 한국 대표부의 거짓 조작극 폭로! 184
전능신교, 신도들 옭매는 조직 구조와 한국 내 신분 세탁 시도 196
전능신교 집단 신도들 난민 주장 201
   – 교주 지령에 의한 기획 입국이었나?
대륙 가슴에 비수 꽂고 한국 온 전능신교 205
   – 경기 안산 새 근거지 발견!
   – 中피해 가족들, 가출 가족 찾아 방한
전능신교에 빠져 가출한 아내를 찾습니다! 238

7장 2018년

"견고" 형제와의 편지 241
이단 · 사이비종교 신도들 중 불법체류자 강력 추방 정책 절실! 247
전능신교 신도들, 보따리상로 위장하고 중국 오가며 활동 266
전능신교 집단 – 늙고 병들면 중국으로 귀국 조치! 268
中 전능신교 피해자들, 김○수 대법관 임명 결사 반대 천명! 274
邪敎 전능신교, 농업법인 통해 활동보장 받고, 자유왕래 속셈인 듯! . 298
전능신교(동방번개)에 대한 연구 307
전능신교 '과영상'(过灵床), 영체교환 및 성상납 실태 고발! 332

8장 2019년

전능신교 가짜 난민들, 한국인 상대 적반하장 고소 남발 – 패소 353
전능신교, 전국 거점 만들기 중단하라! 357
'전능신교' 관련 124명 허위 난민신청 알선한 법무법인 사무장 등 2명 구속 360
"전능신교", 홍콩(香港, Hongkong)서 게릴라 식 포교 위험 수위! 362
파룬궁, 전능신교, 이슬람교 집단들 손잡고 단체 행동! 377
"전능신교" 측 유령회사 설립, "거액 자금" 조달 382
전능신교 신도들, 한국인 감금 및 폭행! 386
中 전능신교 가짜 난민, 불체자들–韓 출국명령 응하라! 393

맺음말 407

1장

심리
조작의
비밀

제1장

심리 조작의 비밀

사람들은 왜 사이비종교에 빠져드는가?

　사이비종교와 숭배 집단 및 영적 착취 집단들은 도대체 어떻게 사람들을 교화시킬까, 사이비종교는 교묘하고 꿰뚫어 보기 어려운 심층 심리학적 수법으로 추종자들을 허구의 세계로 끌어들여서 완벽한 예속의 굴레를 씌우려 한다. 일종의 집단 암시가 빚어내는 분위기에 현혹되고, 과장된 구원 약속에 넘어가거나 거짓 낙원에 대한 열광에서 깨어나지 못하는 사람은 능란한 선동가와 종교 이념가의 희생자가 되고 만다.

　이들은 독단적인 체제를 만들어 마치 작은 왕국처럼 보좌에 앉아 추종자들을 길들이며 예속시키는 일에 힘쓰고 있으며, 구도자들을 사이비종교라는 거미줄에 얽어매고 있다. 그러므로 이들의 행각은 보호해 주어서는 안 된다.

　많은 사람들은 "어떻게 그 정도로 어리석게 엉터리들의 꾐에 빠져들 수 있는가?...라고 단적으로 말한다. 그러나 구원론이나 영적 착취 집단에 빠져드는 것은 지성과는 별 상관이 없으며, 주로 우리들의 생활방식, 사회적 추세, 심리 상태와 종교성 결손 등에서 비롯된다.

　이들이 불행한 것은 속고 이용당하고 있으며 하나님과 세상에 실망한 나머지 한쪽 눈이 멀어서 주저하지 않고 거짓 행복을 옹호한다는 것이다. 더 비극적인 일은 이들이 단순히 희생자에만 머물지 않고, 교화 과정을 거쳐 전체주의 체제를 재생산 하는 가해자가 된다는 것이다. 종교적 확신은 의식의 조작에 의해 사이비종교라는 광신주의로 변화한다. 그래서 이들은 주위 사람들을 포교하기 시작한다. 그리고 새로운 추종자들에게 자신들이 겪었거나 비판 없이 수용했던, 조작 방법을 똑같이 사용한다.

그렇다면 우리는, 지도자에 대한 갈망, 예속과 복종심, 절대적 구원에 대한 동경이 이렇게 커질 동안 무엇을 했는가?

평범한 젊은이가 테러리스트가 되는 과정을 '터널'을 비유해 설명하면, 우선 대상자를 출구까지 빛이 없는, 가늘고 긴 통로 같은 환경에 들어가게 한다. 이 과정에서 외부 환경을 차단하고, 작은 한 점에 집중시켜 그것에만 몰두하게 만든다. 시야가 극단적으로 좁아진 사람은 다른 선택을 할 수 없게 되며, 좁은 터널 안을 세계의 전부라 느낀다. 결국 동료 의식과 자신의 존재 가치 증명이라는 자기실현 욕구가 방아쇠가 되어 거리낌 없이 테러리스트가 되는 것이다. 이런 원리는 사상 개조에도 이용되었다.

*사상 개조*를 받은 사람의 경우, 외부와의 접촉을 차단한 채 유일한 도그마(Dogma, 신조, 신념)만 인정하고 나머지는 모두 부정하며, 신비성을 조작해 지도자를 특별한 존재로 여기게 학습시켰다. 집단 교리의 순수성만을 추구한 채 나머지는 모두 불순한 것으로 여기게 하고, 가혹한 자아비판을 통해 자신이 원래 가지고 있던 이념이나 신념을 무력화시켜 성스런 신앙(?)으로 재무장시킨다. 이념이 개인보다 높은 위치에 자리 잡고 있음을 인정해야만 생존을 허락받고 마침내 사상 개조에 이른다. 나중에는 너무 피곤해져서 판단할 능력을 잃고 수동적으로 받아들일 수밖에 없게 된다. (오카다 다카시 저, 『심리 조작의 비밀』에서 참고)

사이비종교 집단의 지도자들을 컬트 구루(Cult guru)라 하자.

이들은 타인의 심리 상태를 조작해서 지배하거나 착취하는 기술이 탁월하다. 이는 개인뿐만 아니라 집단을 상대로도 이루어진다. 이는 인간을 꼭두각시처럼 조종하는 비인도적인 착취 기술이다.

영혼 착취 당하는 이들은 대개 자기애적 성향이 강하다. 이런 상태는 심리 조작에 당하기 쉽다. 그리고 또 다른 하나는 의존성 인격 역시 그 희생자가 될 가능성이 많다.

심리 조작의 원리를 살펴보면,

첫째, 정보 입력을 제한하거나 과잉시켜 뇌를 혼란스럽게 만들어 기존의 판단 체계를 무력화하는 것이다. 뇌를 계속해서 움직여 지치게 만들면 되는데, 잠을 재우지 않거나 강의와 토론을 계속하게 하고 집회에 참석하게 하면서 희망과 절망 사이를 오고 가게 하여 정신적으로 소모시키는 등의 방법을 사용한다.

다단계 판매업에 참여하는 20대 젊은이들이 처음 모임에 가 합숙 훈련에 참여할 때 겪는 경험과 상당히 유사하다. 정보 차단과 외부와의 격리를 통해 강력한 신념 체계를 불어넣으면 그것이 원래부터 자신의 믿음 체계라 믿게 된다. 그 결과, 누군가의 강요가 아닌, 자신이 원해서 지도자의 뜻에 따라 행동한 것이라고 당당하게 말해 가족들이나 지인들을 놀라게 하는 일이 벌어진다.

이런 신흥 사이비종교가 끊임없이 발생되는 이유는 사회가 지나치게 유동적이고, 뚜렷한 자의식을 기반으로 한 신념 체계를 마련할 만한 기회가 없이 오직 공부와 경쟁에만 매몰된 채 자라나 사회 경험이 부족하거나 장래에 대한 불투명, 즉 삶에 희망이 보이지 않고, 뇌와 마음은 지칠 대로 지치고 고갈되어 있다면, 순간의 잘못된 판단으로 강한 힘과 의지를 가진 사람의 심리적인 노예가 되거나, 집단의 추종자가 되어 사회 통념이나 그 사람의 삶의 궤적에서 볼 때 이해하기 어려웠던 판단과 행동을 하게 될 소지가 충분하다.

어떻게 한 사람이 손쉽게 다른 사람의 영혼을 세탁해서 자신의 것으로 만들 수 있는지, 또 그것이 특별한 취약성을 가지지 않은 우리 주변의 그 누구에게도 가능한 일일 수 있다는 것을 안다면, 혼란스럽고 바쁜 세상일수록 자신을 지키면서 이 세상을 살아가는 데 필요한 독립 의지와 판단력을 만드는 것이 무엇보다도 중요하다는 것을 뼈저리게 깨달을 수 있다.

특히 종교의 자유가 있는 우리나라의 경우 반사회적 집단이나 인물에게 심리 조작을 당해 육체적, 정신적, 성적 착취를 받아온 이들이 적지 않다. 이런 신도들을 회복시키기 위해서는 그들이 받은 심리 조작을 풀고 자립할 수 있도록 도와야 한다.

심리 조작을 당하는 이들의 경우, 사회에서 자신의 가치를 인정받지 못하고 정체성을 찾아내지 못한 이들이 대부분이다. 이러한 사람들이 사회의 일반적인 가치관에 맞섬으로써 자신의 가치를 지키려고 한다. 이를 '카운터 아이덴티티(Counter Identity)'라고 한다. 컬트 집단에서 심리 조작 내용 중, 사회로부터 버려졌다고 여기는 이들에게 인생을 역전시켜서 자신의 가치를 되찾게 도와주고 거기에서 환희를 느끼고, 영원 구원을 얻게 해준다고 현혹한다. 그러니 누구에게도 제대로 된 대접을 받지 못했던 자신을 받아주고 인정해주는 곳을 만나게 되면 그곳이야 말로 살아갈 곳이 되고 마는 것이다.

그들이 변한 이유,
그렇게 심리 조작 집단에 말려들게 되면 이제는 외부 세계로부터 완전히 차단된다는 점과 시야를 어느 하나에만 집중당하는 훈련에 돌입하게 된다.

그래서 외부로부터 차단된 작은 세계를 마련하고, 하나의 목적만이 눈에 들어오는 '시야 협착 증세'를 갖게 하는 것이다.

배타적인 집단

사이비종교 집단은 신앙촌을 형성하여 거주하거나 집단 합숙생활을 하는 경우가 대체적이다. 특정 장소에 모아 대부분이 시간을 함께 보내게 하고, 그 이외의 생활은 할 수 없게 한 뒤 외부의 정보를 가능한 한 차단한다. 이 과정에서 공동생활이 모든 것의 기준이 되면 해당 집단의 규칙이나 가치관에 자기도 모르게 지배당하게 된다.

그래서 시야를 다른 선택지가 보이지 않도록 좁혀버린다. 그러면 그 세계가 전부가 되어버린다. 그 안에서는 그곳이 그들에게는 모든 것이 되고 그런 사고로 단순화 된다.

공동 합숙생활을 하면서 함께 자고 함께 일어나고 밥을 먹고, 같은 목적을 향해서 교육과 훈련을 받는다. TV, 인터넷, 신문도 없다. 날마다 실시되는 훈련과 동료 외에 다른 자극은 주어지지 않는다. 다만 이미 훈련을 받아 강한 결의를 지닌 선배나 지도자 그룹이 모델이 되고, 신도들은 그들과 똑같이 생각하고 행동하게 된다. 함께 생활하면서 생겨나는 단단한 결속력이 그들의 행동을 더욱 더 속박해간다. 여기에서 뒤로 물러나는 것은 동료를 배신하는 일이며, 그들에게는 앞으로 나아가는 일 밖에 허락되지 않는다.

사회적 동물인 인간에게는 자신이 소속된 집단에서 인정받는 일은 목숨보다도 중요하다. 소속된 집단으로부터 버림받는 일은 죽음보다도 괴롭다. 이런 점 때문에 왕따를 당하면 종종 죽음을 선택하는 이들을 보게 된다.

이렇듯 사이비종교와 같은 폐쇄적인 집단에서 생활하는 이에게 하나의 생각만을 끊임없이 주입하면, 그 생각은 그 사람 자신의 생각이 되고, 심지어는 집단이나 동료에 대한 애착 때문에 그 생각을 뒤집거나 주변의 기대에 어긋나는 행동을 할 수 없게 된다. 집단이 그를 죽음으로 내몰고 희생하게 만든다. 사랑하는 집단을 위해 목숨을 바쳐 영웅이 되는 일 외에는 자신의 존재를 증명할 길이 없다. 만약 그 길로부터 도망치면 그는 사랑하는 동료를 배신하게 될 뿐만 아니라 자기 자신을 경멸할 수밖에 없게 된다.

동료에 대한 의리를 지켜야 한다는 집단의 압력과 자신의 존재 가치를 증명하려는 자기실현 욕구, 이보다 더 강력한 구동 장치는 존재하지 않는다. 이 또한 시야 협착 증세로 오로지 그 집단의 목적을 위해서만 살아가게 된다.

이렇게 하는 이유는 컬트 구루(Cult guru)들은 자신의 이상을 실현하기 위해 팔다리가 되어 일해 줄 신도들이 필요하기 때문이다.

자신을 따르는 사람들이 필요하니, "당신은 인류를 위해 특별한 일을 하게 될 것이다." 라는 말로 사람들의 마음을 사로잡는다. 존경하는 존재에게서 듣는, 자신이 특별한 일을 해내게 된다는 말 만큼 설득력이 큰 말은 없을 것이다.

누구나 마음 깊은 곳에는 자신이 특별한 존재이고 인류나 사회의 보편적인 가치에 공헌하며, 삶의 의미를 남기고 싶다는 바람을 지니고 있는 법이다.

그러나 온갖 사람이 모여 함께 생활하고 활동하는 이상, 대립과 알력을 피할 수는 없다. 내분이 일어나고 그들이 추구하던 이상과 점점 동떨어져 가면 집단생활에 지치거나 이상과 현실의 괴리에 염증을 느끼고 교단을 떠나는 이들까지 나타나기 마련이다.

순수한 이상주의자는 결벽이 심해 '전부 아니면 전무'라는 이분법적인 사고나 완전한 선 아니면 악이라는 양 극단의 사고를 갖기 쉽다. 자신들과 같은 신조를 지닌 사람은 선택받은 착한 사람이지만, 그렇지 않은 사람은 모두가 적이며 악이라고 간주한다.

교단을 탈퇴해서 떠나가는 자들은 적으로 돌아선 배신자라 치부하고, 결코 용서할 수 없는 존재로 낙인찍힌다.

이런 집단의 심리는 두 방향으로 작용한다. 우선 다음에는 또 다른 누군가가 배신자가 되지 않을까 하는 생각에 사로잡혀 눈을 크게 뜨고 주위를 살펴보며 상호 감시를 하는 심리 상태가 생긴다. 이는 자연스런 현상이지만 결국 피해망상의 온상이 된다. 그리고 자신이 배신자가 될 수 없도록 스스로 강하게 억압하는 형태로 나타난다. 배신 행위는 가장 역겹고 증오스런 행위라고 교육받고, 주위 사람을 그런 눈으로 감시하던 사람은 자신이 그런 행동을 취하는 것에 강한 저항감을 느끼게 된다. 이런 강력한 집단 압력 속에서 배신자가 되는 일은 목숨을 잃는 것보다 무서운 법이다.

지금까지 수많은 컬트 구루(Cult guru)들이 신도들에게 무조건적인 존경과 복종을 요구했다. 모든 것을 지배하고 완전한 복종을 확인하지 않으면 의심의 눈을 거두지 않았다.

그리고 신도가 무조건적으로 복종하는지 확인하기 위해 시련을 주었다. 집단 내 어떠한 행사를 기획하여서는 그 기간을 통하여 다른 신도들의 악행을 고발하게 한다. 고발당한 신도가 부정하거나 반론하면 붙잡아 집단 폭행도 일삼는다. 여기에는 간부들도 예외가 아니다.

이는 구루와의 관계만이 침범할 수 없는 영역으로 남게 하기 위해서이다. 신도들끼리 서로 물고 뜯게 함으로써 자신의 절대적인 지위를 지키려고 하는 것이다.

이런 폐쇄적인 집단 내에서는 불법도 합법적인 것처럼 자행된다. 여신도들을 향한 성폭력이 그 예이다. 신앙심을 시험한다는 명목으로 겁탈하는 것이다.

그래서 이런 사기와 기만을 더 이상 묵과하지 못하는 이들이 이탈하는 경우들도 있다.

이렇게 실밥이 하나 둘 터지기 시작하면 붕괴 징후가 표면으로 드러나게 되고 집단이 와해되기도 하지만, 생계가 묶여 있어서 그 당면 문제를 넘어설 용기가 없는 이들은 잘못됐다는 것을 알고도 이탈하지 못하는 경우들도 있다. 대개 '사업 종교'인 경우, 이러한 현상들이 다반사다.

그러므로 이런 심리 조작에서 풀려나지 못하는, 또는 그것을 거부하는 궁극적인 목적은 모두 똑같다. '보상 심리'가 저변에 깔려 있기 때문이다. 그것이 내세적 보상이건, 물질이나 건강, 또는 가정, 가족의 문제 해결이건 자신에게 직접적인 보상을 생각하거나 계산하기 때문에 거부하거나 끊지 못하는 것이다.

심리 조작의 방법

그렇다면 사람들이 어떻게 심리 조작을 당하는가,
중요한 사실은 컬트 구루(Cult guru)에게 비밀이나 고민, 과거를 말하는 것이 심리 조작으로 연결된다.

고민을 털어 놓으면 이야기를 듣는 사람은 상대방의 가장 큰 약점을 알게 된다. 남에게 말하지 않았던 사실을 밝힘으로써 이제 특별한 관계가 성립된다. 가슴 속에 숨겨 놓았던 사실을 털어놓는 행위에는 '도와주었으면 좋겠다…'는 무의식의 심리가 반영되기 때문이다. 도움을 요청하면 상대는 구원의 손길을 내밀 수 있는 입장에 서게 된다.

게다가 상대방은 고민을 털어놓은 사람에게 해결 방법을 알려줄 것처럼 보인다. 이로써 도움을 요청하던 막연한 마음이, 이 사람이라면 구해줄 수 있을 것 같다는 강한 기대로 바뀐다. 그리고 이후 후회하거나 불안감을 갖지 않도록 엄마처럼 다독여주고 불안을 없애주기 위해 힘쓴다.

구루(Cult guru)들은 이때 상대의 정보를 미리 손에 넣고서 약점을 파고들어 조종하는 것이다. 심리 조작의 본질은 상대를 속이는 것이다.

신도들은 자신의 의지로 그 길을 선택했다고 생각하지만 자신도 모르는 사이에 심리가 조작된 사실을 알지 못한다. 완전히 속아 넘어간 사람은 자신이 속고 있다는 사실조차 깨닫지 못한다. 그런 의미에서 가장 크게 속은 사람은 교단의 수하가 되어 잠자는 시간도 줄여가며 활동하게 된다.

이처럼 심리 조작은 사고나 감정에 영향을 미쳐서 원하는 대로 행동하게 하는 기법이다. 거기에는 반드시 조작하는 사람과 조작되는 사람이 존재하며, 양자의 관계는 대등하지 않다. 이것이 또 중요한 특징이다. 심리가 조작되는 사람은 심리를 조작하는 사람을 절대적으로 믿고 있으며, 심리를 조작하는 사람은 이런 굳은 믿음을 이용해서 경제적, 신체적, 심리적, 성적 착취를 일삼는다. 반대로 말하자면 심리를 조작하는 사람은 심리가 조작되는 사람이 지불하는 희생을 이익으로 얻는 것이다. 그러니까 '속이는 행위' 혹은 '기만행위'인 셈이다.

컬트 교주가 신도들을 심리적으로 지배하며 세뇌시켜 조종하는 심리 조작의 형태는 다양하다.

이들은 폐쇄적인 집단에서 강한 위치에 서 있다. 신도들의 안전을 좌우할 수 있으며, 죽이고 살릴 수 있는 권리를 갖고 있다고도 할 수 있다. 이런 힘을 남용했을 때 학대나 왕따가 일어난다.

이들의 공통점은 약자에 대한 배려나 윤리의식이 결여되어 있다. 약한 상대나 속이기 쉬운 상대를 만났을 때 보호해야 한다는, 인간으로서 지녀야 할 기본적인 마음가짐이 부족하다. 오히려 지배로 얻는 쾌락이나 지배하려는 욕망에 사로잡히고 만다.

그들은 사람을 지배하는 행위를 통해 쾌락을 얻는다. 흔히 '지배 행위는 중독된다'고 하는데, 이것은 지배 행위가 중독될 정도로 쾌감을 동반한다는 뜻이다. 이 쾌락의 유혹에 지는 인간이 자신이 조종할 수 있는 상대를 마음대로 쥐고 흔드는 행위에 빠져버리게 된다. 이것이 심리 조작이고 괴롭힘이며 학대이고 왕따이다. 권력의 쾌락에 빠져서 상대를 제멋대로 휘두르는 것과 같다.

악질적으로 심리 조작을 거는 사람은 타인을 지배하는 쾌락을 강렬하게 느끼고 타인에 대한 공감이나 배려가 희박하다. 이런 특성은 자기애적 인격 장애의 특징과 일치한다. 이들은 타인에 대한 공감 능력의 결핍이나 착취적 태도가 강하게 나타난다.

심리 조작의 특성을 보면,
미국의 정신의학자 로버트 리프턴(Robert J. Lifton)은 **컬트 구루(Cult guru)의 특성**을 다음과 같이 요약했다.

① 구루는 불안정한 정신 구조를 지니고 있으며 망상증, 신경쇠약, 자아 분열 등에 빠지기 쉽다.
② 계시를 받아 진리를 깨달았다는 확신을 갖고 있다. 대개 고뇌와 질환의 시기에 받은 경우들이다.
③ 제자나 예찬자가 필요하다. 정신 구조가 취약하기 때문에 자신을 지탱하기 위한 사람들의 칭찬이나 존경이 필요하다.
④ 신도들에게 불멸의 감각을 갖게 해준다. 이것은 죽음도 개의치 않는 느낌이며, 한정된 시간을 넘어서 무한대로 이어지는 존재의 위대한 일부라는 느낌이기도 하다.
⑤ 신도들에게 가족이나 부모보다도 중요한 존재이며, 신도들은 일도 재산도 모조리 내팽개치고 구루(guru)와 함께 위대한 목적을 위해 힘써야 한다.

구루(guru)는 취약한 정신 구조를 갖고 있는 데다 고뇌나 질환을 겪으며 극한까지 내몰린 끝에 계시를 얻는 역전극을 보여준다. 하지만 그는 깨달음을 얻은 뒤에도 혼자 있으면 안정을 얻지 못하고, 제자를 받음으로써 비로

소 자신의 과대한 자기애를 지탱할 수 있다.

이들에게는 교만하게 보일 정도의 자신감과 흔들리지 않는 확신에 찬 카리스마가 있다. 자신이 구원자라 한다.

일개 시민이 구루로 변할 때 생기는 심적 메커니즘은 자기애적 방위라는 개념으로 설명할 수 있다. 허약한 정신 구조를 가진 사람은 생각대로 되지 않는 현실에 부딪혔을 때 낙담과 절망으로부터 자신의 몸을 지키기 위해서 과대 자기(전능감에 빠져 무엇이든지 될 수 있다고 여기는 것)를 팽창시켜 전능감으로 무장하고, 타인을 정복하고 지배하고 경멸함으로써 자신의 가치를 지키려고 한다.

멸시받고 모욕당했던 존재는 자기애적 방위에 의해 자신감이 없는 사람이 아니라 신(神)과 같은 확신에 찬 존재로 변하려고 한다. 이에 따라 실제로 사람들에게 숭앙받는 존재가 된다. 이전에 고난을 겪었던 시기는 자기애적 방위에 필요한 극한의 시기였다고 할 수 있다.

하지만 진리를 손에 넣은 성자라고 해도 구루 자신이 정신적으로 취약한 상태를 극복한 것이 아니라 단지 자기애적 방위를 통해 깨달음을 얻은 존재로 위장하고 있을 뿐이다. 따라서 전능성이 훼손될 상황에 처하면 자기애적인 분노에 사로잡히고, 피해 망상적으로 변하거나 신경 쇠약 또는 자아 분열을 일으키며 무너진다.

인민사원(Peoples Temple)의 짐 존스(Jim Jones)가 이탈한 교단 간부에 의해 존스타운(Jones town)이 강제 수용소라는 실상이 폭로되자 언론과 국회의원에 맞서 집단 자살로 900명의 신도들을 죽음에 이르게 했듯이 붕괴가 시작되면 단숨에 파멸로 치닫게 된다. 이것은 사회에 대한 공격 성향과 자기 파괴적인 성향을 일체화시켜 사회와 함께 '동반 자살'을 시도한 것이라고 볼 수 있다.

전능으로 비대한 과대 자기를 안고 있는 사람은 자신이 죽을 때 세계를 동반자로 데려가고 싶다는 생각을 품기 십상이다. 그 사람에게는 자신이 세계보다 중요하며 자신이 죽어 없어진 뒤에도 세계가 존재하는 것을 용납할 수 없을 것이다.

그런 구루가 이끄는 교단은 공감이나 사랑을 가르침으로 내세우고 있더라도 머지않아 지배력을 잃게 되고, 개개인의 주체성이 박탈당하기 쉬우며 독선에 빠지게 된다. 그곳에서는 자유로운 정신도, 진정한 창조성이나 자연스런 사랑도 압살된다. 이상향을 목표로 했건만 강제 수용소로 변질되어 버린다. 이것은 진력이 날 정도로 반복되어 온 역사의 진실이다.

컬트 종교의 교주는 스스로 성자나 신(神)이 되는 것 이외에는 구원을 받을 수 없을 정도로 일그러져 팽창된 자기애를 안고 있는 존재라고 말할 수 있다. 왜소한 자기애밖에 갖지 못한 사람에게는 설령 겉보기에 불과하더라도, 자신과 확신에 차서 진리를 말하는 사람은 강렬한 인상으로 다가오게 된다.

특별한 존재이고 싶어 하면서 아무 확신도, 자신도 없는 사람은 진리를 깨달았다고 설파하는 존재에게 복종하고 그의 제자가 됨으로써 자신 또한 특별한 일을 해낼 존재라는 착각에 빠지게 된다.

이 착각은 구루가 특별한 존재라고 믿음으로써 자신도 특별한 존재가 된다는 사고 구조에 의해 유지된다.

요컨대 자신이 특별한 존재이고 싶다는 바람이 구루를 계속 믿을 수밖에 없는 상황으로 몰고 가는 것이다. 구루를 의심한다면 자신이 살아온 인생의 의미를 부정하는 꼴이 되기 때문이다.

컬트 종교에 빠진 사람이나 심리 조작을 당한 사람은 여러 가지 불합리한 모순된 일을 보게 된다. 하지만 보고도 못 본 척 한다. 불합리한 모순된 상황과 마주 서서 구루가 특별한 성자라는 전제를 의심하거나 영적 능력을 지넜다고 믿고 있던 사람이 지능적인 사기꾼이라는 사실을 알아차려서는 안 된다. 그것은 지금까지 자신을 지탱해준 정신적 지주를 잃게 되는 격이기 때문이다. 따라서 자신에게 유리한 사실만을 보고, 구루를 계속 맹신할 수밖에 없는 상황에 빠진다.

왜냐하면 나쁜 사람이라고 인정하는 일은 마음 속의 지주를 잃어버리는 것과 같기 때문이다.

공감 능력 결핍과 지배라는 쾌감

자기애가 비대해지고 열등감이 심화되어 있는 파괴적인 컬트 종교의 구루는 상대에게 심리적인 고통을 줌으로써 쾌감을 느낀다. 공감 능력이 없다. 심리 조작으로 타인을 지배하면 이와 같이 직접적으로 폭력을 쓰는 것보다 위험성이 적고 더 큰 쾌감을 느낄 수 있다. 이 맛을 알게 되면 중독될 수밖에 없고 거기에서 쾌감을 느끼게 된다. 그래서 "지배는 중독된다"고 한다.

공감 능력이 없는 사람에게 타인은 냉장고나 침대와 다를 바 없는 존재이기 때문에 원하는 대로 조작해서 이용하는 것 뿐이다.

심리 조작을 당하는 사람의 특징

심리 조작을 당하는 사람들의 최대의 특징은 의존성이다. 이 또한 인격장애인데, 자기를 과소 평가하고 타인에게 의존하는 경향이 강하다.

컬트 종교에 빠지는 이들은 주체적으로 생각하고 판단하고 행동할 수 있는 힘이 부족하다. 사소한 일도 지배자의 의향이나 안색을 살피고 그 뜻을 따른다.

폐쇄된 집단은 개인의 자유로운 정신 활동이나 주체적인 행동을 두려워

하며 제한하고 제지한다. 컬트 교단에는 보통 신도마다 상담을 해주는 선배 신도가 있으며, 신도들은 선배 신도에게 하나부터 열까지 털어 놓고 판단을 의존하게 된다. 선배 신도가 사소한 일도 일일이 지시하고, 본인이 스스로 판단하고 행동할 수 없게 한다. 이와 같이 주체적으로 생각할 수 없게 하고 절대적인 수동 상태로 만드는 것이 심리 조작의 기본이다.

이단 집단에서 이탈한 어느 여 신도는, "저는 자아가 약했기 때문에 자신을 타인과 동일시하고, 항상 타인에게 인정과 애정을 받기 위해 애를 쓰며 살아왔다"고 고백한 경우가 있다.

다른 한 편으로는 모든 정보를 무비판적으로 받아들이는 피암시성 경향이 강한 사람도 최면이나 심리 조작에 걸려들기 쉽다. 이들은 타인의 말을 곧이곧대로 받아들이거나 타인의 말에 영향을 받기 쉽다. 그리고 신앙심이 깊고 미신이나 초현실적인 현상을 믿는 경향이 강하고 과장된 이야기를 하거나 허언을 하는 경향이 있다.

일반적으로 인구의 약 4분의 1은 최면에 걸리기 쉬우며, 약 4분의 1은 상당히 최면에 걸리기 어렵다고 한다. 최면에 잘 걸리는 사람은 의존성이 강하고 현실과 공상을 뚜렷하게 구별 못하는 경향이 크다.

이러한 최면이나 세뇌는 어떤 극한 상태가 중요한 계기로 작용하는 경우가 흔하다. 극한 상태가 없으면 가치관의 역전이 일어날 수 없기 때문이다.

세뇌를 목적으로 발전한 다양한 기법들은 사람을 극한 상황으로 몰아세운다. 예를 들면 짧은 수면 시간, 영양 결핍, 고독하고 단절된 환경, 불규칙하고 예측할 수 없는 생활, 자존심 박탈, 가혹하고 단조로운 일상 업무, 비난과 자기 부정, 매도와 폭력에 의한 굴욕적 체험, 고통스런 생활, 쾌감이나 오락을 일체 허용하지 않는 일, 불합리하고 조리에 맞지 않는 취급 등. 이래도 참을 수 있겠냐는 듯이 고통과 굴욕과 불안을 안겨준다. 기존의 가치관을 없애 버리는 것이다.

사상 개조 요소에는,

우선 폐쇄적이다. 사상 개조를 방해하는 외부 정보나 사람의 접촉을 차단할 뿐만 아니라 내면의 생각까지 규제한다. 그리고 신비성을 조작한다. 위대한 사명을 이루기 위해 주어진 사명을 다하고 있다는 강한 신념을 바탕에 두게 한다. 그래서 절대적인 선 아니면 절대적인 악만 존재한다. 그러기에 순수성을 요구한다.

그러면서 자신을 순화시키기 위해 자아비판을 하게 한다. 그것을 하면 할수록 자신이 순화된다고 믿는다. 각 개인들을 오픈하며 동료끼리 연대감도 높인다. 그래서 공통의 신념을 의심하는 것은 곧 신을 의심하는 것이다. 신념은 경외해야 할 신성하고 절대적인 것이라 믿게 한다. 또한 언어를 자유롭게 사용할 수 없다. 이분법적인 표현만 가능하다. 이에 자기도 모르는 사이에 가치관이나 사고가 조종되는 것이다.

신념이 개인보다 높은 위치에 놓이게 되면, 개인에게 요구되는 것은 획일적인 교리에 완전하게 합치되는 것이다. 자기보다 신념이 우선시 된다.

신념에 완전히 합치된 사람으로 다시 태어나야 한다. 그래야 존재를 허락받는다.

컬트 종교나 교단은 매우 강력한 심리 조작을 사용한다.

심리 조작이 세뇌와 같은 마음을 조작할 의도로 사용되었을 때는 지극히 비인간적인 결과를 초래한다. 악질적인 심리 조작은 주체적으로 생각할 수 없게 하며, 집단이나 리더에게 의존하고 있는 상태를 계속 유지시키려고 한다. 이는 한 개인으로서 성취해야 할 자립을 방해하는 기법이다.

게다가 조작 당한 사람이 의존 상태라는 점을 이용해서 다양한 형태로 착취하고 사기를 친다. 그중에는 마치 스스로 원해서 행한 것처럼 하는 '자기 희생'이라는 이름의 착취도 있다. 바로 인도주의에 반하는 범죄 행위와도 같다.

이렇듯 정보 입력을 제한하거나 과잉되게 하여, 뇌를 지치게 만들어 생각할 여유를 빼앗는다. 그로 말미암아 구제를 확신하고 불멸을 약속한다.

정면 대결, 디프로그래밍(탈세뇌, 역세뇌)

그렇다면 어떻게 세뇌에서 벗어날 수 있을까.

거기에 마음이 이끌리게 된 과정이나 마음을 공감하고 받아들여야 한다. 그렇게 해서 다양한 사건을 회상하여 털어놓게 하고, 그런 과정 속에서 자신이 처한 상황이나 자신에게 무슨 일이 일어났는지를 객관적으로 돌이켜 보게 해야 한다.

주위에서는 그러한 상황에 대하여 공감해주면서 중립적인 자세를 유지하며 상대방을 안심시키고, 있는 그대로 털어놓게 해야 한다. 그에 따라 그 동안 어떤 일이 일어났는지 객관적으로 바라볼 수 있게 되는 것이다.

그러므로 유대감을 갖게 된다. 즉, 관계 회복과 더불어 자신의 가치를 회복하는 것이 중요하다. 이후에는 지적 능력을 향상시키고 기술을 익혀 사회에 필요한 사람이 되어야 한다.

심리 조작의 문제는, 결국 자립과 의존의 문제로 귀결된다. 얼마나 주체적으로 살아갈 수 있느냐가 핵심이다.

자기의 인생을 자기 스스로 선택했다고 말할 수 있는 삶을 살고 있는지 되물으면서 말이다.

2장

2013년

제2장

2013년

1. 2012년 12월, 시한부 종말 주장! (2013년 10월 기사)

지구 종말론(2012년 12월)을 주장하는 중국의 전능신교(전능하신하나님교회, 동방번개) 교단을 보호하기 위해 호법대를 조직, 탈퇴 신도들에게 폭행도 행사한 것으로 확인됐다. 특히 폭행은 단순한 구타에 그치지 않고 사지를 절단하거나 귀를 자르는 등의 잔인한 수준이었다고 한다.

대표적인 케이스가 1998년 11월 30일부터 다음 달 10일까지 허난(河南)성 탕허(唐河)현에서 자행된 폭력. 총 8건이 자행돼 최소한 수십 명이 사지가 절단되거나 귀가 잘리는 피해를 입었다. 수사 당국의 조사가 본격화 되면 피해자나 폭력 사례는 더 많아질 것이 확실하다.

당연히 수사 당국은 이들에 대한 일벌백계를 천명하고 있다. 파룬궁(法輪功) 사태 당시처럼 발본색원을 한다는 입장이다. 저항 역시 거세질 것으로 전망되고 있다. 당국에서는 맹 신도들에 의한 분신이나 테러 등도 가능할 것으로 예상하고 있기도 하다. 그러나 중국이 발본색원을 천명한 만큼 전능신교는 파룬궁과 똑같은 길을 걸어야 할 것 같다.

2. 잘못된 교회 (2013년 11월 기사)

중국교회 이단 동방번개파

동방번개파의 기원

동방번개파는 일반적으로 전능한 신이라 불리는 '여 그리스도'가 교주로 알려졌지만, 실제적으로는 호함파 출신의 조유산이 진정한 동방번개파의 말기인이라고 할 수 있다.

조유산과 동방번개파의 교주인 양향빈

조유산은 흑룡강성 사람으로 호함파의 열광적인 신도이며, 1989년 호함파를 이탈하여 호함파 출신의 몇몇 사람들과 같이 "영존하는 근본교회"를 세우게 되었다.

조유산은 조직 중에서 일곱 사람을 선출하여 하나님의 화신이라고 하고 전비, 전영, 전능, 전권, 전지 등의 이름을 주고, 자신은 전권이라는 이름을 취하였다. 그리고 하남성 낙양 사람 양향빈에게는 전능이라는 이름을 주었는데 그녀가 곧 동방번개파의 교주인 '여 그리스도'가 되고, 조유산으로부터 부여받은 이름 '전능'이 변하여 "전능한 신"으로 불린다.

동방번개파의 조직

동방번개파는 지상의 모든 교회를 정복하여 동방번개파로 귀의하게 하며, 만국을 정복하여 세계가 동방번개파를 중심으로 하나 되게 하는 것이 그들의 존재 목적이라 밝히고, 이 일을 성취하기 위하여 막강한 조직을 구성하고 있다. 이들의 조직은 방대할 뿐만 아니라 세밀한 조직력을 갖추었고, 엄격한 규율 하에 운영되고 있다.

동방번개파의 행동요강인 10조 행정을 선포하고 이것에 근거하여 구체적으로 통제하며 관리하고 있다.

조직은 뚜렷한 계급 구조를 가지고 있는데, 주요 인물이 포함된 상부 구조와 성급 책임자들을 포함한 행정관리요원, 행동요원들로 구성된 하부 구조를 가지고 있다.

동방번개파의 출판물

동방번개파는 방대한 양의 출판물을 발간하여 자신들의 경전으로 삼고 있는데, "말씀이 육신으로 현현하다."와 "동방에서 발출한 번개"를 포함하여 약 25종의 출판물을 가지고 있다.

출판물들은 크게 3종류로, 첫째 교리적 성격의 신계시이며, 둘째는 시나 찬송의 형태를 갖고 있는 신시가이며, 셋째로 '지침서' 내지는 행동요강이라 할 수 있는 신책략이다. 이들은 시대를 율법시대와 은혜시대와 국도시대로 구분하고 시대를 다스릴 자가 "전능한 신" 곧 '여 그리스도'라고 한다.

동방번개파의 이단사상

동방번개파의 성경관

동방번개파는 성경을 지나간 시대의 유물로 여기고 자신들이 출판한 "동방에서 발출한 번개" 또는 "말씀이 육신으로 현현하다"와 같은 책만이 유효

하다고 주장한다.

　이들은 성경이 갖는 "유기적 영감설"을 부인하며, 성경이 갖는 고유의 특성, 즉, 성경의 신적 권위와 성경의 절대적 필요성과 성경의 명료성 그리고 성경의 충족성 등을 부인한다. 이들은 "너는 오늘 성경을 볼 필요가 없다. 왜냐하면, 성경 속에 새로운 것이 없고, 다 낡았기 때문이다…… 성경이 말세를 사는 사람들에게는 큰 도움이 없다. 임시 참고 자료나 될 뿐이지 근본적으로 큰 사용 가치가 없다."고 주장한다.

동방번개파의 신론

　이들은 하나님의 삼위일체 되심을 부인한다. "성부 성자 성령의 삼위일체 하나님은 근본적으로 존재하지 않는다. 이러한 사상은 사람들의 전통적 관념이고 잘못된 인식에서 비롯된 것이다."는 사상으로 "성부가 변하여 성자가 되고 성자가 변하여 성령이 된 것이지 삼위일체가 아니고 일위일체"라고 주장한다.

동방번개파의 기독론

　동방번개파는 우리의 유일한 구주 예수그리스도의 하나님 되심과 신성과 인성을 가진 죄없는 참 인간이며, 참 하나님인 것을 부인하고, 십자가상에서 인류의 구원을 완성하신 그리스도의 사역을 부인한다.
　이들은 그리스도를 피조물로 여기며, 예수 그리스도의 구속 사역은 불완전하며 이들의 교주 양향빈이 완성한다고 주장한다.

동방번개파의 구원론

이들은 성령이 위격을 가지신 삼위일체 하나님인 것을 부인한다. 이들은 성령을 "성부와 성자가 사용하는 공구라 지칭"한다. 뿐만 아니라 이신칭의와 성령의 구원 사역을 부정하고, 예수 그리스도를 통한 구원 사역 대신에 오직 동방번개파에 속하여 그들의 교리를 믿고 '여 그리스도'에게 순종해야 구원을 얻을 수 있다고 주장한다.

동방번개파의 교회론
이들은 기독교의 전통교회를 부인한다. 지상에는 동방번개파에 속한 교회만이 진정한 교회라는 주장 하에, 교회가 갖는 예배와 성례를 부인하고, 전도 무용론을 주장한다.

동방번개파의 종말론

이들은 많은 이단들이 주장하는 것처럼 그리스도가 이미 재림하였다고 주장한다. 그리스도는 이미 여성의 몸으로 중국 땅에 재림하였으며, 그녀가 곧 동방번개파의 여(女)교주라고 한다. 동방번개파가 재림예수의 성별이 여성이어야 하는 근거로 창세기 1장 27절과 예레미야서 31:22을 인용하고 있다.

동방번개파는 누가복음 17:25과 마태복음 24:27, "번개가 동편에서 나서 서편까지 번쩍임 같이 인자함의 임함도 그러하리라"에서 "동편"은 바로 '중국'이라고 해석한다.

또한 이사야 41:2, "누가 동방에서 사람을 일으키며..."에서 동방은 곧 중국을 지칭하는 것으로 해석하고 있다. 이들은 교주인 '여 그리스도'는 구속 사역의 완성을 위해 재림한 예수라고 주장한다.

동방번개파는 '여 그리스도'를 "전능자"라 부르고 있는데, 요한계시록 3:12, 16:7 그리고 욥기 37:23들을 인용하며 "새 이름"이 바로 '여 그리스도'에게 주어진 것이고, 그 새 이름이 곧 "전능자"라는 것이다.

이들은 이 "전능자"가 예수 그리스도가 완성하지 못한 사역을 완성하게 되었고 '전능자'를 믿는 자만이 새로운 시대 즉 국도시대에 들어갈 수 있으며, '여 그리스도'가 한 시대를 열고 닫는 자이며 '전능한 하나님'이며 그가 사람들을 심판할 것이라고 주장한다..

이상에서 살펴본 바와 같이 동방번개파는 성경관으로부터 종말론까지 철저하게 성경적이지 못하고, 정통교리와는 상반되거나 교리 자체가 혼합주의적 성격을 가진 이단이며, 성경 자체를 의도적으로 부인하고 자의적으로 해석하여 자신들의 근거를 삼으며 '여 그리스도'라는 인물을 중심으로 한 이단임이 분명하다.

3. 전능신교의 17계명과 10계명 (전능신교 자료)[1]

국도시대에 하나님 선민이 반드시 지켜야 할 17 조목 계명

1. 실제 하나님이 하는 일을 논단해서는 안 된다.
2. 하나님이 증거한 사람을 대적해서는 안 된다.
3. 하나님 앞에서 성실히 자기의 본분을 지키고 방탕하지 말아야 한다.
4. 말은 분수 있게 해야 하고 행실과 말은 반드시 하나님이 증거한 사람의 안배에 따라야 한다.
5. 하나님의 증거를 경외해야 하고 하나님의 역사와 하나님 입의 말씀을 홀시해서는 안 된다.
6. 하나님이 말씀하는 말투와 말씀하는 목적을 모방해서는 안 된다.
7. 하나님이 증거한 사람에게 겉으로 뚜렷하게 대적하는 일을 해서는 안 된다.
8. 네 눈앞에 있는 하나님을 기만하고 속여서는 안 된다.
9. 네 앞의 하나님 앞에서 음탕한 말과 망령된 말을 해서는 안 된다.
10. 감언이설로 네 눈앞의 하나님의 신임을 얻어서는 안 된다.
11. 하나님 앞에서 이래라저래라 해서는 안 되며, 하나님 입에서 나온 모든 모든 말씀에 순복해야지 반항하고 대적해서는 안 되고 변박해서도 안 된다.
12. 하나님 입으로 한 말씀을 제멋대로 해석하지 말고 너의 입과 혀로

---

[1] 전능신교 번역팀, 『심판은 하나님 집에서 시작한다』, pp.1043~1046, 전능신교 출판

인하여 악인의 궤계에 빠지지 않도록 입과 혀를 경계해야 한다.
13. 하나님이 너에게 나누어 준 경계를 벗어나 네가 하나님의 각도에 서서 오만한 말을 하는 것으로 인하여 하나님께 혐오 받지 않도록, 너의 발걸음을 경계해야 한다.
14. 사람이 너를 조소하지 않도록, 마귀가 너를 조롱하지 않도록 하나님 입으로 한 말씀을 제멋대로 전하지 말라.
15. 오늘의 하나님의 모든 역사에 순복하며, 설사 알지 못한다하더라도 논단해서는 안 되고, 다만 찾고 구하고 교통해야 한다.
16. 어떠한 사람도 하나님의 고유한 지위를 넘어서는 안 되며, 다만 사람의 각도에 서서 오늘의 하나님을 섬겨야 하지 사람의 각도에 서서 오늘의 하나님을 가르쳐서는 안 된다. 이것은 잘못된 행실이다.
17. 누구도 하나님이 증거한 사람의 지위에 서서는 안 되고, 말과 행동, 생각은 다 사람의 위치에 서야 한다. 이것은 반드시 지켜야 하는 것이고 사람의 직책이니, 누구도 변경해서는 안 된다. 이것은 행정을 범하는일이니, 사람마다 명심해야 한다.

국도시대에 하나님의 선민이 반드시 준수해야 할 10가지 행정

1. 사람은 스스로 큰 척해서는 안 되고 자신을 높여 잘난 척해서는 안 되며, 마땅히 하나님을 경배해야 하고 하나님을 존경하여 높여야 한다.
2. 하나님의 사역에 유익한 모든 일을 해야 하고, 하나님 사역의 이익을 훼손시키는 일을 해서는 안 되며, 하나님의 이름과 하나님의 증거와 하나님의 사역을 수호해야 한다.
3. 하나님 집의 돈과 물질, 모든 재산을 포함하여 다 사람이 마땅히 바쳐야 할 제물이다. 이 제물은 제사장과 하나님이 누릴 수 있는 외에 어느 한 사람도 누려서는 안 된다. 사람이 바친 제물을 하나님께 누리도록

드린 것이고 하나님은 제물을 제사장에게만 베풀어 주어 함께 누리도록 하였기 때문에, 그 다른 어떠한 사람은 어느 한 점이라도 누릴 자격이 없고 권리가 없다. 왜냐하면 사람이 드린 제물(돈과 물질을 포함한 누릴 수 있는 것)은 다 하나님께 드린 것이지 사람에게 바친 것이 아니기 때문이다. 그러므로 사람은 이런 것들을 누려서는 안 된다는 것이다. 만일

사람이 이런 것들을 누린다면 제물을 도적질하여 먹은 것에 속한다. 무릇 이러한 사람은 다 유다이다. 왜냐하면 유다는 주를 팔아 먹은 것만이 아니라 돈주머니의 돈도 도적질을 하여 썼기 때문이다.

4. 사람에게 패괴 성정이 있고 더욱 감정도 있으므로, 협력하여 섬기는 데에는 이성 단독 협력을 일절 금지한다. 만일 발견되면 일률로 제명하는데, 누구도 안된다.

5. 하나님을 논단해서는 안 되고 하나님의 일을 함부로 논해서는 안된다. 사람이 해야 할 일을 하고 사람의 말해야 할 것을 말해야 하며, 범위를 초월하지 말고 한계를 넘지 말아야 한다. 하나님의 성품을 범하는 일을 해내지 않도록, 자기의 입과 혀를 경계하고 자기의 발걸음을 지켜라.

6. 마땅히 사람의 해야 할 일을 해야 하고 너의 의무를 다해야 하며, 너의 직책을 이행해야 하고 너의 본분을 지켜야 한다. 네가 하나님을 믿는 이 이상 하나님의 사역을 위하여 너의 바쳐야 할 몫을 바쳐야 한다. 그렇지 않으면, 너는 하나님의 말씀을 먹고 마실 자격이 없고 하나님의 집에 기존(寄存)할 자격이 없다.

7. 사역이나 교회 사무에서 하나님께 순복하는 외에 모든 것은 성령께 쓰임 받는 사람에게 복종해야 하는데, 조금도 어긋나서는 안 되고 절대적으로 청종해야 하며 옳고 그름을 분석하지 말아야 한다. 옳든 그르든다 너와 무관하니, 너는 절대적으로 순복하기만 하면 된다.

8. 사람이 하나님을 믿으면 마땅히 하나님께 순복하고 하나님을 경배해

야하지, 사람을 높여서는 안 되고 사람을 앙망해서는 안 되며, 하나님을 첫째로 보고 네가 앙망하는 사람을 둘째로 보고 네가 셋째라고 해서는 안 된다. 너의 마음속에 어떠한 사람의 지위라도 있어서는 안 되며, 사람을 특히 네가 숭배하는 사람을 하나님과 등호를 긋고 평등하게 보아서는 안 된다. 이것은 하나님이 용인할 수 없는 것이다.

9. 마땅히 교회의 사역을 위하여 생각해야 하고 자기 육체의 전망을 내려놓아야 한다. 자기 가정의 일에 대해서는 즉시 끊어버려야 하고 온 마음과 전인을 하나님의 사역에 투입해야 한다. 마땅히 하나님의 사역을 위주로 하고 자기의 생활을 다음으로 해야 한다. 이것이야말로 성도의 구비해야 할 체통이다.

10. 믿지 않는 친척(니의 아들딸·남편·아내나 너의 자매니 너의 부모등 등)에 대해서는 억지로 끌어당기지 말아야 한다. 하나님 집에는 인구가 부족하지 않으니, 쓸데없는 사람으로 숫자를 채울 필요가 없다. 무릇 달갑게 믿는 자가 아니라면 교회에 끌어들이지 말아야 한다. 이 조목은 모든 사람에 비추어 말한 것이니, 이 일에 대하여 너희들은 마땅히 서로 제약하고 서로 감독하고 서로 일깨워 주어야 한다.

누구도 범해서는 안 된다. 설사 믿지 않는 친척이 억지로 교회에 들어왔다 해서 책을 내어 주어서는 안 되고 새 이름을 지어 주어서는 안 된다. 이러한 사람은 하나님 집의 사람이 아니다. 어떻게 해서든지 여하를 막론하고 이 부류 사람들이 교회에 들어오지 못하도록 근절해야 한다. 만일 마귀가 교회에 침입함으로 인하여 교회에 폐를 끼친다면, 너 본인을 제명하거나 제한할 것이다. 어쨌든 이런 일에 대해서는 사람마다 시행해야 할 책임이 있다. 그러나 함부로 해서는 안 되고 사적인 복수를 해서는 안 된다.

3장

2014년

제3장

2014년

1. 전능신교(全能神教, 전능하신 하나님 교회), 동방번개(東方閃電) 집중 보도 (2014년 1월기사)

지난 2세기 동안의 중국 기독교는 좌충우돌의 고난 가운데 진행되어 왔다. 그러나 중국 대륙의 급속한 경제 발전과 함께 중국 기독교 또한 폭발적 부흥을 가져왔다. 이제 중국 교회는 세계 기독교 역사에서도 그 위치가 절대적인 입지를 점하고 있다.

이를 고려해 본다면 단연 세계교회 리더로서의 자리매김과 동시에 세계 선교라는 막중한 임무를 고려해야 할 때임에도 현실적으로는 너무나 유약하다. 혹자는 한국교회의 중국 선교도 한계성에 다다랐다고 보았다.

1980년대 중국 대륙의 학생들이 떼지어 북미로 몰려들 때, 대륙의 농촌교회는 오히려 일꾼이 부족해지는 상황이 연출되었다. 그러나 민족 복음의 위기의 갈림길에서, 당시 미국 유학파들이 본국으로 되돌아와 교회를 세우고, 섬김은 당시 열악한 교회에 획기적인 돌파구를 마련하였다.

그들의 일부는 이미 1980년대 중반부터 중국 내지 농촌교회에 들어가 그곳 전도자들을 훈련 양성하였고 1990년대 초, 일부 농촌교회는 정부에 등록되지 않은 비인가 신학교를 세웠고, 1990년대 말에는 이미 규모가 커져, 학위까지 주어지는 비인가 신학교가 되었다.

그런데 최근 중국 교회의 배가운동이 강조되면서 신학과정을 거치지 않고도 일정 기간의 신학과정을 이수하게 되면 목회자로 안수 받게 하는 구조를 보게 되는데, 이러한 모식(模式)은 당장의 필요를 만족하는 수단이 될 수 있겠지만 올바른 교회관을 세우는데 있어서 깊이 재고할 필요가 있다.

목회자의 가치관과 방향성은 교회의 가치관과 방향성을 결정짓는데 직접적인 영향을 줄 수 있다고 해도 과언이 아닐 것이다.

따라서 중국 교회의 부흥을 돕는 조력자로서의 해외에서 중국으로 유입되는 목회사들의 목회직 가치관과 방향성을 검증하는 것은 중국 교회의 미래와 관계된 중요한 사안이다.

정통교리 텃밭이 너무 심약하다.

이단에 대한 대비책으로 가장 좋은 방법은 교회가 성도들에게 무엇보다도 먼저 구원의 기본 도리를 철저히 가르치는 것이다. 기본이 형성되지 않은 신도들은 쉽게 이단에 넘어갈 수밖에 없다.

작금의 중국은 신비주의, 기복주의, 그릇된 신학으로 인해 많은 이단이 생겨나고 있고 활동하고 있다. 특히 가정 교회(국가 공인을 받지 않은 지하 교회)는 삼자 교회(국가 공인을 받고 일정 부분 그 통제를 따르는 교회)에 비해 폐쇄적인 면이 강하다 보니 이단에 빠질 가능성이 높다.

정통 교리에 대한 이해가 미흡한 상황에서 이단 사설을 받아들이거나 지도자가 성경을 오해하고 가르칠 때 심각한 결과가 초래되곤 한다. 이러한 문제는 결국, 신종 이단과 사이비를 양성하는 주요 요인이 되기도 한다. 일

례로, 뚱팡샨디엔(東方閃電, 동방번개)이 있다.

기독교 이단이라고 할 수 없을 정도의 사교(邪敎)이지만 그 기원이 위트니스 리(李常受)의 중국 지방교회(호한파이(呼喊派, 호함파))에서 유래한 것임을 볼 때 그 심각성을 짐작할 수 있다.

중국에서 활동 중인 한국교회 이단집단들 수두룩!

중국에는 특별히 한국에서 들어온 이단이 매우 활발하게 활동하고 있다. 처음에는 주로 조선족 위주에서 머물던 이단 포교가 이제는 한족들에게까지 폭넓게 행해지고 있다.

중국에서 한국 이단들이 이처럼 열심인 이유는 이단 규정으로 인해 한국에서의 어려움을 만회하고 아울러 글로벌화 한 강한 교세를 확립하여 오히려 정통 교회를 배후에서 압박하고 정복하려는 전략에 의거한다고 할 것이다. 그런 전략에 안성맞춤인 곳이 중국이다. 한국과 가까울 뿐만 아니라 문화도 비슷하고 인구, 경제적 측면, 장래성이나 발전성으로 볼 때 중국은 황금어장인 것이다.

어느 중국 선교사에 의하면, "가장 안타까운 점은 최근 한국의 경제 위기로 인해 정통 교회 선교사들은 많이 철수하고 있는데 반하여 각종 이단 종파는 이 때를 기회 삼아 더욱 거세게 달려들고 있다는 사실이다.

이단 집단에서 파견된 선교사들이 이제는 30%를 넘어섰다. 이들은 대도시는 물론 산간 오지, 외딴 사막 지역에까지 이미 침투해 있다. 또한 탈북자와 대북 선교에까지도 깊이 관여하고 있다."는 것이다.

한 중국 지도자에 의하면, "우리 동포들이 많이 살고 있는 연변자치구 연길시의 경우 2만여 명의 조선족 기독교인이 있다고 집계되는데, 이미 5천명 이상이 이단으로 넘어갔다."고 한다.

현재 중국에서 활동 중인 한국 이단 집단들

구원파(복음침례회, 권신찬, 박옥수, 이요한), 신천지(기독교무료신학원, 신천지예수교증거장막성전(이만희)), 대순진리회(박한경), 류광수 다락방, 만민중앙교회(이재록), 성락교회(베뢰아 마귀론, 김기동), 새빛등대중앙교회(김풍일), 안상홍 증인회(하나님의 교회, 안상홍), 연세중앙교회(기침, 윤석전), JMS(정명석, 애천교회), 조용기(기하성, 여의도순복음교회), 통일교(문선명, 한학자), 양문교회(방인성, BRCM), WLI Korea(Wagner Leadership Institute) 등 그 외 수많은 신비주의 신사도운동, 빈야드를 행하고 있는 이단 집단들이 중국에서 활동하고 있다.

전능신교(全能神敎)의 뿌리는 중국 이단, 지방교회와 호함파(呼喊派)

중국 이단, 호함파(呼喊派)의 주요 교리

중국 이단, 호함파(呼喊派)는 중국 교회에 많은 폐해를 끼쳤다. 호함파는 지방교회 워치만 니의 영향을 받은 이상수(李常受)가 교주이며, 1976년 미국 생활 중에 시작하였다가, 1978년 중국으로 귀국하여 '호함파'라는 이름으로 정식 모임을 시작하였다. 이상수는 자칭 상수주(常受主)라 하고 신도들에게 자신을 경배하도록 하고, 자신은 사람들을 구원할 자이며, "오주! 오주! 오주!"를 세 번 외치면 구원 얻을 것이라 가르쳤지만 그러나 본인 자신은 1997년 죽음을 맞이하게 되었다.

이들은 <성전과 성벽을 건축함>(聖殿興聖城的建造), <주는 곧 그 영>(主就是那靈), <생명의 지식>(生命的智識)이라는 자신들의 경전을 가지고 있다.

경전의 주요 내용은 말씀(道)의 시대는 이미 지나갔고 '그 영(那靈)'의 시대가 임하여 길을 회복하는 것이므로 신도가 성경을 홀로 읽는 것을 허락하지 않으며 오히려 그들의 저작물인 "생명독경(生命讀經)"이라는 것 즉 회복본(恢復本)만을 읽고 교주의 테이프를 듣는 것으로 충분하다고 가르친다.

그리고 고후 3:17을 근거로 "주는 곧 그 영"(主就是那靈)인데 예수 그리스도가 십자가에 못 박혀 죽은 후 죽음에서 부활하여 부활한 예수가 바로 "그 영"이 되었다고 한다.

삼위일체에 관해서는 곧 성부가 성자가 되고 성자가 다시 성령이 되었다. 그러므로 사실은 삼위가 아니라 일위이며 오직 각각의 시대에 다른 단계로 나타났을 뿐이라고 주장했다. 그리스도에 관하여는 예수 그리스도는 피조물(受造論)이다. 다만 그리스도는 피조물 중의 첫 번째일 뿐이다.

또한 자화론(子化論)을 주장하는데, 예수와 그리스도를 분리한 사상이다. 육체를 입고 오신 예수는 인성(人性)의 부분이고, 마리아에게서 출생했을 뿐 하나님의 아들이 아니라고 했다. 예수의 인성은 모든 것을 경험하신 다음, 죽음에서 부활하여 높아지심으로 비로소 하나님의 아들로 인정된 것이라면서 부활 전에는 오직 인성만을 가지고 있었으며 죽음에서 나오므로 그의 인성이 곧 하나님의 아들의 명분을 얻게 되었다. 그러므로 예수는 하나님의 아들이 아니요 오직 그리스도만이 하나님의 아들이라는 것이다.

호함파는 성경을 이미 시대가 지난 책으로 여기고 삼위일체를 부정하고, 그리스도를 피조물로 볼 뿐만 아니라 예수와 그리스도를 분리하여 생각하므로 그리스도의 한 인격 두 본성을 부정하였으며, 그리스도를 죄를 가진 한 인간으로만 본 이단이다.

지방교회 측 영향 받은 근거

어린 양이 펼친 책 ≪말씀이 육신에서 나타남≫을 보면, 성경에 관한 논법 (3)에서, "바울의 서신과 신약의 기타 서신은 근대의 영적 인물의 전기에 상당하여, 워치만 니의 책 또는 로렌스의 경력 등등 이 사람들이 쓴 영적 전기와 함께 논할 수 있다... 그들의 실질은 같은 것이고 모두 성령이 한 단계에서 쓰는 인물이다." ..."위트니스 리와 위치만 니. 그들이 한 사역은 모두 길을 이끄는 것이며, 새 길이든 옛 길이든 성경 원칙을 벗어나지 않는 기초에서 한 사역이고, 지방교회를 회복하든 지방교회를 건립하든, 어쨌든 모두 교회를 세우는 것이다..."라고 하였다.

주석에는, 위치만 니(인명): 예탁성(倪柝聲). 위트니스 리(인명): 이상수(李常受)라는 설명도 덧붙였다. 이미 이단으로 규정된 지방교회의 교리를 모방했고, 영향을 받았다는 것을 알 수 있다.

전능신교(동방번개) 교주는 조유산과 양향빈

동방번개파 东方闪电派(똥팡싼띠엔파이) 교주: 조유산(쨔오웨이산, 趙維山), 여기독(女基督) 양향빈(楊向彬)

조유산(趙維山): 전권(全權)
- 1989년 호함파(呼喊派)를 이탈 '영존하는 근본 교회' 세우고 스스로 '권련의 주'라 함.
- 흑룡강성에서 하남성으로 근거지를 옮겨 '참 하나님의 교회'로 이름을 바꿈.
- 조직 중 일곱 사람 선출 하나님의 화신(化身)이라 하고 조직 중 7명을 선출 全备, 全榮, 全能, 全權, 全知 등의 이름을 부여함.

동방번개파의 실제적 교주인 조유산은 2001년 미국으로 도주한 상태다.

女基督: 교주
- 하남성 낙양의 미혼 여성으로, 정신 질환과 귀신들림의 상태에서 교회 출석 후에 호함파 집회 참석 시작

- 호함파 교리에 심취 후 "내 안에 성령이 들어왔다", "내가 하나님의 말씀을 기록한다" 말하기 시작
　- 조유산에게서 "전능신" 이름을 받고, 재림한 "여 그리스도(女基督)"로 활동하게 됨

동방번개파의 명칭:

　칠영파(七靈派), 재림구주파(再臨救主派), 여 기독파(女基督派), 전능신파(全能的神派) → 전능하신 하나님 교회, 동방번개파(東方閃電派)

　전능신교(全能神敎, 동방번개)의 조직

　예광도(倪光道) 목사에 의하면, 전능신교(동방번개)는 호함파(呼喊派)에서 파생된 것이다. 1983년 호함파가 단속된 후, 잔여 세력들은 다른 모습으로 여러 사교(邪敎)를 만들었다. 그 예로 1988년 안후이(安徽)의 우창밍(吳場明)이 "세움 받은 왕(被立王)"을 창립했고, 1993년 "세움 받은 왕" 중의 리우쟈궈(刘家国)는 또 다른 "주신교(主神敎)"를 창립했다. 그들의 죄는 이루 말할 수 없었으며 결국 법적 제재를 받았다.
　조유산(赵维山) 역시 하나의 집단을 창설하였는데, 그가 전능신교(全能神敎, 동방번개)의 진정한 창시자이다. 조유산은 흑룡강성(黑龙江省) 아성시(阿城市) 사람이다. 원래는 호함파의 열성분자였고, 일찍이 이상수(李常受)를 숭배하여 "능력왕(能力王)"이라는 호칭까지 얻었다. 그는 당시 사람들을 끌어모아 또 다른 교파를 설립하였고 "영존하는 그루터기교회"라 칭하며 스스로를 "권능의 주(全权的主)"라고 칭했다. 1991년까지 그의 유혹에 넘어간 사람은 수 천 명이 넘었다. 그들은 불법 인쇄물을 간행하여 현지 정부로부터 불법 조직으로 명명되었다. 조유산과 그의 핵심 멤버들은 정부의 조사를 피해 호함파 세력이 가장 강한 하남(河南)성으로 도망 가서 하남성 청풍현(清丰县)의 이단자들과 합세했다.
　조유산은 하남성에서 이단 신도들을 성장시켜 그들의 조직을 "참신교회

(真神教会)"로 개명하고 그 중 일곱 명을 신의 "화신(化身)"으로 선출하여 "전비(全备), 전영(全荣), 전지(全知), 전능(全能), 전권(全权)" 등의 이름을 지었다. 이 일곱 명 중 조유산 외에 다수가 여성이었다. 조유산이 바로 7명의 신의 화신 중 하나였고, 이름은 전권이었다.

여 그리스도(另 鸿萪)

전능신교(全能神教, 동방번개)는 명의상 최고 권위를 가진 정신적인 지도자이다. 그러나 실제로는 하나의 꼭두각시에 불과하다. 그녀는 7명의 신의 화신 중 하나이고, 이름은 전능이다. 정주(鄭州) 사람이다. 1990년 대학 입시에서 떨어지고 정신병에 걸렸고, 남에게 이끌려 교회에 가서 신앙생활을 하게 되었다.

그러나 호함파에 참여하였고 이상수의 이단 교리를 받아들였다. 그녀는 자신이 성령에 의해 감동받아 환상과 꿈을 본다고 하고, 심지어는 자기한테 신의 영이 임하였으므로 자기가 곧 신의 말씀이라고 했다. 조유산은 자신의 야망을 이루기 위해 그녀를 "전능신(全能神)", "여 그리스도"라고 치켜세웠고 자신은 전능신의 대제사장이라고 칭하고, 전능신의 전권을 대신해 전체 조직의 행정을 책임진다고 했다.

조유산은 미혼녀 7명을 선발해 "칠령(七灵)"이라 칭했고, 그들로 하여금 전능신과 여 그리스도를 섬기고, 여 그리스도가 한 모든 말을 정리하고 기록함으로써 여 그리스도를 위해 간증하게 하였다. 또한 많은 사람의 여 그리스도와의 접촉을 금지했고, 이로써 여 그리스도의 신비감을 높였다.

대제사장(大祭司) 조유산

전능신교(全能神教, 동방번개)의 진정한 집권자이다. 대제사장의 주요한 임무는 행정 관리를 책임지고, 각지의 행정 업무를 배분하며 업무 파견, 재정 분배, 서적 인쇄, 계율 집행, 각 지역의 지부를 설립하는 것 등이다.

성령에 의해 사용되어지는 사람

조유산과 그 주변의 이하이타오(伊海濤), 짱신둥(张新东), 짱홍쩐(张宏真), 루오깡(羅剛) 등의 사람이다. "성령에 의해 사용되어지는 사람"은 특권을 누린다. 그들은 샨띠엔(闪电) 총 본부의 핵심 인물이다. 짜오웨이산 외에 몇 명은 총 본부 "각 부문의 지도자"이며 짜오웨이산을 도와 각 부문의 사무를 처리한다.

각급 지도자

전능신교(全能神教, 동방번개)에는 총 본부는 여전히 각 성, 지구, 현시, 농촌에 '성급 지도자', '지역급 지도자', '현급 지도자'와 '농촌급 지도자'를 세워 계단 식으로 교회 임무를 책임진다.

소조(小组), 소배(小排)

10~20명의 사람들로 "소조(小组)"가 구성되고 조장을 1명 세운다. 40명의 사람들로 "소배(小排)"가 구성되고, 1명의 배장(排长)을 세운다. 각 배 각 조에는 모두 1명의 "상급(上级)"이 있고 외지로부터 온 "능력 설교자와 서로 돕는 관계로 존속한다.

그들 각 계층마다 모두 1선, 2선, 3선, 4선 인원이 세워진다. 1선은 집행 역할을 한다. 2선은 간증을 맡고 있다. 3선은 내막을 탐지하고 일을 성사시키기 위한 길을 튼다. 4선은 섬김과 접대를 책임진다.

그들은 각지에 연락처(联络站), 접대처(接待点)를 세웠다. 또 적지 않은 특별한 "훈련 기지(훈련 아지트)"가 있다.

조직의 구성원들을 통제하기 위해, 여그리스도는 "국도행정십조계명"과 "엄격한 규율"을 반포하였다. 그 중 제3조에서 "신의 집의 제물, 물질, 모든 재산을 포함한 모든 것은 사람이 당연히 바쳐야 하는 제물이다.

이 제물은 제사장과 신을 제외하고는 그 누구도 향유할 수 없다."라고 말한다. 제7조에서 "모든 것은 성령에 의해 사용되는 사람의 명령을 따라야 하며 조금도 위배되어서는 안 된다. 절대적으로 복종해야 하며 옳고 그름을 분석해서는 안 되며 옳든 그르든 너와는 상관이 없다. 너는 오직 절대 복종하기만 하면 된다."라고 말한다.

"샨띠엔(闪电)"조직은 국내 각지에서 활동할 뿐만 아니라 국외로도 확장했다. 2000년, 조유산은 서유산(徐維山)으로 개명한 후 일본 동경, 미국 뉴욕에서 총 본부를 설립하고 인터넷 홈페이지를 개설, 이단 서적을 대량으로 인쇄하여 배포하였다. 2001년 6월, 조유산은 중국 가정교회 전능신교(全能神教, 동방번개) 창시자의 신분으로, 종교 박해를 이유로 미국 당국에 "정치 피난"을 신청했고 허락을 받았다.

그들은 끊임없이 조직 내 비교적 지식 수준이 높은 사람을 국외로 보내서 훈련을 받게 하고 임무를 확장했다. 현재 조유산 등의 사람은 미국의 "샨띠엔(闪电)" 총 본부에서 세계 각지 "샨띠엔(闪电)"조직의 활동을 지휘하고 있다.
전능신교(全能神教, 동방번개)의 서적

전능신교(全能神教, 동방번개)은 다량의 서적이 있다. 이 이단 서적(邪书)의 특징은 먼저는 성경을 왜곡 해석하고, 나아가서는 성경을 비방하며, 최종적으로는 그들의 이단 서적으로 성경을 대체하고 있는 것이다.

《동방에서 발하는 번개(東方發出的閃电)》이라는 책에서 다음과 같이 말하고 있다. "성경 관념을 고수하는 사람은 신의 적대 세력이다.", "그래서 우리는 성경을 연구하지 않고 파고들지 않는다.", "성경을 믿는 것은 곧 헛소문을 믿는 것이다."

《말씀이 육신으로 현신(話在肉身顯現)》에서는 또 이렇게 말한다. "성경은 사람이 신의 새로운 일을 받아들이는데 큰 장애물이 되고 신이 더욱 새로운 일을 확장하는 것의 장애가 된다.", "당신이 새로운 길을 걷기 원한다면 성경을 떠나야 하고 성경의 예언서나 역사서의 범위를 벗어나라. 그래야 새로운 길을 잘 걸어갈 수 있다." 또한 그들은 "오직 여 그리스도(女基督)만이 닫혀 있는 책(小书卷)을 펼칠 수 있다"고 한다.

그들의 책《말씀이 육신으로 현신》은 곧 성경 요한계시록에서 말하는 "책(小书卷)"이다. 이 책은 매우 두껍고 120만 자(字)가 넘는다. 인쇄 제본이 마치 성경처럼 매우 정교하다.

우리는 요한계시록 제5장에서 그 책을 펼칠 수 있고, 일곱 인(七印)을 뗄 수 있는 것은 오직 "유대지파 중의 사자, 다윗의 뿌리", "일찍 죽임을 당하사 각 족속과 방언과 백성과 나라 가운데서 사람들을 피로 사서 하나님께 드리시는 그리스도" 임을 알 수 있다. 곧 하나님의 어린 양 예수 그리스도다. 전능신교(동방번개)가 이처럼 명백한 사실을 왜곡하는 것은 그야 말로 오만한 일이 아닐 수 없다.

전능신교(동방번개) 서적의 분류

교의성(教义性, 소위 "새로운 계시(新启示)")

교의성의 책에는 주로《말씀이 육신으로 현신(话在肉身显现)》,《동방으로부터 발하는 번개 (东方发出的闪电)》,《구름을 타고 돌아오신 구주(救主早已架云重归)》,《우주에 말씀하시는 하나님(神向全宇发声)》,《심판은 하나님의 집으로부터 (审判从神家起首)》,《하나님의 은밀한 역사(神隐秘的工作)》,《성령이 말세에 하시는 일(圣灵末世的工作)》,《성령이 교회에 하시는 말씀(圣灵向众教会说话)》,《빛 가운데서 행하다 (在光中行走)》,《하나님의 말씀과 사람의 교제(神的说话与人的交通)》,《말씀 하시는 그 영(那灵在说话)》,《그리스도의 발표(基督的发表)》,《만나(吗哪)》,《당신은 하나님의 음성을 들었는가?(你听见神的声音了吗？)》,《이미 울려퍼진 나팔소리 (七号已经吹响)》,《하나님께서 말세에 하시는 말씀(神在末世的发声)》등이 있다.

이 책들은 많아 보이지만 사실 내용은 모두 비슷하다. 대부분《말씀이 육신으로 현신》안의 내용을 나누어 편집하여 각종 단행본을 이룬다. 어떤 것은 책의 이름을 고치고 어떤 것은 모 구절이 있는 장과 절을 바꾼다.

그 중《이미 울려퍼진 나팔소리》,《심판은 하나님의 집으로부터》,《당신은 하나님의 음성을 들었는가?》3권의 책은 책의 이름만 다를 뿐 내용과 편집 배열이 모두 같다.

《하나님의 은밀한 역사》,《동방으로부터 발하는 번개》와 이상의 3권의 책을 비교해 보면, 역시 장, 절의 배열 순서의 변동만 있을 뿐 내용에는 변함이 없다. 이러한 책 이름은 비록 모두 성경의 말씀을 사용하고, 책 중에 하나님을 믿고 사랑하는 듣기 좋은 말이 많지만, 결과적으로 목적은 오직 하나, 그들의 이단 교의를 주입하는 것이다.

찬양성(诗歌性, 소위 "새 노래(新詩歌)")

똥팡샨띠엔의 찬양집 중 가장 유명한 것은《나라의 찬양(国度的赞美)》,《어린 양을 따라 부르는 새 노래(跟着羔羊唱新歌)》,《전능하신 하나님, 참 좋으신 하나님(全能神, 你真好)》등이다.

우리가 주의하여 살펴 보면, 이 몇 곡의 찬양은 똥팡샨띠엔의 중요한 상징들임을 알 수 있다. 그들은 미국에서 사용하는 찬양집을 《진리성가선곡(真理圣诗精选)》이라고 한다. 그들은 뜻밖에도 이런 찬양들을 《계시록》14장 중 40만 4천인이 부르는 "신가(新歌)"라고 칭하며 이런 찬양들을 CD에 녹음하고 노래집과 함께 각지에 배포하여 사람들에게 노래를 배울 수 있게 한다.

업무성(工作性, 소위 "신 책략(新策略)")

똥팡샨띠엔은 또 다른 "일(作工)"에 쓰이는 소책자가 있다. 예를 들어 《새로운 소리(新的发声 실은 《东方发出的闪电》의 요약판이다)》,《진리를 행함에 있어 교제와 문제해답집(关于实行真理的交通与问题解答)》등이 있다.

그 외에 일부는 내부에서 사용한다. 업무 책략에 관한 서적에는 《업무인원수첩(工作人员手册)》과 《탐색의 세칙(摸底铺路细则)》이 있고, 그것은 그들의 구성원이 어떻게 하면 보다 더 효과적으로 인심을 속이고 농락할 수 있는지, 어떻게 하면 사람을 끌어 입교시키기 위해 각지 교회 중에 잠복할 수 있는지를 훈련하는 내용이다.

동방번개파(똥팡싼띠엔파이)의 이단 교리 주장

* 삼위일체 부정, '信父變子, 子變靈'(아버지 → 아들 → 성령)
* 자칭 道成女身 여성 그리스도(女性基督)설 메시야 주장 (원래 호함파 신도)
* 자체 문서 및 인터넷 사이트 운영.
* 새천년시대가 이미 도래했음을 선포.
* 교주의 새 계명을 통해 구원.
* 교주의 축복과 저주로 인하여 평안이 결정.
* 유혹의 수단 (한국의 신천지와 유사)

* 교회와 관계를 갖고 예배에 참여하여 사람을 포섭 한다.
* 위협하고 저주하는 말로 공포감을 준다.
* 가짜 이름과 주소를 사용한다.
* 금전과 미인계로 유혹한다.

동방번개파의 시대(時代) 분류

	율법시대	은혜시대	국도시대
이름	여호와	예수	전능자
성별	없음	男	女
육신과의 관계	없음	성령으로 잉태 - 유대인 모습	성령이 - 중국인 모습
일하는 곳	이스라엘	유다 지방	중국

음란을 정상적인 영적생활로 지칭

『심판은 하나님의 집으로부터(审判从神家起首)』에서 말하기를 "현재 가정, 부모, 아내, 남편과 자녀들을 떠난 사람은 영적인 세계로 진입한 사람이다. 말하자면 영적인 세계에서 모든 자가 한 곳에 모여 즐겁게 뛰논다.", "너희는 이제부터 혼인이 없는 줄을 알지어다. 모두 나의 사랑의 품에 안겨 지칠 줄 모르는 즐거움이 있을 것이다." 그리하여 많은 동방번개의 추종자들이 가정을 버렸고 음란한 생활은 그들의 일상이 되었다.

이들의 각 조직에서는 아름다운 여인이 남자들과 잠자리를 같이 하고 있으며 이것을 이름 하여 "영적인 침대"라 한다. 게다가 이들은 미인계를 이용하여 포교 활동을 한다.

예를 들면, 하남(河南)성의 그리스도인 부자(父子)가 있었는데 아버지는 교회에서 존경받는 장로이고 아들은 서른 살이 넘었지만 결혼하지 않은 상황이었다. 동방번개에서 이러한 상황을 알고 난 후 미모의 여인을 파견하여 그들을 찾아가서 말했다. "당신들은 정말 주님을 사랑하는 군요. 저는 정말 이런 가정에서 섬기고 싶답니다. 이런 가정이라면 시녀가 되어도 좋아요." 이렇게 그녀는 장로의 아들을 유혹하여 간음을 범하게 하였고, 동방번개의 교리를 받아들이도록 유도했다. 장로의 아들은 뒤늦게 정신을 차리고 이들을 따르지 않았으나 그 여인은 이들 부자가 다니는 교회에 이 사실을 폭로하였고 이들 집에 불을 지르고 자취를 감추었다.

하나님의 심판을 빙자한 만행

『말씀이 육신으로 현신』에서 여 그리스도는 "너는 정말 나의 말을 믿느냐? 너는 나를 속인 모든 자들과 나를 따르지 않는 모든 자들을 벌할 것을 믿느냐?"라고 기록하고 있으며 또한 『하나님의 은밀한 사역(神隱秘的工作)』을 통해 "나는 이미 나의 가르침을 너희에게 주었다. 나는 말한 바를 꼭 지킨다. 모든 것이 나의 손에 달렸고 만약 의심하는 자가 있으면 죽음을 면치 못할 것이며 즉시 제거하여 내 마음의 원한을 풀 것이다."라고 말하고 있다.

이와 같이 이들은 이미 폭력 집단의 성질을 가진 사교 집단이 되었고 의심하고 방해하며 그들을 배신하는 자에 대해서는 잔인하게 구타하고 귀를 자르고 심지어 음독 자살을 시키기도 한다.

예를 들면 1998년 11월, 12월 사이에 허난성 난양(南陽) 지역에서 동방번개의 폭도(暴徒)들이 그리스도인을 심하게 구타한 사건이 9차례 발생했다. 피해자 모두가 이들을 방어하던 그리스도인들이다.

이들은 자신들의 전능신을 훼방한다는 이유로 한 형제의 왼쪽 뺨을 칼로 긋고 두 다리를 부러뜨리고 오른쪽 귀를 잘랐다.

2002년 3월 씽타이(邢台) 지역의 한 61세 된 노인이 이들의 집회 처소에 잘못 진입하여 되돌아 나가려고 하자 두 장정이 그를 가로막고 문을 잠가버렸다. 노인이 그들에게 따지면서 불만을 토로하자 그들은 노인을 심하게 구타하였다.

2001년 봄에는 장시(江西)성 난창(南昌) 지역에 20세 된 미혼 여성이 그들에게 속아서 한 달 간의 훈련을 받았다. 그러나 이 여성은 자신의 순결을 지키길 원했고 기회를 틈타 도망쳤다. 그러나 며칠 후 동방번개의 폭도들에 의해 살해당했다. 이와 같이 이들의 악행들은 헤아릴 수 없다.

본국 중국 비방하는 찬양과 경전 책 내용 일부

전능신교(동방번개) 집단이 타국에 와서 본국 중국을 비방하는 찬양을 하고, 경전에 기록하여 가르치고 있다.
노래 책, 599장, "자민이 성숙될수록 큰 붉은 용이 무너진다."

(가사) 2절, "하나님 계획의 원만한 성공 위해 천사도 인간에 내려와서 있는 힘 다해 하나님을 만족케 하고 도성육신도 친히 원수와 싸운다. 하나님 도성육신 육신이 있는 곳은 바로 원수가 멸망하는 곳이다. 중국은 첫 번째로 부서져 하나님 손에 매몰된다, 하나님은 조금도 조금도 사정 두지 않는다…"

≪말씀이 육신에서 나타남·하나님 말씀 비밀의 게시≫ 에서,
역사 이상 (2), 어린 양이 펼친 책, "가장 흑암한 곳의 사람을 이미 정복하였다면, 그 외의 곳은 더 말할 필요도 없다. 그러므로 오직 중국의 정복 사역만이 대표적 의의를 갖고 있다. 중국은 모든 흑암 세력을 대표하는 바, 중국 사람은 육체에 속하고 사탄에게 속하고 혈기에 속한 모든 사람을 대표한다."
찬양 가사에 구체적인 나라 명을 넣어 부르는 것이 무슨 찬양이겠는가, 넋두리지!

건물 매입 과정 및 모든 활동, 미국 교주 측에 보고

전능신교의 국내 총 본부는, 서울 구로구 구로동에 있다.(2014년 당시, 현재는 충북 보은) 가산디지털단지 역에서 도보로 10분 정도 거리인데, 지하 1층·지상 5층 건물이다. 교회 근처는 인적이 드물고 한적한 곳이다.

부동산 업자에 따르면, 빌딩은 1994년에 권 아무개 씨(68)가 건립했다. 권씨는 건물이 완공된 후 가족과 함께 5층에 살았으나 전원생활을 하기 위해 빌딩을 매매했다고 한다. 2011년 3월쯤 14억원에 인근 부동산 중개업소에 매물로 내놓았고, 같은 해 5월 30일에 권 아무개 씨(43)에게 16억원에 팔렸다. 당시 건물을 중계했던 부동산 업자는 "교통이 편리하고, 비교적 한적한 곳, 사람들의 눈에 잘 띄지 않는 곳이라며 사고 싶어 했다"고 한다.

등기부 등본에는 2011년 당시 공동 소유주가 4명으로 되어 있었으나, 이후 일부 소유권 변동이 있었는데, 전 아무개 씨(여·33) 등 4명(남자 1명, 여자 3명)이 공동 소유주이다. 모두 내국인이 아니다.

2013년 현재에는 소유주는 전능하신 하나님 교회로 되어 있고, 대표자는 권모 씨(1972년 생)로 되어 있다. 조선족이다.

이들은 또 건물 매매 과정 전부를 미국에 연락해 의견을 묻고, 그것을 부동산 업자에게 전달했다고 한다. 중국에서 조선족으로 보이는 전능신교 신자가 찾아오기도 했다. 전능신교 신자들은 또 가산디지털 단지와 구로역 등에서 빌딩까지 버스로 몇 분, 도보로 몇 분 거리에 있는지도 정확히 측정했을 정도로 신중했다. 빌딩이 최종 매매되기까지는 약 2~3주의 시간이 걸렸다고 한다.

현재 건물 지하는 식당과 숙소로 사용하고 있고, 1층에는 사무실과 상담실, 그리고 2~5층까지는 전능신교 예배당으로 사용하고 있다. 그리고 옥상까지 남녀 숙소가 있다.

전능신교는 원래 국내에 들어온 후 경기도 안산에서 세력을 키우다가 2011년 4월에 서울 구로동에 교회 건물을 산 것으로 보인다. 건물 매입 당시 전능신교 신자들도 자신들을 "경기도 안산에서 왔다"고 소개했다고 한다. 2012년 대구 빌딩을 매입했고, 2013년 경부터 대거 입국한 신도들 5~600명은 경기도 파주 숙소에 머물렀다가 충북 보은과 횡성 등지로 옮겼다.

전능신교는 구로동 교회 건물을 매입한 후에는 중국 한족이나 조선족들이 많이 거주하는 가리봉동이나 대림동 등지에서 신자들이 어깨띠를 메고, 전단지를 나눠주며 주로 거리 포교 활동을 했다. 조선일보를 시작으로 주요 종합지와 경제지, 무료 일간지, 지방 일간지 등에 대대적인 광고를 게재하기도 하였다. 광고 규모도 엄청나다.

2012년 12월 20일자 파이낸셜타임스는 전능신교로 가장한 중국 경찰의 말을 인용해 "전능신교는 피라미드 조직과 비슷한데, 더 많은 사람을 데려오거나 더 많은 돈을 교회에 기부하면 천국에서 당신의 지위가 보장될 수 있다고 말한다. 만약 기부하지 않는다면 지금 현생의 삶도 개선될 여지가 없다고 말한다"라며 신도들에게 은근히 돈을 요구하고 있다는 내용을 보도했다. 한국교회 목사, 성도들… 빠져들어 가고 있다!

이미 중국에서부터 2000년대 초엽, 동북 삼성에 있는 수많은 가정교회들이 전능신교(동방번개) 집단으로 흡수되는 현상이 있었다. 당시 직접 신도들을 이끌고 전능신교로 개종(改宗)한 목사를 한국 총본부에서 만났다. 조선족이다.
그러한 이들이 당시 많았다고 한다. 이유는, 기성교회의 교파 분열과 불의한 일들을 보고 실망한 상태에서, 전능신교의 책자를 보고, 돌아섰다는 것이다. 최근 국내에서도 군소 교단에 속한 어느 교단의 노회가 전능신교로 개종(改宗)하려는 움직임이 있었다. 실제로 총본부를 찾았을 때, 기성교회 권사와 청년 신도가 와서 공부를 하고 있는 것을 보았다.

다음은 전능신교로 개종한 자들의 명단 일부이다.

은혜교회 김○렬 목사, 장위동교회 안○섭 집사, 아델포스교회 박○호 목사, 강동구에서 온 김○섭 목사, 의정부에서 온 노○숙 집사, 광명교회 한○자 전도사

전능신교, 신도들 집이 곧 포교 처소

서울 총본부와 경기도 안산, 인천 부평 등 서울 본부 외 각 지방은 신도들의 가정집이 곧 포교 처소가 된다. 안산을 찾았을 때도 여 신도 한 명이 사는 원룸으로 인도하여 포교를 하였다. 총본부는 서울시 구로구 구로2동 390-157, 그리고 경기도 안산시 원곡동 다문화 거리 부근, 경기도 안산시 초지동, 인천시 부평구 부평6동 육동로 693... 등에 포교 처소가 있다.

주일에는 서울 총본부에 모여 예배를 본다. 예배시간은 오후 1:30에 드리다가 오전 10:30으로 바뀌었다. 그리 많은 인원이 모인 것은 아니었다.

예배라 해도 거기에 얽매이지 않아 보였다. 그 시간 다른 업무를 보는 이들도 많았고, 각자의 처소에서 자유롭게 드리고 있었다.

예배가 시작되면 30여분 정도 찬양을 하고, 이어 대표기도가 있은 후, 설교시간이 이어지고, 설교가 끝나면 3-4인의 간증이 있다. 간증이 끝나면, 다른 형식 없이 사회자가 끝! 하고 외치면 끝나는 것이었다. 인도와 설교는 김호진(조선족, 남, 39세) 씨가 하였다.

2013년 보다는 중국 한족이 더 많아진 것을 볼 수 있었다. 그것도 건장한 남자들이었다. 중국에서 기성교회 목사를 하다 개종한 이들이다. 그리고 대체적으로 조선족들이 많고, 이어 한국인은 기성교회 다니던 사람들이나 타

종교에 있던 사람들이 개종한 경우이다. 이들의 포교활동은 전국을 돌아다니며 하고 있다.

안산에서 만난 남자 목사는 홍콩에서 10여년 동방번개 선교사로 활동하다 한국 온 지 6개월 된 사람이었다. 이름은 장명원(47세), 고향은 중국 길림성이고 1999년부터 전능신교를 믿었다고 한다. 아직도 아내와 아이들은 중국에 있다고 했다. 만난 이들이 대부분 중국 길림성, 흑룡강성 사람들이었다. 전능신교의 출발이 그곳이었으니 많을 수밖에 없을 것이다.

중국에서 전능신교는 납치, 연금, 구타, 살해 등 온갖 악행을 감행했던 집단이라고 알려졌다. 게다가 교주는 뚜렷한 정치적 야망이 있어서 『말씀이 육신이 되어』에서 말하기를 "하나님은 은혜의 시대보다 몇 천 배나 되는 위험을 무릅쓰고 자신의 사역을 완성하기 위해 중국에 강림하셨다."라고 하였다.

『하나님의 은밀한 사역』에서는 "하나님은 말세에 육신이 되어 중국으로 가셔서 온전한 사역을 이루시고 모든 사역의 핵심을 중국에서 마친다.", "현재의 중국은 몰락한 제왕 국가이며 악한 용(龍)의 지배를 받고 있다. 하나님의 자녀들을 불러 일으켜 악한 용과 결전을 벌여 악한 용을 멸망시킨다."라고 했다. 이와 같이 전능신교(동방번개)는 사교집단으로 그리스도의 교회와 사회에 공공의 적이다.

2. '전능신교' 교주 조유산: 중국 초원(招远) 유혈사건 막후 주모자 (2014년 12월)

초원(招远) 5.28 고의 살인 사건 범죄 용의자 6명이 모두 '전능신'사교 신도들인 것으로 밝혀졌다고 메스컴에서 전했다. 전능신, 일반인들에게는 아주 이상한 이름으로 2012년 '세계 종말' 주장 이후 2년이 지난 이후 다시 사람들의 시선에 들어왔다. 사람들은 빈번히 악행을 저지르는 '전능신' 사교는 도대체 어떤 사람이 설립했고 또 어떤 사람이 막후에서 조종하고 있는지에 대한 질문을 던지게 된다.

조유산(赵维山)이라는 흑룡강성 아성(阿城)의 평범한 노동자가 재차 우리의 시야에 들어왔다. 1995년 관련 부처에서 조유산이 사교 전능신의 창시자, 조직자, 관리자라고 공인했다. 한 보통인이 어떻게 한 걸음 한 걸음 사악한 길로 나가게 됐는가? '전능신'이 어떻게 그의 손에서 놀아나는 '노리개'가 되었는가?

조유산

● 본래는 평범한 사람

소년: 출중하지 못했고 개성적이었다.

"소싯적 특별히 뛰어나지는 않았고 모두들 함께 잡담을 했다"
조유산의 친동생 조옥(赵玉)이 소싯적 형님에 대한 평가가 이러했다.

조옥의 소개에 따르면, 조유산은 본명이 조곤(赵坤)이고, 1951년 12월. 가문의 장자로 태어났다. 부친은 아성 철도국 직원이었다. 일가 형제 10명인데 소싯적 가정 형편이 어렵고 식구가 많아 식량마저 모자랐다. 조유산은 늘 동네 친구들과 함께 놀았고 여름이면 강가에서 개구리를 잡고 겨울이면 얼음판 위에서 스케이팅을 즐겼다. 골목 대장도 아니고 그저 따라 놀았으며 다들 함께 잡담을 잘 했다.

입학 후 조유산은 본명 '조곤'이 마음에 들지 않는다며 부모 몰래 '조유산'으로 고치겠다고 학교에 신청했다. 소학교 6학년 때 학교에서 반란단(造反团)을 조직하고 대자보(大字报)를 썼으며 비판 대회를 열고 교장을 비판 투쟁 했다. 그때는 학급 애들과의 관계도 보통이었고 별로 특수하지 않았다. 중학교를 졸업하고 일자리를 찾아다녔지만 찾지 못하고 성이 원(袁)씨인 목수 밑에서 목수 일을 배웠다. 아둔하지 않아 몇 개월 후 다른 사람 따라 일을 시작할 수 있었고 손 재간이 괜찮다는 평판을 받았다.

직장 일: 일에 소극적이고 태만하며 다른 꿍꿍이가 있었다.

"평상시에는 수수한 옷차림에 착하고 성실해 보였으며 동료들과 별로 교류가 없고 출근해서 일 하고 일이 끝나면 귀가했다"고 흑룡강성 신화 제2공장에 근무할 때의 동료 경장림(景长林)이 털어놓았다.

1971년, 조유산은 부친을 따라 아성 철도공무단(铁路工务段)에 근무하게 되었다. 남들이 부러워하는 안정적인 직업이었지만 조유산은 별로 소중히 여기지 않았다. 그러다 1983년 장기적인 무단 결근으로 직장에서 해고를 당했다.

그후 흑룡강성 신화 제2공장에 출근했고 그 일자리도 달갑지 않아 1985년 다른 사람과 직장을 바꾸어 아성 녹말제당공장에 근무했으나 무단 결근이 많아 다시 해고됐다.

함께 일했던 동료들은 조유산이 특별한 데 없이 평범했고 늘 이상하게 넌지시 뭘 하는 것 같은 느낌이었다고 입을 모았다.

혼인: 평범하고 불행

"결혼 후 조유산은 제자와 둘이서 기와집 한 채를 지었는데 제자의 아버지가 교를 믿었고 아들도 신도였는데 그들의 영향으로 조유산도 종교를 믿게 됐다"고 조유산의 전처 부운지(付云芝)가 말했다.

조유산과 전처 부운지는 지인의 소개로 알게 되었고 결혼 후 목수 기술로 제자와 함께 집 짓는 일을 했다. 그 과정에서 제자와 제자의 아버지가 종교를 믿고 있음을 알게 됐고 그들의 영향을 입어 교를 믿게 되었다. 조유산이 종교를 믿은 후 입교하라고 적극적으로 권하는 바람에 자신도 따라 믿게 되었다고 부운지가 말했다.

두 사람 모두 종교를 믿어 의기투합할 것 같았지만 속은 딴 판이었다. 1989년 조유산이 '영원(永源)교회'를 설립하고 자주 비밀 집회를 가졌으며 '전권의 주'라고 자칭하며 못하는 일이 없다고 고취했다. 현지 정부에서 이를 발견하고 증거를 찾아 '영원교회'를 불법 조직이라 규정했다. 소식을 미리 접한 조유산은 처자를 버리고 외지로 도주했고 부부 인연은 이렇게 끝났다.

● 일반인에서 '가짜 신'으로

종교: 정규 교파를 경시하고 자립하여 일파를 조직

"그때 기독교도 인재를 불러들이려 했는데 나쁜 사람을 끌어들일 줄은 몰랐다"고 전 아성 종교국의 간부 조경방(赵庆芳)이 말했다.

1983년 조유산이 기독교를 신앙하기 시작했다. 신앙 초기 아성 현지 기독교 교회에 가입했고 교회에서 자원봉사 일을 시작했는데 차츰 여러 가지 이상한 기미가 보이기 시작했다.

전 아성 종교국 간부 조경방의 말에 따르면, 그때 아성 기독교 교회의 장로들 거의 다 고희에 접어든 나이고 젊은 사람들이 적은데다 글을 몰라 〈성경〉도 제대로 읽지 못했다. 그나마 조유산이 중학교를 졸업했고 배운 게 있었으며 모임 장소에서의 발언도 논리가 있어 보였다. 이렇게 조유산이 사람들을 가르치기 시작하고 그런 과정에서 그의 야심이 드러났다.

당시 아성 기독교 내에 '장로파'와 '소군파(小群派)'가 있었는데 교의를 둘러싸고 그들 사이에 약간의 분쟁이 있었다. 이런 분쟁이 조유산에게 이용되어 그가 일부 신도를 끌고 분파하여 나왔고, 교회 관리에서 완전히 벗어났다. 공부를 했고 같은 연령층의 신자들 중에서 출중한 조유산이 교회의 장로들을 얕잡아봐서 교회 조직과의 갈등이 날로 심각해져 결국 조유산이 자립해 새로이 일파를 만들고 비밀 집회를 가지며 사악한 길로 나가기 시작했다.

가족: 부친이 극력 반대했어도 개변시키지 못했다

"종교를 믿는다고 부친이 반대하여 여러 번 다퉜지만 그는 전혀 고치지 않고 오히려 부친을 욕하며 자기 일에 상관하지 말라고 했다"고 조유산의 동생 조옥이 말했다.

조유산이 종교를 믿은 후 본업을 하지 않고 무단 결근이 많아 부친이 여러 번 타일렀다. 하지만 매번마다 대판 싸움으로 끝났을 뿐 아버지와 가족들의 반대에도 추호의 변화가 없었다.

1985년 조유산의 가정에 비극이 발생했다. 어느 날 밤, 가스 중독으로 조유산의 부모와 자식이 선후로 세상을 떠났다. 가족들의 간섭이 없게 되자 그는 아예 집에서 '구들 집회(炕头聚会)'를 가졌다. 조직이 날로 확장되면서 그는 사악한 길로 점점 더 멀리 나아갔다.

사악한 길: 사악한 길을 걸은 후 '가짜 신'으로 변신

"이상한 일이 생겼다. '성령'이 조유산의 몸으로 옮겨졌고 그가 '주'가 되었다. 그때 나도 어리벙벙했다. 사람이 어떻게 '주'가 될 수 있단 말인가?" 초기 '능력주' 모임을 조직했던 영원주민 곽흠군(郭欽君)이 말했다.

'능력주(能力主)'를 설립한 후 조유산은 신이라고 자처하고 비밀 조직 활동을 개시했다. 신도들마다 유일한 신호가 있고 외부인은 알 수 없었다. 당시 '능력주' 내부에 '성령충만설방언(圣灵充满说方言)'이라는 것이 있었는데 그 말은 '자기 사람'들 사이에만 알아들을 수 있었다. 간혹 신도가 그의 다리 밑에 기여 들어가 그를 업고 흔들었고 숱한 사람들이 너도나도 그를 업으려 했다. 조유산을 한 번 업으면 구원되며 '능력주'를 업었으니 나중에 '하늘로 올라'가면 '대우'를 받는다고 가르쳤다.

후에 조유산이 "말씀이 육신에서 나타남(话在肉身里)"이란 책을 냈는데 '여 그리스도'가 두 번 째의 도성육신(道成肉身)이라고 말했다. 처음은 예수의 도성육신이고 그건 은혜시대이며 '여 그리스도'가 신도들을 데리고 은혜시대에서 내려왔는데 이것이 두 번 째의 도성육신이고 국도시대이며 신도들이 반드시 '여 그리스도'의 말을 들어야 한다고 책에서 독려했다. 지난 세기 90년대 하남성으로 도주한 조유산은 전능신교를 설립하고 대학 입시에서 낙방되어 정신 분열증에 걸린 여성 양향빈(杨向彬)을 '여 그리스도'로 신화하고 자기가 '대제사(大祭司)'라고 대대적으로 선전했다. 이로써 조유산은 사악한 '노리개'-'전능신'을 공식적으로 완성했다.

맺는 말

1995년 전능신이 사교로 규정되고 조유산은 2000년에 미국으로 도주했다. 그후 그는 각종 수단을 동원하여 국내 신도를 선동하는 동시에 해외에서 활동을 벌여 미국 뉴욕과 캐나다 토론토 등지에 활동센터를 설립했다.

조유산은 한낱 사악한 길을 걸은 평범한 사람이다. 사교 '전능신'을 설립하고 소위 '여 그리스도', '대제사'로 신격화했지만 평범한 노동자가 '신'으로 변신한 과거 흔적은 지울 수 없다. 세상에는 '능력주', '전능신'이 없고 '여 그리스도'도 없다. 이 모든 것들이 조유산의 손바닥에서 놀아나는 한낱 '노리개'에 불과할 따름이다.

4장

2015년

제4장

2015년

1. 전능신교의 정체 (2015년 3월)

2014년 5월 28일, 산동 연대(煙台)는 다소 더운 날씨였다. 이 날도 오석연(吳碩艶, 35세)은 전동차를 타고 초원(招远)시 금도(金都) 백화점에 출근했다. 퇴근 후 남편, 아들(7세)과 금도 백화점 맥도날드 식당 앞에서 만났다. 아직 저녁을 먹지 않은 오석연은 맥도날드에 들어가고 남편은 아들을 데리고 6층 게임장으로 올라갔다.

그런데 이것이 그녀와 가족의 마지막 만남이었다. 맥도날드에서 오석연은 입교를 강요하는 전능신교 신도 장입동(张立冬) 등 6명을 만났고, 전화번호를 알려주지 않은 탓으로 폭행을 당해 숨졌다.

초원 유혈 사건은 전국을 경악케 했고, 1995년 정부로부터 사교로 규정된 후 전능신교가 다시 사람들의 이목을 끌었다.

교주 조유산, 미국 호화로운 저택에서 포교 활동 원격 조종

장입동이 신봉하는 전능신교는 기독교의 이름을 내걸고 지난 세기 90년대 하남성에서 전파하기 시작했는데 '동방번개(东方闪电)', '실제신(实际神)', '7령파(七灵派)'라고도 한다. 국가 관련 부처 관계자의 소개에 따르면, 전능신교의 창시자인 조유산(赵维山)은 흑룡강성 아성(阿城)시 (지금의 하얼빈 아성구) 영원(永源)진의 사람인데 1951년 출생, 전문대학을 졸업한 철도 노동자이었다. 언론에서 말하는 '물리 선생'이 아니다.

1979년 조유산은 지인의 소개로 아성 제과 공장의 노동자 부운지(付云芝)와 결혼했다. 1981년 흑룡강성에서 사교 조직 '호함파(呼喊派)'에 가입한 그는 1986년부터 아성을 중심으로 주변의 상지(尚志)현, 임구(林口)현 등 지역의 가정집회를 전전하며 '설교'하고 일부 신도들의 추앙을 받았다. "숱한 신도들이 앞뒤로 옹위"하여 조유산의 성취감을 키워줬고, 그 후부터 걷잡을 수 없게 번졌다고 전능신 사건 수사에 참여했던 하남성 경찰이 언급했다.

조직 능력이 강한 조유산이 얼마 후 흑룡강 지역의 책임자가 되었고, 한 검거 작전에서 그의 아내 부운지가 검거되어 노동 교양 3년 형을 받았으며 후에 조유산과 이혼하고 재가했다.

1989년 흑룡강 지역의 '호함파' 기타 신도들과의 불화로 조유산이 일부 신도들을 거느리고 분파해 나와 '영원교회(永源教会)'를 설립했다. 1991년에 이르러 '영원교회'는 흑룡강성 신도만 수 천 명에 달했다. 그 해 5월 8일, 하얼빈 시 정부에서 이 교회를 불법으로 규정하고 단속한다고 선포하자 조유산 등은 경찰의 추적을 피해 하남성 청풍(清丰)현으로 피신하여 현지의 '호함파' 신도와 합류했다. 1993년 조유산은 '영원교회'를 '진신교회(真神教会)'로 개명하고 자신이 대표가 되었다. 이렇게 전능신교가 사교(邪教) 형태를 갖추게 되었다.

이 과정에서 조유산은 '여 그리스도' 양향빈(杨向彬)을 포장해 냈다. 1973년 산서성 대동(大同)현 서평(西坪)진에서 출생한 양향빈은 1990년 전후로 대학 입시에서 낙방된 자극을 받아 정신 질환을 앓다가 후에 '호함파'에 가입했다. 1991년 초 정신질환이 재발하여 "신령에 감동되어 이몽이상(昇梦异象)을 봤고" 자신의 몸에 '신령'이 임하였다며 자신이 '신'이라는 글을 썼다. 양향빈의 가치를 의식한 조유산은 그녀를 자신의 권력 체계에 포함시키고 뒤이어 애인으로 만들었다. 그러다, 1993년 12월 8일 조유산과 양향빈이 하남성 개봉(开封)에서 결혼했다.

조유산은 7명을 선출하여 신의 화신이라 하고 그들을 각각 '전능(全能)', '전비(全备)' 등으로 불렀다. 조유산은 '전권(全权)' 또는 '대제사(大祭司)'라 자칭하고 행정 업무를 맡으며 양향빈을 '전능신' 또는 '여 그리스도'라고 받들었는데 그의 주요 업무는 '신화'를 쓰는 것이었다. 두 사람은 업무 분담이 확실했다. 양향빈이 명의상 최고 지위에 있었지만 '신화'만 발표하는 허수아비에 불과했고 실제 조종자는 조유산이었다. 두 사람은 기독교의 '도성육신(道成肉身)'이란 전문 용어를 왜곡하여 "도성육신이 두 차례 있는데…… 첫 번째 도성육신은 남성이고 예수라 하고 두 번째 도성육신은 여성인데 '여 그리스도'라 부른다"고 하고 "그리스도가 이미 강림했다. 세계의 동방--중국에 강림했다……이 그리스도는 2천년 전에 십자가에 못박아 죽었다. 다시 부활된 예수가 아니라 오늘의 중국 하남성 정주에서 태어난 여 그리스도이다…… 동방에서 발출하여 서쪽까지 직사하는 번개이다"고 날조했다.

1997년, 사교활동에 종사하던 조유산이 검거되었고, 노동 교양 3년 형을 받았다. 2000년 5월, 조유산이 허문산(许文山)이란 가명으로 양향빈 등과 함께 위조 증명서류로 하남성에서 여권을 만들었고, 9월에 미국으로 도주하여 계속 국내 사교 활동을 원격 조종했다.

2001년 조유산은 '종교 박해'를 이유로 미국에 '정치 망명'을 신청했고

'영주권'을 신청했다. 조유산과 양향빈이 미국으로 도주한 후 사람을 찾아 자기들을 도와 법적 처리를 하도록 부탁해 그들이 종교 명의로 전파 활동을 해도 미국에서 법에 저촉되지 않게 되었다며 "현지 관련 부처와 협력하여 해결 방법을 강구하여 합동 타격을 실시할 것이다"라고 국가 관련 부처 관계자가 '환구인물' 잡지사 기자에게 언급했다.

현재 조유산은 미국 뉴욕의 한 호화 별장에 살고 있다. 겉으로 보기엔 미국의 법을 지키고 은거하고 있지만 사실은 홍콩과 한국을 주요 요충지로 선정하여 이 두 곳이 중국 대륙과 거리상 가깝고 경제 교류가 잦으며 인적 왕래가 많은 우세를 이용하여 중국 대륙의 전능신교 활동을 계속 원격 조종하고 세속 재물을 갈취하고 대대적인 포교 활동을 감행하고 있다.

2012년 산동 '목축구(牧区)'에서 그에게 바친 '봉헌금'만 하더라도 4400만 원에 달했다. 전능신교의 영향력을 끊임없이 확장하기 위해 2013년 1년에 1000만 원 넘게 들여 홍콩의 여러 중, 영문판 신문들에 광고를 내고 도로변의 노점을 구입하여 행인들에게 전능신교 선전 자료를 배포했다.

분별력이 미약한 사람들을 상대로 시한부 종말을 전했다.

중국 기자가 하북성 무급(无极)현에서 취재 시 기독교를 믿는 한 노인이 "전능신교는 우리처럼 예배당에서 광명정대하게 모여 설교하는 것이 아니라 문을 닫고 남 몰래 모여 허튼소리 치며 기독교를 왜곡하고 나쁘게 전파한다"고 기자에게 털어 놓았다.

무급현 사교문제 방범 처리 영도소조 판공실 관계자는 '환구인물' 잡지사 기자에게 무급현에 전능신교의 활동이 실존하며 초원 유혈사건 후 관련 부처에서 엄밀한 조사를 통해 상황을 파악했다고 말했다.

'환구인물' 잡지사 기자는 취재 과정에서 전능신교의 전파 특성에 유의했다. 전능신교의 신도들 중 백수이거나 집에서 놀고 있는 여성들이 많은 편이다. 그리고 도시와 멀리 떨어진 시골에 전능신교가 상대적으로 활발히 전파되고 도시와 가깝거나 경제가 상대적으로 발달된 지역은 전능신교의 종적을 찾아볼 수 없다.

한 마을 치안 담당이 기자에게 "마을 사람들이 다 일 하느라 바쁜데 언제 한가해서 그런 이상한 교를 접촉할 시간이 있겠는가"고 말했고 시내에서 점포를 경영하고 있는 다른 사람도 옛날 편벽한 시골에 살 때 전능신교를 들은 적이 있지만 점포를 꾸리느라 시내로 온 후 다시는 들어보지 못했다고 말했다.

국가 관련 부처에서도 이런 상황을 입증했다. 관련 부처의 정보에 의하면, 최근 몇년간 전능신교가 광대한 농촌 지역에서 신속히 퍼져 일반 백성의 신앙에 심한 영향을 끼쳐 농촌사회 기초를 침습하고 있다. 어느 마을의 당 서기가 전능신교 신도인데 재임 기간 촌 위원회 간부 전체를 입교시켰고, 마을 인구 70%를 전능신교에 가입시켰다.

2012년 '세계 종말' 유언비어가 유행되면서 전능신교가 급속히 전파되었다. 2012년 12월 13일 전후, 하남성의 광수(广殊)향, 나진(罗陈)향, 은붕(殷棚)향 등 향진에 전능신교 활동이 맹활약하고 전능신교 교의를 선전하기 위해 가정 방문을 오는 사람을 흔히 볼 수 있었다. 광산현 나진향 금성(金星)촌의 김국주(金国珠)와 다른 여성 신도는 추붕촌(邹棚村) 집집을 찾아 다니며 "세계 종말이 곧 온다. 지구상 2/3의 인구가 죽게 되는데 신을 믿어야만 무사할 수 있고 믿지 않는 자는 벼락에 맞아 죽는다"고 선전했다.

민옹군(闵拥军)은 그 영향을 입어 "지구상 2/3의 사람이 죽는데 내가 죽어도 광산(光山)현 사람들이 나를 모르는데 모든 사람이 다 나를 알게 만들겠다. 그렇지 않으면 죽어도 거저 죽는다"는 생각이 들었다. 2012년 12월 14일 7시, 그는 흉기를 들고 문수(文殊)향 진붕(陈棚)소학교에 난입하여 묻지 마 칼부림으로 학생 23명과 어른 1명에게 상해를 입혔다.

5일 후 하남성 남양(南阳)시 방성(方城)현 광양(广阳)진 북관(北关)촌의 정보생(程宝生)은 '세계 종말'이 온다고 믿고 흉기로 부친, 아내, 아들, 질녀 등 4명을 찔러 숨지게 했다.

정보생(37세)은 정신 질환 경력자로 전능신교가 말하는 "12월 21일이 세계 종말"이라는 말을 철석같이 믿고 며칠 전에 현장 일을 그만 두고 귀가했다. 18일 세계 말일이 온다며 도피해 가출하려 하는 그를 가족들이 말렸다고 19일 갑자기 흉기를 들고 가족 4명을 전부 살해했다.

2012년 12월 상순과 중순에 전국에서 전능신교가 폭력으로 법에 항거하는 사건이 무려 30건 발생했다. 공안 기관에서 일부 혐의범을 체포하자 부분 신도들이 사법 기관을 충격하고 폭력을 행하거나 에워싸고 정좌를 벌이고 포교 기도를 하고 무릎을 꿇는 등 방식으로 사람을 석방하라고 협박했다.

2012년 12월 6일부터 14일까지만 해도 강서성의 구강(九江), 평향(萍乡), 섬서성의 위남(渭南), 하남성의 정주, 신양(信阳) 등 많은 곳에서 신도들의 논란 사건이 발생하고 수 명의 경찰이 부상을 당하고 경찰차 여러 대를 뒤집어 엎었다. 그 지역의 파출소도 충격을 받았는데 최고로 참여자가 수 천 명 되는 난동이 벌어지기도 했다. 통계에 따르면, 2012년 10월 12일~25일 사이에 전국에서 4,365건의 전능신교 관련 사건이 발생했다.

전능신교의 발전 과정을 세 단계로 나눌 수 있다. 1993년-1995년 발전 초기, 전능신교는 "전능신교 실태 파악, 길 트기 세칙"을 발표하고 소위 "전 단계 작업 취지"를 제정했다.

즉 국내 본토 교회 '로지방(老地方, 기독교 신자들 모임 장소)'과 '호함파'에서 성원을 확대하고, '로지방' 신도들의 지나친 보수성과 '호함파'의 인식상 혼란과 체계적인 이론 기초가 부족한 약점을 이용하여 그들이 '여 그리스도'의 관점을 접수하도록 유도했다. 이 단계의 전능신교의 홍보 수단은 비교적 조잡하고 쉽게 바닥이 드러났다.

주요 수법으로는 기독교 신도를 통해 현지에서 인지도가 있고, 외출 중인 전도사의 가정 주소를 알아낸 후 문틈으로 전단지를 밀어 넣고 가끔 지폐를 그 속에 끼여 넣기도 하고 나중에는 상대방을 연금해 놓고 여색으로 유혹하고 기회를 노려 사진을 찍어 협박하는 수법을 사용했다.

1995년 후 전능신교는 성경에 대한 이해가 확고하지 못한 대학생 신도들과 부분 비즈니스 인사들을 포섭해 조직원의 문화적 수양을 높이고 경제 수입을 올려 조직의 활동에 편의를 제공했다.

그 후 전능신교는 도시로 확장하고 포교 대상을 현임 공무원이나 지식인들 쪽으로 치중하는 흔적을 보이기도 했다. 전능신교의 "교회 가입 접수 원칙"에 "간부나 과학기술 교육인원에 대해서는 더욱 큰 인내성을 가지고 이끌어야 한다", "일단 진리에 진입하면 그들 모두가 유용한 인재이다"고 언급됐다.

2001년 후 전능신교의 독성 종양이 티베트 외의 모든 성, 시, 자치구와 홍콩, 마카오 특별행정구역까지 확장되었고 수단이 한결 은밀하고 흉악해져 작업 목표를 '이냥 식량(二两粮)', '문도회(门徒会)', '4복음파', '영령교(灵灵教)' 등 기타 사교 조직으로 돌렸다. 이런 사교조직들은 이론 기초가 견실하지 못하거나 문제들이 존재했으므로 전능신교의 유혹과 협박에 못 이겨 최종 대부분 전능신교로 편입되었다.

한편 전능신교는 해외에서 현지 화교 단체를 목표로 미국, 캐나다, 한국, 싱가포르, 홍콩, 대만 등지에 지부를 설립했다. "중국종교보고(2013)"의 데

이터에 따르면 전능신교는 홍콩에서만도 이미 신도 2000여 명을 포섭했다. 초원 유혈사건이 발생한 후 대만의 기독교계는 양안(兩岸)이 공동으로 전능신교 단속에 협력할 것을 촉구했다.

엄밀한 등급 구조, 체계적인 금품 갈취 절차

전능신교가 신속히 만연될 수 있는 기반은 체계적이고 엄밀한 등급 구조이다. 교주 조유산은 자신의 '교무 업무'를 수행하기 위해 여러 부처를 설치했다. 1993년부터 조유산은 전국을 중원구(발원지 또는 '성지 석안(錫安)'이라 함), 화북구, 화동구, 동북구, 서북구, 화남구, 서남구 등 크게 7개의 '목축구'로 분할하고 '목축구'마다 '편(片)'을 설치하고 '편' 아래 또 교회를 설치했으며 조직 각 층에 전문 선교사를 두어 신도를 포섭하도록 했다. 2006년, 조유산은 하남성에서 집회를 조직하고 자신을 '성령이 사용하는 사람'으로 승급시켜 권력 피라미드의 정상에 올려 놓았다. 2012년 5월, 전능신교는 다시 전국을 호광(湖广), 절민(浙闽), 천귀(川贵), 소환(苏皖), 전예(全豫), 진기(晋冀), 섬감(陕甘), 산동, 요동(辽东) 등 크게 9개 '목축구'로 재분할했다.

정부의 타격에 대응하기 위해 조유산은 목숨을 걸고 '영업팀'을 강화했다. 우선 컴퓨터 팀과 번역 팀을 구성하고 뒤이어 문자 수정 팀, 교정 팀, 디자이너 팀, 낭송 팀을 구성하고 6명의 감찰원을 임명하여 소위 국내 핵심 영도 기구 – '감찰 팀'을 설립했다. 이런 팀이 신도들을 통제하고 신도들에게서 갈취한 재물을 횡령했다. 이런 엄밀한 조직 테두리 안에서 조유산이 신도들에게 정신적인 통제를 실시했다.

전능신교는 최대한 신도들의 능력을 발휘시켜 매 개인의 연령, 직업, 학력 등에 관계 없이 모두 '여 그리스도'를 위해 움직이도록 했다. 문화지식 소유자를 중점으로 양성시키고, 젊은 여성을 미끼로 타인을 입교하도록 유혹하고, 노인과 어린이들은 혈육의 정으로 식구들을 입교시키는데 이용하고, 사람들을 입교시키기 위해 심지어 집단 사기, 전통 교회 잠입, 집단 납치, 유괴 등 수단을 가리지 않았다. 후과를 따지지 않는 이런 미친 듯한 확장 수단은 전능신교의 급속한 성장을 이루었다.

　전능신교 신도들은 입교 전에 모두 과격한 언어로 '보증서'를 써야 하는데 이를 테면 "교를 믿지 않으면 벼락 맞는다", "하루라도 타인에게 설교하지 않으면 비명에 횡사 당한다" 등을 적는다고 전능신 사건 수사 경찰이 환구 인물 잡지사 기자에게 털어 놓았다. 전능신교는 또한 '법 집행' 팀을 구성하고 탈퇴하려 시도하는 신도들에게 징벌을 가했다. 2010년 하남성의 소학생이 짚가리에서 변사체로 발견됐고 발바닥에 번개 표기가 찍혀 있었는데 조사 결과 그의 가족이 탈퇴 의도를 보여 전능신교가 보복을 실행해 무고한 어린 애를 살해한 것으로 확인되었다.

　전능신교는 조유산이 경제 이익을 추구하는 중요 도구로 완벽한 재물 갈취 절차가 있으며 "신을 위해 일하자면 신에게 일체를 바쳐야 한다"는 명의로 신도들로부터 봉헌금을 받아냈다. 수취 시간은 보통 집회 때이며 재물은 층층이 위로 바치며 "수금 반납 조항" 원칙을 수행하여 봉헌금은 수금자가 점유하는 것이 아니라 상급에 바치는 것임을 증명했다. 정주의 한 신도의 가족이 시어머니가 가져온 수령증을 봤는데 "100원 아니면 200원이었다"고 환구 인물 잡지사 기자에게 털어 놓았다. 한편 전능신은 수입이 적은 사람들에게 작은 선심을 베풀어 생필품을 나눠주고 그들의 경제 상황을 개선하고 어려움을 해결해 준다는 등 명목으로 감정을 이용해 포섭하고 입교 후 사교 사상을 침투시켜 다른 사람을 포섭하도록 유도했다.

2. 독점 폭로: 전능신 〈자녀관계 단절서〉 (2015년 11월)

얼마 전 네티즌이 전능신교 신자가 가족에게 써 보낸 〈자녀관계 단절서〉 한 통을 개풍망에 제보했다. 내용으로 보아 해독을 깊이 입은 전능신교 신자 정진머이(曾金梅)가 전능신교에 대한 충성을 표현하기 위해 자녀 셋과 관계를 단절하기로 결정했음을 확인할 수 있다. 이는 사교 전능신이 인권을 침해하고 가정을 파괴하는 유력한 증거이다.

아래는 〈자녀와 관계 단절서〉 전문 내용임:

> 본인 정진머이는 전능신을 신봉하기 위해, 전능신에 충성하고 신의 구원을 받기 위해 신의 지시에 따라 아들 줘(左)XX와 모자 관계를, 딸 줘(左)XX, 줘(左)XX와 모녀 관계를 단절하기로 결정했다. 내가 신을 믿는 것은 내 자신을 위해서이지 다른 사람을 위해서가 아니다. 향후 그들의 성장과 현재 모든 부담이 본인과 무관하다. 본문 내용은 모두 내심에서 우러러 나온 말이며 절대 후회가 없다. 본문에 한 서명은 진실하며 모든 결과에 대해서 나 자신이 책임진다.
>
> * 작성자: 정진머이. 1월 3일 저녁.

전능신교 신도들이 왜 혈육의 정을 끊고 가정을 포기할 수 있는가? 필자는 사교 전능신의 교리에서 그 답을 찾았다.

사교 전능신의 홍보 자료 〈말씀이 육신에서 나타남〉에 "부모, 남편, 자녀, 친족과의 왕래는 '세속의 부대낌'이며 남편, 자녀를 포기할 수 있는 때가 바로 생명이 성숙되는 때라"고 강조했다.

산동 여성 전능신 믿어 '성 노리개'로 전락

산동(山东)성 지머(即墨)시에 살고 있는 왕앤(王雁, 가명)이라 합니다. 올해 35세인 저는 대학에서 경제와 금융을 전공하고 졸업 후 지머시 모 은행에 취직했습니다. 저는 행복한 가정이 있고 저를 극진히 사랑하는 인민 교사인 남편, 영리하고 귀여운 딸을 가진 남들이 부러워하는 행복한 여자였습니다. 그런데 전능신에 가입하고 나쁜 길에 잘못 들어서면서 가정도, 여성의 순결도 다 잃고 정신적인 박해를 받을 대로 받았습니다. 지난 날을 생각할 때마다 고통이 극에 달합니다.

완벽주의자인 저는 중학교 때 토우왠밍(陶渊明)의 <도화원기(桃花源记)>를 읽고 글 속에 묘사된 아름다운 경지에 사로 잡혔습니다. 사람과 사람 사이에 갈등이 없고 조화롭고 편안하고 자급자족하고 유유자적한 생활, 완연한 전원 풍경과 무릉도원이 저의 가슴 속에 깊이 뿌리를 내렸습니다.

사회생활을 시작한 후 복잡한 대인관계에 적응이 안 되고 또한 출퇴근 시간에 맞춰 새장에 갇혀 사는 것 같은 은행 일이 싫어 늘 현실에 대한 고민과 아름다운 경지에 대한 환상에 빠져 헤맸습니다.

그리고 무슨 영문인지 저는 어릴 적부터 병에 걸릴까, 늙을까, 죽을까를 특별히 겁냈고 차라리 구차하게 살지언정 병에 걸리기 싫었고, 차라리 일찍 죽을지언정 늙기 싫었습니다. 물론 일찍 죽기 싫고 장생불로하기를 기대했습니다. 2010년 친척 한 분이 갑자기 병사해 조문 갔다가 유체를 피뜩 본 후부터 밤만 되면 머리를 풀어헤친 그녀가 저의 집 거실에 서 있는 것 같아 감히 안방 문을 나서지 못하고 늘 악몽에 시달리다 지쳐버렸습니다.

저는 종래로 나라대사나 철학이나 사상도덕 등 이론에 흥미를 가지지 못하고 대학 때에도 이런 과목 수업시간만 되면 머리부터 아파 선생님이 강의하든 말든 밑에서 소설을 읽고 잡지를 읽으며 명심해 듣지 않았습니다.

   2012년 3월, 저는 이웃 집 왕 아줌마를 통해 '전능신'을 접했습니다. 마야인이 2012년 12월 21일이 세계 종말이라 예언하고 그 날에 재난이 닥치고 지구가 폭발하는데 전능신을 믿어야만 피난처에 들어가 구원되고 심판과 형벌을 면할 수 있다고 들었습니다.

   그리고 가끔 저에게 전능신 자료를 가져다 주고 저를 데리고 이른 바 '영가(灵家)생활'에 참가하여 '성가'를 부르고 '영무(灵舞)'를 추고 피차간에 형제자매로 호칭하며 웃고 싶으면 웃고 울고 싶으면 울었습니다. 저는 이런 편안한 분위기에 감염되었습니다.

3월 26일, 저는 그녀의 권유로 의연히 보증서를 쓰고 신의 면전에서 50명을 입교시키겠다고 약속하며 '신에게 이르기'를 기대하고, 사명을 완성 못하면 신에게 피살되어도 달갑게 감수한다고 맹세했습니다.

'영가'의 생활이 저의 평범한 가정에는 있을 수 없는 생활이었으므로 심적 스트레스가 줄어들고 우울했던 기분도 풀리면서 전에 없던 정신적인 쾌감을 느낄 수 있어 이런 생활이야 말로 가장 뜻 깊은 생활이고 제가 바라던 생활이라고 여겼습니다.

애초에, 남편은 제가 밤새도록 전능신 책을 읽어도 일찍 쉬고 출근에 영향받지 말라고만 권할 뿐 별 간섭을 하지 않았습니다.

저는 점점 '영가'생활에 심취돼 딸을 냉대하고 무관심하고 점점 부담으로 생각했습니다. 그러는 바람에 소학생인 딸애가 자주 학교에 지각하여 선생님의 비평을 듣기도 했습니다. 저는 직장을 건성으로 다니며 짬만 나면 남몰래 '여 그리스도'의 신화(전능신 사교 서적을 말함)를 읽었습니다. 직장 상사가 수차 경고해도 소용없자 사직을 권유했고 저는 결연히 사표를 내고 직장을 포기했습니다.

사직했다는 소식에 남편이 저의 부모까지 동원해 직장 상사에게 사과하고 직장에 되돌아가라고 설득했지만 저에게는 소에게 경 읽기였습니다. 연로하시고 건강도 그리 좋지 않으신 부모님이 눈물을 흘리며 몇 번 졸도까지 일으켰고 온순하던 딸이 귀신한테 반했는지 왜 이런 불가사의한 행동을 저지르는지 믿을 수가 없었습니다. 전능신을 믿는다는 것을 알고 2012년 12월 21일이 이미 지나고 종말설이 헛소문이라 설득해도 여전히 회개할 줄 모르는 저를 두고 고통스럽기만 했습니다.

2013년 7월, 가족들의 방해를 피해 저는 '신'의 부름을 받고 남몰래 집에 있는 3만원 현금을 지참하고 결연히 집을 나왔고 '지역' 대령(帶領)의 지령을 받들고 청도시 성양구에 포교활동을 하기 위해 갔습니다.

열심히 일하고 열심히 전도하고, 성과가 특출 나 얼마 지나지 않아 저는 일선 복음 전달 팀에 편성되었고 '목구(牧区)' 대령 오(吴)모 씨와 접근이 잦아졌습니다. 오모 씨는 가명이 '대맹(大猛)', 40여세인데 노련하고 저를 극진히 돌봐주었습니다. 저를 자주 비밀 집회에 참석시키고 저에게 '과영상'을 통해 '육체를 배반'하고 자신의 일체를 신에게 바치고 신도를 포섭하기 위해 수단과 방법을 가리지 않고 나중에는 색으로 유인해야 한다는 사상을 주입시켰습니다.

저는 이런 공세와 협박에 못 이겨 금세 그의 성 노리개로 전락했습니다. 그리고 그를 따라 수차 일면지교인 남성 신도들과 음란 행위를 저지르고도 수치감을 몰랐습니다. 이용 가치와 영향력이 있는 신도들을 입교시키기 위해 색으로 유인하고 동영상이나 녹화나 녹음으로 협박, 그 중 세 명이 덫에 걸려 순순히 '전능신' 조직의 통제를 받았습니다.

남편과 가족들이 저를 찾기 위해 온갖 방법을 동원했지만 저는 그들의 고통, 걱정, 애타는 마음을 전혀 헤아리지 않았습니다. 남편과 끝을 맺기 위해 남성 신도 몇 명을 변장시켜 저를 보호하게끔 대기 시켜놓고 주동적으로 남편이 교편을 잡고 있는 학교 근처의 외진 곳에서 그를 막아 나섰습니다.

남편이 재삼 애걸하고 점차 저의 부모가 여러 번 병이 발작해서 병원에 입원했다고 했지만 저의 마음을 돌려세우지 못했습니다. 남편이 집으로 가자며 저를 잡아 끌 때 주변에 숨어 있던 남성 신도가 나타나 협박을 가했습니다. 내 몸을 이미 여러 남성에게 맡겼으니 이혼하자는 소리에 온순하던 남편이 격노해 이혼에 동의하고 제가 미리 준비해 갖고 간 이혼 합의서에 사인했습니다.

이렇게 저는 전능신의 보호를 얻고 평안을 지키기 위해 남편을 버리고 세상 물정을 모르는 어린 자식과 연로하신 부모를 버렸습니다.

'전능신'은 강온양책을 병행하여 저를 '신'에게 절대 복종하고 진심으로 경배하고 사람들을 입교시키고 '복음을 전달'하는데 일체를 이바지하도록 만들었습니다. 다년간 객지에서 고생을 하면서도 저는 황당하게 빈곤과 곤경 모두가 임시일 뿐 장래에 무한한 복분을 얻게 되리라 믿었습니다. 이를 위해 반드시 일심으로 전능신을 위해 일을 하고 '신에게 이르기'를 기대해야 한다고 생각했습니다. 2015년 1월 4일, 어느 날 '복음을 전달'하는 마을에서 현지 군중들에 의해 공안기관에 송치되었고, 저의 황당한 노정은 이렇게 끝났습니다.

지금 저는 반(反)사교 자원 봉사자들의 도움으로 꿈에서 깨어났고 전능신의 사악한 본질을 인식했습니다. 그러나 자신에 대한 방종과 가족들에 대한 죄책감이 늘 저를 깊은 후회 속으로 빠져들게 합니다. 저는 조유산(赵维山)을 증오하고 양향빈(杨向彬)을 중오하며 저주스로운 '전능신'을 증오합니다.

5장

2016년

제5장

2016년

1. 전능신교 교주, 한국 왔었다! (2016년 3월)

최근 중국 종교당국 관계자에 따르면, 전능신교 교주(조유산과 양향빈-이름 개명, 미국 국적)가 한국에 왔었다는 정보를 입수했다.

건강이 좋지 않아 중국 의료진이 직접 한국에 와 치료를 하고 갔다고 한다.

전능신교는 사이비종교로 규정되어 교주들은 본국인 중국을 떠나 미국에 피신해 있는데, 미국 국적을 취득해 이름도 개명하고 활동하고 있다.

한국에서 활동하고 있는 전능하신 하나님교회 또한 미국 쪽의 지시를 받고 활동하고 있다. 이들은 현재 전국에서 활동 중이며, 대개 중국 동북 삼성에서 온 동포들이다.

중국 길림성에서 온 신도는, "예수님은 핍박 받고 우리의 죄를 대신하여 십자가에 죽으셨다. 지금도 오신 예수를 핍박하고 있다. 이 시대는 국도시대인데, 예수는 죄를 지고 갔지만, 죄의 뿌리는 국도시대에 오신 재림예수를 믿어야 완전히 뽑혀진다. 죄의 뿌리를 뽑아야 한다. 그것은 이 땅에 오신 재림예수를 믿고, 그의 말씀을 들어야 한다. 그래서 그의 말씀이 적힌 새신약 성경을 읽어야 한다."며 믿고 있었다. 사이비 교리이다.

무비자로 입국하는 제주도, 이단 신도들 입국로!

제주도는 중국 사람들이 비자 없이 입국할 수 있는 조건이 조성되어 있다. 이를 이단 집단 신도들이 적극 이용하고 있는 실정이다. 실제 전능신교 신도들이 무비자로 제주도를 통해 입국하여, 국내에서는 개명된 이름으로 활동하고 있어 주의를 요한다.

필자가 만난 전능신교 핵심 간부도 홍콩을 거쳐 제주도로 입국하여 현재 개명하고 국내에서 활발하게 활동하고 있다. 그런데 불법 체류자이다. 이 불법 체류자들이 각 지방에서 암암리에 활동하고 있다.

'종교의 자유' 한국, 이단 신도들 교육시켜 재파송되는 거점으로 이용돼!

사이비종교 파룬궁이나, 전능신교 신도들 또한 종교의 자유가 있는 한국에서 핵심 신도들을 철저히 교육시켜 중국으로 재파송하는 형식으로 이루어지고 있다.

헌법상 명시돼 있는 '종교의 자유'라는 것이 실제로는 이단 사이비종교 신도들에게 악용되고 있는 셈이다. 특히, 이를 이용, 한국을 거점 삼아 교육시켜 재파송하고 있으니 문제가 아닐 수 없다.

2. '전능신(全能神)'의 종말론에 심취된 민용군 무차별 칼부림으로 (2016년 5월)

지난 2002년 12월 18일 하남성 신양(信阳)시 광산(光山)현 정부는 '12.14' 난동사건 당일 다친 학생 수가 23명으로 늘었다고 발표했다. 경찰은 민용군(闵拥军)이 '세계종말' 루머 영향을 받아 흉기로 사람을 다치게 한 것으로 보고 있으며 검찰은 16일 위험한 방법으로 공공안전을 해친 죄로 그를 체포했다.

광산현 정부 공식 사이트에 따르면 14일 아침 7시경, 민용군이 진붕(陈棚)초등학교에 난입, 무차별 칼부림으로 23명을 찍어 부상을 입혔는데, 전일 정부 통계 대비 인원 수가 1명이 더 늘었다.

구조 참여자를 통해 입수한 소식에 따르면, 새로 추가된 부상자 이름은 추모(邹某), 8세, 그날 왼쪽 어깨를 다친 후 너무 놀라 집에 달려가 침대 밑에 숨었다가 학부형이 그를 발견하고 당일 18시에 병원으로 이송했다. 현재 상을 입은 학생들이 무한, 신양과 광산 등 세 병원에서 응급치료를 받고 있으며 4명이 중상을 입었으나 모두가 생명의 위험이 없는 것으로 알려졌다.

민용군이 학생을 상대로 일으킨 흉기난동 사건은 하남성과 공안부의 높은 관심을 끌었다. 공안부는 전문 팀을 신양으로 파견, 현장에서 사건 처리를 지도했다. 공안 기관이 수사와 증거 수집을 통해 입수한 데 의하면 용의자 민용군이 '세계종말' 루머의 영향을 깊이 받아 흉기를 들고 난동을 피운 것으로 무게를 두고 있으며 광산 검찰은 16일 위험한 방법으로 공공 안전을 해친 죄로 그를 체포했다. 민용군의 범행 동기, 경위와 관련 증거에 대해 계속 수사 중이며 용의자의 간질병 병력과 범행을 저지를 당시 자신의 행위에 대한 판별, 통제 능력 등에 대해서도 법에 따라 감식을 벌이게 될 것이다.

광산현 정부에서 발표한 민용군이 '세계 종말' 루머의 영향을 입어 범행을 저질렀다는 보도는 네티즌들의 활발한 토론을 촉발시켰다.

민용군의 부친 민정안(闵正安)은 사건 발생 전날 저녁 민용군이 24시가 다 돼 가출했고 집을 나서기 전에 "번개가 나를 쳐 죽이니 빨리 나가 몇 사람 더 죽여야겠니!"는 한 마디를 남겼다고 중국 측 기자에게 전했다.

기자가 알아본 것에 의하면 광산현에 최근에 '세계 종말' 루머가 많이 돌았다. 15일 광산현 인민병원의 모 여성 환자는 13일 친구가 보낸 "12월 21일부터 밤이 연속 9일 지속될 것이고, 9일 후 연속 72일간 대재난이 지속된다"는 메시지를 받았고 최근 상해, 강소 등지에 '세개 태양' 현상이 나타나고 재난은 니비루 행성이 지구에 접근하면서 생긴 현상으로 "오직 하나님을 믿어야만 구원될 수 있다"는 등 출처 불명의 유사 소문이 주변 인들 사이에 많이 전해지고 있는데 자기도 반신반의하고 있다고 기자에게 털어놓았다.

용의자는 이른 새벽 학교에 난입, 23명의 학생이 순식간에 쓰러졌다. 63세의 장도승(张道胜)은 진붕촌 초등학교 바로 맞은 켠에 살고 있는 진붕촌 사람이다. 아침 7시 30분경 금방 눈을 떴는데 학교 방향에서 혼란스러운 소리가 들려 황망히 문을 열고 내다보니 끔찍한 정경이 눈앞에 펼쳐졌다.

숱한 학생이 상을 입고 학교 경비와 마을사람 셋이서 포악한 용의자를 둘러싸고 대치하고 있었다. 부랴부랴 문 뒤에 세워 뒀던 빗자루를 들고 달려 나갔다. 이때 경비 손에 쥐어 있던 롤러도 이미 무용지물이 돼 버렸다.

장도승은 빗자루로 용의자의 눈을 찔렀고, 용의자는 상한 눈을 움켜쥐느라 손에 들었던 흉기를 떨어뜨렸다. 둘러섰던 네 사람이 동시에 덮쳐 용의자를 제압했고 장도승이 다시 집에 달려가 끈을 찾아 넷이서 용의자를 꽁꽁 묶었다.

광산현 공안국 부국장 구양명성(欧阳明星)의 소개에 따르면, 12월 14일 7시 44분, 광산현 공안국 문수(文殊) 파출소는 진붕촌 초등학교 입구에서 어떤 남자가 흉기를 무차별 휘둘러 학생 여럿을 다치게 했다는 시민들의 제보를 받았다. 파출소 민경이 10분 후 5킬로 떨어진 현장에 도착했을 때는 선생님들과 시민들이 이미 그 남자를 제압, 23명의 학생과 80세 고령의 할머니 한 분이 피 흘리고 쓰러진 다음이었다. 민경은 서둘러 응급차를 부르고 기타 차량들을 동원시켜 부상자들을 조건이 가장 좋은 주변 병원으로 이송했다. 병원은 즉시 긴급 상태에 진입, 현 위원회, 현 정부 간부들이 신속히 병원으로 달려왔고 부상자들에게 전력 응급 치료를 진행하라 지시했다.

당시 8명이 병원과 가족들의 요구에 따라 무한병원으로 이송되어 치료를 받았고 1명은 신양병원으로 옮겼고 나머지는 광신현 병원에서 치료를 받았다. 무한 동제(同济)병원으로 옮겨진 학생들의 치료는 현 위생국 국장, 현 인민병원 원장을 지냈던 현 인민대표대회 부주임 석선규(石善奎)가 현장에서 조율하였다. 현지에서 치료받는 학생은 환자 1인당 의사 1명과 간호사 1명이 붙어 '1:1' 치료를 해주었다. 하남성과 신양시 의료 전문 팀이 환자 개개인의 병세를 체크한 결과 전부 생명 위험이 없었다.

용의자는 종말론의 영향을 받았고 범행 시 행위 통제 능력이 있었다.

용의자가 어쩌면 이렇게 포악할 수 있었는가? 왜 무고한 어린이들을 상대로 부엌 칼을 가차없이 휘두를 수 있었는가? 2회 취조를 통해 용의자가 간질병을 앓고 있긴 하지만 당시 현장에서 발작하지 않았으며 발작했다면 저절로 주저앉았으므로 아이들을 해칠 힘이 없었을 것이며 잡혀서부터 계속 정신이 내내 멀쩡했고 사건 발생 당시 기억이 특별히 뚜렷했다고 구양명성이 말했다.

민용군의 진술에 따르면, 얼마 전 간질병 발작 후 아버지가 외출을 금지했는데 "세계 종말 일자가 코앞이라 광산이 평지가 되고 집에 있어봤자 죽겠고" 그날 밤 "생명이 곧 끝나게 된다"고 느낀 그는 자신의 아이 둘과 부모들을 한바탕 구타한 후 11시에 집을 나섰다. 뼛속까지 스미는 찬바람을 맞으며 온 밤 갈팡질팡했고 손도 다 얼어 붙어 "말일이 되니 하나님도 나를 못 살게 군다"는 생각을 했다.

날이 겨우 밝았는데 이때 민용군은 이미 10키로나 달렸다. 어느 민가에서 아침밥을 하는 연기가 나기에 불을 쬐러 들어갔다. 홀로 사는 80세 할머니였고 감히 낯선 사람을 집에 들여놓지 못했다. 실랑이를 벌이다 옆에 있는 부엌칼을 들고 할머니를 향해 두 번 내리찍었다. 피를 흥건하게 흘리며 쓰러진 할머니를 본 그제야 민용군은 자신이 살인을 했음을 의식했다. 그러나 그는 멈추지 않고 오히려 "할 바엔 아예 철저히 한다"는 충동으로 아무래도 죽을 바에는 전 세계 사람들에게 내가 진짜 호걸임을 알려야겠다는 생각을 가졌다. "몇 해 전 언론을 통해 알게 됐는데 어린이들을 죽이면 TV에 나올 수 있다." 혈안이 된 그는 목표를 학교로 옮겼다.

마침 진붕촌 초등학교의 학생들이 줄지어 등교할 때다. 대문은 활짝 열려 있었고 선생님과 어른들은 보이지 않았다. 민용군은 달려 들어가 가차 없이 부엌칼을 휘둘렀다. 비명소리와 함께 숱한 학생들이 쓰러졌다. 불과 3분 사이에 그는 건물 안으로 달려 들어갔다. 아이 하나를 안아 건물에서 내던지

려다 건물 아래 피 흘리며 쓰러져 있는 아이들을 보고 자신의 아홉 살 짜리 와 두 살 짜리 아이들이 생각나 도로 내려놓았다. 그 다음 그는 달려온 시민 들에게 제압됐다.

"사건 마지막 경위에 대한 진술을 통해 우리는 그가 완전히 자아통제 능력이 있음을 판단할 수 있다" 민용군은 김국주(金国珠)라 부르는 여성을 통해 세계 종말론을 들었다고 진술했고, 조사에서 현지의 많은 시민들의 화제가 김국주라는 시골 여성한테로 모아졌다. 라진(罗陈)향 금성(金星)촌에 사는 사람인데 올해 61세이며 최근 곳곳에서 "세계 종말이 곧 다가오며 지구가 폭발해 광산, 라산이 모두 평지가 되고 신이 전 인류를 인수하게 된다"는 소문을 퍼뜨렸다 구양명성이 전했다.

경찰은 김국주의 자택에서 70여 권에 달하는 세계 종말 유언비어를 전파하는 전단지를 발견했고 본인은 도주했으며 경찰에서 추적 중이다. "미성년 관련 사건이라 전파가 확대되면 유도 효과가 생길 수 있으므로 관련 부처의 지시대로 수사 초기에 공개할 수 없는 사정이어서 일부 사람들이 우리가 소식 유출을 막는다고 하게 되었다"고 광산현 현장 왕지학(王志学)이 말했다.

3. 中 '전능신교' 신도, "난민 인정" 소송 패소 (2016년 6월)

서울 양재동 서울행정법원.

최근 '시리아 난민' 문제가 전 세계적으로 확산된 가운데 한국 법원이 특정 종교 신자 10명을 난민으로 인정하지 않는 판결을 내렸다.

이 종교는 포교 과정에서 폭행·강압 등 문제와 교리 문제 때문에 현재 중국에서 '사교'로 규정되었다.

서울행정법원 행정14부(부장판사 차행전)는 '전능하신 하나님의 교회(전능신교)' 신도 J씨 등 8명이 서울출입국관리사무소장을 상대로 낸 난민불인정결정 취소 소송과 전능신교 신도 L씨 등 2명이 서울출입국관리사무소장을 상대로 낸 난민불인정 결정 취소 소송에서 모두 원고 패소 판결했다고 밝혔다.

J씨 등은 단기 방문 등 체류 자격으로 2013년 입국해 포교 활동을 하던 중 "종교적 이유로 박해를 받을 우려가 있다"며 입국한지 얼마되지 않아 곧바로 서울출입국관리사무소에 난민으로 인정해 달라는 신청을 냈다.

J씨 등이 믿고 있는 '전능신교'는 중국 헤이룽장(黑龍江)성 출신의 자오웨이산이란 사람에 의해 만들어진 종교로 중국 당국에 의해 '사교(邪敎)'로 지정된 종교다.

이들은 입교를 거부하는 사람이나 종교를 벗어나려는 사람에 대한 무차별적인 폭행·가혹 행위 등으로 중국 사회에서 논란을 불러 일으켰다. 지난 2014년 5월에는 한 맥도날드 매장에서 입교를 거부하는 여성을 무차별적으로 폭행·사망하게 한 신도 2명이 처벌을 받기도 하였다.

지난 2011년 무렵부터 국내에도 신도가 생긴 것으로 알려져왔지만 당시에는 정확한 신도 수는 확인되지 않았다.

그런데 전능신교는 이런 방식의 포교 활동과 '공산당 일당 독재 타도'를 내세우는 교리 때문에 중국 공안 당국으로부터 포교활동에 제약을 받고 있다. 또 "재림 예수인 전능신을 믿어야 심판의 시기에 구원을 얻을 수 있다"는 교리 때문에 국내에서도 이단으로 분류되고 있다.

J씨 등은 난민을 신청한 이유로 친인척이 중국 공안의 탄압을 받고 있다는 점을 내세웠다.

J씨 시어머니의 경우 전능신교 포교 활동을 했다는 이유로 15일 간 중국 경찰에 체포된 적이 있다고 했다. 또 난민을 신청한 전능신교 신도 중 한 사람인 Z씨의 언니는 공안에 체포돼 고문을 받은 끝에 양쪽 눈의 시력을 잃었다고 했다.

하지만 서울 출입국관리사무소는 지난 해 J씨 등 전능신교 신도 10명의 난민 인정을 거부했다. 그러자 J씨 등은 다시 법원에 난민의 지위를 인정해달라며 소송을 냈지만 법원 역시 받아들이지 않았다.

재판부는 우선 "전능신교 신도들이 난민으로 인정받기 위해서는 관련 활동으로 체포·구금 같은 박해를 받아 한국에 입국한 사람이어야 한다"며 "또 중국으로 돌아갈 경우 중국 정부로부터 박해를 받을 우려가 있는 공포를 가지기도 해야 한다"고 전제했다.

그렇지 않은 경우에도 "대한민국에 체류하면서 전능신교와 관련된 적극적·주도적인 활동 때문에 중국 정부의 주목을 받아 중국으로 돌아갈 경우 박해를 받을 우려가 있어야 한다"고 덧붙였다.

이어 J씨 등 10명의 경우 "전능신교와 관련된 주도적이고 핵심적인 역할을 했다고 볼 수 없다"거나 "전능신교 활동으로 중국 정부로부터 직접적인 박해를 받은 적이 없다"고 지적했다.

또 "대한민국에서의 전능신교 활동은 교회 생활과 전도 등에 불과하다"며 "중국 정부가 J씨 등을 주목할 정도에 이르렀다고 보기는 어렵다"고 덧붙였다.

4. 전능신교, 하나님사랑교회로 위장 활동! (2016년 7월)

전능신교가 서울시 광진구 군자동 48-14에서 愛神敎會 하나님사랑교회로 등록하고 활동 중에 있다.

서울 군자역 소재 교회 관련, 대표 신도들 명단이다.

1. 대표자: 서울시 광진구 면목로 17(군자동)
   중국인 오○○

《 한국인 신도 》
2. 김○○
   주소: 서울시 구로구 구로동

《 중국인 신도 》
3. 김○○
   주소: 서울시 구로구 가마산로

4. 임○○
   주소: 서울시 송파구 가락로

5. 전○○
   주소: 서울시 송파구 가락로

6. 권○○

   주소: 서울시 구로구 가마산로

7. 백○○

   주소: 중국 흑룡강성 대경시 랑후로구

전능신교 피해사례, 신도 2명 분신 자살

2011년 12월 13일 0시 27분, 길림성 백성(白城)시 경제개발구 창성(昌盛)로 53-1호동 1라인 1층 입구 복도에 화재가 발생해 주민 곽봉영(郭凤荣), 변정(卞静), 장수청(张秀清) 세 사람이 사망했다. 공안과 소방 부서에서 현장 검증, 조사 및 부검을 진행한 결과 세 사람이 연기에 질식해 사망한 것으로 확인됐다.

곽복영의 시신이 불에 타 손상이 심했고 손, 발, 팔, 다리가 부분적으로 타 버리고 창자가 흘러나왔는데 화재 발생 당시 가연성 물질이 이 사람 몸에 부착됐던 것으로 확인됐다. 변정의 휴대용 가방에 사이비종교 전능신의 〈말씀이 육신에서 나타남(话在肉身中显现)〉이란 책이 들어 있었다.

공 기관은 심층 조사를 통해 이 사건은 '세계 종말론' 영향을 입은 전능신 신도들의 분신 자살 사건인데 이웃 주민 한 명이 그 피해를 입었다고 결론을 내렸다.

방화범 곽봉영, 여, 43세, 한족, 중졸, 남편 사망, 조남(洮南)시 흑수(黑水)진 우호(友好)촌 소지움자둔(苏地窨子屯) 농민, 신분증 번호: 22088119680506132X, 화재 발생 아파트 302실에 임시 거주 중이었다.

그녀는 20년 전 남편 포국군(鲍国军)과 이혼하고 친정이 살고 있는 조남시 흑수진 우호촌에 돌아와 변영군(卞永军)과 재혼했다. 결혼 후 아들 변휘(卞辉)를 낳고 딸의 포씨 성을 바꿔 변정이라 이름도 고쳤으며 생활 형편이 어렵고 몇 만 원의 빚이 있었다. 십여 년 전 곽봉영은 한 마을 사람 왕영승(王永胜)한테서 85마리의 양을 하청 받았는데 2년 간의 하청 비용 6000도 채 갚지 않은 채 양을 팔아 돈을 챙긴 후 가족들과 함께 백성시로 이사했다.

그 후 곽봉영은 줄곧 조마조마하고 불안한 마음으로 살았다. 2008년 초 심리적 위로를 받기 위해 기독교를 신앙하려 했는데 자기도 모르게 기독교 명목을 내건 전능신 사이비종교에 가입했고 거기에 심취됐다. 2009년 친정 어머니가 병으로 세상을 뜬 후 친정에서 제사를 지내는데 현지 풍습대로 무릎을 꿇고 절을 하라고 올케가 억지로 땅에 눌러도 '신주(信主)'라 절을 할 수 없노라 했다. 2010년 남편 변수군이 백성시교에서 교통 사고로 사망한 후 살아갈 신심을 잃은 곽봉영은 더더욱 전능신에 빠져 헤어 나오지 못했다.

사자 변정, 사망 시 22세, 한족, 소학 학력, 미혼, 곽봉영의 장녀, 2008년 어머니의 영향 하에 사이비종교 단체인 전능신에 가입했다.

2011년 10월 사귀던 남자친구와 결혼 준비까지 하다가 둘 사이 감정에 금이 생겨 남자 측의 요구로 혼약을 취소했다. 큰 충격을 받은 그녀는 살 재미가 없다 여러 번 토로했다. 사망 당일 13시경, 그녀는 QQ에 원래 남겼던 글들을 다 삭제하고 "나는 간다, 안녕히, 아름다운 내일이여, 바이 바이!"란 글을 남겼다.

수사 부처는 곽봉영, 변정 모녀 거주지 302실 안방에서 전능신 관련 서적 〈어린양을 따라 신가(新歌)를 부르자〉, 〈심판은 신가(神家)에서 시작〉, 〈그리스도와 교회 종업원의 좌담 기록〉, 〈교회 업무의 교통(交通) 설법과 교회 업무 계획 역대집성〉……14권과 〈생명에 진입된 교통, 설교〉 MP3 CD 2장, 10월, 11월, 12월 전능신 사이비종교의 〈상급 업무 교통 계획〉 총 4부를 발견했다.

2011년 10월 15일의 '상급 교통' 〈오직 순복신(順服神)의 심판과 형벌을 받아야만 구원된다〉에 이렇게 적혀 있었다.

"당신은 알아야 할 것이다. 노인이든 젊은이든, 사람이 사람의 육신에 안겨주는 것은 모두 도검과 치는 것 뿐이며 가져오는 것이란 원래 무진장한 고난과 타는 불이며 무자비한 심판, 형벌과 저주이다. 이것이 바로 사람을 경영하는 업무의 내막이고 실정이다……그러므로 사람이 겪는 것 중에 90%는 고난과 불의 시련일 수도 있다……"

2011년 11월 15일, "복음 사업을 확장하는 것에 대한 상급 1호 업무 계획" 〈국도(国度)복음 업무를 전력 강화하고 확장시킴은 신의 절박한 성의다〉에 "나의 일진이 인류에 가까와 오는데 당신이 어찌 나의 심판을 면할까요?……당신들이 오늘 볼 수 있는 것이 내 입 안의 날카로운 검일 뿐 내 손에 쥐여있는 곤장과 내 사람을 불태우는 염화는 보지 못했다……", "내가 하는 일이 바로 내 영혼 전의 사람의 모든 언행을 죄다 태워버리고 청결……", "비록 당신들 중에 '내 말을 잘 듣는 사람도 많지만 더 많은 유사한, 일당으로 만들 수 있는 사람들이 있다' 나는 내 영위를 완전히 얻은 후 하늘에서 내려준 불로 이런 인간들을 깨끗이 태워버리리라. 당신들은 알아야 할 것이다.

내가 다시는 말씀으로 사람을 형벌하지 않을 테니…… 따라서 나는 내가 도태시킨 '일당으로 만들 수 있는 사람'들을 깨끗이 태워버려 사람들은 다시는 나를 향수할 기회가 없게 되며 오직 볼 수 있는 것이라면 내가 하늘에서 내려보낸 '염화(焰火)'와 분노일 뿐이다" 등 내용이 적혀 있었다.

경찰은 당사자 생활 경력을 통해 곽봉영, 변정 모녀가 현실 생활에서 어려움을 겪으면서 생활에 신심을 잃고 전능신 사이비종교에 가입한 후 전능신의 '세계종말' 사설의 선동 하에 함께 분신 자살한 것으로 판정했다.

사람들은 곽봉영, 변정의 분신자살 때문에 피해를 입은 장수청 노인을 두고 가슴 아파했다. 신경 쇠약을 앓고 있던 장수청 노인은 분신 자살자들이 지른 연기 냄새가 방에 스며들자 화재가 났다 생각하고 서둘러 계단을 따라 밑층으로 내려오다가 연기 질식으로 사망했다.

5. 전능신교, 하나님사랑교회(愛神敎會)로 활동! 주의 요망!
- 강원도 횡성 '청소년 유스호스텔' 매입, 집단 거주 시도 중! -

(2016년 8월)

중국 이단 전능신교(전능하신하나님교회, 동방번개)가 이단으로 규정되자 이제는 '하나님사랑교회'로 개명, 활동하고 있어 주의를 요망한다.

전능신교는 양향빈이란 여인에게 재림예수의 영이 임하여, '여자 재림예수'라고 믿고 있는 이단이다. 이 단체 수 백여 명의 신도들이 입국하여 국내에서 활동하고 있다. 이들은 비자 없이 입국할 수 있는 제주도로 입국 후, 위장 결혼 등을 통하여 한국에서 활동 중이다.

뿐만 아니라, 땅과 건물 등을 매입하여 한국에 투자했다는 명목으로, 영주권을 획득한 이들도 있다. 다수의 조선족 신도들은 불법 체류자 신분이다.

한 달 전, 이 집단이 강원도 횡성의 '청소년 유스호스텔'(유토피아)을 매입, 집단 거주 및 강원도 포교활동을 시도하고 있다.

강원도 횡성 지역 주민들의 단합된 대처가 필요하다. 중국에서의 활동이 제재를 받자, 한국에 들어와, 그것도 청정지역 횡성에서 이단 집단의 자유로운 활동으로 인한, 이웃 주민들과 교회들의 피해가 우려된다.

이에 대한 피해가 없도록 각별히 주의해야 할 것이다.

이 집단은 이미 중국에서 가정파탄, 칼부림 사건, 가족관계 단절서 작성, 분신 자살, 미인계 포교활동, 재산 헌납, 유혈사건 등 살인 사건 등에 연루되어 사회적 물의를 일으켰고, 한국에서 활동하고 있는 대부분의 조선족 신도들은 가출하여 온 이들이 다수이며, 2012년 시한부 종말을 주장한 이후, 계속적으로 종말을 주장하고 있다.

6. 전능신교 - 이단·사이비 물론, 反 기독교단체다!
(同一동방번개, 하나님사랑교회(愛神敎會) 국적 버린 정신병력 교주, 미국서 호화생활!)   (2016년 9월)

들어가면서

전능신교에서 나온 여러 권의 책을 본 바, 기독교적 용어가 그리 많이 나오지 않는다. 그저 일상 언어를 구사하며, 가끔 불신에서 나온 성경 얘기를 하는 깃 뿐이다. 때문에 대게의 책의 내용들이 자기 지식 수준의 테두리를 벗어나지 못하고, 반복, 중복하며 강조할 것만 강조하는 스타일이다. 중국어를 한국어로 번역한 것인데, 번역자들도 그 연령대나 지식 수준이 다양하고, 신학을 전문적으로 공부한 사람은 없다. 전공 과목들도 다양하다. 그저 10대 후반, 20대 초반에 정신 병력이 시작된 중국인 여자 한 사람이 말한 것을 녹음해 풀어놓은 것일 뿐이다. 당시 정신과 치료도 제대로 받지 않았다. 그 병을 그대로 가지고 이어온 것이다. 거기에다 20대 후반 어린 나이에 도망치듯 조국과 가족의 품을 떠나 타국에서 살게 됐다. 40대 초반, 지병이 악화되어도 자기가 태어나 자란 본국의 땅을 밟지 못하고, 비슷한 한국에까지 와 치료받으며 향수를 달래고 가야 했다.

10대 후반부터 본인의 인생이 본인 의지 대로가 아닌, 한 남자에 의해 강요되어 온 인생이었다. 그러니 언변을 늘어놓을 때도, 사람에 대한 불신, 원망이 가득하고, 어릴 적 환경에서 보고 들었던 속 된 비속어들도 걸러내지 못 할 만큼의 까탈스런 성품이 고스란히 묻어 나온다.

기독 신앙도 없고, 교리도 없고, 지식도 없다. 그도 그럴 것이 잠깐 교회를 다니다 이단 지방교회에서 신앙생활을 했기 때문에 사용하는 단어들도, 경륜, 경력, 관념, 도, 영, 인간 그리스도관, 같잖은 시대 구분, 어설픈 삼위일체관, 성경에 대한 잘못된 지식, 교회에 대한 인식 부족, 계시관, 잘못된 계시록 이용, 찬양집... 등. 지방교회 측에서 주로 사용된 용어들이 가끔 나올 뿐이다. 긍정적 표현이 나타나는 곳은, 가족 버리고 전 재산 갖다 바친 사람 칭찬하는 부분이다.

그도 그럴 것이 고등학교를 갓 졸업한 10대 후반의 나이에 잠깐 교회를 다니다 이단 지방교회에 빠져, 그쪽 교리공부나 조금 하다 조유산과 사이비 신흥종교 하나 설립했으니 당연지사다.

소위 본인이 '재림예수', '전능하신 하나님'이라고 주장하려면, 그래도 성경 1독은 했어야지, 성경을 단 한 번도 완독한 적이 없는 수준임은 물론, 되레 성경을 부정한다. 그래야만 할 것이 원래 책을 읽고 공부하기를 좋아하는 스타일이 아니다. 지방교회에서 나온 책 만도 50여 권이 넘는다. 그 안에서 얼마나 많은 교육이 있었겠나? 그런데, 이 여자는 책 몇 권 훑어보기만 했지, 지방교회 교리에도 미숙하다. 본인이 공부도 연구도 하지 않았으니, 기존의 것은 부정하고 본인의 말만 믿으라 연신 경망스런 말만 떠들어 대는 것이다.

이러함에도 그녀를 따르는 신도들은, 고난의 현실을 두 발로 박차고 일어설 만한 용기도 패기도 없는, 그저 피안의 세계, 현실 탈피 만을 꿈꾸며 누군가 자기를 받아주고, 위로해주기만을 바라는 무기력한 인종들임에 틀림없다.

그들이 재림예수로 믿는 양향빈이 언급한 것처럼, "우리는 본래 사탄의 패괴 성정을 가진 사람들이었고, 거름더미에서 끌어올린 궁핍한 사람들이다. 그런데 하나님으로부터 생명을 얻었고 영생의 도를 얻었다."[2] 너희들을 거름더미에서 건져 생명 줬다! 그러니 감지덕지해야 하는 건가?

---

2) 『어린 양이 펼친 책』 ≪말씀이 육신에서 나타남≫, 부록 2, p.28

분명, 그들이 바라는 종말 때의 영생불사 지상천국은 안타깝지만 이루어지지 않을 것이다!

1. 부부 종교사기단 교주들, 신도들 그만 놔줘라!

1-1. 인생 끝머리 신도들, 정신병력 환자 언변에 놀아나!

안락하고 풍요로운 삶 가운데에서는 피안을 꿈꾸지 않는다. 이 거친 세상, 살아내기 힘에 겨워 매일 한숨으로 세월을 보내던 중, 자신을 위로해주고 보듬어주며, 거기에 특별한 존재라는 것까지 심어주면서 다가오는 이가 있으면 마음을 열게 되고, 그 내민 손을 잡게 되고, 나를 알아주는 그 무언가를 좇아가게 된다. 이렇듯 대개 현실의 삶에 만족이 없고 원망과 불평으로 충만하여 열등감에 빠져 있는 경우, 닥친 현실에서 벗어나고 싶어 피하고 싶은 곳을 찾는다. 바로 피안의 세계이다. 그것이 신앙으로 표출되면 종말사상이다. 지금의 세계에서는 좀 어렵고 힘들지만, 그 나라에서는 얼마든지 행복하게 살 수 있다. 그 세월이 잠깐이다. 금방 온다. 이 훈련의 기간을 통해 신앙의 높은 차원으로까지 깨달아 올라가면 소망의 나라에서 모든 것을 보상받을 것이다. 그러기 위해서는 헌신해야 한다. 이 땅의 혈육의 정까지 모두 끊어버리고 오로지 이 신앙에 모든 것을 바쳐야 한다.

대개 이런 사람들이 모여 있다. 이곳 중국 이단 전능신교 집단에는! 만난 이들마다, 암병, 불치병에 걸렸다 치유받았다, 매 시험에 낙방하던 중 만났다, 가난에 찌들려 있었다, 계모의 학대에 힘든 세월을 보냈다, 기성교회에 다니던 중 실망하고 나왔다... 이런 이들이었다.

그런데 아이러니하게도 교주 양향빈은 무의식 상태에서 내뱉은 그의 자질구레한 언사들을 기록해 놓은 『어린 양이 펼친 책』, p.225에서 "지금은 은혜시대가 아니기 때문에 표적과 기사, 치병, 축귀사역은 하지 않는다. 반복 사역은 하지 않는다."고 했다. 오직 말씀의 시대라고 하면서 허투루 뱉은 본인의 말이 '말씀'이라며 그것만 믿고 나가라고 한다. 신도들은 치병 받았다며 좋아서 믿고 있는데...? 사용하는 단어들도 조잡하기 그지없다. 무슨 '새로운 하나님의 말씀', '새 성경' '새 계시'라고 하면서, 현재 많은 사람들이 나더러 많이 강의하고 많이 말씀하라고 하며, 하루에 몇 시간이나 말씀해야 한다고 한다. 너희들 보기에는 말씀하지 않으면 하나님이 아니고 말씀 해야만 하나님이다.

"너희들은 모두 소경들이다! 모두 짐승 떠위들이다! "[3] "너희들 같은 인간 쓰레기들에게 나는... "[4] "까놓고 말하자면..."[5] "거의 다수 교회에는 이러한 불량배와 발바리들이 있다."[6] 이런 속 된 비속어들을 사용하고 있다.

치료받아야 할 정신 병력을 남편 조유산이 키워주며, 아예 이용하고 있다. 무의식 중에 발설되는 언사들을 모아 '새로운 하나님의 말씀'이라며, 인생 끝머리 신도들을 현혹하고 있는 부부 종교 사기단이다.

1-2. 2012년 시한부 종말 주장 때 벌어들인 돈으로 한국에 교회 차려!

2012년 12월 21일! 종말이 온다며 세상 떠들썩하게 했던 집단이 동방번개(전능신교, 전능하신하나님교회, 現 하나님사랑교회로 개명)이다. 당시 수백만 명의 중국 신도들이 전 재산 바치며, 가정 파탄 무릅쓰고 미혹됐었다.

우리나라에서도 『마지막 티켓』이란 소책자 무료로 배포하며 길거리 포교에 열을 올렸었다. 그런데 알다시피 빗나갔다. 자칭 '전능자 하나님'이라면서 마야의 달력 예언을 믿고 경거망동 오두방정을 떤 것이다.

---

3) 『어린 양이 펼친 책』 ≪말씀이 육신에서 나타남≫, p.572
4) 『어린 양이 펼친 책』 ≪말씀이 육신에서 나타남≫, p.573
5) 『어린 양이 펼친 책』 ≪말씀이 육신에서 나타남≫, p.1045
6) 『어린 양이 펼친 책』 ≪말씀이 육신에서 나타남≫, p.443

이에 대해 단 한 마디 사과도 없었다. 그저 뒤로 미뤄졌다고만 해명했다. 신도들 인생 파탄시켜놓고, 아무렇지 않게 변명만 내놓은 것이다.

오갈 데 없는 신도들은 이제 집단생활 하며 직장 다니고, 여기저기 아르바이트 뛰며 또 다시 돈 벌어 바치고 있다. 곧 종말이 올 것이기 때문이다.

당시 벌어들인 수입으로 2013년, 한국에 교회 차렸다. 그것도 16억여 원이란 돈을 일시불로! 조선, 중앙, 동아일보 비롯 각종 일간지에 1년여 가까이 연일 칼라 전면 광고를 실었다. 광고료가 한 신문사 당 2천여만 원이었다. 길거리 포교 시, 책자들도 무료로 배포하였다. 수도권 뿐만 아니라 지방까지 폭을 넓혔다. 2년 뒤 서울 광진구에 20억여 원의 건물을 매입했고, 3년 뒤인 지난 6월, 강원도 횡성에 90억여 원의 건물을 매입했다. 도대체 이 사이비종교 집단이 한국을 "뭐~"로 보고 있는 것이다. 그 돈들이 다 하루 12시간 씩 노동 일 하며 힘들게 벌어들인 신도들 호주머니에서 나온다. 경기도 안산역 뒤 외국인 거리 근처에 살고 있는 어느 여(女) 신도의 집을 방문한 적이 있다. 간신히 여자 혼자 생활할 수 있는 원룸에 살며 하루 12시간 씩 노동 일을 하고 있었다.

신앙이란 이유 하나 때문에 조국, 가족의 품을 떠나 이곳 한국에 와 힘들게 하루하루 살아가고 있었다. 포교한다며 책자를 꺼내 읽어가며 전하는데 얼굴에 피곤한 기색이 역력했다. 이런 순진한 신도들 등 벗겨 먹는 집단이 '전능신교'이다.

1-3. 교주들, 미국서 호화생활! 2013년 치료목적 한국 방문!

아무리 잘못된 이단·사이비 신앙이라도 그때 당시 처한 상황에서는 믿어야만 됐고, 믿을 수 밖에 없었고, 믿어야 했던 신도들이 이제는 그것을 저버리기가 어려운 상황에 처해 있다. 가족 몰래 전 재산 갖다 바치고, 대부분 이혼하고, 아이들까지 버리고 타국에 와 있다. 먹는 것 입는 것 아끼며, 사는 것까지 공동체 생활을 하고 있다. 그런데 버릴 건 버리고 인정할 건 인정해야 한다. 거기엔 구원도 천국도 없다. 조유산과 양향빈은 거짓말을 하고 있다! 재림예수가 중국에 임했으면 중국에 있어야지, 현재 그들은 미국 시민권자로 뉴욕에서 호화생활을 하고 있다. 남은 인생 그런 이들에 바칠 추호의 이유 없다!

알고 있나 신도들? 자칭 재림예수라는 전능신교 교주가 2013년 6월, 한국에 왔었다는 것을! 물론 양향빈의 건강이 좋지 않아 치료 목적의 방문이었다. 당시 신분 노출 피해 병원 입원 아닌, 중국 의료진 불러 치료 받았었다. 한국 핵심 임원들 만나 시간을 보내기도 했었다. 자칭 神이라면서 몰래 들어와(이름 개명함) 병 치료도 받고, 약도 먹고 간 것이다.

신도들은 재림예수님이 암병, 각종 불치병 치료해 주었다며 믿고 있는데, 자칭 神께서는 비싼 의료진에 좋은 약도 드셨다니, 1973년생! 황당무계 허무맹랑 여자의 인생도 쉽지만은 않을 듯 하다.

2 창시부터 조직 구성 활동까지 해부!

2-1. 전능신교 창시 과정: 조유산과 양향빈에 대하여

전능신교 창시자인 조유산(赵维山)은, 중국 흑룡강성 아성(阿城) 시 (지금의 하얼빈 아성구) 영원(永源)진에서 1951년 출생, 전문대학 졸업 후 철도 노동자로 생활했다. 1979년 지인의 소개로 아성 제과공장의 노동자 부운지(付云芝)와 결혼했다. 1981년 흑룡강성에서 이단 '호함파(呼喊派)'[7]에 가입한다. 그리

---

7) 이단 호함파의 교주 이상수는 "오 주! 오 주! 오 주!"를 세 번 외치면 구원 얻을 것이라 가르쳤지만 그러나 본인 자신은 1997년 사망하였다. 성경을 이미 시대가 지난 책으로 여기고 삼위일체를 부정하고, 그리스도를 피조물로 볼 뿐만 아니라 예수와 그리스도를 분리하여 생각하므로 그리스도의 한 인격 두 본성을

고 1986년부터 아성을 중심으로 주변의 상지(尚志)현, 임구(林口)현 등 지역의 가정교회를 다니며 '설교'하고 일부 신도들의 추앙을 받았다. 조직 능력이 강한 조유산이 얼마 후 흑룡강 지역의 책임자가 되었다. 이단을 반대하는 경찰들의 검거 작전에 그의 아내 부운지가 검거되어 붙잡혀 3년 형을 받았으며 후에 조유산과 이혼하고 재가했다.

1989년 흑룡강 지역의 '호함파' 집단의 내부 불화로 조유산이 일부 신도들을 거느리고 분파해 나와 '영원교회(永源教会)'를 설립했다. 1991년에 이르러 '영원교회'는 흑룡강성 신도만 수 천 명에 달했다. 그 해 5월 8일, 하얼빈시 정부에서 이 교회를 불법으로 규정하고 단속한다고 선포하자, 조유산 등은 경찰의 추적을 피해 하남성 청풍(清丰)현으로 피신하여 현지의 '호함파' 신도들과 합류했다. 1993년 조유산은 '영원교회'를 '진신교회(真神教会)'로 개명하고 자신이 대표가 되었다.

서적들은 크게 3종류로, 첫째 교리적 성격의 신계시이며, 둘째는 시나 찬송의 형태를 갖고 있는 신시가이며, 셋째로 '지침서' 내지는 행동 요강이라 할 수 있는 신 책략이다.

직접 하늘의 빛의 말씀을 받아 그 말씀을 기록 및 음성 녹음한 것이라면서 보급하고 있는데,《동방에서 발하는 번개(東方發出的閃电)》《말씀이 육신으로 현신(話在肉身顯現)》《구름을 타고 돌아오신 구주(救主早已架云重归)》외 20여 권이고, 찬양집으로는,《나라의 찬양(国度的赞美)》,《어린 양을 따라 부르는 새 노래(跟着羔羊唱新歌)》,《전능하신 하나님, 참 좋으신 하나님(全能神, 你真好)》등이 있다.

부정하였으며, 그리스도를 죄를 가진 한 인간으로만 본 이단이다. 이단 지방교회와 교리 같음.

2-1-1. 정신 이상자를 인위적 신격화!

1992년, 조유산은 '여 그리스도' 양향빈(杨向彬)을 만들어 냈다. 1973년 산서성 대동(大同)현 서평(西坪)진에서 출생한 양향빈은 1990년 전후로 대학 입시에서 낙방하자 충격을 받아 정신 질환을 앓다가 후에 '호함파'에 가입했다. 1991년 초 정신 질환이 재발하여 "신령에 감동되어 이몽이상(异梦异象)을 봤고" 자신의 몸에 '신령'이 임했다며 자신이 '신(神)'이라는 글을 썼다. 양향빈의 그러한 신비체험을 의식한 조유산은 그녀를 자신의 최 측근 수하에 들이고, 1993년 12월 8일 조유산과 양향빈이 하남성 개봉(开封)에서 결혼했다.

조유산은 미혼녀 7명을 택하여 '신의 화신(化身)'이라 하고, 그들을 각각 '전능(全能)', '전비(全备)', '전영(全榮)', '전권(全權)', '전지(全知)' 등으로 불렀다. 7명을 '7영'이라 하여, 그중 양향빈을 '전능(全能)'이라 칭한 것이다.

그녀를 중심으로 피라미드 식 계급 구조가 시작되었다. 초창기에는 '7영파'(七靈派), '재림구주파'(再臨救主派), '신능력주교회', '진광파', '진도파', '전능신교회'로도 불리웠다.

조유산은 '전권(全权)' 또는 '대제사(大祭司)'라 자칭하고 행정 업무를 맡으며 양향빈을 '전능신' 또는 '여 그리스도'라고 받들었는데 그의 주요 업무는 '신화'를 쓰는 것이었다. 두 사람은 업무 분담이 확실했다. 양향빈이 명의상 최고 지위에 있었지만 '신화'만 발표하는 허수아비에 불과했고, 실제 조종자는 조유산이었다. 두 사람은 기독교의 '도성육신(道成肉身)'이란 전문 용어를 왜곡하여 "도성육신이 두 차례 있는데…… 첫 번째 도성육신은 남성이고 예수였고, 두 번째 도성육신은 여성인데 '여 그리스도'라 부른다"고 하고 "그리스도가 이미 강림했다. 세계의 동방--중국에 강림했다고 한다.

2-1-2. 소경이 소경을 인도하고 있다!

동방번개파 전능신교 재림예수의 성별이 여성이어야 하는 근거로 창세기 1장 27절과 예레미야서 31:22을 인용하고 있다.

전능하신 하나님의 이름으로 오셔서 새로운 사역을 하고 있는데, 사 43:11에 '여호와'라 나오는데, 이는 율법시대의 하나님 이름이고 은혜시대에는 예수님의 이름이 등장한다. 하나님의 이름이 예수님으로 바뀐 것이다. 그리고 세상 끝 날에는 전능하신 하나님이 구원하시는데, 계 3:12에서 새 이름을 가지고 오신다고 했는데, 계 1:8에서 '전능자'라고 하셨다.

말세에는 '전능자'의 이름으로 오신 것이라고 한다. 이들은 이 '전능자'가 예수 그리스도가 완성하지 못한 사역을 완성하게 되었고 '전능자'를 믿는 자만이 새로운 시대 즉 국도시대에 들어갈 수 있으며, '여 그리스도'가 한 시대를 열고 닫는 자이며 '전능한 하나님'이며 그가 사람들을 심판할 것이라고 주장한다.

동방번개파 전능신교는 누가복음 17:25과 마태복음 24:27, "번개가 동편에서 나서 서편까지 번쩍임 같이 인자의 임함도 그러하리라"에서 "동편"은 바로 '중국'이라고 해석한다.

또한 이사야 41:2, "누가 동방에서 사람을 일으키며..."에서 동방은 곧 중국을 지칭하는 것으로 해석하고 있다. 이들은 교주인 '여 그리스도'는 구속 사역의 완성을 위해 재림했다고 한다. 단어 몇 개만 가지고 성경을 억지 해석하고 있다. 반(反)성경적 주장이다.

우물 안 개구리 같은 삶을 살다, 사리 분별할 수 있는 능력도 경험도 부족한 상태에서 결핍을 채워주겠다 싶은 뭔가(그것이 신앙이든, 또는 사람이든)에 관심을 갖게 되면, 깊이 심취해 들어가게 된다. 전능신교는 그 기간이 2~3개월이었다. 기독 신앙에 대해서도, 성경도 모른 상태에서 소경이 소경을 인도하고 있는 것이다.

그들이 믿는 전능자는 전능자가 아니다. 설교에서도 나타나듯, "과학이 발달할수록 하나님의 지위가 하락하였다. 기독교가 국교가 된 나라들이 생기면서 하나님이 인류가운데 역사할 수 있게 되었다."[8] 며 과학과 국가 정책에 갇히는 무능력한 허수아비를 믿고 있는 것이다.

2-2. 위조 여권으로 미국 행!

1997년, 이단문제로 조유산이 검거되었고, 노동 교양 3년 형을 받았다. 2000년 5월, 조유산이 허문산(許文山)이란 가명으로 양향빈 등과 함께 위조 증명 서류로 하남성에서 여권을 만들었고, 9월에 미국으로 도주하여 계속 중국 내 신도들의 활동을 원격 조종했다. 2001년 조유산은 '종교 박해'를 이유로 미국에 '정치 망명'을 신청했고 '영주권'을 받았다.

현재 조유산은 미국 뉴욕의 한 호화 별장에 살고 있다. 겉으로 보기엔 미국의 법을 지키고 은거하고 있지만 사실은 홍콩과 한국을 주요 요충지로 선정하여 이 두 곳이 중국과 거리상 가깝고 경제 교류가 잦으며 인적 내왕이 많은 우세를 이용하여 전능신교 활동을 계속 원격 조종하며 재물을 갈취하고 대대적인 포교 활동을 감행하고 있다. 2012년 중국 산동성 '목축구(牧区)'에서 그에게 바친 '헌금'만 하더라도 4400만원에 달했다.

자기 살자고 신도들 버리고 도주한 사람이 신도들을 향해서는, "받는 연단이 클수록, 받는 고통이 클수록, 받는 시달림이 많을수록, 하나님에 대하여 생기는 진실한 사랑이 더 깊어진다. 연단이 없으면 믿음이 생길 수 없다."[9]고 가르친다.

---

8) 설교 - "전능한 하나님이 전 인류의 운명을 주재하고 있다."에서
9) 『어린 양이 펼친 책』≪말씀이 육신에서 나타남≫, p.360

2-2-1. 하늘 땅 운행하며 한 국가도 멸할 수 있다면서, 정작 본인은 미국 시민권자!

미국 시민권자가 하늘과 땅을 운행하고 있다면서, 본인을 반대하는 국가는 멸할 수도 있다고 한다.

"하나님은 인류의 정치에 참여하지 않는다. 그러나 하나님은 매 국가와 민족의 운명을 장악하고 있고 이 세계를 장악하고 있으며 온 우주를 장악하고 있다."[10]

"한 사람이 하나님의 역사를 대적하면 하나님은 이 사람을 지옥에 집어넣을 것이며, 한 국가가 하나님의 역사를 대적하면 하나님은 이 국가를 멸할 것이며, 한 민족이 일어나서 하나님의 역사를 반대하면 하나님은 이 민족을 지구에서 소실되게 하여 더는 존재하지 않게 할 것이다."[11]

"도성육신인 하나님은 육신의 통제를 받을 수 없고, 육신을 이탈하여 그가 해야 할 사역을 한다. 그러나 그는 육신의 형상을 지니고서 역사하는 것이다."[12] "나는 하늘과 동시에 내가 하려는 사역을 시작하였다. 그러므로 나는 인파 속을 헤치며 나아가고 있고 하늘 땅 사이에서 운행하고 있다. 사람은 모두 나의 거동을 알아차린 적이 없다."[13] 고 했다.

그런데 왜 조국을 버렸나?

---

10) 『어린 양이 펼친 책』≪말씀이 육신에서 나타남≫, p.133
11) 『어린 양이 펼친 책』≪말씀이 육신에서 나타남≫, p.135
12) 『어린 양이 펼친 책』≪말씀이 육신에서 나타남≫, p.255
13) 『어린 양이 펼친 책』≪말씀이 육신에서 나타남≫, p.60

2-3. 관련 폭력사건 만도 수두룩, 사회 문제화!

전능신교의 신도들은 주로 가정 주부들이 많다. 그리고 도시와 멀리 떨어진 시골에 상대적으로 활발히 전파되었고, 도시와 가깝거나 경제가 발달된 지역에서는 포교활동이 거의 미비했다. 어느 마을의 경우 당서기가 전능신교 신도였는데 재임 기간 촌 위원회 임원 전체를 입교시켰고 마을 인구 70%를 전능신교에 가입시켰다.

2012년 '세계 종말' 유언비어가 나돌면서 전능신교가 급속히 전파되었다. 2012년 12월 13일 전후, 중국 하남성의 광수(广殊)향, 나진(罗陈)향, 은붕(殷棚)향 등 향진에 전능신교 활동이 맹활약했고, 그들의 신앙 교리를 전파하기 위해 가가호호 포교활동을 하는 사람들을 흔히 볼 수 있었다.

광산현 나진향 금성(金星)촌의 김국주(金国珠)와 다른 여성 신도는 추붕촌(邹棚村) 집집을 찾아 다니며 "세계 종말이 곧 온다. 지구상 2/3의 인구가 죽게 되는데 신을 믿어야만 살아남을 수 있고 믿지 않는 자는 벼락에 맞아 죽는다"고 포교했다.

민옹군(闵拥军)은 그 영향을 받아 "지구상 2/3의 사람이 죽는데 내가 죽어도 광산(光山)현 사람들이 나를 모르는데 모든 사람이 다 나를 알게 만들겠다. 그렇지 않으면 죽어도 거저 죽는다"는 생각에 2012년 12월 14일 7시, 흉기를 들고 문수(文殊)향 진붕(陈棚)소학교에 난입하여 묻지 마 칼부림으로 학생 23명과 어른 1명에게 상해를 입혔다. 5일 후 하남성 남양(南阳)시 방성(方城)현 광양(广阳)진 북관(北关)촌의 정보생(程宝生)은 '세계 종말'이 온다고 믿고 흉기로 아버지, 아내, 아들, 질녀 등 4명을 찔러 살해했다.

2012년 12월 상순과 중순, 중국 전역에서 전능신교의 폭력 사태가 비일비재 했다. 경찰이 범죄자들을 검거하자, 일부 신도들은 사법 기관에 대항하여 폭력을 행사하거나, 에워싸고 정좌로 포교 기도를 하거나, 무릎을 꿇는 등. 사람을 석방하라고 대항하였다.

2012년 12월 6일부터 14일까지만 해도 강서성의 구강(九江), 평향(萍乡), 섬서성의 위남(渭南), 하남성의 정주, 신양(信阳) 등 여러 곳에서 신도들의 폭력 사건이 발생했고, 수 명의 경찰이 부상을 당하고 경찰차 여러 대를 뒤집어 엎었다. 수 천여 명의 신도들이 해당 지역의 파출소를 공격하기도 했다.

조사에 의하면, 2012년 10월 12일~25일 사이에 전국에서 4,365 건의 전능신교 관련 사건이 발생했다.

2-4. 치졸한 포교활동 면면

전능신교의 포교활동 면면을 보면, 1993년~1995년에는 주로 기성 기독교 신자들의 모임 장소인 가정교회들과 '호함파' 신도들을 대상으로 이루어졌다. 주요 수법으로는 기독교 신도를 통해 현지에서 인지도가 있고 심방 중인 전도사의 가정 주소를 알아낸 후 문틈으로 전단지를 밀어 넣고 가끔 지폐를 그 속에 끼여 넣기도 하고, 나중에는 상대방을 연금해 놓고 여색으로 유혹하고 기회를 노려 사진을 찍어 협박하는 수법으로 미인계 포교를 하였다.

1995년 이후에는 성경에 대한 이해가 확고하지 못한 대학생들과 기업인들, 현직 공무원 등 지식인들에게 접근하였다. 이즈음 전능신교의 "교회 가입 접수 원칙"에 "간부나 과학기술 교육원에 대해서는 더욱 큰 인내심을 가지고 이끌어야 한다", "일단 진리를 받아들이면 그들 모두가 유용한 인재이다"고 언급됐다.

2001년 이후에는, 중국 대부분의 성, 시, 자치구와 홍콩, 마카오 특별 행정구역까지 확장되었고 포교 수단도 한결 은밀하고 간교해져 '이냥 식량(二两粮)', '문도회(门徒会)', '4복음파', '영령교(灵灵教)' 등 기타 이단 집단으로까지 확대되었다. 이런 집단들은 대개 신앙 기초 이론이 견실하지 못 하거나 조직이 부실해 전능신교의 유혹에 넘어가 편입되기도 하였다.

한편 해외에서도 현지 화교 단체를 대상으로 미국, 캐나다, 한국, 싱가포르, 홍콩, 대만 등지에 지부를 설립했다. 2013년에는 홍콩에서만도 이미 신도 2000여명을 포섭했다.

2-5. 피라미드 식 조직 구조, 체계적인 헌금 갈취

전능신교가 단 시간에 세력을 확장, 구축할 수 있었던 것은 바로 체계적이고 엄밀한 조직을 형성하고 있었기 때문이다. 교주 조유산은 자신의 '교무 업무'를 수행하기 위해 여러 부처를 설치했다.

1993년부터 전국을 중원구(발원지 또는 '성지 석안(锡安)'이라 함), 화북구, 화동구, 동북구, 서북구, 화남구, 서남구 등 크게 7개의 '목축구'로 분할하고 '목축구' 마다 '편(片)'을 설치하고 '편'아래 또 교회를 설치했으며 조직 각 층에 전문 선교사를 두어 신도를 포섭하도록 했다.

2006년, 조유산은 하남성에서 집회를 개최하고 자신을 '성령이 사용하는 사람'으로 승급시켜 상좌에 올려 놓았다.

2012년 5월, 전능신교는 다시 전국을 호광(湖广), 절민(浙闽), 천귀(川贵), 소환(苏皖), 전예(全豫), 진기(晋冀), 섬감(陕甘), 산동, 요동(辽东) 등 크게 9개 '목축구'로 재분할했다.

2-5-1. 이탈자 처리하는 '호법대' 운영

조유산은 목숨을 걸고 활동할 수 있는 '포교 팀'을 강화했다. 우선 컴퓨터 팀과 번역 팀을 구성하고, 뒤이어 문자 수정 팀, 교정 팀, 디자이너 팀, 낭송 팀을 구성하고 6명의 감찰원을 임명하여 소위 '감찰 팀'을 구성했다. 이 팀들이 신도들을 관리하고 재물을 갈취했다. 이런 엄밀히 계급화 된 조직 테두리 안에서 신도들 간 서로 감시하며, 통제를 하였다.

전능신교는 또 법 집행 팀인 '호법대'를 구성하고 탈퇴하려 시도하는 신도들에게 징벌을 가했다. 특히 폭행은 단순한 구타에 그치지 않고, 사지를 절단하거나, 귀를 자르는 등의 잔인한 수준이었다고 한다. 2010년 하남성의 소학생이 짚가리에서 변사체로 발견됐는데, 발바닥에 '동방번개' 표기가 찍혀 있었다. 조사 결과 그의 가족이 탈퇴 의도를 보여 이에 보복 조치로 무고한 어린 아이를 살해한 것이다.

2-5-2. 미인계 포교에 가족과의 단절 각서, 인권 유린!

젊은 여성들은 미인계 포교에, 노인과 어린이들은 혈육의 정으로 가족들을 입교시키는데 이용당하였고, 사람들을 입교시키기 위해 심지어 집단 사기, 기성 교회 위장 잠입, 집단 납치, 유괴 등 수단을 가리지 않았다.

또한 신도들은 입교 전후에 모두 '각서'를 써야 하는데 이를 테면 "교를 믿지 않으면 벼락 맞는다", "하루라도 타인에게 포교하지 않으면 비명에 횡사 당한다" 등을 적는다고 한다. 신도들의 인권이 유린당하고 있다.

〈자녀와 관계 단절서〉

본인 정진머이는 전능신을 신봉하기 위해, 전능신에 충성하고 신의 구원을 받기 위해 신의 지시에 따라 아들 줘(左)XX와 모자 관계를, 딸 줘(左)XX, 줘(左)XX와 모녀 관계를 단절하기로 결정했다. 내가 신을 믿는 것은 내 자신을 위해서이지 다른 사람을 위해서가 아니다. 향후 그들의 성장과 현재 모든 부담이 본인과 무관하다. 본문 내용은 모두 진심에서 우러러 나온 말이며 절대 후회가 없다. 본문에 한 서명은 진실하며 모든 결과에 대해서 결과에 대해서 나 자신이 책임진다.

* 작성자: 정진머이. 1월 3일 저녁.

〈각 서〉

만일 일이 생기면 유다같은 사람이 되면 안 된다.
유다 같이 형제자매를 노출하면 천 벌 받을 것이다.
하나님의 재산을 개인이 훔쳐가면 죽을 것이다.
가족이 다 죽을 것이다.

* 맹세하는 사람 이름 : 강량초

2-5-3. 전적 헌신, 전 재산 바친 자들, 천국에서 왕 노릇 하리라?

평소 무의식 중에 내뱉는 까칠한 용어들도 고스란히 책에 담을 만큼 여과 과정을 거치지 않은 것을 보면, 그녀의 그러한 성품을 그대로 받아주고 있다는 것을 알 수 있다. 중요한 건 그녀를 통해 걷어지는 재산이기 때문에, 집안에 가둬 놓고 자유 분방하게 놔두고 제재를 하지 않은 것이다. 그런 그녀가 특별히 강조한 부분이 있다.

"어떤 이는 직장을 그만 두었고, 어떤 이는 가정을 버렸으며, 어떤 이는 혼인을 포기하였고, 심지어 어떤 이는 모아 둔 전 재산을 다 바쳤다. 얼마나 사심 없는 공헌인가! 이러한 이들은 공중에 들림받아 주님과 만나 보좌에 앉아, 만국 만민을 다스리든, 왕 노릇 하든 할 것이다."[14]

"오직 우리가 들림받을 수 있을는지, 축복받을 수 있을는지, 천국에 우리의 자리가 있을는지에 관심을 갖기만 하면 된다. 주를 믿고, 따르는 자가 되는 것은 바로 이런 것들을 얻기 위해서가 아닌가?"[15]

"네가 사랑이 있으면 달갑게 봉헌할 것이고, 달갑게 고통받을 것이며, 나와 합할 것이고, 나를 위하여 너의 모든 것을 포기할 것이며, 너의 가정, 너의 미래, 너의 청춘, 너의 혼인을 포기할 것이다. 그렇지 않으면 너의 사랑은 사랑이 아니라 기만이고 배반이다! …너는 얼마를 포기하였는가? 얼마를 바쳤는가?"[16]

"너에게 늘 하나님의 감동이 있으면, 너는 육체의 통제를 받지 않을 것이고, 남편·이내·아들 딸·금전 모두 너를 통제할 수 없을 것이다."[17]

"육신의 것을 생각해서는 안 된다. 남편, 아내, 자녀, 혼인, 가정, 이런 것이 다 없다! 하나님을 만족케 해야지 육체를 만족시킬 수 없다는 심지(心志)가 있어야 한다."[18]

조유산도 "신을 위해 일하자면 신에게 일체를 바쳐야 한다"며 신도들에게 헌금을 강요하였다. 매 집회 때마다 헌금을 하는데, 각 개인에게 헌금표(증)가 있어 여기에 도장을 찍어 확인 관리하도록 하고 있다. 그러면서 한편으로는 수입이 적은 신도들에게 선심성으로 생필품을 나눠주거나, 소량의 생활비를 지원해주어 더욱 열심히 포교하도록 유도한다. 국내에서도 신도를 포섭해오면 용돈을 주기도 하여 동기를 유발하게도 하였다.

---

14) 『어린 양이 펼친 책』 《말씀이 육신에서 나타남》, p.17
15) 『어린 양이 펼친 책』 《말씀이 육신에서 나타남》, p.18
16) 『어린 양이 펼친 책』 《말씀이 육신에서 나타남》, p.27
17) 『어린 양이 펼친 책』 《말씀이 육신에서 나타남》, p.289
18) 『어린 양이 펼친 책』 《말씀이 육신에서 나타남》, p.375

3. 자칭 재림주 양향빈! 숨지 말고 나와 밝혀라!

자칭 재림부 43세 양향빈 씨는 숨지만 말고 나와 스스로 밝혀라! 본인이 재림주(?)라는 것을! 조국도 버리고, 가족도 버리고, 전 재산 바친 신도들의 눈물의 포교활동! 이미 그들의 삶과 인생은, 파탄됐다. 재기할 수 있도록, 교주 본인이 일말의 양심이라도 있다면, "나는 재림주가 아니다! 그동안 거짓으로 일관했다! 너희들은 속은 것이다!"라고 말하라.

3-1. 성경 부정하는 자가 재림예수, 반(反) 기독교 단체다!

전능신교 교주는 성경은 독소 즉, 독약이다! 믿으면 하나님을 모독하는 것이다! 라고 주장하고 있다.

"패괴된 인류가 늘 하나님(전능신교 교주 양향빈)을 대적하고 공격하고 모독하는 것은 바로 사탄의 독소, 사탄의 철학, 사탄의 인생 법칙이 이미 완전히 사람의 심령을 통제하였기 때문이다."[19]

"성경은 죽은 글귀이다. 그것을 믿는 사람에게는 하나님(전능신교 교주 양향빈)이 함께 하시지 않는다."[20]

"성경은 이미 죽은 글이다."[21]

"성경은 오래되어 곰팡이 핀 낡은 책이며, 낡은 간행물이다."[22]

"하나님의 역사는 본래 새롭고 산 것이지, 낡고 죽은 것이 아니다. (성경은) 사람을 죽게 하고 낡게 하는 마귀다."[23]

"성경이 하나님의 최신 사역을 가로막고 있다. 구약은 구약시대에만, 신

---

19) 『그리스도를 알지 못하고 얻지 못하는 사람은 영원히 천국에 들어갈 수 없다.』, p.3
20) 『어린 양이 펼친 책』 ≪말씀이 육신에서 나타남≫, p.31
21) 『어린 양이 펼친 책』 ≪말씀이 육신에서 나타남≫, p.578
22) 『어린 양이 펼친 책』 ≪말씀이 육신에서 나타남≫, p.264
23) 『어린 양이 펼친 책』 ≪말씀이 육신에서 나타남≫, p.265

약은 신약시대 에만 해당된다. 오늘 날은 새로운 말씀이 주어지는 시대이다. 곰팡이 핀 그 책에서 나와야 한다. 새 도(道)는 현실이다. 이 도가 너를 구원할 수 있고, 이 도가 너를 변화시킬 수 있다. 성경은 역사 서적에 속한다. 예수도 여태껏 성경을 참고하여 전도하지 않았다."[24]

"성경은 오늘 말세의 사람에게는 별로 쓸모가 없게 되었으며, 기껏해야 하나의 임시 참고로 할 뿐 별로 큰 사용 가치가 없다."[25]

"종교 안의 사람들은 하나님을 성경에 속박하려 하고, 심지어 하나님을 다시 십자가에 못 박으려 하고 있다."[26]

"신·구약 66권은 사람이 쓴 것이지 성령이 한 말씀은 아니다. 하나님의 말씀이라고 한다면 하나님을 모독하는 것이다."[27]

"비록 주님의 보혈로 우리를 구속해 왔고 우리가 믿음으로 말미암아 의롭다고 칭함을 받았지만, 우리들의 죄성과 사탄의 독소는 여전히 우리의 육체 속에 깊이 뿌리박혀 있다. 그러므로 우리가 아무리 노력해도 거룩해질 수가 없다. 반드시 하나님의 말세 역사를 받아들여야 한다."[28]

"무릇, 성경을 믿고 따르는 자들은 그리스도를 부인하는 자들로 모두 적그리스도의 길을 걷는 사람들이다."[29]

"성경은 역사 서적이다. 성경을 하나님의 말씀이라고 한다면, 예수가 너를 저버릴 것이고 너를 정죄할 것이다. 성경에서 길을 찾는 자들은 하나님을 모르는 자들이다."[30]

"성경을 보지 마라. 성경 이외에 또 다른 더 큰 사역이 있다."[31]

---

24) 『어린 양이 펼친 책』 ≪말씀이 육신에서 나타남≫, pp.512-521
25) 『어린 양이 펼친 책』 ≪말씀이 육신에서 나타남≫, p.523
26) 『어린 양이 펼친 책』 ≪말씀이 육신에서 나타남≫, p.526
27) 『어린 양이 펼친 책』 ≪말씀이 육신에서 나타남≫, p.529
28) 『국도 복음 설교 특집』, p.53
29) 『국도 복음 설교 특집』, p.123
30) 『하나님의 말씀이 하나님의 나타남과 하나님의 역사를 증거한다』, p.466
31) 『하나님의 말씀이 하나님의 나타남과 하나님의 역사를 증거한다』, p.483

"새 길을 걸으려면, 너는 성경에서 나와 성경에 기록된 예언서나 역사서의 범위를 초월해야 한다. 이래야만, 새로운 길을 잘 걸을 수 있고, 새로운 경지에, 새로운 역사에 진입할 수 있다."

"성경의 저자는 '하나님'이 아니라 '사람'이다."[32]

"성경은 은혜시대에만 적용될 뿐, 마지막 때의 국도시대에는 적용될 수 없다. 시대에 뒤떨어진 것이다."[33]

"낡은 종교 관념은 사람의 일생을 망칠 것이다. 만일 네가 이런 것들을 버리지 않는다면, 그것은 너의 생명이 자라남에 있어서 걸림돌이 될 것이다. 낡은 것들을 버리지 않는다면 너를 구할 수 없다. 하나님은 이러한 사람을 거들떠보지도 않는다."[34] 라고 한다.

성경 1독도 하지 않은 문맹인의 주장이다. 반(反) 기독교단체이다. 스스로 거짓 선지자, 거짓 그리스도임을 증명하고 있다.

3-1-1. 성경책이나 지방교회 책이나 같은 것이다?

이단 지방교회에서 잠깐 신앙생활 했음에도 그곳 교리가 씻겨지지 않았다. 지방교회(대표 위트니스 리와 워치만 니)는 삼위일체 신관, 구원관, 교회관이 잘못됐다. 기성교회 비판하며 교회 직제도 인정하지 않는다. 그래서 목회자 없이 모두 형제 자매로 불린다. 오래 전, 이단으로 규정되었다.

그런데 전능신교 교주는, "바울의 서신과 신약의 기타 서신은 근대의 영적 인물의 전기에 상당하여, 워치만 니의 책 또는 로렌스의 경력 등등 이 사람들이 쓴 영적 전기와 함께 논할 수 있다. 다만 근대 인물이 쓴 책이 성경 신약에 편성되지 않았을 따름이다. 그러나 그들의 실질은 같은 것이고 모두

---

32) 『어린 양이 펼친 책』 《말씀이 육신에서 나타남》, p.536
33) 『어린 양이 펼친 책』 《말씀이 육신에서 나타남》, p.524
34) 『어린 양이 펼친 책』, p.139

성령이 한 단계에서 쓰는 인물이다."[35]

"위트니스 리와 워치만 니, 그들이 한 사역은 모두 길을 이끄는 것이며, 새 길이든 옛 길이든, 지방교회를 회복하든 지방교회를 건립하든, 그들이 한 것은 모두 은혜시대에 예수와 기타 사도가 다 하지 못하였거나 심화되지 못한 사역을 이은 것이다."[36] 라며 허튼소리를 하고 있다.

3-1-2. 설교자 김○학 씨, 별명이 걸어다니는 성경이었다고?

서울 구로동 교회를 찾았을 때, 설교자가 20대 후반의 김○학 청년이었다. 전에는 본인의 별명이 '살아 있는 성경', '걸어다니는 성경'이었다고 한다. 그런데, 이날 설교에서는 성경 외에 하나님의 말씀이 있다며, 이제는 성경에서 나와야 한다고 강조하였다. 인용한 성경 몇 구절을 보면,

요 21:25, "예수의 행하신 일이 이 외에도 많으니 만일 낱낱이 기록된다면 이 세상이라도 이 기록된 책을 두기에 부족할 줄 아노라"

이는 예수님의 말씀 한 구절을 가지고 설교한다고 해도 몇 만 번 이상이라도 다르게 새 맛이 나게 할 수 있다. 그러므로 예수님의 행적에 대해 책을 쓴다면 무궁 무진할 것이다. 따라서 이 세상이라도 그 기록된 책을 두기에 부족할 것이라는 말씀이지, 이 때문에 성경 외의 계시가 있다고 말씀하시는 것이 아니다.

요 16:12~13에서, "내가 아직도 너희에게 이를 것이 많으나 지금은 너희가 감당치 못하리라 그러나 진리의 성령이 오시면 그가 너희를 모든 진리 가운데로 인도 하시리니" 이는 직접 계시를 말씀하신 것이 아니다. 또한 성령님께서 그리스도의 이루신 구속 사업에 대해 설명해 주실 것이라는 말

---

35) 『어린 양이 펼친 책』 《말씀이 육신에서 나타남》, p.518
36) 『어린 양이 펼친 책』 《말씀이 육신에서 나타남》, p.545

씀이다. 그것은 사도들이 기록한 신약 성경으로 나타났다. 독창적인 예언이 아닌, 그리스도의 사건을 중심한 복음의 계시를 가리키는 것이다.

김○학은, "사람이 율법시대를 알려면 구약을 보고, 은혜시대를 알려면 신약을 보고, 오늘의 시대를 알려면 성경에서 나와 새로운 말씀을 받아들이고, 하나님의 최신 역사와 말씀을 인식해야 한다. 예수도 구약성경을 지키지 않았다고 바리새인들이 죽인 것이다. 전능하신 하나님이 진리의 성령이고 말세의 그리스도이다. 그분의 음성을 듣지 않는 것은 또 다시 예수를 십자가에 못 박는 일이 되는 것이다."라고 책자에 있는 내용을 힘주어 설파했다. 한 발짝만 뒤로 물러나 보면 알 수 있는 것을 고집과 아집에 묶여 스스로 제 무덤을 파고 있다.

4. 교주는 조유산의 허수아비, 최면에 빠져 있다!

4-1. 징벌하는 나의 날이 곧 도래한다! 불신하면 지옥 간다?

지방교회 교리 중, 인간 그리스도론이 있다. 이 교리는 지방교회 분파들도 주장하고 있다. 즉, 신화사상이다. 인간이 예수 그리스도를 믿으면 그도 그리스도가 된다는 것이다. 이를 조유산이 모방한 것이다.

양향빈이 정신 이상에 걸려 자신에게 '영'이 임했다 하고 자신의 입에서 신(神)의 말이 나간다 하니, 여(女) 그리스도로 만든 것이다. 그때부터 줄곧 양향빈은 최면 상태에 빠져 있는 것이다.

"오늘날 나는 땅에서 사람들 가운데서 생활하고 있으며, 사람은 다 나의 역사를 경력하고 있고 나의 말을 보고 있다. 내가 생명을 베풀어 주는 하나님이다."[37]

---

37) 『어린 양이 펼친 책』 ≪말씀이 육신에서 나타남≫, p.24

"육신으로 돌아온 예수가 한 말씀을 받아들일 수 없는 그 사람들은 틀림없이 지옥의 자손이고 천사장의 후예이고 영원히 멸망될 종류이다."[38]

"내가 사람들 가운데 살고 있어도 나의 존재를 모르고, 나의 빛을 사람의 몸에 비출 때에도 사람들은 여전히 나를 모르며, 나의 진노가 사람의 몸에 임할 때에 사람은 더욱 더 나의 존재를 부인한다."[39]

"내가 메스꺼워 하는 사람은 당연히 나에게 버림받을 것이다. 고의적이든 아니든 상관하지 않는다. 어쨌든, 나는 내가 미워하는 모든 사람을 다 내게서 좀 멀리하게 할 것이다. 사람을 징벌하는 나의 날이 곧 도래한다."[40]

"재난이 닥칠 때, 나를 대적한 모든 사람은 기근과 온역 중에 떨어져 슬피 울 것이다. 그러나 나를 따르면서 나에게 충심무이(忠心無二) 한 그 사람들은 오히려 손뼉을 치며 기뻐할 것이고, 인간 세상에 베풀어 준 적이 없는 즐거움 속에서 살 것이다."[41]

"너희들은 나의 말을 논단하지 말고, 더욱이 나의 말을 경만하게 대하지도 말며... 나의 말을 사기꾼의 거짓말에 연결시키지 말며, 얕보는 눈길로 나의 말에 대충 대하지도 말라."[42]

본인도 알고 있는 것이다. 본인이 착각에 빠져 있는 것을.

4-2. 기독신앙 부정하면서 저지르고 있는 종교 사기 행각!

삼위일체 부정, 예수 그리스도의 구속사건 부정, 성경 부정... 기독교 신앙 자체를 부정하는 반 기독교인이 왜 굳이 '여 그리스도'라 자처하는지 아이러니하다. 본인 스스로 적그리스도, 거짓 선지자임을 증명하고 있으면서 말이다.

---

38) 『어린 양이 펼친 책』≪말씀이 육신에서 나타남≫, p.15
39) 『어린 양이 펼친 책』≪말씀이 육신에서 나타남≫, p.31
40) 『어린 양이 펼친 책』≪말씀이 육신에서 나타남≫, p.62
41) 『어린 양이 펼친 책』≪말씀이 육신에서 나타남≫, p.63
42) 『어린 양이 펼친 책』≪말씀이 육신에서 나타남≫, p.82

"당초 예수가 올 때는 남성이었고, 이번에 올 때는 여성이다."[43]

"한 분은 유태어를 할 줄 아는 남성이고 한 분은 중국 한어만 말하는 여성이다. 오늘의 도성육신인 하나님과 예수처럼, 혈통은 서로 연결이 없으나 그들은 본래 하나이다. 영이 원래 한 분이기 때문이다."[44]

"예수가 말씀이 육신 된 이 사실이 있게 된 후부터, 사람은 비로소 하늘 위에 아버지가 있을 뿐만 아니라 아들도 있고 심지어 영도 있다는 것을 알게 되었다."[45]

"성부·성자·성령 삼위일체의 하나님은 아예 존재하지 않는다. 이것은 다 사람의 전통 관념이고 그릇된 인식이다."[46]

"하나님을 핍박하는 종교계의 관원들은 인간 쓰레기들이다. 결국 땅에서 멸망되고야 말 것이다!"[47]

"이전에는 국도시대였고 하나님을 사랑하는 역사 단계였으며, 지금은 천년 국도시대이다. 말씀으로 사람을 온전케 하기 시작하여 생명 실제에 진입하게 하는 것으로 사람을 정상 궤도로 이끈다."[48]

"현재는 국도시대이다. 천년 국도시대가 되면 어떤 사람은 전화를 걸고 전보를 치며 갖가지 방식으로 하나님의 말씀을 받아들인다."[49]

"창세 이후, 제1단계 사역은 이스라엘에서, 2단계는 예수가 온 유대에서, 3단계는 중국에서 전개한다. 최후 사역은 중국에서 완성되고 마쳐질 것이다."[50]

그러면 중국에서 사역을 할 것이지 왜 타국에서 호화생활하면서 이런 주

---

43) 『어린 양이 펼친 책』 《말씀이 육신에서 나타남》, p.596
44) 『어린 양이 펼친 책』 《말씀이 육신에서 나타남》, p.603
45) 『어린 양이 펼친 책』 《말씀이 육신에서 나타남》, p.607
46) 『어린 양이 펼친 책』 《말씀이 육신에서 나타남》, p.349
47) 『국도 복음 설교 특집』, p.70
48) 『어린 양이 펼친 책』 《말씀이 육신에서 나타남》, p.321
49) 『어린 양이 펼친 책』 《말씀이 육신에서 나타남》, p.385
50) 『어린 양이 펼친 책』 《말씀이 육신에서 나타남》, p.481

장을 하고 있을까, 결국 종교를 이용한 사기 행각을 벌이고 있는 것이다.

4-2-1. 구원과 상관없는 어설픈 주장들!

전능신교에서는 1단계 구약은 여호와 하나님이 주관하는 율법시대, 2단계 신약은 예수님이 이끄시는 은혜시대, 3단계는 전능자 하나님이 이끄시는 국도시대라 하고, 매 단계마다 사역이 바뀌고, 형상이 바뀌고, 말씀도 바뀌었다고 한다. 그리고 이제 전능자 하나님이 도성육신하여 인간의 영혼육의 모든 죄를 사하여 주시고, 최종 완전한 구원을 이루어 주신다고 한다.

신도들은 위의 내용을 줄줄줄 외우고들 있다. 이 집단에서는 시대마다 역사하는 이가 다르고, 구원자가 다르고, 말씀이 다르다. 그러니 하나님도, 구원자도 여러 분이다. 무엇이 진리인지도 모르고, 기독 신앙이 무엇인지도 모르고 있는 것이다.

4-3. 신도들은 체험신앙, 교주는 내가 안했다!

전능신교 신도들 대부분은 신비체험을 간증한다. 그런데 정작 교주는 지금의 시대에는 표적과 기사와 같은 신비 역사는 행하고 있지 않다고 한다.
"너희들이 순복하여 하나님 현실의 말씀을 받아들일 수만 있다면, 주저하지 말고 순복하고 따르며, 절대로 논단하거나 다른 나쁜 생각을 하지 말고 받아들이자마자 실행해야 하며, 하나님의 말씀에 대해서는 많이 연구하지 말고 순복해야 한다. 이 조건에 달하면 온전케 될 수 있다."[51]
"예수 시대에도 오늘의 계시가 없었다. 너희에게 한 말씀, 너희들이 깨달

---

51) 『어린 양이 펼친 책』,《말씀이 육신에서 나타남》, p.194

은 것, 너희들이 경력한 것은 모두 최고봉에 달하였다."[52]

"실제 하나님이 하는 일을 논단해서는 안 되며, 하나님이 증거한 사람을 대적해서는 안 된다."[53]

"그가 이번에 와서는 병도 고치지 않고 귀신도 쫓아내지 않고 이적도 행하지 않으며, 회개의 복음을 전하는 것이 아니고 사람으로 하여금 구원받게 하는 것이 아니다. 왜냐하면 예수가 그 단계 사역을 하였을 뿐만 아니라 하나님은 중복 사역을 하지 않기 때문이다. 오늘 하나님이 와서는 은혜시대의 모든 행실을 폐기하는 것이다."[54]

"하나님이 만약 하늘에서만 말씀하고 음성을 발하고 실제적으로 땅에 오지 않는다면, 사람은 여전히 하나님을 알 수 없고 다만 텅 빈 이론으로 하나님의 행사를 전할 뿐 하나님의 말씀을 실제로 할 수 없다."[55]

"말세에 너는 초자연한 예수를 보려고 하지 말라. 너는 다만 말씀이 육신된 실제 하나님이 정상 사람과 똑 같다는 것을 볼 수 있을 뿐이다."[56]

"하나님의 영은 땅에 와서 찾고 찾으면서 오랜 세월 동안 역사하였다. 하나님의 영은 시종 적합한 안식처가 없었다. 이렇게 하나님은 서로 다른 사람 몸에 돌아가면서 그의 사역을 하고 있다. 하나님의 영이 형상을 지니고 뼈와 살이 있으며 사람들 가운데 다니면서 생활하고 숨었다 나타났다 해야만, 사람이 하나님에 대하여 더 깊이 인식할 수 있다."[57]

"하나님이 쓰는 몇몇 사람의 인성에서 하나님의 신성의 사역에 협력해야 한다. 바로 인성의 사역으로써 신성의 사역을 수호하는 것이다. 그렇지 않으면, 사람은 신성의 사역을 직접 접촉할 수가 없다."[58]

---

52) 『어린 양이 펼친 책』 《말씀이 육신에서 나타남》, p.195
53) 『어린 양이 펼친 책』 《말씀이 육신에서 나타남》, p.204
54) 『어린 양이 펼친 책』 《말씀이 육신에서 나타남》, p.225
55) 『어린 양이 펼친 책』 《말씀이 육신에서 나타남》, p.231
56) 『어린 양이 펼친 책』 《말씀이 육신에서 나타남》, p.238
57) 『어린 양이 펼친 책』 《말씀이 육신에서 나타남》, p.249
58) 『어린 양이 펼친 책』 《말씀이 육신에서 나타남》, p.251

"반드시 그의 사도·선지자로 하여금 그의 이후의 사역을 보충하게 해야 한다."[59]

"다시 말하면, 하나님의 신성에서의 사역을 하나님의 심의에 맞는 몇 사람에 의해 '번역'해 내어 풀 수 있게 한다. 바로 신성의 언어를 인성의 언어로 바꾸어 사람으로 하여금 모두 이해하게 하고 깨닫게 하는 것이다."[60] 그저 의심하거나 판단하지 말고, 연구도 할 필요 없이 무조건 믿고 순종하라는 식이다.

4-4. 자칭 신(神)이라면서, "굳이

교주는 하늘과 땅을 운행하고 있다면서도, 굳이 만나려고 하지 말라고 가르친다.

"너희들은 언제나 그리스도를 만나려고 하는데, 나는 너희에게 그래도 자기를 너무 높이 보지 말라고 권한다. 그리스도를 누구나 다 만날 수 있지만, 또 모든 사람이 다 그리스도를 만날 자격이 없다."[61]

"너희들은 엉뚱한 생각을 하지 말고, 늘 그리스도를 만나려고 생각하지 말라. 왜냐하면 너희들의 분량이 너무나 작아서, 그리스도를 만날 자격조차도 없기 때문이다. 너의 패역이 완전히 벗겨지고 네가 그리스도와 화목하게 지낼 수 있게 되면, 그때에는 하나님이 자연히 너에게 나타날 것이다. 만일 네가 개선되지 않고 심판을 거치지 않고 하나님을 만난다면, 너는 틀림없이 하나님을 대적하는 사람이 될 것이며, 틀림없이 멸망의 대상이다."[62]

"이번에 하나님이 와서 역사하는 데는 영체가 아니라 아주 평범한 몸이

---

59) 『어린 양이 펼친 책』≪말씀이 육신에서 나타남≫, p.252
60) 『어린 양이 펼친 책』≪말씀이 육신에서 나타남≫, p.253
61) 『어린 양이 펼친 책』≪말씀이 육신에서 나타남≫, p.20
62) 『어린 양이 펼친 책』≪말씀이 육신에서 나타남≫, p.22

고, 또한 하나님이 말씀이 육신 된 몸이다."⁶³⁾

"하나님 도성육신의 호칭은 그리스도이다. 하나님의 특유한 육신이다. 이 육신은 아무나 대신할 수 있는 육신이 아니라, 땅에서의 사역을 충분히 담당할 수 있는 육신이고, 하나님의 성품을 발표할 수 있는 육신이며, 하나님을 충분히 대표할 수 있는 육신이고, 사람에게 생명을 공급할 수 있는 육신이다."⁶⁴⁾ 라고 한다. 굳이 만날 필요 없다면, 왜 땅에 왔다고 하는가? 대부분의 주장들을 보면, 일관성도 없고 통일성도 없다. 본인이 무슨 말을 하고 있는지도 모른다.

5. 신도들도 피해자! - 탈퇴가 살길이다!

거짓에 속고 이용당한 신도들도 실은 피해자들이다. 속히 그 집단에서 이탈, 탈퇴하는 것이 살길이다. '양향빈'은 전능한 하나님이 아니다! 재림한 여(女) 그리스도도 아니다! 이미 미국으로 도주해 미(美) 시민으로 뉴욕에서 호화생활을 하고 있는 것 만으로도 스스로 증명하고 있다. 전능한 하나님의 말씀이라는 것도, 양향빈의 입에서 나온 말보다, 조유산이 써준 원고를 읽는 것이 더 많다. 신도들의 인생을 이런 이들에게 바치기에는 너무나 소중하고, 귀하다. 속히 깨닫고 나오기를 바라는 마음이다.

---

63) 『어린 양이 펼친 책』《말씀이 육신에서 나타남》, p.48
64) 『어린 양이 펼친 책』《말씀이 육신에서 나타남》, p.57

6. 한국에서의 활동 상황

6-1. 3년 사이 수 백억 원 투자, 젊은 층들 난민신청 줄이어!

조유산과 양향빈은 중국과 거리상 가깝고, 경제 교류가 잦으며, 인적 왕래가 우세한 홍콩과 대만, 한국 신도들을 미국에서 원격 조종하고 있다.

2007년부터 몇 사람 입국, 경기도 안산에서 활동하다, 이후 가리봉동, 대림동 지역에서 길거리 포교, 2012년 6월 서울 구로동과 대구 건물 매입 후, 2013년 1월부터 주요 일간지 전면 광고 게재하며 본격적으로 활동을 시작하였다.

본부와 지부로는, ① 서울시 구로구 가마산로 141 ② 서울시 광진구 군자동 48-14 ③ 강원도 횡성군 둔내면 화동삽교로 60-30 유토피아 유스호스텔 등 13곳이고, 대표들은 오○림, 권○성, 김○욱, 임○복, 전○란, 백○옥, 김○란 등이다.

한국에 입국한 이들 중, 난민 신청을 한 이들의 연령대를 보면, 대개 30대가 많다. 그리고 40대, 이어서 20대이다. 난민신청자는 800여 명 이상이다. 젊은 층들이 많다는 것과, 한국에서의 본격적인 활동 기간이 3년여인데, 200억 원 이상을 투자했다는 것은, 이 집단이 얼마나 한국을 주요 활동 거점, 포교 요충지로 삼고 있는지를 알 수 있다.

현재 각 지방으로 신도들 파송, SNS, 인터넷, 영화, 노래 영상 보급 등으로 활발하게 활동 중이다.

무엇보다 한국에서 영화를 찍고, 찬양대 노래를 동영상으로 제작해 보급하고 있는데, 여기에 주요 인물들이 포진해 있다. 영화같은 경우 두 팀이 1년에 300여 편에 가까운 영상을 제작했고, 찬양대 인원은 400여 명으로, 자체 제작한 영상을 상당히 자주 업데이트를 하며 SNS(website, youtube, facebook, twitter, naver blog and cafe, daum cafe)에 올리고 있다.

6-2. 한국 포교위해 조국, 가족 버리고 온 이들, 불법체류, 위장결혼도 서슴지 않아!

1990년대 초, 중국에서 처음 시작할 때 그들의 포교활동은 소속했던 지방교회 측 호함파의 바운더리를 크게 벗어나지 못했다. 그러다가 상대적으로 교리 기반이 약한 '문도회(门徒会)', '4복음파', '영령교(靈靈敎)' 등 기타 이단 집단들과 기성 교회들에까지 확장되었고, 이들 집단이 아예 전능신교로 편입되는 경우들도 있었다. 2000년대에 들어서는 공무원, 사업가, 대학생 등 대상의 폭이 넓어진다. 이단으로 낙인 찍혀 활동에 제약을 받게 되자, 중국과 거리상 가깝고, 경제 교류가 잦으며, 인적 왕래가 우세한 홍콩과 대만, 한국에까지 진출을 하게 되었다. 삽시간에 신도 300여만 명으로 규모가 거대해졌다.

사회가 발전함에 따라 사람들의 가치관도 변화된다. 신앙에 관심을 갖게 된 것도 일환이라 보면 된다. 그런데, 체계적이고 올바른 신앙관 형성이 매우 부실한 환경 조건이다. 제대로 된 신학 대학교 하나 없고, 이단에 빠진 사람 개종할 교육적 바탕도 부족하다. 그런데 단시간에 사람들의 이목을 집중하게 된 것은, 궁중심리가 발동한 것도 한 원인이 되겠지만, 무엇보다 종말 사상의 영향이었다. 사회가 발전함에 따라 그 이면으로 빈부의 격차는 더욱 심해지고, 이를 해소하거나 박차고 일어날 만한 능력도 부족한 가운데, 현실 도피처로 신앙에 관심을 갖게 된 것이다. 그것이 가장 쉽고 간단하기 때문이다.

거기에다 정부에 대한 반항 심리까지 더해진 것처럼 보인다. 때문에 2012년 12월 21일 시한부 종말 사상에 심취되어 위험을 무릅쓰고 확성기를 틀어 외치고 돌아다닌 무리들을 보면, 제대로 인식을 하고 추종했다기보다 여러 복합적인 요인이 작용한 것으로 보인다.

그러면, 현재까지도 그 명맥을 유지하고 있는 이유는, 한 번 발을 들여놓고 보니, 다시 뺄 용기가 부족하고, 이미 가족을 버리고, 재산을 바치고 들어온 이들이 상당수이기 때문에, 아니란 것을 알면서도 인정하고 싶지 않은 복잡한 심경 때문에 붙어 있는 이들도 다수일 것이라는 판단이다. 마치 도박과도 같은 것이다.

한국에 들어온 이들 대부분이 이혼하고 가정을 버리고 온 이들이다. 14세 아이를 버리고 오지를 않나, 자식이 결혼한다고 연락해도 가지 않는 어머니도 있다.

더욱이 이 집단은 들어올 때부터 가족과 단절한다는 각서를 쓰게 한다. 그리고 옛날 가족은 잊어라! 지금 우리야 말로 진정한 하늘 가족이다 라며 새로운 가족을 엮어준다. 매일 맹세를 하게 하고, 포교를 위한 임무가 주어진다. 곧 종말이 오니, 열심히 포교해야 천국에 빨리 갈 수 있다고 가르치고 있다. 거기에 '호법대'가 있어 매일같이 신도들을 감시하고 통제한다. 그러니 나오기도 쉽지 않은 것이다.

신도들의 활동을 보면, 주로 가명을 사용한다. 필자도 지금까지 여러 신도들을 만났지만, 실명을 사용한 이들은 못 보았다. 핸드폰 번호도 자주 바뀐다. 불법 체류, 위장 결혼 등으로 문제가 있는 신도들은 신분증을 제시해야 하는 곳에는 아예 가지 않는다. 그들 대부분 가명으로 활동한다.

6-3. 이단집단 신도들, 한국서 훈련받아 재파송, 아쉬워!

헌법 상 종교의 자유가 있기 때문에 이단·사이비도 종교로 보고 있는 우리나라에서는 민·형사 상 국내 법에 저촉되지 않는 이상, 자유로운 종교 활동이 허용되고 있다. 이단 집단들이 이를 잘 이용하고 있는 것이다. 하지만 알아야 할 것은 중국에서 가정 파탄, 칼부림 사건, 가족관계 단절서 작성, 분신 자살, 미인계 포교활동, 재산 헌납, 유혈사건 등 살인 사건에 시한부 종말 주장으로 반 사회적 활동 등에 연루되어 물의를 일으킨 집단이라는 것이다.

 이런 이들이 종교적인 문제로 인하여 망명 요청하며 난민 신청을 하여 그것이 받아들여진다거나, 결혼 비자로 들어온 경우, 땅이나 건물을 매입하거나 공익 목적의 투자를 했다는 증명이 있는 경우에는 영주권, 시민권이 발권된다. 때문에 이들이 다시 본국으로 들어갈 경우에는 그쪽 비자가 나오는 것은 자연스러운 일, 다시 재파송 되는 일들이 생기는 것이다.
 전능신교 신도들이 대부분의 땅과 건물들을 공동 명의로 매입을 했다. 그런 이유들이 있었던 것이다.

7. 사회의 암적인 존재 증명 - 피해사례

7-1. 전능신교 신자, '신(神)'의 존재 증명하기 위해 3차 자살 시도

 지난 2015년 3월 23일 이른 아침, 중국 쟝수성 타이쥐우(泰州)시 의약 고신구 펑황가 "호우유둬(好又多)" 슈퍼마켓 사장이 문을 열고 당일 첫 고객을 맞이했다.
 이때 어떤 수상한 여자 한 명이 갑자기 슈퍼에 뛰어 들어왔고 물건을 고르지도, 사람을 찾지도 않고 이리저리 오가며 "전능신을 믿어야 한다" "신이 당신에게 힘이 된다"는 이상한 말만 반복하며 중얼거렸다. 모두들 어리둥절한 사이 그녀는 갑자기 칼을 꺼내 자신의 오른 손목을 확 그었다. 처음으로 손목을 그어서인지 상처가 깊지 않은 표피만 베인 것 같았다. 이런 상황을 자신도 예상치 못했는지 그녀는 잠깐 멍해 서 있었다. 붐비는 매장 고객들 중 누군가가 상황을 판단하고 "자살이다. 빨리 신고해라!" 고함을 질렀다. 그 소리에 여자는 허둥지둥 상점을 빠져나갔고 금세 거리로 사라졌다.
 반시간 후 그녀는 다시 도심 "스지랜화(世纪联华)" 슈퍼에 나타났는데 위의 상황을 재차 재연했다. 그런데 이번엔 작정한 대로 오른 손목 혈관이 끊기며 피를 흘렸다. 여자는 피가 흥건하게 고인데 주저 앉아 전능신 구호를 외쳤고, 잠시 후 슈퍼 직원이 그녀를 병원으로 이송했다.

그녀의 이름은 저우슈춘(周秀春)이고 장수성 타이쥐우시 의약고신구 펑황가 전싱(振興)촌에 살았다. 몇 년 전 남편이 중병으로 앓아 누운 후, 전능신교 신자에 의해 포교되어 이단 집단에서 신앙생활을 하게 됐다.

시어머니에 따르면 그때부터 그녀는 늘 자기 가정의 죄업이 무거워 '신(神)'이 벌을 내려 남편이 병에 걸렸고, '신(神)'에게 참회하고, 오로지 전능신을 위해 헌신해야 만이 구원받을 수 있다고 말했다고 한다. 초기 시어머니는 며느리가 아들을 위해 기도하는 줄 알고 별다른 생각이 없었다. 그런데 병상에 누운 남편을 아예 거들떠보지도 않고 갓 중학교 입학한 자녀에게도 무관심 한 채 진종일 무슨 '신가의 아들 딸'이 "신화를 먹고 마신다"며 집에 잘 들어오지 않거나 '신의 영광'인지 뭔지를 전파하러 다녔다. 이로 인해 고부 사이에 수차 말다툼이 벌어지고 불화가 생겼다.

23일 오후, 병원 측은 환자의 생명에 지장이 없음을 확인한 후 경찰에 연락하여 그녀를 집에 돌려보냈다. 그런데 저우슈춘은 자신의 황당한 행위를 반성하기는커녕 오히려 더 심각하게 다른 극단적인 사건을 일으켰다.

이번에는 어린이들을 상대로 3월 25일 수요일 아침 6시 즈음, 현지 탕완(塘湾)소학교 정문 입지하자, 구 근처에서 서성이며 드문드문 오가는 행인들에게 전능신교 포교 행위를 하였다. 이 같은 수상한 상황이 학교 경비원에게 발각되어 주의를 받았음에도 계속 이뤄지자, 결국 경비원이 제지했다. 이에 대노한 그녀는 "더는 나쁜 짓을 하지 말라"고 오히려 흥분하며 저항했다. 결국 학생들이 등교할 시간이 임박하자 경비원은 혹시 학생들에게 해를 입힐까 염려되어 경찰에 신고하고 학교 정문 출입을 저지했다.

뜻대로 되지 않자 경비가 "여성을 희롱한다"고 고함을 지르며 소란을 피우기 시작했다. 행인들의 이목을 끌고는 갑자기 길 옆의 화단을 덮치며 전능신교 구호를 크게 외쳤다. 행인들이 몰려오자 점점 광기를 부리기 시작했고, 붕대를 감은 오른 손을 높이 치켜 들고 "전능신이여, 저의 죽음이 그대의 존재를 증명하리라!"고 외치고 나서 오른 손에 감긴 붕대를 잡아 뜯었다. 마침 달려온 경찰이 그녀를 제압했다.

전능신교는 세밀한 피라미드 식 조직과 기괴한 활동으로 사회에 악영향을 끼치고 있다. 가정을 파탄시키고, 재물을 갈취하며 한낮에 살인 행각을 벌이는 등, 살벌하고 폭력적인 집단이다.

전국 각지에서 일어난 사건 사고만도 수 천여 건에 달한다. 그저 단순한 일반적인 신앙 집단이라 볼 수 없다.

사건 당사자 저우슈춘은 '신앙'을 증명하기 위해 3차례나 자살을 시도했다. 25일 당일 그녀는 화단을 덮친 후, 전능신교 신앙을 반시간 씩이나 목청 껏 외쳤다. 병원에 도착해 차에서 내리는 사이에도 그녀는 손으로 상처를 후벼 파며 흉악한 표정으로, 전능신 구호를 소리 높이 외치면서도 전혀 타인을 의식하지 못했다. 이러한 발작 증세는 주위 사람들로 하여금 소름이 끼치게 하였다. 신자들에 대한 전능신교의 세뇌가 개인과 가정, 사회에 얼마나 악영향을 끼치고 있는지 알 수 있다.

마무리

조금은 무모하다 싶은 일정을 잡고, 행동으로 옮겼다. 이들이 어떠한 과정을 거쳐 포교 활동을 해오는지를 좀 더 상세히 조사해 보고자 함이었다.

이곳 제주도에 떨어뜨려져보니 이들 또한, 고향과 친척 및 아비 집을 떠나 이 타국까지 인생을 건 모험을 하는 거였구나, 가족도 버리고, 조국도 버리고... 이들도 막연하게 발을 내딛는 것이었겠구나 싶었다. 한편, 그 열심(?)이 대단하다 싶기도 하다. 불법을 자행하면서까지 올인하게 된 그 배경이 도대체 뭘까... 해서, 이들이 '새 성경(계시)'이라고 하는 『국도복음 하나님의 말씀 선집』, 『어린 양이 펼친 책』등과 기타 자료들을 보고 왔다. 이미 성경을 독약이니 읽지 말라. 옛 것이다. 이제는 새로운 말씀을 들어야 한다며 성경을 부정하고 왜곡하고 있다는 것을 알고 있기에 굳이 그들이 보는 책들을 읽고 싶지 않았지만, 그래도 최대한 왜, 무엇 때문에, 그런 잘못된 신앙에 빠져들어간 것일까를 알아야 하기에, 읽으면서도, 무슨 새로운 성경이라면서 순종하지 않은 신도들을 향해 '멍청이'라고 한다거나, '까놓고 얘기해서' 등 속어들이 등장하고, 무엇보다 우리의 성경을 두고, 독약(독소)이니 읽으면 안 된다며 힘주어 가르치고 있는 부분들을 보면서, '와~~ 이거 정말 안 되겠구나' 싶은 마음에 이를 악 물고, 다시금 정신력을 진 무장 하고 온 것이다.

제주도 공항에 도착했는데, 정말 막막했다. 그런데, 이들도 이러지 않았을까, 하는 생각이 들었다. 그렇다면, 고생 좀 달게 받아야 하지 않겠나 싶었다. 다음 날부터 일정이 시작됐다. 이들이 활동하고 있다는 장소들을 찾아다녔다. 사진을 찍고, 주변인들을 만나 얘기 나누고...

주변 교회들과 언론사들, 결찰서 정보과, 외사계까지... 하지만 자세히 알고 있는 곳은 거의 없었다.

다음으로 이들이 밟았을 행정 절차들을 따라 가 보기로 했다. 제주도청 출입국 관리소, 영주권, 시민권 획득 업무 대행해주는 곳들까지...

전국에 폭염 경보가 내려진 상황, 이곳 제주도도 한낮 더위는 매한가지였다. 목덜미가 벌겋게 달아오르고, 발에 물집이 생기고... 아무 것도 아니지만, 별 소득이 없으니, 이런 데서나마 위안 좀 삼아보려 굳이 언급을 해본다만, 시간이 갈 수록 마음이 초조해지는 것을 어찌 할 수가 없다. 이왕 여기까지 왔는데...

당시 한 해 제주도에 입국하는 외국인 만도 200만 명이다. 년 간 사건 사고 만도 400여 건, 국내 인과 혼인한 결혼 이민자[65]만 제주도에 3000여 명이다. 이들을 관리하는 출입국 관리소와 경찰서 외사계 인원들은 턱없이 부족하다. 녹록치 않은 업무인 것이다. 이런 상황에서는 애초에 입국 전 비자 발급 과정에서부터 더욱 까다로운 조건이 제시돼야 한다.

제주도에서 파룬궁 사이비종교나 전능신교 같은 이단 집단들의 활동은 주로 S, L 두 곳의 면세점을 중심으로 행해지고 있다. 하루 1만여 명이 드나드는 면세점들에는 대부분 80% 이상이 중국인들이다. 이들의 활동에 대해 관 내 여론도 별로 좋지 않은 상황이다. 그러 함에도 허용되고 있는 것은 집회 자유의 원칙이 있기 때문이다. 다만 그 수위만 조절되고 있다. 불법체류자 관리와 위장 결혼 현장 실태 조사 같은 부분들은 아쉬움으로 남는다.

신앙이라는 것이 인간의 이성으로는 판별하기 어려운 부분이 있다. 생뚱맞은 교리를 들고 온 전능신교 같은 경우, 현재 전국에서 활동하고 있는 신도는 2천여 명 정도이다. 그런데도 위험스러운 것은 뜻하지 않은 때에 맥도날드 살인 사건 같은 상식 밖의 일들을 저지르는 집단이기 때문이다. 중국 동북 삼성이라는 거친 세파에 찌든 인생들이 국내에서 저지르는 악독한 사건들은 이미 뉴스를 통해 접했다. 더더구나 대부분 이혼하고 전 재산 바치고 온 이들이 집단 공동체 생활을 하고 있다. 사회 문제화 되기 전에 저지해야 한다.

---

[65] F6, F-2-1비자 대상자들이다. 국내 인의 검증은 주중 한국 대사관의 업무이지만, 확인 절차는 한국 출입국 사무소에 인계해 이루어지고 있다고 한다.

탄 원 서

성   명: 오 ○ ○
주   소: 서울 영등포구 ○○○
직   업: 취재부장

위 사람은 사이비종교에 빠져 한국 온 중국인 장○(張○, ZHANG ○○, 외국인등록번호: 820618-○○○○○○○)이 하루 속히 가족의 품으로 돌아갈 수 있기를 바라는 마음에서 아래와 같이 서울남부출입국관리사무소에 탄원서를 제출합니다.

--- 아 래 ---

1. 중국인 장○은 사이비종교 집단에서 작정하고 포교한 인물입니다.

중국인 장○은 중국 이단 집단인 전능신교(전능하신하나님교회, 동방번개, 하나님사랑교회 (愛神敎會)로 개명)의 신도입니다.

장○은 중국 북경 올림픽과 2014년 APEC 정상회담 때 스텝으로 활동할 만큼 음향, 설비 분야에서 유능한 인재입니다.
이런 인물이기에 전능신교 집단에서는 2007년 경부터 작정하고 포교하여 끌어들였습니다.

2. 종교 집단에서 무임금 노동에 인권 유린을 당하고 있습니다.

그러한 사람이 현재 자유 민주주의 대한민국 한국에서 사이비 종교로 인하여 인권유린을 당하고 있습니다.

2013년 아들이 2세 때 찍은 사진과 최근 사진을 비교해보면, 몸이 두 배나 외소해진 것을 확인할 수 있습니다.

전능신교 집단에서 음향, 설비 분야에서 뛰어난 인재를 작정하고 포교하여 무임금 노동을 시키며, 인권을 유린하고 있습니다.

3. 전능신교 집단은 사이비종교 물론, 반(反) 기독교 단체입니다.

전능신교 집단은 지난 2012년 12월 21일 시한부 종말을 주장하며 세간을 떠들썩하게 한 집단이고, 중국 내에서도 각종 악랄한 사회 문제를 일으켜 주시를 받고 있는 집단입니다.

교주 양향빈(1973년생)이 중국에 재림한 여자 예수 그리스도라며 신(神)으로 믿고 있으며, 기독교 성경은 독약이라며 기독 신앙을 부정하면서, 오로지 양향빈의 말 만이 참 된 새로운 성경이라 믿고 있습니다. 반(反) 기독교 단체입니다.

한국에는 2007년 경 부터 경기도 안산 지역으로 신도들이 들어와 활동하다, 현재는 서울 구로구 가산 디지털 역 부근, 광진구 면목동, 구로구 궁동, 대전, 강원도 횡성 등에 건물들을 매입해 중국에서 가정을 버리고 온 이들이 집단 거주 생활을 하고 있습니다.

4. 난민제도 악용하는 주요 집단입니다.

최근 여러 언론들이 발표했던 것처럼, 760여명의 난민 신청자들 중, 600여명이 이 전능신교 신도들입니다.

이들이 한국의 난민 제도를 악용하며, 무작위 신청을 하고 있습니다.

중국인 남편 장○도,

지난 2015년 4월 무사증으로 제주도에 입국하여, 난민 신청을 하였으나, 1, 2차 불허된 상황에서, 또 다시 소송을 제기하여 현재 소중 진행 중에 있습니다. 난민제도 악용 케이스입니다.

5. 장○의 신변 보장 약정 받아 제출했습니다.

장○은,

전능신교 집단 내에서, 핵심 임원도 아니고, 중국에 갈 경우, 공안의 탄압이나 신변의 위협을 받을 만한 추호의 이유가 없는 인물입니다. 중국 공민으로서 충실히 사회생활을 해왔던 인물이고, 민·형사 상 법률을 위반한 바 없는 성실한 사람이었습니다.

그런 사람이 잠시 잘못된 신앙에 현혹되어, 가족의 품을 떠나 한국에 와 1년이 넘도록 가족과 떨어져 지내오고 있습니다.

일개 사이비종교 같은 이런 이유로 인한 탄압이나 위협을 받을 이유가 전혀 없습니다.

이에 대하여 이미 중국 공안 측의 신변 보장 약정 공문을 받아 제출한 바 있습니다.

6. 중국 법(法)에 자식은 부모를 부양해야 할 의무가 있음이 규정되어 있습니다.

장○의 가족들이 애타게 돌아오기를 기다리고 있고, 찾고 있습니다.(이미 동영상 자료 제출)

장○의 부인 ○○(TIAN PIN)과 4세 아들이 2016년 1월, 5월, 그리고 최근 8월, 3차에 걸쳐 남편을 찾기 위해 한국을 방문했으나, 다시 중국으로 돌아가야만 했습니다.

중국의 법(法)에,
 자식은 부모를 부양해야 하고, 아버지로서 아직 어린 아들이 성년이 될 때까지 양육해야 할 의무가 있습니다. 장○은 독자입니다.

 장○이 속히 잘못된 사이비종교 집단에서 구출되어, 중국 가족의 품으로 돌아가 정상적인 가정생활, 사회생활을 할 수 있도록, 인권 보호적인 차원에서 힘이 되어 주시면 감사하겠습니다.

7. 전능신교 집단에서 장○에게 각서를 받아냈을 겁니다.

전능신교 집단에서는 신도들에게,
 '가족관계단절서'라는 각서를 받고 있으며, 수시로 신도들에게 각서 및 맹세를 받고 있습니다. 최근에도, 조직을 이탈할 경우, 조직의 정보를 발설하는 자는 '가롯 유다와 같은 자'라는 각서'를 받은 것이 드러났습니다.

 * 가족관계단절 한다는 각서

 * 조직 이탈 시, 조직 정보 유출은 가롯 유다가 같은 짓이라는 각서

장○에게서도, 이러한 각서를 여러 장 받아냈을 것입니다.
 또한 '호법대'라는 팀을 운영하며 이탈자들과 반감을 갖고 있는 자들을 처리하는 경호팀을 운영하고 있습니다.

 신도들은 이것이 두려워 이탈하기를 무서워하고 있습니다.
 장복도 이와 매한가지일 것입니다.

사이비종교 중에서도 악독하고 악랄한 집단입니다.

8. 인권의 문제입니다.

중국에 가면 신변의 위협을 받을까 두렵다느니, 탄압을 받을 것이라느니... 가 아니라, 현재 대한민국 땅에서 신도들이 무임금 노동을 하며, 각서를 써내며, 인권 유린을 당하고 있습니다.

장○은 오히려 한국에서 인권의 존중, 신변 보호를 받아야 합니다!

신변 보호되어 중국에 있는 가정으로 돌아가야 합니다!

탄원인은 지난 2000년부터 이단 연구를 해왔고, 이단 사이비종교로 인한 피해자들을 돕는 것을 사명으로 알고 사역을 해 왔습니다. 전능신교 관련해서는 2012년 겨울 경 제보를 받고, 2013년부터 전능신교 집단에 잠입 취재를 하여, 꾸준히 기사화 해왔습니다.

2주 전, 장○의 부인 ○○과 연결이 되어, 4세 아이를 대동하고 강원도 횡성, 서울 구로구, 면목동 등을 다니며 함께 아빠를 찾기 위해 노력했습니다.

9. 4세 아이가 중국에서부터 와 코피 흘리며, 토하며 아빠를 찾았습니다.

4세 아이가 코피를 흘리며, 토하면서 아빠를 찾기 위해 애쓰는 모습을 보았습니다.

아이가 아빠를 부르며 각 지교회를 다녔으나, 전능신교 집단에서는 아예 문을 걸어 잠그고, 열어 주지 않고 문전박대를 했습니다.

어린 아이가 중국에서부터 아빠를 찾기 위해 한국에 왔는데, 문을 걸어 잠그고 못 만나게 한 것을 보면서, 한국인으로서 이들에게 너무 미안하고 부끄러웠습니다.

10. 진정한 종교는 가정의 화목을 도모합니다.

진정한 종교는,

설혹, 화목하지 않았던 가정이라도 화목하도록 도와주는 것이 기본 의무이고, 파탄 난 가정이라도, 하나되어 행복한 가정을 이룰 수 있도록 선도하고 돕는 것이 기본 임무입니다.

하나 된 가정을 파탄내고, 이를 조장하는 것은, 진정한 종교라 할 수 없습니다.

불화가 있어 집을 나온 남편일지라도, 다시 가정으로 돌려보내, 자식으로서, 아버지로서, 남편으로서의 역할에 충실하도록 돕는 것이 진정한 종교의 의무입니다.

부부로 인연을 맺어 자식을 낳아 기르는 것은, 인간의 의지로 되어지는 것도 있지만, 더불어 천륜이고, 하늘의 뜻으로 되어지는 것입니다.

자신의 핏줄이 먼 중국에서부터 아빠를 찾기 위해 왔는데,

아빠의 마음은 또 어떠했겠습니까, 어느 아빠가 한참 귀엽고 사랑스러운 나이의 아이를 만나고 싶지 않겠습니까? 안아도 보고, 만져도 보고, 얼굴을 비비며 끌어안고 목마도 태워주며 깔깔 웃는 소리 듣고 싶지 않겠습니까?

장○은 자신의 의지보다, 전능신교 집단의 의지에 묶여 자유롭지 못 한 상황에 있습니다.

11. 폐쇄된 집단에서 자의지로 나오기가 힘들 것입니다.

전능신교 집단에서 지난 6월에 매입한 강원도 횡성의 유스 호스텔은 아직 종교시설 인가가 나지 않은 상황입니다.

아직 청소년 수련원 건물입니다. 그런데도 경찰서 정보과 분들도 자유롭게 드나들 수 없을 정도의 폐쇄적인 장소가 되어버렸습니다.

한국의 공권력이 청소년 수련원 방문도 허락을 받아 들어가야 되고, 가족들 입회 하에 방문했을 때는 아예 입구에서부터 방문 차단되어 버렸습니다.

강원도 횡성에 있는 신도들 중 난민 신청자들이 10여 명입니다. 모두 중국 동포들입니다. 아직 한국 국민도 아닌, 난민제도를 악용하고 있는 타국민들이,

요새와 같은 장소를 매입,
한국의 공권력도 차단하고 있습니다!

그러한 집단에 순진 무구한 중국 한족인 장복이 자유롭지 못한 상황에 있습니다.

그의 자의지로는 그 집단을 빠져나오기가 쉽지 않을 것입니다.

12. 도와 주십시오!

장○이 속히 가정으로 돌아가 제 임무에 충실하며, 행복한 한 가정을 만들어 갈 수 있도록 힘이 돼 주십시오!

2016년 9월 12일

7. 중국 전능신교, 한국 지부 앞 일인시위 (2016년 10월)

전능신교는, 가출한 가족들 속히 가정으로 돌려 보내라!

중국에서 사이비종교로 규정된 "전능신교" 피해자가 가출한 남편 찾으러 4세 아이를 데리고 한국에 왔다.

한국 전능신교 교회 앞에서 "가출한 가족들 가정으로 돌려보내고, 한국 출입국관리소는 난민제도 개선하라"며 일인시위를 했다.

- **주 소**: 서울 구로구 오리로 1330번지 전능하신 하나님 교회 앞
- **날 짜**: 10월 8~9일 (토요일, 일요일) & 남편 찾을 때까지…
- **시 간**: 오전 10시~오후 6시까지

시위 문구:
1. 전능신교는 가출한 가족들, 가정으로 돌려 보내라!
   全能神教,把我的丈夫还给我的家庭！
2. 전능신교는 사이비종교다!
   全能神教是邪教！
3. 전능신교 교주는 미국 시민권자다!
   全能神教的教主是美国市民者！
4. 전능신교는 한국 난민제도 악용 말라!
   全能神教_韩国难民制度不要恶用！
5. 멀쩡한 가정 버리고 온 사람들이 난민인가? 제도 개선하라!

전능신교 집단은 중국서 4세 아이가 아빠 찾으러 왔는데, 문을 잠그고 열어주지 않았다. 오히려 신도들은 실실 웃으며 사진을 찍었다.

전능신교 신도들, 집단 난민신청 - 한국 난민제도 악용되고 있다!

전능신교에 빠진 내 아들은 난민이 아니다. 속히 집으로 돌아오라!

중국에 계신 80세 노부, 3살박이 아들 버리고, 한국에 온 전능신교 신도는 현재 난민 신청을 한 상태에 있다. 멀쩡한 집이 있고, 부양해야 할 부모와 자녀가 있는데도, 난민이라며 신청을 한 것이다.

이렇듯 전능신교 집단은 한국의 난민제도를 악용하고 있다. 이 집단의 신도들 800여 명이 난민신청을 했다. 어느 부인 신도는 중국에 있는 2살박이 딸 아이를 버리고 와서는 그 집단 찬양대에서 노래나 부르고 있다.

중국에 있는 가족들이 간절히 돌아오기를 요청하고 있는데도, 요지부동이다. 한국의 난민제도를 악용한 이들의 문제에 대해서, 한국 출입국관리소도 입장이 난처하긴 마찬가지이다.

전능신교 집단에서는 포교를 위해 신도들의 가출을 종용하고, 조건에 부합되지도 않은 신도들을 난민이라며 단체로 신청하게 했다. 이단종교 포교 위해 가정을 파탄시키고, 한 국가의 제도를 무작위 악용, 이용하고 있다.

한국의 난민제도 이래도 괜찮은가?

6장

2017년

제6장

2017년

1. 전능신교, 대전서 간판 없이 "득승교회"로 활동!
(2017년 2/3월)

중국 이단종교 전능신교(전능하신 하나님교회, 동방번개, 하나님 사랑교회(愛神敎會))가 대전시 동구 계족로 517번길 소재에서 간판 없이 "득승(得勝)교회"로 활동하고 있다. 승리를 얻었다. 이겼다 해서 '이긴자 교회'라고도 한다고 했다.

동방번개로 알려진 중국 이단 집단이 국내로 상륙하여 '전능하신 하나님 교회'로 활동하다, 이단으로 규정되니, 하나님 사랑교회(愛神敎會)로 개명해 활동하더니 이제는 간판도 없이 활동을 하고 있다.

건물은 임대해 들어간 것이고, 2층은 상담실과 예배실, 3층은 숙소로 활용하고 있다. 원래 대전 선화동에서 활동하다 2개월 전에 이곳으로 이전해 온 것이다.

反 기독교 단체, 여실히 보여주는 집단

서울 구로구에서 설교를 맡아 하던 김○학 씨가 이곳에서는 목사로 활동하고 있었다. 그와의 일문 일답이다.

필자: 교회 간판이 없던데, 교회 이름이 무엇인가?

김문학: "득승교회"이다. 얻을 득, 승리 승자로 '이긴 자 교회'라는 뜻이다. 여기는 따로 모이는 시간이 없다. 딱 주일만 고집을 하지 않는다. 바쁜 시대이니까, 주일에도 정한 시간이 없고, 아무 때나 와도 된다. 수시로 상담할 수 있는 시스템이 되어 있다. 이사온 지 2개월 됐다.

필자: 어디에서 왔나?

김문학: 대전 선화동에 있다가 왔다.

사람들이 착각하고 있는 것이 있는데, 하나님을 믿으면 교회에 가서 찬양도 하고 성경도 보고 기도도 해야 한다고 믿고 있다. 예수 믿으라 그러면 천국 간다고 복음 전하고 있는데, 세상 사람들은 그런 사람들을 보고 무엇이라 하겠는가? 미친 것이다. 예수 믿으면 천국 간다는 것을 누가 말했는가? 예수 믿으면 천당 간다는 것은 거짓말이다. 아니다. 예수님은 단 한 번도 나를 믿으면 천국 간다는 말씀을 한 적이 없다.

필자: 그러면 천국에는 어떻게 가는가?

김문학: 중요한 질문이다. 천국에 가려면 천국이 도대체 어디에 있고, 누구를 통해 가야 하는지를 알아야 한다. 천국은 이미 이 땅에서 이루어졌다. (교주 양향빈) 믿는 이들이 있는 곳이 바로 천국이다.

(필자 주; 그들이 믿고 있는 교주 양향빈을 전능신으로 믿어야만 구원받는다는 것이다.)

어느 "전능신교" 신도의 참회록

진명 씨, 1934년생, 중국 복건성 하문시 해창구 동부진 사람.

그는 본래 집미대학 모 학원의 퇴직 교사였다. 평일에 집에서 화초를 키우고 광장무를 추고 손주들을 돌봤다. 생활이 부유하지는 않아도 여유롭게 살았다. 하지만 "전능신교"에 가입 후 모든 것이 변했다.

2003년 어느 날, 퇴직한지 얼마 안 된 진명 씨는 산책 후 퇴직한 임모 씨와 다른 낯선 두 분과 집에 들어왔다. 임모 씨가 진명 씨한테, 세상이 얼마 후 멸망한다고 하였다. 인류는 큰 재난을 당하고 전능신을 믿어야 만이 마귀를 쫓을 수 있고 재난을 피할 수 있다고 하였다. 같이 온 낯선 사람도 진명 씨에게 "전능신"의 좋은 점에 대하여 얘기하고 "신"은 모든 곳에 있다면서 여자 그리스도는 전능하신 분이라고 하였다.

교육을 받고 몇 십 년을 학교에서 교직을 해온 진명 씨는 의심은 가지만 동료의 면목을 봐서 "전능신"에 가입한다고 했다. 이 때의 진명 씨는 그들의 말을 믿지 않고 다만 그들을 보내려고 했다.

얼마 후 진명 씨는 할아버지가 되었다. 손자의 출생이 이 가정에 큰 기쁨을 가져왔다. 퇴직하고 집에서 할 일이 없는 그에게는 생활이 여유로웠다. 그는 아이가 너무나도 예뻤다. 손자가 수중에 보물 같았다. 손자의 출생이 기쁨만 아니라 문제도 많았다. 예를 들면 아기의 보살핌, 평일 병 간호 등등. 젊은 사람과 노인의 육아 개념이 다른 점이 이 가정에 잦은 불화를 안겨주었다. 가정이 아기 때문에 시끄럽기 일수였다. 아들은 출근하기 바쁘고 또 두 여자의 관계를 처리해야 하고, 진명 씨는 이런 생활이 점점 지치기 시작했다.

어느 날 진명 씨가 손자를 데리고 집 부근에서 산책하는데 퇴직한 그 임모 씨가 또 찾아왔다. "손자 보셨네요. 축하합니다." 진명 씨는 임모 씨와 환담을 나눴다. 퇴직 후 생활, 각자의 손자 얘기, 가정의 자질구레한 일 등등 얘기했다. 진명 씨는 요즘 손자를 보고 있는데 가정에 불화가 많아지고 손자 외에는 모든 것이 무미건조하다고 했다.

임모 씨는 다시 한 번 "전능신" 사상을 주입시키고 "전능신"을 믿으면 심신이 홀가분할 뿐 아니라 가정도 화목해지고 "전능신"이 손자도 건강하게 자랄 수 있도록 보호한다고 했다. 이 때의 진명 씨는 반신반의 했지만 임모 씨를 그렇게 배척하지는 않고 임모 씨한테 전화번호를 줬다.

그 이후, 임모 씨는 진명 씨에게 문자를 자주 보내며 "전능신"의 좋은 점에 대해 얘기했다. 차차 진명 씨는 임모 씨의 감언이설에 경계를 늦추고 "전능신"을 믿기 시작했다. 어느 날 진명 씨는 임모 씨가 제공한 주소를 따라 교회에 갔다. 그 안에는 퇴직 교사들이 많았다. 진명 씨는 차차 모두들하고 얘기를 하기 시작했다. 더 이상 단조롭게 손자를 돌보지 않고 일상이 풍요로워졌다. 한 동안 지난 후 임모 씨는 진명 씨에게 "여기 온 지도 한참 지났고 다른 분들과도 익숙하니 가입해서 우리의 식구가 되지 않겠습니까?"라고 요청했다. 진명 씨는 승낙하고, 보증서를 쓰고 "전능신을 믿지 않으면 벼락을 맞거나 혹은 하루에 많은 사람에게 전도하지 않으면 비명 횡사한다"고 각서를 쓰게 되었다.

진명 씨는 "전능신"에 가입 후 "어린 양을 따라 신곡", "전능신 참 좋다" 등 서적과 VOD를 구매하고 반복적으로 읽고 시청했다. 시간이 지나고 그는 "전능신"이 묘사한 "아름다운 전도"를 동경하였다. 동시에 "전능신"의 교리를 믿어 의심치 않았다. "전능신"을 믿어야만 가정에 재난을 피할 수 있다고 했다. 뿐만 아니라 진명 씨도 다른 신도들을 따라서 "복음"을 전하기 시작하고 "전능신" 좋은 점에 얘기하고 다른 사람에게 "전능신"을 가입하라고 했다. 그는 더 이상 손자도 돌보지 않고, 가정의 일도 돌보지 않고, 매일 교회에 갔다. 어느 때는 심지어 며칠 동안 집에 들어오지 않아 아들이 화가 나서 아기를 데리고 장모님 집에 가곤 했다. 부인과 아들이 여러 번 진명 씨더러 그만 다니라고 해도 진명 씨는 아무런 말도 듣지 않았다.

임모 씨 등이 진명 씨에게 만약 그만 둘 시에는 당신 가족이 그에 따른 응보가 있다고 협박했다. 보증서를 쓴 진명 씨는 보복 당할까봐 두려워서 부인과 아들을 쫓아냈다.

더 나아가 진명 씨는 열성 신도로 성장했고, 그 후 매번 신도들을 끌어들일 때마다 "헌금" 얘기는 꺼내지도 않고 일단 그들이 가입 후 심리를 이용해서 상대방에게 "인간은 일생 동안 많은 재난이 있고 그 재난을 피하려면 좋은 일을 많이 해야 하고 선한 마음이 있어야 한다"면서 신도들에게 재물로 봉사하게 하고 봉사를 많이 할수록 재난을 더 멀리 피할 수 있다고 유도했다. 교회에서 "전능신" 신도들이 바치는 "헌금"은 처음에는 소액으로 하다가 나중에는 거액을 냈다. 진명 씨도 몇 십 년 동안 모아 둔 20만원 저금을 모두 "전능신"에게 바쳤다. 이것을 알고는 그의 부인이 화병으로 쓰러졌다.

2004년부터 2008년 기간에, 진명 씨는 여러 번 가출하고 다른 곳에 가서 신도들을 모집했다. 적게는 3-5일, 많게는 한 달 동안, 가족들이 강력하게 말려도 효과가 없었다. 2008년 겨울 이후 진명 씨는 완전히 집을 나갔다.

성심 성의껏 "복음"을 전했다. 교사 출신인지라 언변이 뛰어나서 하문시해창동부진에서 "전능신" 집단에 큰 공헌을 해서 상급자에게 인정을 받았고, 2011년 9월, 다시 한 번 동부진에 파견받아 포교 활동을 책임졌다. 재정부에서 사무원 등을 했다.

진명 씨의 말에 따르면, "전능신"을 믿게 된 이후, 퇴직한 이래 다시 한 번 사회의 인정을 받는 것 같았고, 더 나아가서 본인이 지도자가 된 기분이었다고 했다. 밑에 몇 십 명 신도들이 그의 말에 복종하니 성취감이 있었다고 했다. 진명 씨는 "전능신"에서 중·하층 지도자에 속하나 그의 활약은 대단했다.

진명 씨는 지도자가 된 이후, "지구가 곧 멸망하고, 인류가 큰 재난을 입는다"고 신도들을 미혹하고, 매 구에 "쪽지"로 명령을 하고 "복음"을 전하며 "헌금"을 받았다. 2011년 초에도 타 지방에 가서 두 번이나 돈을 받았다. 매번 30만원. 총 60만원. 돈을 받은 후 어린 신도의 은행 계좌에 저금했다. 진명 씨는 "가정 형편이 부유하여 여러 개의 은행 계좌가 있는 어린 신도들 같은 경우 이체 가능하고, 입금 후 다시 상급자의 계좌에 이체한다"고 했다.

이런 비밀스런 거래 방식에 진명 씨는 의심을 하지 않았다. 어느 때 진명 씨는 수금을 하러 온 "상급자"를 만났다. 하지만 그 "상급자"는 마스크를 쓰고 야구 모자를 쓰는 등 얼굴을 완전히 구별할 수가 없었다. 2012년 7월 진명 씨를 비롯한 "전능신교" 신도들이 법률을 위반한 죄로 구속됐다. 이때에야 진명 씨는 속았다는 것을 알았다. 경찰과 구 자원 봉사자의 도움 하에 진명 씨는 자신의 행동이 얼마나 황당한지를 깨달았다. 퇴직한 교사로서 그는 깊은 참회를 느꼈다. 다시는 "전능신"을 믿지 않는다고 맹세했다. 2013년 초에 자원 봉사자가 진명 씨 집에 가서 그를 방문했다. 진명 씨는, "저는 핸드폰 번호도 변경하고, 전능신교 신도들이 다시 찾아올까봐 매일 두려움에 떨고 있고, 일이 없으면 문 밖에도 나가지 못하고 옛날의 일들을 생각하면 소름이 끼칩니다. 그런데 임모 씨와 그들이 어떻게 또 제 연락처를 알아내서 제가 돌아가지 않으면 "신의 호법"이 저를 벌 한다고 협박합니다. 저는 그들한테서 들었어요. 이런 호법이 얼마나 무서운지, 눈을 파고, 귀를 잘라내고 손발을 자르고, 저는 죽는 것이 무섭고 제 가족을 상해할까봐 더 무섭습니다. 특히 제 손자를 말입니다"라고 했다.

지난 일을 돌이켜 보면 "전능신"은 항상 저를 조마조마하게 했고, 또 우리 가족한테 큰 상처를 입혔다는 것을 이제야 알겠습니다. "전능신"은 사교입니다. 저는 그것을 증오하고 더 나아가서 국가가 법으로 엄격히 처벌하기를 바랍니다. "전능신"이 여러분을 보호한다는 거짓말에 속지 마시기 바랍니다." 라고 주의를 주었다.

2. 이단·사이비 집단 신도들의 난민소송, 줄줄이 패소!
(2017년 4월)

1. 전능신교 신도들의 난민소송 패소 판결

한국 법원이 파룬궁과 전능신교 신도들이 제기한 난민소송을 줄지어 패소 판결을 내리고 있다. 이들은 포교 과정에서 폭행·강압 등 문제와 교리 문제 때문에 현재 중국에서 "사교"로 지정돼 있어 포교활동이 원활하지 않자, 한국을 포교활동 전진 기지로 삼고 교육, 훈련을 통해 재파송하는 거점으로 이용하고 있다.

최근 서울행정법원 행정14부(부장판사 차행전)는 '전능하신 하나님의 교회(전능신교)' 신도 J씨 등 8명이 서울출입국관리사무소장을 상대로 낸 난민불인정 결정 취소 소송과 전능신교 신도 L씨 등 2명이 서울출입국관리사무소장을 상대로 낸 난민불인정 결정 취소 소송에서 모두 원고 패소 판결했다고 밝혔다.

J씨 등은 단기 방문 등 체류 자격으로 2013년 입국해 포교 활동을 하던 중 "종교적 이유로 박해를 받을 우려가 있다"며 입국한지 얼마 되지 않아 곧바로 서울출입국관리사무소에 난민으로 인정해 달라는 신청을 냈다.

J씨 등이 믿고 있는 '전능신교'는 중국 흑룡강성 출신의 조유산이란 사람에 의해 만들어진 종교로 중국 당국에 의해 '사교'로 지정되었다.
이들은 입교를 거부하는 사람이나 종교를 벗어나려는 사람에 대한 무차별적인 폭행·가혹 행위 등으로 중국 사회에서 논란을 불러 일으켰다.

J씨 등은 난민을 신청한 이유로 친인척이 중국 공안의 탄압을 받고 있다는 점을 내세웠지만, 서울출입국관리사무소는 지난 해 J씨 등 전능신교 신도 10명의 난민 인정을 거부했다. 그러자 J씨 등은 다시 법원에 난민의 지위를 인정해 달라며 소송을 냈다. 하지만 법원 역시 받아들이지 않았다.

재판부는 우선 "전능신교 신도들이 난민으로 인정받기 위해서는 관련 활동으로 체포·구금 같은 박해를 받아 한국에 입국한 사람이어야 한다"며 "또 중국으로 돌아갈 경우 중국 정부로부터 박해를 받을 우려가 있는 공포를 가지기도 해야 한다"고 전제했다.

그렇지 않은 경우에도 "대한민국에 체류하면서 전능신교와 관련된 적극적·주도적인 활동 때문에 중국 정부의 주목을 받아 중국으로 돌아갈 경우 박해를 받을 우려가 있어야 한다"고 덧붙였다.

이어 J씨 등 10명의 경우 "전능신교와 관련된 주도적이고 핵심적인 역할을 했다고 볼 수 없다"거나 "전능신교 활동으로 중국 정부로부터 직접적인 박해를 받은 적이 없다"고 지적했다.

또 "대한민국에서의 전능신교 활동은 교회 생활과 전도 등에 불과하다"며 "중국 정부가 J씨 등을 주목할 정도에 이르렀다고 보기는 어렵다"고 덧붙였다.

파룬궁 신도들의 난민소송 패소 판결

판단 내용을 보면,

1) 난민의 요건 및 입증 책임

출입국관리법 제2조 제2의 2호, 제76조의 2 제1항, 난민의 지위에 관한 협약(이하 '난민 협약'이라 한다) 제1조, 난민의 지위에 관한 의정서 제1조의 규정을 종합하여 보면, 법무부 장관은 인종, 종교, 국적, 특정 사회 집단의 구성원 신분 또는 정치적 의견을 이유로 박해를 받을 충분한 근거 있는 공포로 인해 국적국의 보호를 받을 수 없거나 국적국의 보호를 원하지 않는 대한민국 안에 있는 외국인에 대하여 그 신청이 있는 경우 난민 협약이 정하는 난민으로 인정하여야 한다.

이 때 난민 인정의 요건이 되는 '박해'라 함은 '생명, 신체 또는 자유에 대한 위협을 비롯하여 인간의 본질적 존엄성에 대한 중대한 침해나 차별을 야기하는 행위'라고 할 수 있을 것이고, 그러한 박해를 받을 '충분한 근거 있는 공포'가 있음은 난민 인정의 신청을 하는 외국인이 증명하여야 할 것이나, 난민의 특수한 사정을 고려하여, 그 진술에 일관성과 설득력이 있고 입국 경로, 입국 후 난민 신청까지의 기간, 난민 신청 경위, 국적국의 상황, 주관적으로 느끼는 공포의 정도, 신청인이 거주하던 지역의 정치·사회·문화적 환경, 그 지역의 통상인이 같은 상황에서 느끼는 공포의 정도 등에 비추어 전체적인 진술의 신빙성에 의하여 그 주장 사실을 인정하는 것이 합리적인 경우에는 그 증명이 있다고 할 것이다(대법원 2008. 7. 24. 선고 2007두19539 판결, 대법원 2008. 7. 24. 선고 2007두3930 판결 각 참조).

또한 난민 협약은 그 박해의 원인이 일정한 사회적, 정치적 지위와 관련될 것을 요구하고 있고, 박해의 원인이 되는 사회적, 정치적 지위로서 '인종(종족), 종교, 국적(민족), 특정 사회 집단의 구성원 신분 또는 정치적 견해' 다섯 가지를 들고 있는데, 이는 난민이 위치한 사회적, 정치적 지위로 인하여 사실상 국적국과 그 사회의 주류적 위치에 있는 구성원으로부터 타자로 간주되어 국적국의 보호가 미치지 않게 된 사람을 국제 사회의 보충적 보호의 대상으로 삼고 있음을 나타내는 것이므로, 난민 인정의 요건으로 문제되는 위 박해와의 관련성은 신청인이 염려하는 박해가 신청인의 사회적, 정치적 지위에 따른 차별인 경우에 인정된다.

2) 파룬궁 수련자에 대한 난민인정 기준

중국 내에서의 파룬궁 박해 실태 및 그에 관한 견해들에 비추어 볼 때, 중국 정부는 피기망 수련자에 대하여는 교육 및 구제를, 범죄를 저지른 조직자·지휘자 및 주요 역할을 하는 자에 대하여는 엄중한 처벌을 하고 있다고 볼 수 있으므로, 단지 파룬궁을 수련하고 있다는 사실 혹은 파룬궁 단체의 구성원이라는 사실만으로는 중국 정부에 의하여 조직적인 박해를 받게 된다고 할 수 없고, 중국 내에서는 불법 집회 및 시위활동, 공공 장소나 종교활동 장소에서의 소란 행위, 파룬궁 선전 출판물의 출판 등과 같은 공개적이고 적극적 행위를 한 경우에 체포·구금되어 경우에 따라 가혹한 고문을 받을 우려가 있게 되며, 이러한 경우 일반적으로 정상적인 경로를 통하여 중국을 출국할 수 있는 여권을 발급받기 어려우나, 해외에서의 파룬궁 수련 또는 파룬궁 관련 활동에 있어서는 특별한 사정이 없는 한 그 인적 사항 및 활동 내역이 중국 정부에 의하여 자세하게 파악되어진다고는 볼 수 없으므로 해외에서는 파룬궁 포교나 시위를 조직하는 활동과 같은 공개적 활동에서 적극적이고 중요한 역할을 담당함으로써 주도적인 파룬궁 수련자라는 사실이 중국 정부에 의하여 주목되는 경우에 본국으로 돌아가서 박해를 받을 우려가 높다고 인정할 수 있을 것이다.

그러므로 파룬궁 수련자들이 난민으로 인정받기 위해서는,
① 중국 내에서 처벌 대상이 되는 파룬궁 관련 활동으로 인하여 체포 또는 구금과 같은 박해를 받아 대한민국에 입국한 자로서 중국으로 돌아갈 경우 여전히 중국 정부로부터 박해를 받을 충분한 근거 있는 공포를 가진 자이거나, ② 대한민국에 체류하면서 파룬궁과 관련한 적극적이고 주도적인 활동을 함으로 인하여 중국 정부가 주목할 정도에 이르러 중국으로 돌아갈 경우 중국 정부로부터 박해를 받을 우려가 있다는 충분한 근거 있는 공포를 가진 자에 해당하여야 할 것인데, 특히 현지 체재 중 난민으로 인정받고자 하는 파룬궁 수련자의 경우 위에서 본 바와 같이 파룬궁 수련자의 수가 전 세계적으로 엄청나게 많고, 중국 정부가 해외에서 파룬궁 관련 활동을 하는 자들의 활동 내역 및 인적 사항 등에 대하여 일반적으로 상세하게 파악하거나 주목하지 않는 것으로 보이는 점을 감안할 때, 특별한 사정이 없는 한, 파룬궁 관련 조직·활동에 있어서 핵심적이고 주도적이고 중심적인 역할을 함으로써 중국 정부의 주목을 끌 정도에 이르러야 박해의 우려가 있는 충분한 근거 있는 공포를 정당화시킬 수 있다고 할 것이다.

3) 원고들에 대한 박해 가능성 여부의 판단

가) 원고 1

갑 제36호증, 갑 제37호증의 1 내지 7, 을 제3호증의 1의 각 기재 및 영상, 증인 소외인의 일부 증언에 변론 전체의 취지에 의하여 인정되는 아래와 같은 사정들을 종합하면, 원고 1은 중국 내에서의 적극적인 파룬궁 관련 활동으로 인하여 박해를 받아 대한민국에 입국한 자라고 볼 수 없을 뿐만

아니라, 대한민국에 체류하면서 파룬궁과 관련한 활동으로 인하여 중국 정부의 특별한 주목을 받아 박해를 받을 우려가 있다고 볼 만한 충분한 근거 있는 공포를 가진 자(체재 중 난민)에 해당한다고 보기도 어렵다.

○ 원고 1은 중국 내에서 파룬궁과 관련된 불법 집회나 시위 활동, 공공 장소에서의 소란 행위, 파룬궁 선전물의 출판 등과 같은 공개적이고 적극적인 활동을 하거나 그로 인하여 체포 또는 구금된 적은 없고, 단순히 집에서 파룬궁 관련 책을 읽고 수련을 하는 등 단순한 파룬궁 일반 수련생에 불과하였다.

○ 원고 1은 본인 명의의 여권을 발급받아 정상적으로 출국하여 대한민국에 입국하였다.

○ 원고 1은 중국에 거주하고 있는 처에게 몇 달에 한 번 씩 100만 원 정도를 송금하고 있고, 원고 1이 파룬궁 수련을 한다는 이유로 중국에 있는 처가 중국 정부로부터 탄압을 받은 바도 없다.

○ 원고 1이 대한민국에 입국하여 파룬궁 요고대의 대원으로 각종 반중국공산당 집회 및 행사에 참가하고 전단지를 배포하는 등의 활동을 한 사실은 인정되나, 그 실제 활동 내역에 비추어 대한민국 내에서 파룬궁 탄압에 저항하는 반중국공산당 활동을 함에 있어서 주도적이고 핵심적인 역할을 수행하였다고 보기는 어렵다.

나) 원고 2

갑 제38호증, 갑 제39호증의 1 내지 12, 을 제3호증의 2의 각 기재 및 영상, 증인 소외인의 일부 증언에 변론 전체의 취지에 의하여 인정되는 아래와 같은 사정들을 종합하면, 원고 2는 중국 내에서의 적극적인 파룬궁 관련 활동으로 인하여 박해를 받아 대한민국에 입국한 자라고 볼 수 없을 뿐만 아니라, 대한민국에 체류하면서 파룬궁과 관련한 활동으로 인하여 중국 정부의 특별한 주목을 받아 박해를 받을 우려가 있다고 볼 만한 충분한 근거 있는 공포를 가진 자(체재 중 난민)에 해당한다고 보기도 어렵다.

○ 원고 2는 중국 내에서 파룬궁과 관련된 불법 집회나 시위 활동, 공공 장소에서의 소란 행위, 파룬궁 선전물의 출판 등과 같은 공개적이고 적극적인 활동을 하거나 그로 인하여 체포 또는 구금된 적은 없고, 1996년경 남동생이 빌려 온 전법륜이란 책을 통하여 파룬궁을 접하게 된 후 친구들에게 파룬궁을 전파하기도 하였으나, 1999년 이후로 중국 내 파룬궁에 대한 박해가 심해지자 혼자 집에서 수련을 하는 등 단순한 파룬궁 일반 수련생에 불과하였다.

○ 원고 2는 본인 명의의 여권을 발급받아 정상적으로 출국하여 대한민국에 입국하였다.

○ 원고 2는 면담조사 시 경제적으로 여유가 없어 일할 목적으로 대한민국에 입국하였다고 진술한 바 있고, 대한민국에 입국한 이후 계속적으로 경제활동에 종사하면서 월급의 3분의 2 정도를 중국에 있는 가족들에게 송금하고 있으며, 합법적인 체류자격 연장이 불가능한 시점이 다가오자 비로소 난민인정 신청을 하였다.

○ 원고 2가 대한민국에 입국하여 천국악단 활동에 참여하는 등 각종 반중국 공산당 집회 및 행사에 참가한 사실은 인정되나, 그 실제 활동 내역에 비

추어 위와 같은 활동만으로는 대한민국 내에서 파룬궁 탄압에 저항하는 반중국 공산당 활동을 함에 있어서 주도적이고 핵심적인 역할을 수행하였다고 보기는 어렵다.

다) 원고 3

갑 제40, 41호증, 갑 제42호증의 1 내지 8, 을 제3호증의 3의 각 기재 및 영상, 증인 소외인의 일부 증언에 변론 전체의 취지에 의하여 인정되는 아래와 같은 사정들을 종합하면, 원고 3은 중국 내에서의 적극적인 파룬궁 관련 활동으로 인하여 박해를 받아 대한민국에 입국한 자라고 볼 수 없을 뿐만 아니라, 대한민국에 체류하면서 파룬궁과 관련한 활동으로 인하여 중국 정부의 특별한 주목을 받아 박해를 받을 우려가 있다고 볼 만한 충분한 근거 있는 공포를 가진 자(체재 중 난민)에 해당한다고 보기도 어렵다.

○ 원고 3은 중국 내에서 파룬궁과 관련된 불법 집회나 시위 활동, 공공 장소에서의 소란 행위, 파룬궁 선전물의 출판 등과 같은 공개적이고 적극적인 활동을 하거나 그로 인하여 체포 또는 구금된 적은 없고, 1998년경 외삼촌으로부터 파룬궁을 접한 이후 주로 집에서 파룬궁 관련 책을 읽거나 수련을 하는 등 단순한 파룬궁 일반 수련생에 불과하였다.

○ 원고 3의 대한민국 내에서의 파룬궁 수련활동 때문에 중국에 있는 가족들이 중국 정부로부터 탄압을 받은 바도 없다(원고 3은 면담 조사시 자신의 남편이 길림성 (이하 생략)에서 현재까지 교원으로 근무하고 있다고 진술하였다).

○ 원고 3은 본인 명의의 여권을 발급받아 정상적으로 출국하여 대한민국에 입국하였고, 2007. 2. 4. 중국으로 출국하였다가 같은 달 28. 대한민국에 재입국하였다.

○ 원고 3이 대한민국에 입국하여 인천 제2부두에서 중국인들을 상대로 중국공산당 탈당을 권유하거나 전단지 등을 배포하였고, 파룬궁 요고대의 대원으로 반중국 공산당 집회 및 행사에 참석하거나 파룬궁 박해 중지 기자회견 등에 참석한 사실은 인정되나, 그 실제 활동 내역에 비추어 대한민국 내에서 파룬궁 탄압에 저항하는 반중국 공산당 활동을 함에 있어서 주도적이고 핵심적인 역할을 수행하였다고 보기 어렵다.

라) 원고 4

갑 제43 내지 46호증, 갑 제47호증의 1 내지 18, 갑 제49, 51, 52호증의 각 1, 2, 을 제3호증의 4의 각 기재 및 영상, 증인 소외인의 일부 증언에 변론 전체의 취지에 의하여 인정되는 아래와 같은 사정들을 종합하면,

원고 4는 비록 중국 내에서의 적극적인 파룬궁 관련 활동으로 인하여 박해를 받아 대한민국에 입국한 자에 해당된다고는 볼 수 없으나, 대한민국에 체류하면서 파룬궁과 관련한 활동을 함에 있어서 매우 적극적이고 주도적이며 중심적인 역할을 맡아 수행함으로써 중국 정부로부터 주목받기에 충분한 정도에 이르렀다고 보이므로, 원고 4는 박해를 받게 될 것이라는 충분히 근거 있는 공포가 있다고 봄이 상당하다.

○ 원고 4는 중국 내에서 파룬궁과 관련된 불법 집회나 시위 활동, 공공장소에서의 소란행위, 파룬궁 선전물의 출판 등과 같은 공개적이고 적극적인 활동을 하거나 이로 인하여 체포 또는 구금된 적은 없고, 1997. 11.경 위 원고의 아들이 집에 놓아 둔 파룬궁 관련 책을 통하여 파룬궁을 접한 이후 주로 집에서 파룬궁 관련 책을 읽거나 수련을 하는 등 단순한 파룬궁 일반 수련생에 불과하였다(원고 4는 중국에서 파룬궁 전파 활동을 하다가 경찰로부터 제지 및 협박을 받았다고 주장하나, 증인 소외인의 증언만으로는 이를 인정하기에 부족하다).

또한, 원고 4는 본인 명의의 여권을 발급받아 정상적으로 출국하여 대한민국에 입국하였다.

○ 원고 4는 대한민국에 입국한 이후 부천 소재 복사골공원 등지에서 파룬궁 수련을 시작하였고, 인천 제2부두에서 중국인들을 상대로 중국 내 파룬궁에 대한 박해 실태에 대한 진상 자료를 배부하는 등의 방법으로 반중국 공산당 활동을 하였다.

○ 원고 4는 한국 파룬따파학회 인권난민대책위 주최로 2009. 12. 5.부터 2009. 12. 19.까지 뚝섬역 부근에서 개최된 파룬궁 인권 홍보를 위한 옥외 집회와 관련하여 연락 책임자로 신고가 되어 있는 등 각종 파룬궁 관련 옥외 집회 당시 질서 유지인 또는 연락 책임자로서 중심적인 활동을 하였다.

○ 원고 4는 2009. 4. 24. 중국 대사관 앞에서 개최된 파룬궁 수련생 기자회견에 참석하였고, 2009. 7. 4. 중국의 한국 파룬궁 수련생 납치사건의 해결을 촉구하는 기자회견에 참석하였으며, 서울이나 인천의 각 지하철 역이나 월미도 등에서 개최된 파룬궁 관련 진상 활동 및 서명 운동에 적극적으로 참가하였다.

○ 원고 4는 2009. 11. 24. 청와대 앞에서 중국 정부의 파룬궁 박해 실태를 알리는 1인 시위를 한 것을 비롯하여 지속적으로 청와대 및 중국 대사관 앞 등에서 1인 시위를 하였다.

○ 비록 원고 4의 위와 같은 활동들이 주로 난민인정 신청을 한 이후에 이루어진 것이기는 하나, 파룬궁 관련 옥외 집회를 개최함에 있어 주도적 역할을 수행하였고 나아가 청와대나 중국 대사관 앞 등에서 1인 시위를 지속

적으로 펼치는 한편, 서울이나 인천 등지에서 개최된 파룬궁 관련 행사에 매우 적극적으로 활동한 것으로 보인다.

4) 따라서 피고의 이 사건 각 처분 중 원고 4에 대한 부분은 위법하고, 나머지 원고들에 대한 부분은 모두 적법하다.

3. 결론

그렇다면, 원고 4의 청구는 이유 있으므로 이를 인용하기로 하고, 나머지 원고들의 청구는 모두 이유 없으므로 이를 기각하기로 하여 주문과 같이 판결한다.

허위 난민신청 알선 브로커 등 불법 출입국 사범 적극 단속

[시사매거진] 경찰청에서는, 외국인 난민신청 및 국내 체류 연장 목적 허위 난민신청이 증가하고, 이를 대행하는 알선 중개인의 불법 활동이 우려되는 상황에서 출입국 법질서 확립 등을 위해 지난 2015년 11월 18일~2016년 2월 15일 기간 중 ▲허위 난민신청 ▲여권,비자 부정 발급 ▲허위 초청 등에 대한 집중 단속을 실시하였다고 밝혔다.

이번 단속은 단순 출입국 사범이 아닌 알선 중개인에 초점을 맞추어 진행하였는데, 그 결과 출입국 질서를 어지럽혀온 불법 행위 51건을 적발하고 알선 중개인 37명(9명 구속) 포함 총 171명을 검거(17명 구속)하였으며, 범죄 유형별로는 허위초청(79명, 46%), 허위 난민신청(52명, 30%), 여권, 비자 부정 발급(23명, 13%) 순이었다.

세부 범죄 유형별로 살펴보면, (허위 난민신청) 알선 중개인들은 15만~500만 원의 수수료를 받고 난민신청에 필요한 서류를 위조하는 등 허위 난민신청을 알선해 주었고, 허위 난민 신청자들은 체류기간 연장을 목적으로 신청을 한 것으로, 국적 별로 베트남(17명), 방글라데시(15명), 이집트(10명) 순이었다.

여권, 비자 부정 발급은 내국인들을 대상으로 재직증명서, 세무자료 등 필요 서류를 위조하는 방법으로 미국 비자를 부정 발급 받은 사례가 대부분이었다.

허위 초청은 알선 중개인이 유령회사를 설립, 거래 및 고용을 빙자하여 허위 초청하거나, 허위 초청장, 계약서를 이용하여 비자를 받는 방법으로 불법 입국을 알선하였으며, 대상자는 국적 별로 이집트(24명), 태국(17명), 필리핀(6명) 순이었다.

경찰청은 이번 집중 단속을 통해 허위 난민신청 등 알선 중개인을 중점 수사함으로써 출입국 관련 범죄 분위기를 억제하는 등 가시적 성과를 거두었다고 평가하고, 앞으로 법무부(출입국,외국인 정책 본부) 등 유관 기관과 단속 성과를 공유하고 대책 방안을 협의하는 한편, 허위 난민신청 및 출입국 범죄 등에 대한 단속 활동을 지속적으로 전개해 나갈 계획이다.

난민신청 5711명… 체류 연장 악용 불법 브로커 활개

현행 난민법에 따르면, 외국인이 한국 정부에 난민신청을 하면 6개월에서 최대 2년까지 걸리는 심사기간 동안 한국에 무조건 체류할 수 있다. 특히 기존 불법 체류자도 일단 난민신청서를 내면 심사기간 동안에는 한국에 머물 수 있어 암암리에 불법체류 연장 수단으로 악용되고 있다.

이와 관련, 한국 정부에 대한 난민신청은 지난 2013년 1574명에서 작년 5711명으로 2년새 4배 가까이 늘었다. 경찰은 난민 신청자가 급증한 배경에는 허위난민 신청과 이를 대행하는 국내외 브로커가 있다고 판단, 처음으로 집중 단속에 나섰다. 아울러 국내 기업의 경제활동을 돕는 취지의 초청 제도도 외국인 불법 입국 경로로 이용되고 있는 것으로 나타났다.

경찰청은 지난 해 11월부터 법무부와 함께 허위 난민신청과 허위 초청, 여권·비자 부정 발급 등에 대한 집중 단속을 벌여 불법 행위 51건을 적발하고 알선 브로커 37명 등 총 171명의 출입국 사범을 검거했다고 18일 밝혔다. 이 중 알선 중개인 9명을 포함해 17명을 구속했다.

경기지방경찰청은 이번 단속에서 지난 해 8월 한국에 있는 베트남 불법 체류자들을 대상으로 평균 150만원을 받고 허위 난민신청을 알선한 브로커와 실제 난민신청을 한 베트남인 등 21명을 붙잡았다.

브로커들은 외국인 체류자에게 '주택임대차계약서'도 만들어줬다. 한 번 난민지위를 얻은 외국인이 체류기간 연장하기 위해선 국내에 안정적인 주거지 확보를 증명할 수 있는 주택임대차계약서를 제출해야 한다. 인천에서는 관광비자로 입국한 이집트인들을 대상으로 돈을 받고 가짜 임대차계약서 등을 만들어 준 7명이 붙잡혔다.

허위 난민신청자들은 국적 별로 베트남인이 17명으로 가장 많았다. 이어 방글라데시 15명, 이집트 10명 등이다.

브로커들은 초청제도를 이용하면 정식 비자를 받지 못한 외국인도 한국 기업과의 거래 및 고용을 이유로 한국에 들어올 수 있다는 점도 악용했다. 한국 기업의 초청장과 계약서를 이용하면 비자까지 받을 수도 있다.

이와 관련, 지난 해 6월 한국에 유령 사업장을 설립, 국내 취업을 원하는 이집트인들을 바이어로 위장해 불법 초청한 알선 중개인 등 31명이 붙잡혔다. 또 서울청은 국내 공기업의 초청장을 위조해 파키스탄인을 불법적으로 입국시킨 브로커 등 4명을 검거했다.

경찰 관계자는 "이번 단속은 단순 출입국 사범이 아닌 알선 중개인에 초점을 맞추어 진행했다"며 "앞으로 허위 난민신청과 출입국범죄 등에 대한 단속활동을 지속적으로 전개하겠다"고 말했다.

3. 中, 맥도날드 살인사건 공범들, '개종선도교육'으로 새 삶 찾아!
(2017년 6월)

中, 이단·사이비 연구 단체들, 개종선도교육 활발!

지난 2014년 5월 28일, 중국 산동성(山東省) 초원시(招远市) 맥도날드 매장에서 일가족 4인을 포함한 6명이 남편의 퇴근을 기다리던 중, 부인에게 접근하여 포교하다 친구들의 전화번호를 요구했으나 부인이 이를 거절하니까 '사악한 악마'라며 무차별 폭행을 가해 살인한 사건이 발생한 바 있다.

조사 결과 이들은 당시 7년 전부터 이단 '전능신교' 신도들이었다. 실형을 선고받고 복역 중인 이들이 '개종선도교육'을 받고, 개종 후, 새 삶을 누리고 있는 것이, 사건 발생 3주년을 맞아 언론을 통해 공개됐다.

중국에서는 이들 뿐만 아니라, 전능신교에 심취했다 이탈한 이들의 개종 교육이 활발하게 이루어지고 있어 새로운 삶을 찾아 안정적인 생활을 하고 있는 이들의 소식이 이어지고 있다. 이단·사이비 연구 단체들의 개종 교육이 상당히 적극적이다.

中, 산동성 초원(蛎远) 맥도날드 살인 사건, 여성 용의자 2명의 참회:

"전능신"이 나를 살인범으로 만들었다! 평생 죄 뉘우치며 회개하는 마음으로 살겠다!

범죄 용의자 여영춘(呂迎春)과 장행(张航) :

잘못했습니다. 평생 뉘우치는 마음으로 살겠습니다.
더 이상 이러한 참혹한 희생이 재발되질 않길...

사건발생 후 3년, 그동안 피비린내 나던 당시 상황의 기억으로 인하여 여영춘(呂迎春)은 수시로 악몽에 시달리게 되었다. 시간이 흘러 그 악몽에서 깨어난 후 썰렁한 감옥에서의 첫 번째 반응은 "고통과 쓰라린 마음"이었다.

현재 여영춘(呂迎春)에게서는 개정의 의지가 뚜렷하게 보이고 있다. 그는 눈빛이 평온하고 예의 바르게 "고마워요"라고 인사도 한다. 옛날 애기를 하면, 지난 날의 잘못을 깨닫고 눈물을 흘리기도 했다.

또 다른 한 사람, 2014년 5월 28일, 산동성 초원(招远) 맥도날드에서 발생한 참혹한 살인 사건에 의하여 대중들은 흥분을 감추지 못했다. 심지어 신고를 방해하는 폭력적인 사교(邪敎) 신도들로 기억했다. "그녀를 죽여 그녀는 악마다." 저주의 고함에, 여영춘(呂迎春)과 기타 5명이 교대로 폭행을 하였다. 끝내, 6살 아이를 둔 젊은 엄마가 무고하게 사망하였다.

그들의 악행은 전국을 떠들썩하게 하였다. 산동성 최고 인민법원에서는 주범 장판(张帆), 장입동(张立冬)에게 최종 사형이 선고되었고 복법(伏法)했다. 그리고 여영춘(呂迎春)은 무기 징역을 선고받았고, 종범(從犯) 장행(张航)은 10년 형을 선고받았다. 당시 그의 나이 18세이었다.

2015년 2월 5일부터 산동성 여자 감옥에서 지금 껏 복역하고 있다. 2년 3개월의 시간 동안, 개조를 거부하다가 현재는 깊이 뉘우치고 있다. 이 두 명은 모두 "전능신교"의 광신도였지만, 지금은 개종하여 새로운 삶을 찾았다.

과거, "전능신교"의 광신도였던 두 사람

여영춘(呂迎春)은 자신의 42년 인생 중, 절반의 시간을 "전능신교"와 함께 하였었다.

1988년 년 말, 처음에는 제일 신뢰하던 동창생의 권유로 "전능신교"에 입교하게 되었다. 당시 그녀는 백화점 영업 직원으로 안정적인 생활을 하고 있었고, 결혼도 앞두고 있었다. 그렇지만 그녀는 항상 미래에 대한 두려움과 염려가 끊이지 않았다. 평소 취미라면 무기력하게 그저 TV를 보거나 무협 소설을 읽는 등 별다른 기쁨도 없었다고 한다.

그래서 처음에는 그저 무료(無聊)한 시간을 달래기 위해 "전능신교"에 다니게 되었는데, 차츰 차츰 깊이 심취하게 되었고, 급기야 몸과 마음을 바쳐 맹종하게 되었던 것이다. 끝내는 다니던 직장까지 그만 두었고, 3번이나 가출을 하였다. 부모들은 딸을 포기했고, 남편과는 이혼했으며, 그녀의 외동딸은 홀 부모 가정에서 자라게 되었다.

여영춘(呂迎春)이 "전능신교"에 심취해 있던 즈음에, 그녀의 고향 산동성 용구(龙口)와 600km 거리에 소재한 하북성 무극(현 河北无极县)에는, 당시 우울증을 심각하게 앓고 있던 장판(张帆)이란 소녀가 살고 있었다.

장판(张帆)보다 12살 어린 동생 장행(张航)에 의하면, "고등학교 때부터 언니는 집에 오면 아무런 이유 없이 울거나, 자살 시도를 여러 차례 했어요. 저는 그때 언니가 집에 오면 혹시 기분이 별로인가? 생각했어요."라며 언니의 괴상한 점을 이상하게 여겼다고 한다. 그런 우울증 증상은 장판(张帆)이 고등학교에 다니면서부터 시작하여 대학교 때까지 이어졌고, 이후 직장 생활을 할 때에도 나타났다고 한다.

교회를 다닌 지 수 년이 지난 2008년, 당시 24세의 장판(张帆)이 어느 날 뜬금없이 여동생에게 전화를 했다. "예수님이 오셨다!" 상당히 흥분된 어조였다. 그러면서 인생의 방향을 찾았다고 했다. 얼마 후, 장판(张帆)은 사교(邪敎) "전능신교"의 핵심 "교의"〈말씀에 육신이 되어 나타나다〉라는 책을 가지고 집에 와서 온 식구에게 설명해주기도 하였다. 여영춘(吕迎春)은 그때를 회상하며, 2008년 말, "전능신교"의 집회에서 장판(张帆)을 알게 되었는데, 당시 뭇 장남 "众长子"로 자칭하던 그녀에게 장판(张帆)이 관심을 갖으면서 서로 친하게 지내게 되었다고 한다.

장판(张帆)의 설득에 못 이겨 가족들은 모두 2009년, 초원(招远)으로 이사를 가게 되었다. 여영춘(吕迎春)은 뭇 장남 "众长子"의 신분으로 혈육관계가 없는 그들 가족과 합세하게 되었다. 그리고 현지 신도들과 "먹고 마시는 신화"(뜻은, 경시를 읽는다.)와 "교통 진리"(뜻은, 같이 토론하다.)를 조직했고, 새로운 가정을 형성하여 자리를 잡게 되었다.

산동성 연태시 중급 인민법원 형사 판결서(2014) 연형-제48의 표시를 보면, 장판(张帆)의 가족은 여영춘(吕迎春)에게 초원(招远) 현지에 있는 주택을 구매해 주었다. 여영춘(吕迎春) 명의 통장에 인민폐 4695084.90원, 달러 35717.85원이 있었다. 그중 대다수는 장판(张帆) 부모님의 계좌에 입금되었다.

여영춘(吕迎春)의 일상생활 지출도 이 가정에서 부담했던 것으로 드러났다. 장행(张航)은 회상하기를, 당시 온 가족은 그런 행태에 대하여 전혀 온당하지 않다고 여겼으나, 여영춘(吕迎春)은 "신"이 허락한 일이고, 당연한 것이라고 했다고 한다.

장판(张帆)은 그녀의 가족들이 "신"에 믿음이 없고, 경건하지도 못 하다고 여기고 분노하였다. 그리고 끝내는 여영춘(吕迎春)과 함께 "너희들을 구원할 방법이 없다"면서 부모님과 동생을 집에서 내쫓았다.

2014년 5월 24일 사건 발생 5일 전, 장판(张帆)이 갑자기 QQ에서 부모님과 동생에게 집에 자동차가 고장나서 아버지 차 수리가 필요하니 집으로 들어오라고 했다. 장행(张航)은 강아지 샤워를 시켜야 한다면서 망설이자, 장판(张帆)은 "강아지에게만 관심 갖고 '신'에게는 관심도 없다"면서 화를 냈다고 한다.

그리고 그 후 4일 동안은, 참으로 광신도들의 광분이라 할 만큼, 장행(张航)의 기억에, 공포 영화도 이 며칠 동안 발생한 일보다 더 무섭지 않을 정도로 험악했다고 한다.

첫 번째, 강아지 "루이스"의 참혹한 죽음

26일 저녁, 온 몸이 맥이 없고, 지루했던 여영춘(吕迎春)은 갑자기 집에 있던 강아지가 "악령"이라며, 본인의 에너지를 다 흡수해간다고 했다. 그러자 장판(张帆)이 그 즉시 강아지 다리를 잡고 무자비하게 벽에 던지고, 대걸레로 죽일 듯이 때리기 시작했다. 대걸레 손잡이가 부러질 정도로 때렸다.

장항(张航)과 동생은 두려움에 떨고 있는데, 언니가 문 뒤에서 "전능신이 이겼다!"고 소리를 쳤다. 집 안에 있던 여영춘(吕迎春)은 갑자기 "내 몸이 말을 듣지 않았다, 팔은 외력에 의해 펴지고, 호흡은 없어졌다, 십자가에 부착됐다"며 소리쳤다.

기괴하고 광적인 분위기가 온 방 안에 뒤덮였다. 이어서는 밤새도록 잠 못 이루는 기도가 진행되었고, 이는 사건 당일인 5월 28일 오후 2시까지 이어졌다. 여영춘(吕迎春), 장판(张帆), 장판(张帆)의 아버지 장입동(张立冬), 여동생 장행(张航)과 남동생 장모 씨, 그리고 3일 전에야 초원(招远)에 들어온 "전능신" 신도 장교련(张巧联)과 같이 외출을 하였다.

그들은 당일 저녁 9시, 모두 맥도날드에 집합했다. 그리고 그곳에서 "전능신" 포교활동을 한 것이다. 그들은 사건 피해자한테 전화번호를 물었고 이에 거절당하자, 피비린내 나는 사태가 발생한 것이다.

3년 후, 그동안 감옥에서 여러 권의 심리학 서적을 읽고, 상담을 받은 여영춘(呂迎春)은 "악령"이 씌었을 때 일어날 수 있는 일이라는 것을 깨달았다.

"당시 일주일 동안 정상적으로 먹지도 자지도 못해서 심적으로 굉장히 허약했고, 의지력도 없었으며, 육체적으로도 피로에 젖어 있었다면서, 이제와 정신차려 생각해보니, 그동안 본인이 사교(邪敎)에 심취하여 얼마나 비뚤어진 사상을 갖고 있었으며, 그로 인하여 얼마나 참혹한 일을 저질렀는지 알게 되었다"면서 잘못을 뉘우쳤다. 하지만 지나간 시간을 다시 돌이킬 수는 없었다.

사교(邪敎)의 잘못된 교리에 세뇌되어 정상적인 판단력을 상실한 사람들이 최악의 경우, 타인의 생명을 앗아가는 치명적인 죄악을 범하기도 하고, 단란했던 가정을 파탄에 이르게 하기도 하는 것을 보게 된다.

고독한 소녀

"다른 사람의 생명을 해치는 그 어떤 행위도 용서받을 수 없다." 장행(张航)은 고개를 숙여 이 말을 반복했다. 이제 21세라는 말이 무색할 정도로 부드러우면서도 앳된 말투에 앳된 얼굴이었다.

돌이켜 보면, 12세부터 사교(邪敎) 숭배에 빠진 가정 환경에서 성장한 내력이, 장행(张航)에게는 견디기 어려운 고독이었다. 중국 청년일보 기자에게도 계속 반복적으로 "너무 너무 외롭다"라고 했다.

그녀는 다시 친구를 사귀는 것을 두려워했다. 2009년 온 가족이 초원(招远)에 정착한 후 예전에 친하게 지냈던 친구들과의 연락도 끊었다. 심지어 QQ도 온라인 하지 않고 가끔 "타지 온라인" 표시가 뜨면 긴장부터 하였다. 친구들에게서 어디에 살고 있는지, 무엇을 하고 있는지... 등의 질문이 들어올까 두려웠다. 가족이 재삼 함구하라고 신신당부하였기 때문이다.

중학교 1학년 과정을 마치자, 그녀는 학교를 그만 두었다. 장행(张航) 자신 스스로의 결단이었다. 이유는 공부하는 것이 싫었고, 자유가 좋았기 때문이다.

그런데 이 결정에는 부모님의 지지도 있었다. "전능신교"에 깊이 심취해 있던 장입동(张立冬) 부부는 학교 교사의 지식은 독소라고 여기고, 해롭다고만 생각했다. 그들은 "세계 종말"이 곧 다가올 거라는 것을 굳게 믿었다. "하나님의 일은 곧 끝날 것"이기 때문에, 아이들이 학교에서 시간만 낭비하고, 아무런 의미가 없고, 차라리 많은 시간을 이용해서 "전능신 신앙 공부" "기도"에 사용하는 것이 당연하다고 판단했다. 그 후로 장행(张航)은 빈둥거리기 시작했다.

부모님과 언니는 초원(招远) 부근에서 신도들과 모임을 갖고, 달리 관계하는 사람이 없었다. 장행(张航)은 매일 혼자 외출하고, 궁금해 하는 이웃을 만나면 고개를 숙이고 피했다. 아파트 단지에서 4년 넘게 한 번도 이웃들과 얘기를 한 적이 없었고, 동네 슈퍼도 가지 않았다. 유일하게 시간을 보내는 것은 컴퓨터였다. 매일 게임을 하고 한국 드라마를 보고, 몇 년 동안 인터넷 친구들만 몇 명 사귀였지만, 결단코 그들과 본인의 가족 얘기를 하지 않았고, 실제 나이도 얘기하지 않았다. 그것은 곧 교회를 배신하는 것이었기 때문이다.

처음 전능신교를 믿기 시작한 것은 자신이 신뢰했던 언니 때문이었다. 장행(张航) 혼자였다면, 신앙에는 별 관심도 없었을 것이다.

"교회" 신도들이 서로 의견이 맞지 않아 속속 떠나자, 여영춘(呂迎春)과 장판(张帆)은 장씨 집안 식구들 몇을 이끌기 시작했고, 내부 단속은 더 강화되었다. 쾌활했던 장행(张航)이 그들의 눈에 띄었고, 그로 인하여 매일 더 많은 시간을 "신앙 공부", 영을 수령하는 필기를 하게 했고, 기도를 시켰다. 하지만 놀기 좋아하는 장행(张航)은 매번 언니를 화나게 했다. 언니는 "부패한 종, 사탄의 자손"이라며 꾸짖었다고 한다. 이렇게 막말을 퍼붓는 사람이 한때 자기를 그렇게도 예뻐하던 언니가 맞나 싶을 정도였다고 한다.

그 후로도 장판(张帆)은 더 심해졌고 심지어 어머니더러 제대로 "신"을 믿지 않는 여동생을 쫓아내라고 하였다. 그런 공포적인 분위기 속에서, 장행(张航)은 매일 전전긍긍하며 살았다. 2013년 1년 동안, 장행(张航)은 불공평한 상황 속에서 심각하게 구속 당하면서 더 이상 "전능신"을 믿고 싶지 않았다.

학교를 중퇴하고 몇 년이 지난 후, 그녀는 이제 학교로 돌아가고 싶은 소망이 생겼고, 대학 전문학원에 등록했지만 여러 가지 이유로 흐지부지하게 끝났다. 걱정거리가 아무리 많아도, 외딴 섬에서 홀로 생활하는 것과 마찬가지인 소녀는 아무한테도 고민을 털어놓을 수가 없었다. 더 분명하게 얘기하자면 털어놓을 상대가 없었다. 가족들도 얼음같이 차갑고 무감각했다. 이 가정에서, 부모님이 자식한테 조금이라도 사랑을 베풀어서는 안 되었다. 그것은 "신"의 뜻에 어긋나는 것이었고, 아예 허용되지 않는 것이었다.

당시 장행(张航)의 남동생은 연태시 기숙학교에 있었다. 그의 어머니는 매번 학부형 회의에 참석했다 돌아오면 맨 처음 하는 일이 바로 여러 사람들과 모임을 갖으면서 했던 본인의 언행을 보고하고, 회개하는 것이었다. 그러면 여영춘(呂迎春)과 장판(张帆)은 "내려놓지 못 한다"고 야단을 쳤다. 그 후 어머니는 아들한테 더욱 더 냉정했다. '어머니는 마음 속으로만 사랑했고,

사교(邪敎)의 신앙에 맞춰 냉정한 모습만 보이려고 스스로를 억압했다'고 장행(张航)은 회상했다.

선생님이 성적이 좋았던 장행(张航)의 동생을 격려하면서, "앞으로 꼭 좋은 대학에 갈 것이다"라고 하자 열 몇 살 난 아이가 차갑게 "아무리 좋은 대학을 가면 뭐 합니까? 우리 어머니는 기뻐하지도 않는데"라고 답했다고 한다. 부모로부터 받은 장기적인 무관심이 끝내 이 아이를 사춘기의 반항아로 만들고 말았다.

한 번은 자살 생각이 있다고 하자, 장행(张航) 동생을 선생님이 급하게 집으로 돌려보냈다. 그런데 오히려 집에 있던 어머니와 장판(张帆)은 남동생을 질책하고 비웃었다고 한다. 절망한 남자 아이는 외할머니의 수면제 반 병을 털어 먹고 말았다. 하지만 다행히 급히 병원으로 후송되어 살았다. 혈육 간의 따스한 정이라고는 하나도 없었다. 수시로 열리는 모임 뿐이었다. 말 한 마디 잘못하여도 장시간의 "심판과 벌"이 주어졌다. 비뚤어질 대로 비뚤어진 가족관계 속에서 남동생은 몸서리치는 공포와 싸워야 했다. 그들한테서 쫓겨날까봐, 의지할 데가 없어질까봐, 또 "신"의 요구에 미치지 못해서 무정히 처벌받을까봐 두려웠다. 이러한 심리가 작용되어 결국, 장행(张航)의 동생도 범죄 현장에서 공범자가 되었던 것이다.

3년 전 사건 현장에서 여영춘(呂迎春)과 그의 언니, 그리고 아버지가 미친 듯이 피해자를 구타할 때, 장행(张航)은 처음에는 한쪽에 서서 그 광경을 보고만 있었을 뿐, 놀라서 손도 대지 못하고 있다가 만약 뭐라도 하지 않으면 사건 이후, 여영춘(呂迎春)과 언니한테 꾸지람을 들을 것이 분명했다. 그때 그녀는 속으로 생각했다. 이것이 과연 "하나님"의 마지막 시험이 아닐까? 그래서 급한 마음에 장행(张航)은 대걸레와 의자를 들고 피해자를 폭행했다.

사건 발생 시, 범죄에 가담한 남동생은 단, 12세이었다. 그래서 미성년 교도소로 보내졌다. "거짓말이 지긋지긋하고 모든 것이 지겹다" 지금까지 감옥에서 남동생이 보내온 편지의 핵심 내용이다. 장행(张航)은 그제서야 문득 깨달았다. 7세부터 접촉한 "전능신"이 남동생을 그토록 많은 고민에 빠지게 했다는 것을. 그녀에게는 남동생이 최고의 아픔이라고 종종 얘기를 했다. 매번 얘기를 할 때마다, 5세나 더 먹은 누나가 눈물을 흘리곤 했다. 2년 동안 교육을 받고, 현재 동생은 사회로 돌아가서 어머니와 만났다. 하지만 장행(张航)이 걱정하는 것은, 남동생이 어둠의 터널 속에서 빠져나와 공부를 열심히 할 수 있을지, 정상적인 대인 관계를 맺을 수 있을지에 대한 의문이었다.

"이러한 이유들 때문에, 그의 마음의 상처를 치유하는 데는 오랜 시간이 걸려야 아물 수 있을 것이다"라며 장행(张航)은 울먹였다.

"우리가 진짜 사람을 죽였다"

"눈빛이 흉악하고, 의외로 완고했다" 이것이 여영춘(吕迎春)이 처음 복역 시, 산동성 여성 감옥 교도관인 이 경관의 첫 인상이었다. 이 감옥 역사상 복역 기간이 제일 긴 죄인임으로 여영춘(吕迎春)이 처음 들어왔을 때, 교도관들은 고도로 긴장했다.

이렇게 융통성이 없는 사교(邪教) 신도, 만약 빠른 시일 내에 변화시키고 스스로의 죄를 인정하지 않으면 자해 행위가 생기지 않을까? 그런 선례가 없었던 것도 아니다. 조금도 낙관적이지 않았다.

처음에 들어왔을 때 경관의 질문에, 여영춘(吕迎春)은 얼굴 빛 하나 변하지 않고, 당당하게 말했다. "나와 장판(张帆)은 하나님의 속성을 가지고 있다, 우리는 신(神)이다……" "5.28" 사건을 언급할 때, 이것은 "영계의 일이다"라고 하고, "6000년 영계 역사의 사건이다"라고 했다. 뿐만 아니라 경관들과의 정면 교류를 꺼려했다. 이때 장행(张航)도 반신반의한 상태였고, 무슨 일이 벌어졌는지 인식을 못하고 심지어 이때까지도 "신"의 시험이라고 자신을 다독이며, 신앙을 지켜야 했고 "신"을 배신하면 안 된다고 결심했다. "당시 신은 진실한 것이라고 생각했고" 잔혹한 현실을 받아들이기가 싫었다고 장행(张航)이 조심스레 얘기했다. 두 사람이 사교(邪教)의 진흙탕 속에서 완전히 빠져나오게 하기 위해서 감옥 경관들이 모든 방법을 동원했다. 서 경관은 여영춘(吕迎春)에게 편지를 쓰기 시작했다. 한 통 한 통의 편지를 쓰면서 그와 마음을 나누고, 가정을 얘기하고, 생활을 얘기하고, 인생을 얘기하였다. 처음 감방 친구들이 큰소리로 읽어줄 때 여영춘(吕迎春)은 양손을 이용해 필사적으로 귀를 막았다. 한 통, 두 통, 하루 이틀... 차츰 그가 막고 있던 두 손이 힘을 쓰지 않게 되고 또 더 나아가서는 아예 귀를 막지 않았다.

교관들이 교대로 여영춘(吕迎春)과 얘기를 하자 그녀의 내심이 흔들리기 시작했다.

경관님은 저를 차별하지 않았고, 인간적으로 대해주며 질문도 하였다. 그때까지만 해도 저는 죄를 인정하지 않았지만, 이곳의 경관들이 착하다는 것을 알았다. "전능신"에서는 "신"을 믿지 않으면 인간은 파멸된다고 했다.

당시 저는 그때, '여기 경관들이 이렇게 좋은데 파멸되어서는 안 된다'고 생각했다고 여영춘(吕迎春)은 회상했다. 그녀가 계속 주장하는 "피해자는 악마다" "본인은 착한 사람"이라는 것에 대하여 경관은 "당신이 착한 사람이면 도대체 어떤 좋은 일을 했느냐? 형편이 어려운 어린이를 도왔는가? 아니면 피해 입은 군중들을 도왔는가?"라고 반문하자 여영춘(吕迎春)은 말문이 막혔다.
사실상 장기간의 사교(邪教)의 각종 터무니없는 학설 때문에 그녀는 일찍

감치 "자애" "선량"의 개념이 희미해졌다. 모임을 할 때 비렁뱅이를 도와야 하나, 장애인 등 사회적 약자들을 도와야 하는 것에 대하여서도, 저들은 "전능신"을 믿지 않는 인간들이고, 신(神)의 저주를 받고 "신"이 처벌할 사람들이라고 했다. 우리가 그들을 도와주면 "신"과 맞서는 것이라고 그녀의 참회록에 쓰여져 있다.

하지만 혈육이 그녀의 심리적 경계심을 무너뜨리는데 또 다른 돌파구가 되었다. 경관들이 특별히 여영춘(呂迎春)을 가족과 만나게 했다. 회견 중에 어머니와 언니가 눈물을 흘렸고, 어머니는 심지어 무릎을 꿇고 딸에게 죄를 인정하라고 애원하였다. 그런 모습에 흔들리게 되었다.

그리고 돌아온 후 그녀는 내심 깊이 고민을 했다. 한편으로는 "전능신"을 배신하기 싫었고, 또 다른 편으로는 가족들을 더 이상 속상하게 하기 싫었고, 그리고 경관들의 인정도 받고 싶었다. 고민 중에 여영춘(呂迎春)이 용기를 내서 경관들에게 자신이 해결할 수 없는 문제를 던졌다. -- "장판(张帆)의 생사에 관해서였다." 그리고 마지막으로 여영춘(呂迎春)의 죄를 인정하는 것이 관건이었다.

"전능신"에 의하면, 뭇 장남인 장판(张帆)은 죽지 않고 육신으로 영계에 들어간다.

그런데 여영춘(呂迎春)은 장판(张帆)이 최종 죄를 복법(伏法)했다는 말을 들었다. "이 소식을 들었을 때 머리가 깨지는 것 같았고 머릿 속이 하얗게 변했다. '장판(张帆)이 죽었다고? 그녀는 "한 집안의 장남"이 아닌가?' "악령이 뭇 장남"을 공격한다는 말이 성립이 되지 않았다. 피해자는 사람이었을 뿐, 악령이 아니었다. '우리가 정말로 사람을 죽였구나.' 그런 판단이 서자, 여영춘(呂迎春)은 통곡하기 시작했다. 같은 소식이 장행(张航)에게도 전달되어 놀라게 했다.

어느 회견 당시 어머니가 언니와 아버지의 후사를 끝냈다는 말에 장행(张

航)도 그제서야 여태껏 본인의 신앙생활이 허황한 거짓이었다는 것을 인식하게 되었다.

힘겹게 다시 태어나다.

죄는 인정하고 참회했지만 몇 년 또는 몇 십 년 동안 내면에 뿌리박혀 있는 독소를 뿌리째 뽑고 중생하기란 쉬운 일이 아니었다. "만약 초기 특정된 환경 하에서 죄를 뉘우치는 것이 그저 감성적인 인식에서라고 한다면, 경관들은 이에 만족하지 않고 절대적으로 전환되도록 하기 위해 노력해야 했다. 왜냐하면 본인 스스로 합리적이고도 이성적인 판단에서 돌이켜야 효과적이기 때문이다. 그리고 한 발짝 물러서서 제3자의 입장에서 바라보면서, 사교(邪敎)가 도대체 어떻게 현혹했는지도 알아야 했다. 이 일은 시간을 넉넉하게 갖고 교정해 나가야 했다"고 서 경관이 설명했다.

여영춘(呂迎春)도 회상하기를 중생의 길은 고통과 눈물로 뼈저리게 몸부림치며 아픈 경험이었다. 환골탈퇴나 같았다. 여기에는 경관들의 도움과 가족의 격려와 동범들의 진심어린 도움이 있었기 때문에 가능했다.

초기 죄를 뉘우치는 단계에서 만도 여영춘(呂迎春)은 본인은 무고하고 그저 "전능신"만 사악하고 교활하고 착한 자신을 속였다고 생각했다. 심지어 이미 복법한 장판(张帆)의 잘못으로 떠밀었다. 결코 자신의 잘못을 뉘우치지 않았다.

비슷한 정서가 장행(张航)과 장교련(张巧联)에게서도 똑같이 나타났다. 이 점을 주의한 후 2016년 여름, 감옥 경관들이 특별히 여영춘(呂迎春), 장행(张航), 장교련(张巧联)을 한 자리에 집합시키고 그 3명과 좌담을 진행했다. 그녀들이 서로에 대한 원망, 죄책감, 미안함을 시원하게 털어놓고 표현하고 마음을 열게 도와주었다.

이런 좌담으로 여영춘(呂迎春)은 여러 사람의 고통을 알게 되었고, 의식적으로 서로 원망하지 않고 공동으로 죗값을 분담해야 된다는 것을 느꼈다. 그후 여영춘(呂迎春)은 이전의 근심, 걱정이 많고 말수가 적은 상태를 바꾸고, 자발적으로 마음 속의 고민과 근심거리들을 경관에게 털어놓고 도움을 구하기 시작했다.

그녀의 정신 상태는 점차 밝아졌다. 그리고 2년이 넘는 기간 동안 여영춘(呂迎春)은 몇 만 글자들을 통해 "전능신"이 자신을 어떻게 대하였는지, 타인에게 얼마나 해를 끼치는지를 상세히 밝혔다.

"제가 신앙생활을 시작한 이유는, '전능신'이 나를 더 좋은 삶으로 안내해주기를 원했기 때문이다. 그리고 다른 사람이 나를 좋아해주기를 바랬다. 하지만 사교(邪敎)의 길로 들어선 이후, 나는 타락했고, 다른 사람의 생명을 빼앗았다. 그리고 사회를 위협하는 살인범이 되었다. 소중한 하나의 생명이 나로 인해 잔인하게 희생되었고, 여러 행복한 가정이 나로 인해서 파탄되었다. 나는 너무나 후회스럽고, '전능신'이라는 사교(邪敎) 집단에 들어선 것을 뼈저리게 후회한다. 한 번의 잘못으로 평생을 후회한다" 이런 심도 깊은 참회록이 두껍게 한 권 한 권, 누구나 알아볼 수 있게 기록되어졌다.

그녀는 사교(邪敎)에 빠지기 전의 자신을 회상하는 것을 좋아했다. "남편이 저를 보면 착하고 부드럽고 보기만 해도 선한 마음이 생겨서 저를 선택했다고 했다" 옥중에서 여영춘(呂迎春)은 사교에 빠져있을 당시에 자신의 사상이 얼마나 비뚤어져 있었는지를 알았고, 사건 당시 얼마나 잔인했는지 깨달았다. 매번 사건 영상을 볼 때면 온 몸이 경직되고 제대로 숨을 쉴 수가 없었다. 자신이 그 흉악한 범인이었다는 것을 믿을 수 없어 했다.

변화를 통해서 자신을 부정하고, 반성하고 이런 것이 그들에게는 더 고통스러운 과정이었다. 인간의 여러 가지 약점을 알아야 할 뿐만 아니라 사교의 사상으로 인해서 형성된 사고와 습관을 철저히 버려야 했기 때문이다. 극단적이고, 비관적이었던 사고 체계를 우선 반성해야 했다. 그것이 곧 자신이 벗어던져야 할 결함이었다. 어릴 때부터 자기 중심적이고 승부욕이 강했고, 오만한 성격의 여영춘(呂迎春)이 자신이 정의롭다고 자처하고 심지어 자신이 "신"처럼 완벽하다고 여겼는데, 이제 와서 자신이 이기적이고 탐욕스럽고 오만한 나쁜 사람이라는 것을 인정하는 것이 죽기보다 힘들었다. "하지만 부인할 여지가 없는 사실이 눈앞에 펼쳐 있고 점차 자신이, '나의 이기적이고 탐욕스럽고 오만한 인간적 약점을 "전능신"이 이용했다'면서 반성했다.

장행(张航)은 또 이런 참회록을 썼다. "장기간 동안 '전능신'의 억지 속에 나는 점차 이기적으로 차갑고 탐욕스러우면서 나태해졌다. 그리고 힘든 것을 싫어하고 곤란한 일이 생기면 피하고 "신"이 도와주기를 바랐고, 땀을 흘리지 않고 아름다운 생활을 영위하기를 바랐다.

이 젊은 여자 아이가 실로 자신의 변화를 느끼면서, 전에는 무슨 일이나 어려워하고 꺼려했고 쉽게 포기를 하곤 했는데, 이제는 변했다. 옥중에서 진행되는 강연에 참가하고 원고를 공모하고, 힘든 일이 생겼을 때 반복적으로 "할 수 있다. 포기하지 말자!"고 스스로 격려했다. 차츰차츰 그녀는 자신이 정말 여러 가지 일을 잘 할 수 있고 "비교적 정상인"이 되어가는 것을 느꼈다.

변화가 선명하게 나타나면서 시간이 얼마 지나지 않아서 여영춘(呂迎春)과 장행(张航)은 새로운 범죄자를 도와주는 지원군이 되었다.

새로운 범죄자와 일대일로 만나 도와주면서 여영춘(呂迎春)이 말하기를 자신의 거울을 보는 것 같다고 했다. 남을 도와주면서 본인 스스로도 회복되는 것을 느꼈던 것이다.

옥중의 여영춘(呂迎春)은 "국기 하에 참회록"을 강연했고, 피해자와 정부, 사회에 진심으로 죄를 뉘우쳤다. 2015년 그녀는 감옥 내 교원 경쟁에 지원하여, 여러 가지 시합에도 나서고 강연도 하였다. 또한 우수한 성적으로 년말 우수 교원이 되었다. 장행(张航)도 사교를 폭로하고 비판하고, 죄를 인정하고 참회하는 주제로 강연에 참석하고 시 낭송 경연대회에 나가고, 여러 가지 활동을 했다.

2016년 그녀는 문맹반 교원이 되었다. 그리고 복역하는 교원 대회 시합에서 2등을 했다. 현재 장행(张航)은 문맹반에서 정보 보도원과 레이펑(雷峰)을 따라 배우자 조에 지원하여 활동하고 있다. 이제는 양호한 상태로 두 사람 모두 감형을 했다. 여영춘(呂迎春)은 무기징역에서 유기징역 21년 3개월을 감형했고, 장행(张航)도 5개월 감형 받았다.
개종선도교육을 통하여 변화된 것에 한없이 기쁘고, 스스로도 마음에 위안을 주었다.

한 번도 딸을 제대로 가르치지 않았을 뿐만 아니라 어린 딸에게 사교 교의를 주입한 여영춘(呂迎春), 옥중에서 합격된 어머니가 되기를 위해서 다시 배우고 딸에게 빈번히 편지를 쓰고 그곳에서 배운 전통문화 심리학 지식을 가장 먼저 딸과 공유했다. 딸의 성장기, 사춘기, 연애하고, 결혼하는 것을 함께 할 수 없는 어머니는 감옥에서 나마 그녀의 진정어린 모정을 전달했고, 엄마의 사랑이 다시 결핍하지 않게 노력했다.
장행(张航)도 6년 동안 방치해둔 꿈이 다시금 일어났다. 문화지식, 인간관계… 예전에 악몽에 시달리던 소녀는 감옥이라는 특수학교에서 열심히 배우고 있다. 여기에서 여러 명의 경관들이 그녀에게 "장행(张航) 너의 앞날이 꼭 좋을 거라고" 하면 "저도 그렇게 생각합니다"라고 환한 미소를 지어 보낸다. 그녀에게는 경관들이 "엄마 같은 선생님"이었다. 가끔 경관들이 주의를 기울이지 않고 있을 때면, 그들을 살포시 안고 애교도 부린다.

처음 감옥에 들어왔을 때, 교관들이 장행(张航)더러 미래를 그려보라고 하자, 그녀는 망연한 표정으로 '커피나 마시고 강아지나 키우겠지'라고 했다. 하지만 2년 3개월이 지난 지금, 악몽같은 지난 날의 어둡고 피폐한 삶에서 벗어나, 앞으로 어떤 직업을 갖게 되더라도 "반드시 안정적인 생활을 하게 될 것"이라는 것이 장행(张航)이 얻은 최고의 수확이다.

4. 전능신교, 한국 대표부의 거짓 조작극 폭로! (2017년 7월)

예수 그리스도께서 중국 요녕성 심양에 사는 '양향빈'(45세)이란 여자에게 강림하여 오셨다, 2012년 12월 21일이 세상 종말(불발로 끝났으나 사과하지 않음)이니 마지막 티켓을 받으라며 포교활동을 했던, 중국 이단 '전능신교'(동방번개, 전능하신 하나님교회, 愛神교회, 득승교회 등, 자칭 여(女) 그리스도 주장, 이단 규정됨.) 한국 지도부의 거짓 조작극이 드러났다.

전능신교, 한국인은 한국인이 포교해야 효과적? 그러디 발목 잡혀!

『종교와 진리』에서는 지난 2012년 겨울부터 전능신교 집단 취재를 해왔다. 그러던 2013년 1월과 2014년 1월경, 그 집단 한국 대표부와의 일대 일 면담 및 신도들과 합석하여 그들의 간증을 들었다. 이들 중 대표부의 한 여(女) 신도는 자신이 살아온 인생 여정에 대하여 눈물을 흘리며 이야기하기도 하였는데, 그때 당시 녹음 자료와는 전혀 상반된 내용의 가정사들을 자신들의 중문(中文) 홈페이지(https://www.testifygod.com)에, "중공의 박해로 인해 혈육이 흩어진 우리 일가족"(2016년 5월 26일)이란 제하의 글로 수 차례에 걸쳐 게재하였다.

전능신교 신도들은 한국인을 포교하여 한국인이 한국인을 전도하는 것이 가장 효과적이라고 알고 있다. 그래서 신도로 위장 잠입한 본지 기자를 잘 포섭하여, 그들의 포교 활동에 유용하게 활용할 목적이었던 것이다. 때문에 최대한 여성의 감성을 자극하여 설득하기 위해 눈물까지 흘려가며 자신의 생애를 이야기했다. 당시 상황은 처음부터 끝까지 모두 녹음되었다.

그 신도가 바로 한국 대표부의 임◯복(女, 65세) 씨이다. "중공의 박해로 인해 혈육이 흩어진 우리 일가족"이란 글은 모두 거짓 조작됐다.

인적사항 모두 거짓으로 활동!

전능신교 신도들은 이름도 거짓, 나이도 거짓, 출신지도 모두 거짓으로 활동한다. 2013년 1월경, 임◯복 씨는 본인의 이름이 '장명순'이라 했고, 중국 요녕성에서 왔으며, 나이는 62세라 하였다. 그러나 지난 2016년 5월 26일 전능신교 집단의 중문(中文) 홈페이지는 자신의 이름이 '왕나'이며 67세이고, 중국 복건성에 살았다고 기재하였다.

정확하게 말하면, 이름은 임◯복 씨이고, 나이는 65세이며, 중국 요녕성 심양 출신이다. 이 집단 신도들은 이렇듯 이름 만도 3~4개 씩을 사용하고 있다.

전능신교에 입교하게 된 동기도 거짓으로 조작!

2013년 1월, 임◯복(62세) 씨는, "나는 이 말씀을 중국 자매를 통해 2000년 9월에 접하게 되었다."고 했다. 그런데 그 집단 중문(中文) 홈페이지, 2016년 5월 26일에 밝힌 내용에서는, "2005년, 딸이 전능신교로 전도하였다고 하고, 2013년 5월, 막내 아들도 전도 받고 함께 책임을 지게 되었다."고 했다.

분명히 거짓이다. 그녀가 한국에 온 때가 2008년이다. 그리고 본지 기자가 그녀를 처음 만난 때는 2013년 1월 서울 구로동 교회에서였다. 당시 그녀는, "2008년경 아들, 딸, 며느리... 등 가족들이 다 (한국에) 왔다. 시어머니가 85세인데, 1세대이셔서 한국에 오신 후 호적도 다 바꿨다. 그분을 통해 우리들도 영주권을 획득했다."고 했다.

3층 집에 살았다는 것도 거짓!

2013년 임 씨는 구로동 교회에서 신도로 위장 잠입 취재 중인 본지 기자에게, "내 나이 47세 때(전능신교로 입교 당시)는 몸이 많이 아팠다. 자라온 환경도 매우 어려웠다. 10세 때 친어머니가 돌아가시자 계모에게 핍박을 받으며 자랐다. 첫 번째 계모는 북한에서 탈출해 온 탈북 여성이었는데, 딸을 데리고 왔었다. 6개월을 같이 생활하다가 다시 북한으로 잡혀 들어갔다.

그리고 다음 두 번째 계모는 중국 교포 아가씨였는데, 아이를 키워보지 않은 사람이었던 터라 핍박을 많이 받았다. 그 이머니 밑에서 6년 반을 살면서 천대를 많이 받았다. 시골에 살면서 돼지 풀 뜯고, 나무 지어 나르고 했었다. 너무 공부하고 싶었지만 학교도 다니지 못했다. (흐느껴 울면서) 어느 날 중국 자매를 통해 이렇게 이 말씀을 보면서 중국어를 많이 익히게 되었다. 건강도 좋지 않아 유방암, 위암, 류마티스 관절염이 있었는데 다 치료해주셨다. 이제는 이 전능자 하나님 말씀만 믿으면 병이 낫고, 모든 것이 된다."며 눈물을 흘리며 전했다.

그런데 2016년 5월 26일, 그 집단 홈페이지에 올린 글에는, 자신이 3층 집에 살았었고 현금도 꽤나 가지고 있었다고 게재하고 있다. 이런 인물이 바로 이단 전능신교 한국 대표부이다.

중국 경찰에 체포되어 박해받았다는 것도 거짓으로 조작!

신앙을 갖지 않은 사람도 타국에 가면 애국자가 된다. 그런데 자칭 신앙인이라고 하는 사람이, 그것도 친히 중국에 강림하신 '신(神)'을 믿는다고 하는 사람이 이렇듯 거짓으로 조작된 글을 인터넷을 통해 공공연히 공포하며,

자국의 명예를 실추시키고, 곧 멸망할 것이라며 저주를 퍼붓는 경우는 극히 비정상적이다. 이단·사이비 종교는 이렇듯 시작부터 끝까지 거짓이다.

임 씨는 지난 2016년 5월 26일 홈페이지는 올린 글에서, "2013년 7월, 막내 아들이 중공 정부의 체포와 박해를 받았다. 딸도 붙잡혀 가서 15일 간 구치소에 구속됐다. 그리고 또 다시 2013년 9월 25일 밤 11시, 5~60명의 경찰들이 쳐들어왔다. 그 외에 10여 대의 오토바이, 작은 트럭, 경찰차, 큰 트럭들이 있었다. 악질 경찰들이 2층과 3층의 방마다 모두 수색해 현금과 가전 제품들을 모두 빼앗아 갔다."고 했다.

위에서 밝혔듯, 임 씨와 그의 가족들은 모두 2008년에 한국에 왔다. 그리고 굉장히 어려운 환경에서 생활했다고 했다. 그런데, 그들 중문 사이트에는 2013년도에 중국 경찰들에 체포되어 박해를 받았다고 기록하고 있다. 모두 거짓이다. 본지 기자가 임 씨를 만난 때가 2013년 1월이다. 당시 그녀는 가족들과 같이 서울에서 생활하고 있었다.

왜, 이런 거짓 조작극을 벌이는 것일까?

첫째는, 이것이 이단·사이비 종교 집단의 특성이다. 거짓으로 시작했으니, 온통 사상이 거짓에 물들어 있어 조작을 해도 죄책감이 없는 것이다. 그들이 자칭 女 그리스도로 믿고 있는, 45세 중국 심양의 여성 양향빈은 자신의 건강 하나도 지키지 못해 의료진의 도움을 받아야 했고, 자신의 생명도 지키지 못해 미국으로 도주했다. 신도들은 그녀가 어려움에 처해 있거나 질병에 걸렸을 때 구해주고, 치료해 준다고 믿고 있는데 말이다.

양향빈과 조유산은 한낱 인간에 불과한 부부이다. 2012년 12월 21일! 거짓으로 끝나지 않았는가? 그렇다면 당시에 전 재산 바친 신도들에게 다시 되돌려주어야 하지 않나? 그런데 그것으로 미국에서 호화생활을 하고 있다. 무지한 신도들은 그런 이들을 믿고 가족도 버리고, 혈혈단신 아무 연고도 없는 타국에 와 생고생을 하고 있고… 종교 사기꾼들에게 속은 것이다.

둘째는, 동정심 유발해 포교에 이용하기 위함이다. 그런데, 사진만 봐도 조작된 것을 알 수 있는데도, 그들은 21C 첨단 시대를 사는 현대인들이 그것을 보고 속아 넘어갈 줄 아는가보다. 이유는, 그들의 사고방식이 어려운 환경가운데 살아오면서 받은 상처와 무의식 중에 쌓여 있는 열등감을 종교심으로 채워보려는 보상 심리에만 머물러 있기 때문에, 타인이 어떻게 볼 것인가에는 깊이 생각을 하지 못 한 것이다.

셋째는, 이단 사상에만 심취해 있어, 자신들을 반대하는 모든 이들을 '사단' 취급하는 것이 문제이다. 정신 병리학적으로 보면 일종의 '편집증'이다. 자신이 알고, 믿고 있는 것 외에는 모두 거부해버리고, 반대하면 비상식적 행위들도 얼마든지 일삼을 수 있는 증세를 가지고 있기 때문에, 잘못된 것을 바로 잡아주기 위해 내민 손도, 그들에게는 핍박이니 박해니… 하는 이유들로 치부당해 버린다.

그렇다면 어떻게 그들을 그 수렁에서 건져낼 수 있을까? 끊임없는 애정과 관심, 그리고 이해해주며 설득을 병행해야 한다. 무엇보다 가족들의 부단한 노력이 뒷받침돼야 한다. 끝까지 그들을 포기하지 않는 것은 가족들이기 때문이다.

전능신교 - 성경 보지 말라, 미신이고 낡은 역사라 가르쳐!

전능신교 교주 양향빈과 그의 남편 조유산은, "성경에 대한 사람의 견해는 모두 미신이다. 성경이 하나님의 최신 사역을 가로막는다. 이미 시대에 뒤떨어진 책이다. 무엇 때문에 너희더러 성경을 보지 말라고 하는지 깨달아야 한다. 성경은 낡은 역사 서적이다. 오늘 너는 성경을 볼 필요가 없다. 성경은 오늘 말세의 사람에게는 별로 쓸모가 없게 되었으며, 임시 참고일 뿐 별로 큰 사용 사치가 없다. 성경은 완전하게 성령으로부터 온 것이 아니다...".[1] 등 기독교의 진리의 말씀인 성경을 보지 말라고 가르치고 있다.

그러므로 이 집단은 이단·사이비 종교인 것은 물론, 反 기독교 단체이다.

난민 소송 중단하고, 취하하라!

전능신교 신도들 수 백여 명이 집단 난민 소송을 벌이고 있다. 한국의 난민법을 악용한 경우들이다. 이제 그만 중단하고 취하해야 한다. 끝까지 포기하지 않고 기다리고 있는 가족들에게 돌아가야 한다. 인류의 보편 상식은 진정한 신앙인이라면 가정의 화목을 도모한다. 부모가 사이비종교에 빠져 가출한 가정의 자녀들은 누가 책임질 것인가? 그들의 뇌리에 어떤 사람으로 기억되길 바라는가,

마무리

인터넷을 통해 아무리 핍박이니 박해를 받고 있다고 알린다 해도, 이렇듯 거짓 조작극이라는 것이 밝혀지지 않나? 본지 기자가 2013년부터 수 년 동안 신도로 위장 잠입해 같이 이야기하고, 나누었던 내용들이 모두 녹음되어 증거로 남아 있는데, 어찌 대표부라는 사람들이 아무 거리낌 없이 공연히 조작극을 벌이고 있다는 말인가? 그것도 눈물 흘리면서 간증했으면서...

---

1) 『어린 양이 펼친 책』, 전능하신 하나님교회(2011년), pp.510~540, '성경에 관한 논법'에서,

女 그리스도론도 조작된 것이고, 그녀의 입에서 나온 말이 곧 하늘로부터 직접 받은 말씀, 새 성경이라 하는데, 아니다. 말투나 억양, 사용하는 단어들만 봐도 정제되지 않은 미성숙한 성격이 고스란히 드러나지 않는가.

자칭 신(神)이고, 제사장이라는 이들이 무슨 비행기를 타고 다니고, 날짜와 시간 정해 인터넷 전화인 Skype로 신도들과 영상 통화를 한단 말인가?

이제 한국에서는 '전능신' 이름 내걸고 포교도 할 수도 없으며, 간판도 달지 못하고 폐쇄된 공간에서 그들 만의 세계 속에 묻혀 있다. 상식이 통하지 않는 신앙은 상식적인 세상과 통할 수가 없다. 세상이 바라보는 시선에도 눈을 떠야 한다.

중국 원본

上面的特别安排

十月通知

因大红龙看见选民的生命日益长大，都在经其所能地尽本分，万众一心忠于神，基督的国度的确出现在地上，所以大红龙惊恐万分、狗急跳墙，迫不及待的采取各种极其卑鄙的手段残酷迫害神选民，疯狂与神敌对，企图采取大抓捕来迫使神选民远离神放弃真道，达到它取缔全能神教会的目的。这正好应验了神早已经说过的话"子民越成熟证明大红龙越垮台"。现在神正式开始检验神选民的工程与见证了，所以最后的大试炼（扬场工作）已经开始，这是选民应该看见的事实。

鉴于各种环境都已紧张、恶劣，教会多数工作都已无法进行，神选民只能在家灵修注重生命进入。为此神家决定，凡是有危险的工作都可以暂时停止，只能等待时机在作，当然传福音的工作就更不用说了。各地教会都要遵守这一决定。因拍摄工作也很危险，也要暂时停下来，等环境许可在作。现在各牧区应尽快把神话朗诵与诗歌视频的工程文件传给神家，最后的达标工作由海外完成。环境恶劣地区教会生活也可以暂时停止，每个人只能在家吃喝神话、灵修、操练写见证文章，或搞好隐藏接待，这是目前唯一能尽的本分。总之，所有神选民必须学会灵巧像蛇，驯良像鸽子，都应注重隐蔽灵修，装备真理，主要吃喝好神的十二篇说话，达到认识神的果效最要紧。

在此特殊试炼时期，神家根据神选民的身量不同、环境不同特别做出以下四项规定：

一、凡是信神不出名的人在此环境中可以说没信神，可以不承认信神，但不能说亵渎神的话。

二、凡是信神出名的人若是信心太小，临到环境可以签名不信，但不能说亵渎神的话。

三、凡是信神多年早已出名的人，若临到环境只要不出卖教会、不说亵渎神的话就不按犹大处理，神家绝对不开除。

四、神家只开除犹大和说亵渎神话的人，凡是因软弱有过犯的，神家不开除。

以上四项规定完全是处于神对人的怜悯，但神对人的要求最低限度是绝对不能触犯神的性情，不能做犹大，不能说亵渎神的话，这是最要紧的。在此恶劣环境中，神选民应该明白神的心意，神要借此最后的试炼成全神选民的信心与生命长大，神选民应学会凡是依靠神、祷告神，学会摸神心意，学会顺服神的引导，这是最要紧的。另外，神选民还应该明白，神的心意是借此环境击打神选民扩展国度福音，所以凡是环境许可、愿意出国的神选民（不包括恶人、邪灵）都可以办理旅游出国，然后到国外寻求庇护，最好都到欧洲国家，朝鲜族人最好都到韩国，这样实行完全合神心意。尤其是能传福音的、会做视频的、会写文章的、能做带领工人的人都应该到国外尽本分。但此事要祷告神，寻求神的带领，这样才能保证行在神的心意上。关于神选民办理出国之事，任何人不得限制，应由神选民自己祷告神，自己选择。

此十月通知需立即传达至多数教会。

2014年10月7日

这是全能神十月的通知

> 번역본 원고

전능신 지령 10월 통지

　선민들의 생명이 날따라 성장하고, 모두 자신의 능력을 기울여 본분을 지키고, 모든 사람이 한마음으로 신에게 충성을 다하고, 그리스도의 나라가 확실히 땅 위에 나타나는 것을 보게 되자 따훙룽(大红龙)은 기겁하게 놀라고, 급한 개가 담장을 넘듯이 부랴부랴 각 종 아주 비열한 수단으로 신의 선민들을 잔혹하게 박해하고, 미친 듯이 신을 적대시하면서 대거 체포하는 것으로 신의 선민들을 핍박하여 신을 멀리하게 하고 진도(真道)를 포기하게 하고, 그가 전능신교회를 취소하려는 목적을 달성하려고 시도하고 있다.

　이는 마침 신께서 이미 전부터 말씀하신 "백성들이 성숙할수록 따훙룽이 무너지는 것을 증명한다"는 말을 증명한다. 지금 신께서 정식으로 신의 선민들을 검증하는 공정과 간증을 시작했다. 마지막 대시련(양장공작(杨场工作))이 이미 시작되었다. 이것은 선민들이 볼 수 있는 사실이다.

　여러 가지 환경이 긴장하고 열악하기 때문에 교회의 대부분 업무를 진행 할 수 없고, 선민들이 다만 집에서 생명진입중시를 수련 할 수 밖에 없다. 때문에 신의 집에서는 모든 위험있는 업무를 잠시 중단하고, 시기를 기다렸다가 다시 시작하기로 결정했다. 복음전도 업무는 물론 더욱 말할 나위도 없다. 각 지의 교회는 모두 이 결정을 지켜야 한다. 영상촬영 업무도 매우 위험하기에 마찬가지로 잠시 중단했다가 환경이 좋아지면 다시 시작한다. 지금 각 목회 구에서는 반드시 신 말씀 낭송과 시가 동영상 공정 문건을 신의 집에 전해야 하고, 마지막 기준 도달 업무는 해외에서 완성한다. 환경이 열악한 구역 교회 생활도 잠시 중단하고, 사람마다 집에서 신의 말씀을 먹고 마시고, 영적 수련하고 간증 문장을 쓰거나 혹은 비밀리에 접대해야 한다. 이것은 지금 유일하게 지킬 수 있는 직책이다. 종적으로 모든 신의 선민들은 반드시 뱀처럼 민첩하고, 비둘기처럼 온순해야 하고, 모두 비밀리 영적 수련에 중시하며, 진리를 장비하고, 주요하게 신의 12편 말씀을 먹고 마시며, 신을 인식하는 효과에 도달하는 것이 가장 중요하다.

　이 특수한 시련 시기에 신의 집에서는 신의 선민들의 실제 상황이 부동하고, 환경이 다른 점에 근거하여 특별히 아래와 같은 4가지 규정을 정한다.

　1. 신을 믿고 있지만 소문이 나지 않은 사람은 이런 환경에서 신을 믿지 않았다고 말 할 수 있고, 신을 믿고 있다는 것을 승인하지 않을 수 있다. 하지만 절대로 신을 모독하는 말을 해서는 안 된다.

　2. 신을 믿는다고 소문난 사람은 만약 신심이 작다면 환경에 접하여 믿지 않는다고 서명할 수 있다. 하지만 신을 모독하는 말을 해서는 안된다.

　3. 오랜 기간 신을 믿고 있고 일찍부터 소문난 사람들은 환경에 접하여 교회를 배반하지 않고, 신을 모독하는 말을 하지 않으면 유다로 취급하여 처리하지 않고, 신의 집에서 절대로 제명하지 않는다.

　4. 신의 집에서는 오로지 유다와 신을 모독하는 말을 한 사람만 제명한다. 나약으로 인해 과오를 범했다면 신의 집에서 제명하지 않는다.

　이상 4가지 규정은 신께서 인간에 대한 긍휼에서 지은 결정이다. 하지만 신이 인간에 대한 최저한도의 요구는 절대로 신의 성정을 거스르지 않고, 유다가 되지 말아야 하고, 신을 모독하는 말을 하지 않는 것이다. 이것이 가장 중요한 점이다. 이처럼 열악한 환경에서 신의 선민들은 신의 마음을 알아야 한다. 신은 이 마지막 시련을 통해 신의 선민들의 신심과 생명 성장을 성사시키려고 한다. 신의 선민들은 반드시 신에게 의탁하고, 신을 기도하고, 신의 마음을 헤아려야 하고, 신의 인도에 순종하는 것을 배워야 한다. 이것이 가장 중요한 점이다. 그 외에 선민들은 또 신께서 이 환경을 빌어 신의 선민들을 독려하여 나라 복음을 확장하려는 신의 마음을 알아야 한다. 때문에 무릇 환경이 허락되면 출국하려는 신의 선민은(악당과 사악한 영혼을 포함하지 않음) 모두 여행비자로 출국한 다음 다시 국외에서 도움을 강구해야 한다. 가장 이상적으로는 모두 유럽 국가로 가는 것이고, 조선족들은 될수록 한국으로 가면 좋다. 이렇게 실행하면 완전히 신의 마음에 부합된다. 특히 복음을 전도할 수 있는 사람, 동영상을 제작할 줄 아는 사람, 글을 쓸 줄 아는 사람, 노동자들을 거느리는 사람들은 모두 국외로 가서 본분을 다 해야 한다. 하지만 이 일은 신에게 기도하고 신의 인도를 간구해야 한다. 이래야만이 신의 마음에 따라 간다는 것을 담보할 수 있다. 신의 선민들이 출국 수속을 하는 일에 관하여 어느 누구도 제한하지 말아야 하며, 신의 선민 자신이 신에게 기도하고 자체로 선택해야 한다.

이 10월 통지는 반드시 즉시로 대다수 교회에 전달해야 한다.

2014년 10월 7일

이것은 전능신의 10월 통지이다.

5. 전능신교, 신도들 옭매는 조직 구조와 ^{한국 내} 신분세탁 시도 (2017년 9월)

전능신교(전능하신 하나님교회) 집단이 한국 내 포교활동이 여의치 않자, 일반 인터넷 언론 이용해 신분 세탁을 시도하고 있다. 중국 현지에서 제작된 조작극 동영상을 한국으로 유입시켜, 그것을 다시 영화로 제작해 보급 중이다.

주 내용은 천편일률적이다. 이뿐 아니라 신도들의 sns 활동도 상당히 적극적인데, 대부분 그들의 잘못된 이단 교리가 알려져 있기 때문에 그리 효과적이지는 않다.

이 집단의 중국 내 계급화 된 조직 활동과 한국 내 활동 상황을 정리해본다.

계급화 된 조직의 노예로 신도들 옭매

1. 총 조직 구조: 최고 층은 "여 그리스도(양향빈, 杨向彬) 혹은 대제사(조유산, 赵维山)"이다. 중국 내에 1개 감찰조, 9개 목구(牧区)(1~3개 성급), 구(지구 혹은 시급), 소구(현급), 교회/ 소조(향진급)를 설립하고 각 급 책임자를 "인솔(따이링, 带领)"이라 부른다. 목구, 구, 소구는 모두 2명의 인솔자와 2명의 전도원(讲道员)으로 구성되었다.

2. 목구, 구, 소구의 구조: 소구는 여러 명 영도제이다(2명의 인솔자가 2명의 전도원을 영도). 아래에 복음조 6~10명, 사무조 4~6명, 교통원 6~10명을 세우고, 호교대 10명으로 구성, 집법대 10명으로 구성되었다. 매 소구는 보통 20~40개 교회로 구성되고 복음조와 사무조의 이중 관리를 받는다. 소구는

독립성이 비교적 강하여 위해가 제일 크고 사교의 전파와 발전에서 핵심 기구이다.

3. 복음조: 1선 복음조(전직 신도)와 2선 복음조(본고장 신도)가 있는데 매 교회의 신앙 교리 이론과 신도들의 신앙교육 등을 구체적으로 책임진다. 교육 과정에서 1선이 위주이고, 2선은 배합하는데 보통 두 사람 혹은 이상의 사람들이 한 사람을 교육시킨다. 복음조는 그러한 교리를 여러 지역에 전파하기에 그 영향력이 아주 크다.

4. 전도공(讲道工): 목구의 등급, 임원들은 모두 타 지역 사람이다. 구체적인 인수는 미상이다.

5. 사무조: 사교자료 인쇄 및 출판, 당 안 관리, 재무 관리(신도들이 바친 돈), 컴퓨터 자료 제작, 출근 관리 등 사무 업무를 책임진다.

6. 문자조(文字组): 전도 활동 작성, 컴퓨터 업무, 인쇄 등 작업을 책임진다.

7. 동영상조(视频组): 국내의 동영상을 녹음, 수집하여 한국 교회로 이송하는 것을 책임지고, 동시에 한국에서 제작된 동영상 후기 제작을 복음 영화로 배포한다.

8. 재무조: 국내의 헌금을 국외로 전달시키는 것을 책임진다.

9. 난민조: 국외의 난민정책 분석을 책임지고 선발을 통해 인원을 충원시켜 해외에 소개한다.

10. **비자조:** 국내 신도들의 여권, 비자 발급 등 업무를 책임진다.

11. **호교대, 집법대:** 호교대는 주요하게 큰 집회에서 보초 근무하는데 신의 말씀을 듣지 않는 자에 대해서 폭력으로 구타하고 위협한다. 집법대는 전문적으로 신도들이 완성하지 못한 업무 혹은 교칙을 위반하였는가를 감찰, 고찰하고 격리, 구타, 위협 명령을 하달하며 심지어 인신공격도 한다. 이 두 개 대오는 동시에 고위 지도자를 위해 여성을 물색하여 성(性) 서비스를 제공한다.

12. **교회/소조/매개교회:** 20~30인이 좌우하고, 10여개 집회 지점과 3~5개 접대 가정이 있다. 매 교회는 또 신도들이 깊이 빠진 정도에 의하여 A, B 유형으로 구분한다. 사람 인수가 규정된 인수를 초과하게 되면 다시 새로운 교회를 설립하고, 매 교회는 3~5인 책임제를 실시하고 그들이 선교, 교육, 세뇌, 사무, 접대, 물품 은닉과 돈, 재물 등 모든 사무를 책임진다.

교회 관리는 소위 《10조항 행정(十条行政)》에 의해 엄격히 통제하는데, 신도들의 절대적 복종을 요구한다.

이는 전형적인 노예화 제도이다. 때문에 신도들은 사상적으로 아무런 자유가 없고 "상급"의 지시에 절대적으로 복종해야 한다.

총결: 전능신(全能神) 교회의 행정지휘계통을 8개 등급으로 나누는데 제사(祭司), 대륙공작구, 성시건너 대편구(跨省市大片区), 성 공작구, 대구, 소구, 교회, 소조(쇼파이 小排),(세포조직이라고도 부름)로 나눈다.

2017년 2월 12일, 전능신교 내부 상설 난민조 이 외에, 비디오 영상조,

통역조, 시가(노래)조, 문자조, 재무조, 교정조, 통신조, 네트워크 기술조, 의료진조, 최근에는 인터넷 생방송 담당 조를 추가하였다.

전능신교 집단, 'KNS 뉴스통신' 통해 신분세탁 시도 중!

최근 인터넷 신문을 개설한 'KNS 뉴스통신'이란 매체를 통해 전능신교 집단이 신분 세탁을 시도 중이다. 종교 관련 언론사는 아닌데, 전능신교 관련 전담 기자를 두고, 아예 그 집단 기사만 쓰는 기자 한 명이 있다.

KNS 뉴스통신의 황모 기자는, 지난 4월부터 총 9건의 기사를 게재하였는데, 9건 모두 전능신교 관련 기사이다. 그러니 전담 기자라 하는 것이다.

2017년 4월 24일, 전능신교 집단의 동네 감자 캐는 일 돕기 홍보
2017년 5월 12일, 전능신교 집단의 영화 홍보
2017년 5월 18일, 전능신교 집단의 부흥회 광고
2017년 7월 04일, 난민, 인권 관련하여 전능신교 집단 신도들 언급
2017년 8월 11일, 전능신교 집단의 영화 홍보
2017년 8월 19일, 전능신교 집단의 뮤지컬 홍보

2017년 8월 19일, 중국서 2세 아들 버리고 와선 난민소송 중인 전능신교 신도 소개, 홍보

2017년 8월 31일, 전능신교 집단의 영화 홍보

이미 한국 기독교계에서는 이단으로 규정된 집단을 노골적으로 홍보하고 있어, 직접 전화하고, 찾아가고 해도 해당 기자는 묵묵부답이었다. 다만, 논설위원이라는 최모 씨가, 돈을 내고 이런 기사를 부탁하는 경우가 있다고 했다.

그러니까 전능신교 집단에서 돈을 주고 기자 한 명 세워, 전담 기사를 작성하게 하는 것 아닌가 하는 의문이 든다.

왜냐하면 이미 이단으로 규정되었으니, 활동에 제약이 있고, 이를 극복하기 위해 일반 언론을 이용하여 신분 세탁을 하려는 것 아닌가 하는 것이다. 여하튼 이유 불문하고, 전능신교 집단은 미국 시민권자인 '양향빈'(1973년생, 女)이 재림 그리스도라며 믿고 있는 반(反)기독교 집단이다.

6. 전능신교 집단 신도들 난민 주장 – 교주 지령에 의한 기획 입국이었나? (2017년 10월)

1. 전능신교 교주의 지령 - 가출해 잠적하라! 동영상 팀엔 안전요원 배치하라!

2014년 7월 31일, 전능신교 관리인이 전달한 교주의 지령이다. 내용에는 신도들로 하여금 가출하여 잠적하라는 지시가 있고, 동영상 팀에는 안전 요원을 배치하여, 그들의 활동에 어려움이 없도록 도우라는 지령이 내려졌다.

어려운 시기, 각 지역 교회 인솔자들에게 … 반드시 은폐해야 하는 긴급 통지
6월 22일, 전능하신 신에 속하는 사람을 구하는 일이란 기초에서 환경이 열악한 지역 특히, 산둥(山東) 지역에서 어떻게 인솔자와 신이 선택한 자를 보호할 지 아래와 같은 조치를 취한다.

1) 모든 교회의 인솔자, 집사와 유명한 사람… 이들은 반드시 당장 잠적해야 한다. 교회 인솔 집사는 반드시 암암리에 일을 해야 하고, 큰 문제가 없으면 나타나지 말아야 한다. 교회의 인솔자는 자신의 집에 살지 말고, 주위의 농장 혹은 향진에 은거해야 하거나 혹은 외국의 친척이나 친구 집에서 살아야 한다. 환경이 열악하게 나타난 지방이거나 환경이 극악한 지역에서는 인솔자는 모두 자신의 집에 살지 말고, 가정을 이탈하여 잠적하고, 가

장 좋은 방법은 인근의 성, 바깥 성으로 이동해야 한다.

2) 좋은 방안은 산둥(山東) 지역의 인솔자들을 외지에 파견하여 안후이(安徽)에 가까운 자들은 전부 안후이(安徽)에 옮기고 허베이(河北)에 가까운 자들은 전부 허베이(河北)에 옮기고 허난(河南)에 가까운 자들은 허난(河南)에 가며, 모든 교회 인솔자는 반드시 가야 한다. 기타 목장 구역도 구체적인 상황에 따라서 환경의 위험이 있는 지방 혹은 동정이 있는 지방의 교회 인솔 집사는 모두 잠적해야 한다.

3) 처음으로 믿어서 1, 2년이 되고 뿌리를 박지 않아 신앙이 약하고, 심신이 여린 형제 자매는 지혜로운 방법을 채택하여 필요한 시기에 신을 믿지 않는다고 할 수 있는데, 왜냐하면 이런 진리를 진정으로 깨닫지 못하여 뿌리를 내리지 못한 것도 신의 연민이고, 신은 이런 초보 믿음을 가진 진리를 모르는 자들에 대해 높은 요구를 하지 않는다. 그러나 절대 죄를 언도하거나 신을 조롱하는 말을 해서는 안 되는데, 그렇지 않다면 신은 없애거나 제명하지 않는다.

4) 목장 구역과 구역의 주요 인솔자는 반드시 직접적으로 동영상 팀의

작업을 잘 진행하여 동영상 제작하는 인원의 안전을 보증해야 한다. 동영상 팀에 안전 요원을 배치하는 일을 구체화해야 하고, 동영상 팀은 반드시 안전 요원이 책임지고 외출할 때 배치하고, 많은 사람들이 한꺼번에 외출하여 촬영해서는 안 되고 서너 사람들이 몰래 외출해야 한다.

촬영 인원이 외출하여 촬영하기 전에 인솔자는 반드시 안전 방면에서의 문제를 훤하게 알고 있어야 하고, 모든 안전에 관련된 일을 잘 배치해야 하는데 철수하는 것까지 포함된다. 노선 철수, 지점 철수도 모두 안배를 잘 해야 한다.

상황을 잘 파악하지 않은 때에 충분한 안전 보장이 없는 곳에서, 촬영 제작팀은 마음대로 밖으로 나가 외경을 찍어서는 안 되는데, 외경을 찍을 때에는 절대적으로 사전 파악이 있어야 하고, 방호대의 보호가 있어야 한다. 그리고 지혜롭게 돌발사건을 처리하여 동영상 팀의 작업 안전과 정상적인 진행이 아무 일 없이 실행되게 해야 한다.

각 목장 구역에서는 모두 현지 환경에 따라서 인솔자와 집사를 숨겨주도록 안배해야 하는데 이것은 전국공통행동이다. 절대적으로 대수롭게 여겨서는 안 된다. 어떤 지역은 비록 표면적으로는 잠잠해 보이지만 실제적으로는 잠재적인 동향이 밖으로 거세게 흐르고 있다.

따훙룽이 6월부터 9월에 전능신 교회에 대해서 전면적인 타격을 가할 것이라고 선언하는데, 그러므로 각 지역의 인솔자들은 환경에 따라서 숨겨야 하고, 적어도 10월까지는 은폐해야 한다.

은폐 기간에는 반드시 중요한 작업을 잘 해야 하는데, 예를 들면 동영상 작업, 간증 문장을 쓰는 작업이 포함되고 반드시 신의 제물을 잘 보호해야 하며, 큰 환난 시기에 전체 기간 동안 본분을 지키는 자매의 안전을 확보해야 한다. 이것이야 말로 신의 마음을 자상하게 돌보는 사람이다.

— 관리인 전달

2. 전능신교 교주의 긴급 통지 - 모두 국외로 나가 선민의 본분을 다 하라!

중국의 이단 전능신교 신도들이 한국에 입국하기 시작한 시기는 2007년 2008년 경부터이다. 차츰차츰 지도자 급 인물들이 국내에 입국하여 자리를 잡은 다음, 2013년 초부터 대거 입국하였다. 그리고 이들 집단 1000여명이 현재 난민 신청을 하여, 난민 소송을 진행 중에 있다. 이들은 전국에 걸쳐 활동하고 있으며, 한국의 난민법을 악용하여, 장기 체류의 도구로 이용하고 있다.

이유는, 전능신교 교주의 지령이 있었기 때문이었다. 신도들에게 "유럽 국가로 가라, 조선족은 한국에 가는 것이 좋다. 이렇게 실행하는 것은 전적으로 신의 마음에 부합되는 것이다. 특히 복음을 전파할 수 있는 사람, 영상 촬영을 할 수 있는 사람, 문장을 쓸 수 있는 사람, 공인을 거느릴 수 있는 사람들은 모두 국외로 나가 본분을 다 하라"는 명령을 내렸기 때문에, 신도들이 대거 해외로 출국하여 활동하고 있는 것이다.

이들 집단의 난민 주장은 그러니까, 교주의 지령에 의한 명령 복종에 의한 행동이지, 정당한 이유를 동반한 난민 주장이 아니라는 것을 알 수 있다. 거짓 난민 주장에 의한 난민 소송을 벌이고 있는 것이다.

그러므로 전능신교 신도들의 난민 주장은 거짓이며, 난민 소송을 진행하기 위한 기획 입국을 하였음을 증명하고 있다.

7. 대륙 가슴에 비수 꽂고 한국 온 전능신교 – 경기 안산 새 근거지 발견! – 中 피해 가족들, 가출 가족 찾아 방한
(2017년 11월)

들어가면서...

배추김치, 무생채, 시래기나물, 미역국, 밥 – 지난 11월 어느 날, 전능신교 안산지회 점심 식단이었다.

그들의 생활상을 보여준다 할 수 있다. 건물만 덩그러니 사주고는 운영은 너희들이 하라, 모든 들어가는 실비는 스스로 해결하라, 단, 들어온 헌금은 온전히 전능신과 대제사장께로 보내라, 그렇게 하지 않을 시, 신의 심판을 받을 것이다... 이것이 그들 신앙 교리이다. 실제, 이들은 이렇게 생활을 하고 있다.

전문직에 근무하고 있는 이들보다, 일용직, 단순 노동직에 근무하는 이들이 대부분이다. 안산지회에서는 낮에도 일이 없어 실내에서 내내 신앙 교육에 참가하고 있었다.

서울 궁동 건물 내에서 생활하고 있는 여신도들 중 이른 아침 시간에 퇴근하고 들어오는 이들도 다수 있었다. 밤새 식당에서 일하고 온 이들이다. 결혼하고 애 낳는 것도 돈 들어가는 일이니 금물이다. 핑계는 종말이 얼마 남지 않았으니 대비해야 한다는 것이다.

안산지회 안영광이 밝히듯, 종말이 멀지 않았다. 한국만 봐도 지진이 일어나고 있지 않나? 이제 얼마 남지 않았다... 이런 걸 희망이라고 붙들고 있는 집단이다. 그러니 끝까지 인내하며 현재의 어려운 생활을 참아내라는 것이다. '얼마 남지 않았다...' 이들은 이걸 붙잡고 있다. 지금.

1991년 중국 전능신교 창교이래 26년 째이다. 조유산과 양향빈의 아들, 조명의 나이 24세이다. 내내 종말 타령이다. 언제까지 신도들 앵벌이 시키며, 본인들 호화생활하며, 임박한 종말 외칠 것인가?

경기 안산 새 근거지 발견!

중국 이단 전능신교(전능하신 하나님교회, 동방번개, 하나님 사랑교회)의 경기도 안산시 원곡동의 새 근거지가 발견되었다.

서울, 대전, 강원도 지역에 건물을 매입, 집단 거주를 하고 있는 이 집단이 2017년 1월경 경기도 안산 지역 상가 건물을 임대해 2층, 4층, 5층을 사용하고 있다. 2, 4층은 숙소, 5층은 상담, 교육, 예배실이다. 건물 주위에는 중국 은행, 중국 식당들이 있다. 대전 지역과 같이 간판 없이 활동하고 있다. 건물 내부에 들어가야만 자신들이 '전능하신 하나님교회'라고 붙여 놓아 알 수 있다.

서울 궁동에 있는 건물에서는 노래 연습을 주로 하고 있고, 강원도 횡성 건물에서는 영화 제작을 하고 있는데, 안산 건물에 가보니, 이곳에서는 강사 훈련을 집중적으로 하고 있었다.

평일 이른 오전 시간에 찾았을 때, 수십여 명의 신도들이 교육을 받고 있었고, 목사라 칭하는 조선족인 안영광 씨가(그곳에서는 일반 기성교회와 같은 직제가 없음) 상담을 맡아 하고 있었다. 안 씨의 이름도 가명이다. 이들은 실명으로 활동하지 않고, 2~3개의 가명으로 활동한다.

신도들, 조유산과 양향빈 결혼에 아들(24세) 있는 것 몰라!

안산지회를 방문하여 안영광이라는 목사를 만났다.
필자: 여기는 어떤 교회인가?
안영광: 정통 기독교회이다.

필자: 어떤 교회인지 소개 좀 해달라, 교단은 어디인가?

안영광: 중국에서 설립되어 왔다. 중국에는 교단이 따로 없다. 여기에서는 금년 1월부터 시작했다.

필자: 왜 간판은 달지 않았나?

안영광: 사람들이 많아지면 다른 곳으로 옮겨야 하니까, 걸지 않는다...

눅 17:24에서 마지막 때에는 번개가 하늘 아래 이편에서 번쩍하여 저편까지 비침같이 인자의 임함도 그러하다. 이 세대에 버린 바 되리라고 했다. 이는 그때가 아니라 이때를 예언한 것이다. 재림주는 이번에, 즉 말세에 오실 때에도 이 세대에게 버림을 받는다는 말씀이다. 한글 번역본은 많은 부분에서 잘못 번역되었다.

이 시대에도 인자가 오셨는데 사람들이 알아보지 못하고 있다. 그분이 전능하신 하나님이시다. 하지만 옛날 2천년 전보다는 따르는 사람들이 많다.

인터넷에 떠도는 얘기는 믿지 말라. 그러면 2천년 전에 오신 예수님을 핍박했던 바리새인들과 같은 사람들이 되는 것이다. 미련한 처녀들이 되면 안 된다. 슬기로운 처녀들의 입장이 되어야 한다. 여기에는 참된 진리가 있다.

필자: 전능하신 하나님이 실재 이 땅에 오셨다는 건데?

안영광: 그분은 태어나면서부터 하나님이셨다. 한국에는 자칭 재림주들이 많지만 그들은 태어날 때부터 하나님이 아니라 어느 순간 신이 된 사람들이기 때문에 가짜이다. 전능하신 하나님은 태어나면서부터 하나님이셨고, 결혼도 하지 않으셨다. 신은 결혼을 하지 않는다. 그러면 신이 아니다.

전능신교 창시자 조유산과 양향빈은 결혼하여 아들이 있다. 모두 위장 여권으로 미국으로 도주하였다.

국내 피해 발생 상황

일반적으로 대개 중국 동포들은 국내 법에 저촉되는 일은 되도록 하지 않으려 한다. 조금이라도 저촉되는 일이 발생했을 경우, 재입국이 불가하기 때문이다. 그래서 사이비종교 피해사례 발생 빈도 수는 중국과는 비교가 되지 않는다.

얼마 전, 중국 동포 가족인데, 가족 중 한 분이 반대에도 불구하고 계속해서 몰래 전능신교에 다니는 것을 두고, 가족 간 문제가 생겼다며 접수된 건수 외, 최근에는 부인을 찾기 위해 아예 취업 비자를 끊어 한국에 와 1년여 기간 동안 직장에 근무하며 아내를 찾고 있는 중국 동포인 남편이 있고, 또 동포 가족인데, 부인이 전능신교에 다니면서 가족 간 불화가 끊이지 않자, 아예 가출한 경우가 있었다. 이 부인은 가출 후 가족들에게 연락해 돈 3천만 원을 요구하였으나 거부당하자, 3년이 넘도록 연락이 두절된 상태에 있다. 이 가족은 서울 구로경찰서에 가출 신고를 해 놓은 상태이다.

이외에도 강원도 횡성 지역에서 중국 한족인 청년이 주위 한국인들에게 핸드폰 번역기를 켜고 "저, 중국 가고 싶어요." 하며 도움 요청을 했다는 사례도 있다.

아무래도 전능신교 신도들이 국내에 수천여 명은 되고 한국인 신도들도 있기 때문에 피해사례는 더 있을 가능성은 농후하다.

이단·사이비종교가 창궐한 이유

중국인들은 어떤 종교이든 간에 그것을 받아들이는데 인색하지 않다. 배타적이지도 않다. 중국 식 사고로 보면, 많은 신들이 있는데, 각각 나름대로의 위치와 가치가 있다고 보며 유일신이 있다고 보지도, 필요도 느끼지 않는다. 각각의 영역이 있다고 보기 때문이다. 때문에 종교 다원주의 입장이 가능하다.

중국의 전통 종교도 타국과 매한가지로 주로 노동자, 농민, 노인, 하류층인 평민이나 천민에 의해 신앙되었다. 그렇기 때문에 신앙 유무 자체가 추상적 이유에서가 아닌 현실적 문제에 직면해 있었을 때 더 절실했던 것이다. 지식 수준이 낮은 평민들에게는 추상적인 구원 개념보다 구체적인 형태의 신앙이 와 닿는다. 이것이 중국 이단 발생의 중요한 토양을 제공한다 할 수 있다.

문화대혁명을 겪으며 사회 전반에 걸쳐 혼란한 속에서 이단 사이비종교가 흥왕하게 되었다. "믿어라!", "가난에서 벗어날 수 있다", "병이 치유될 것이다!", "너는 신에게 특별히 선택된 자이다!", "말세가 곧 도래한다! 이제 막바지다, 준비해야 한다!", "이 세상 끝나는 날, 너는 저 하늘에서는 세상에서 누리지 못한 부귀영화를 누리게 될 것이다!"라며 현혹한다.

이는 여느 사이비 종교들의 돈문제, 이성문제, 교리문제 등과 함께 일맥상통한 내용들이다.

현실은, 부정부패가 심각하고, 부익부 빈익빈에, 물려받은 가난과 힘겹게 혈투를 벌여도 고개를 들 수 없는 사회 구조, 아무리 노력한들 빈곤에서 벗어날 수 없는 상황, 그러한 환경에 처해 있는 군중들의 심리를 잘 파악하여 적절한 포교 전략을 운영하며 다가갔을 때, 요동하지 않을 사람은 별로 없었을 것이다.

거기에다 생전 처음, 따뜻한 형제애도 받아보고, 가족보다 더 친근하고 보듬어주는 사랑의 손길을 받았을 때, 마음을 열지 않는 이들이 어디 있었으리.

그렇게 하여 자기 사람으로 만들어버린 후에는, 헌신을 강요하고, 억울하게 핍박과 박해를 받고 있다며, 동지의식으로 무장하도록 세뇌되고 나면,

자신의 전 인생을 내팽개치고 오직 그 종교에 전 생(生)을 걸어버리게 되는 것이다.

그때는 가족도, 자식도, 사회도 중요하지 않다. 오직 자기가 신봉하는 신앙, 따르는 교주의 말에만 절대 복종하게 된다.

왜? 거기에서의 이탈은 곧 죽음과도 같다 생각하고, 복종, 순종하지 않을 시, 그동안 쌓아온 신앙력이 무너지는 것은 물론, 신의 심판, 즉 세상을 주관하고 다스리는 신의 심판이 임할 것이라는 공포감에 짓눌러 있기 때문에 삶 자체가 얽매이게 되는 것이다. 그 공포는 자신뿐만 아니라 무고한 가족에게까지 미치게 된다고 확신한다. 자신으로 인하여 가족의 구원을 소망하던 이에게 자신으로 말미암아 가족에게까지 위해가 가해진다 하니, 그 두려움에서 벗어나지 못하게 되는 것이다.

전능신교 창교자 조유산과 양향빈에 대하여

조유산(趙維山)은 1951년 12월 12일, 흑룡강성 하얼빈시 아청구 야꺼우진에서 공산당원이었던 조광발과 이계영 사이 2남 8여 중 장남으로 출생하였다. 조유산의 본명은 조곤(趙坤)이었다. 후에 개명한 것이다.

· **학력**: 1970년 중학교 졸업, 체계적인 신학 교육 받지 않음, 성경 교리 왜곡 전파
· **직업**: 철도 노동자였던 아버지의 직업을 이어받아, 1975년경 철도 노동자로 근무하며 목수 일을 했다.
· **결혼**: 1979년 부운지(付云芝)와 결혼, 훗날 이혼했지만 유일한 합법적인 아내이다.
· **사건 사고**: 1985년 조유산의 부모와 6세 딸, 동생 조옥의 부인 등 네 명

이 가스 중독으로 횡사.

· **신앙문제**: 이단 지방교회 호함파(呼喊派) 교리 모방하여 1986년부터 자칭 하나님(神), 능력주, 실제 하나님, 능력주교(能力主敎)로 봉하다.

· **특이사항**: 이른 바 '성령 방언'을 했다. 모든 신도에게 자신의 약호(靈名)가 있었다. 의사소통 할 때에도 암호 사용, 한 사람씩 조유산의 사타구니 밑으로 빠져나오게 하여, 그래야만 구원받는다 주장, 종말이 임박했다며 강조, 내부자료 외부 유출 금지, '능력주'를 믿지 않는 자들과의 혼인 금함, 서슴없이 가출, 신도들의 사생활까지 철저히 간섭, 중도 이탈자들에게는 가족까지 공갈 협박.

노래(영가(靈歌)라 함)를 지어 보급하고, 인쇄소 차려 책자 보급

조유산의 후처 양향빈(楊向彬)은 1973년 11월 18일, 중국 산서성 대동시 서평진에서 출생하였다.

· **학력**: 고등학교 졸업
· **건강 상태**: 대학 입학에 낙방한 이후, 정신 분열증 앓고 있음.
· **신앙생활**: 고등학교 졸업 후부터 시작, 성경보다 꿈, 환상 등 신비체험, "장래에 중대한 책임과 사명을 감당해야 하고 전 인류를 구해야 한다"는 직접계시 받았다 주장, 자신이 하나님이 된 꿈을 꾸기도 했다 함.
· **조유산과 양향빈과의 만남**: 1992년, 지방교회 호함파와 연관.
· **신격화 근거**: 성경 계시록 1:8, 창세기 1:27, 예레미야 31:22을 왜곡하여 자칭 여(女) 그리스도, 전능하신 하나님 주장, 이때부터 조유산은 자칭 대제사장이라 칭함.
· **특이사항**: 양향빈은 간증할 때마다, 색상이 화려한 옷에 머리는 붉은 색, 노란 색으로 염색을 하는가 하면, 파상형 헤어 스타일로 파마를 하고, 볼 연지, 립스틱을 짙게 바르고, 귀걸이나 목걸이 등으로 치장하였다.

· **초창기 전능신교 조직**: 하나님의 본체는 8명이라면서, 전권, 전지, 전영, 전성, 전비, 전승, 전존, 전귀를 두고 전성(全城)이라 칭하는 양향빈 만이 전능하신 유일한 진짜 하나님이고 나머지는 치리를 받는다고 했다. 다른 이들은 양향빈에 대하여 간증하는 역할을 담당했다.

· **조유산과 양향빈의 자녀**: 아들 조명(趙明, 1995년 7월 7일생)이 있음, 아명은 새벽별이었다.
2001년 허천보(許天宝)라는 가명으로 중국 광저우에서 미국으로 출국.

· **조씨 부부 미국 도주**: 2000년 7월 14일, 조유산은 허문산으로, 양향빈은 왕우영이라는 이름으로 이권지, 양풍법, 이소방, 진효연, 왕려나 등과 동행 출국, 상하이에서 일본을 경유하여 미국으로 갔다.

· **가족 단절이 신앙 교리**: 전능신교 집단 내 10조 행정이라는 10계명에는 모든 재물과 재산은 제사장(조유산)과 하나님이 사용한다. 그 외에는 자격이나 권리가 없다. 이성교제 발각 시 추방한다, 육에 속한 것을 내려 놓으라, 가정과도 단절하라, 오직 하나님(양향빈)의 일에 집중하라고 하는 내용이 있다.

마르지 않는 눈물, 전능신교 피해 - 국경도 없어!

방한 중국 피해자들 인터뷰

지난 11월 6일, 전능신교 중국 피해 가족들(모두 중국 한족)이 방한하였다. 2년 내지 3년이 넘도록 한국으로 가출한 가족들과 연락이 두절되자, 가만히 있을 수만은 없어 직접 가족들을 찾기 위해 한국을 찾은 것이다. 대부분 처음 오신 분들이셨다.

다음 날, 가족들의 생사부터 확인하고픈 마음에 곧바로 피해 상황과 현재 처한 상태를 밝히고자 노트북을 켜고 자료들을 준비해 모여 앉았다.

회사 연수 간다며 한국 와 난민소송

1. 아내를 찾아 온 이준걸(32세, 한족, 산서성 서안) 씨

아내의 이름은 유경수(28세)이다. 5세 된 딸을 중국에 두고 한국에 온 것이다. 대학병원 인터넷 부서에서 근무했었다. 2015년 3월 9일 새벽에 가출, 2015년 3월 11일, 상하이 포동 항공에서 춘추 항공편을 타고 무비자로 한국 제주도에 왔다. 2015년 3월 18일, 12시 16분에 한국 공중전화로 전화 한 번 한 이후 연락 두절이다. 통화 할 당시 아내 옆에 누군가 지시를 하는 듯 했다고 한다.

필자: 부인이 언제부터 전능신교에 다니게 되었는가?
이준걸: 2009년부터 그들과 접촉하게 되었다. 중국에서 기독교 교회에 다녔었는데, 예배 후 밖에서 전능신교 신도들이 전단지를 나눠주며 포교하던 중 그것을 받아 알게 되었다. 그 전단지를 받으면서 전화번호를 남겼는데, 이후 연락을 하면서 접촉을 하였다.

필자: 교회에 다니면서도 전능신교에 갔다는 것인가?
이준걸: 원래는 주말마다 교회에 갔었는데, 전능신교를 알게 되면서 개별적으로 전도한다며 기독교 교회에 다니지 않게 되었고, 나에게도 전능신교회에 다니라고 했다.

전능신교 신도들이 이제 기독교는 옛날 식이다. 진짜 신이 중국에 오셨다.

기독교는 돈만 요구하고 속인다. 하지만 전능신교는 진짜 신이다. 그러면서 전능신교회로 옮기게 되었다.

필자: 남편은 전능신교가 어떤 곳인지 몰랐는가?
이준걸: 몰랐다. 전능신교도 하나님을 얘기하니까 크게 의심하지 않았다.

필자: 2012년 시한부 종말 설파 때 부인의 반응은?
이준걸: 부인이 그때 세상 종말이 온다면서 같이 믿자고 했다. 안 믿으면 지옥에 간다고 했다. 시간이 지나서는 자기 혼자만 믿어도 그 복이 가족에게 다 온다고 하면서 안 믿어도 가족들을 구원해줄 수 있다고 했다.

필자: 부인이 전능신교에 다닐 때 신앙생활의 특이점은?
이준걸: 처음에는 여자 두 사람이 집에 와서 침실에서 문을 잠그고 공부를 했다. 문까지 잠그고 집 안에서만 했다. 이상해서 그 여자들에게 집에 오지 말라고 했다. 그때까지만 해도 정상적인 기독교인 줄 알았다.

아이를 낳기 전에는 두어 번 왔었는데, 후에는 부인이 밖으로 나가 그녀들을 만났다. 보통 낮에 나갔고, 비밀스럽게 만났다. 2013년 텔레비전을 보다가 전능신교 사건을 알게 되었다. 살인 사건도 일어나고 하니까 적당히 믿으라고 했다. 그런데 부인은 자기가 믿는 것은 건전한 기독교 신앙이라면서 격렬하게 대항했다. 자기는 정상적인 기독교를 믿는다고 말했다.

아내는 2014년 12월 말, 직장에 사직서를 제출하고도 계속 출근을 하듯이 출퇴근을 하였다. 가족들을 속였다. 그리고는 2015년 3월 9일 가출 후 사라졌다. 당시 딸은 만 2세였다.

필자: 사이비 종교 집단에 다니지 못하게 하기 위해 어떤 노력을 했나?
이준걸: 믿지 말라고 해도, 정부에서 거짓으로 연출한 것이라며 부인했다.

전능신교에서는 TV NEWS에 보도된 살인 사건은 거짓이라고 주장한다.

필자: 가출하기 전에 어떤 조짐이 있었나?

이준걸: 2014년 8월에 핸드폰을 샀는데, 2주 만에 잃어버렸다고 했다. 폰은 잃었어도 유심카드는 다시 만들 수 있는데, 그것을 거부했다. 신분증과 연결해서 구입하는 것이었기 때문이다. 유심카드를 찾으려 하지도 않았다. 그때가 가출하기 6개월 전이었다. 통신 기록은 6개월 동안은 보존되는데, 가출하기 전 6개월 전부터는 핸드폰도 신분증으로 사지 않고 길거리에서 샀다. 그것은 통화 내역이 출력이 안 된다.

부인이 그것을 다 알고 했다기보다 전능신교 신도들이 주위 연계망을 끊기 위해 비싼 핸드폰은 가져가고, 6개월 전부터 주위 관계를 끊으면서 부인을 조종한 것이다. 전능신교에서는 돈이 되는 것은 다 챙겨갔다. 그리고는 싸구려 핸드폰을 주었다. 원래 핸드폰은 지인들의 번호들이 저장되어 있었는데, 후에 사용된 폰은 연락망이 없어져서 지인들과의 관계도 단절시켰다.

그리고 2015년 3월경 전능신교 교주의 통지가 있었다. 가출 후 부인의 물건들 중 교주가 2014년 10월에 빨리 출국을 하라는 통지서가 있었다. 그 통지서를 보고 가출 준비를 한 것 같다.

교주의 통지서에 보면, 동영상 제작, 포토샵 기술이 있는 사람, 글을 잘 쓰는 사람, 인터넷 사이트 제작, 관리하는 사람... 이런 전문직 사람들이 모여 프로그램을 만드는데, 최종적으로는 해외에서 완성한다. 이런 것을 제작하여 해외에서 모여 이 프로그램을 완성하여 널리 알린다.

그래서 이런 쪽으로 유능한 사람들을 표적으로 삼고 포섭한 것이다.

아내는 대학교에서 인터넷 사이트 제작하는 것을 배웠다. 그리고 악기를 다룰 줄 안다. 가야금 같은 것을 연주한다.

필자: 부인이 아이와 헤어지는 게 쉽지 않았을 텐데?

이준걸: 전에는 아이를 엄청 예뻐했는데 핸드폰 교체하면서부터 성격이

바뀌었다. 아이를 대하는 태도도 전과 달라졌다. 아이가 울면 그냥 침대에 버리고 문을 잠그고 혼자 거실에 멍 때리듯이 하루 종일 앉아 있었다. 저녁에는 한참 동안 거실에 앉아 멍 때릴 때도 있었고, 아이를 돌보지 않았다.

2014년 11월에 여권을 만들었다. 나는 그것을 몰랐다. 그냥 직장에서 해외 연수 보내준다 해서 그런 줄 알았다. 2015년 3월 8일, 갑자기 짐을 쌌다. 왜 짐을 싸냐고 그러니 그냥 미리 짐을 싸 두는 것이라고 했다. 그리고 저녁을 먹으면서 부모님들께도 말씀드려야 하지 않느냐면서 설득하여 허락을 받고 결정하자고 했다.

부모님들은 아이가 너무 어리니까, 너희들이 잘 알아보고 가는 것이 좋겠다고 하셨다. 그리고 아내의 직장에 가서 물어봐야겠다고 했더니 부인이 자기 체면 다 깎는다면서 민감하게 반응을 했다.

떠가기 전날에는 근심 걱정이 많아 보였다. 고민이 많아 보였다. 물어보면 난폭해지고 성격이 비정상적이었다.

필자: 출국하면 왜 연락이 불가능 하다고 하던가?

이준걸: 상사가 연락을 하면 안 된다고 했다며 울면서 얘기했다.

가출을 단행한 날 밤, 자던 중 옆에 부인이 없었다. 일찍 일어난 줄 알았다. 출근 준비하는 줄 알았다. 시계를 보니 새벽 4시였다. 문은 이미 열려 있고, 캐리어는 없고, 새벽에 도망가듯 짐 챙기고 나간 것이다. 밖에 나가 찾아보았으나 없었다. 집으로 돌아와 보니 양가 부모님께 편지를 남겼다. 계속 직장에서 연수를 보낸 것이라고 했다. 걱정하지 말라고 했다. 핑계였다.

필자: 남편은 부인의 직장에 가 보았나?

이준걸: 다음 날, 병원에 갔더니 부인은 이미 4개월 전인, 2014년 11월에 사직을 하였다. 이유는 남편이 다리 수술을 해야 하고 자기가 장사를 해야 하고, 어머니도 건강이 좋지 않다며 사직을 한 상태였었다.

기존에 누구랑 연락했는지 알고 싶어 통신사에 갔더니 통신 기록이 없었다. 6개월 전부터 이미 유심카드를 교체했기 때문에 기록이 없었다.

필자: 부인이 난민이라고 생각하나?

이준걸: 거짓말이다. 부인은 절대 난민이 아니다. 이곳의 법을 모르지만 절대 내 아내는 난민이 아니다. 온전한 가정이 있는데, 난민일 수가 없다. 중국에 자기 집도 있고, 집에 부모님들도 계시고, 연금도 나오고, 의료보험도 되고, 자가용도 두 대나 있고... 난민이 아니다. 가정이 화목하고 좋았다. 남편이 대학 졸업 후, 항공 회사에서 엔지니어로 일하고 있다. 직장도 좋다. 절대 난민이 아니다.

필자: 부인이 중국으로 다시 가면 박해를 받을 것 같나?

이준걸: 핍박이나 박해는 없다. 부인 자체가 피해자이기 때문에 나라에서는 오히려 도와주지, 박해하지 않는다. 전능신교 내에서 지옥이니, 종말이 온다고 겁을 주었다. 세뇌를 하면서 완전히 정신적 노예로 만들어버렸다.

필자: 한국에 있는 전능신교 신도들은 부인이 중국에 가면 죽을 수도 있다고 한다?

이준걸: 아니다. 그럴 수가 없다. 오히려 그 험악한 집단에서 나올 수 있도록 지원해주고 도와주면 도와주지 박해는 없다.

부인이 하는 말이 모두 진심이 아닌 듯 하다. 어쩔 수 없이 떠나는 어투나 태도나 행동이 있었다. 편지에 마지막 두 글자가 있었다. "나, 기다려 달라"고 했다.

전능신교 집단, 중국의 가족들에게 전화도 못하게 통제 - 인권 유린!

2. 딸을 찾으러 오신 아버지 유춘양(53세, 한족, 하북성 보정)

딸의 이름은 유미미(28세)이다. 대학에서 성악을 전공했다. 2010년경, 친척 언니를 따라 전능신교에 가입하였다.

한국에 온 신도들은 자유롭게 중국의 가족들에게 전화 할 수도 없다. 그렇게 통제를 받고 있다. 2~3년이 넘는 기간 동안 공중전화로 딱 한 번 하고는 끝이었다.

필자: 2012년 시한부 종말 주장 때, 딸의 상태는 어떠했나?

유춘양: 그때 종말을 믿었었다. 심지어 우리(부모님)를 설득했다. 믿지 않았지만 딸은 깊이 믿었었다. 엄마도 엄청 반대했다. 종말이 불발되었지만, 이제는 종말 직전이라고 말을 돌렸다. 곧 온다고 한다. 그때그때마다 얘기가 변한다.

필자: 딸이 전능신교회에 매일같이 나갔나?

유춘양: 대학교 2학년 때부터 믿었다. 졸업할 때 시험을 치러야 하는데, 시험을 안 치르겠다고 해서 교수님들께 전화가 왔다.

그래서 부모님들이 억지로 설득해서 졸업을 하게 되었다. 전능신교에서는 곧 세상 종말이 오니까 학교 졸업장 필요 없다고 했다. 전능신교에서 노래를 불렀다.

필자: 가족들의 반대에 딸의 반응은?

유춘양: 배척하고 대항했다. 예전에는 말도 잘 듣고 예쁜 딸이었는데, 그 이후부터는 말도 듣지 않고 거칠게 변했다. 전에는 엄마가 아프면 간호도

하고 그랬는데, 후에는 엄마가 우울증까지 앓았는데도 아이는 관심도 갖지 않았다. 아이 때문에 우울증이 왔다. 학교 졸업 후 직장에 안 다닌 것도 종교 때문이었다. 비밀리에 생활을 했다. 다들 모르게 다녔다. 붙들어 놓으려고 핸드폰도 사주고, 컴퓨터도 사주고 했는데도 말을 듣지 않았다.

필자: 한국으로 출국한 때는 언제인가?
유춘양: 2016년 4월이다. 무비자로 제주도에 갔다. 떠날 때는 1년 정도 걸린다고 말했다.

필자: 중국에 있으면 딸이 박해를 받나?
유춘양: 그냥 개종 교육만 받는 것이지 핍박이나 박해는 없다.

필자: 전능신교에서는 왜 핍박을 받는다고 주장할까?
유춘양: 전능신교에서 협박하고, 겁을 주는 것이다. 딸을 위하는 것처럼 하면서 거짓으로 미혹하는 것이다. 전능신교라는 조직을 떠나면 죽는 줄 알고 있었다.

필자: 딸에게 연락은 없었나?
유춘양: 아직까지 한 번도 없다. 핸드폰도 아이폰만 가지고 갔다. 안에 있는 유심 카드는 꺼내 놓고 갔다. 친구들과도 단절했다. 거기에서는 부부도 따로 살게 하고 아이를 낳으면 신앙생활에 집중하지 않는다고 부부관계도 못하게 한다.

필자: 지금 심정이 어떠십니까?
유춘양: 딸을 무조건 찾아야 한다. 엄마가 우울증에 걸려 많이 아프다. 잠도 자지 못하고 먹지도 못하고 매일같이 약으로 버티고 있다. 집에서는 엄

마와 외할머니가 너무 슬퍼하기 때문에 아이의 이름도 부르지 못한다. 아이 이름만 불러도 눈물이 마를 정도로 힘들어 해서 아이의 이름을 제대로 부르지도 못하고 있다. 누가 집에 와도 엄마 앞에서는 아이에 대해 물어보지도 못하고 이름도 못 부른다. 엄마 앞에서는 아이의 얘기를 아예 꺼내지도 못한다.

중국의 가족들, 비보(悲報) 접할까봐 TV NEWS도 못 봐!

3. 한국에 있는 딸을 찾아 온 보란화(54세, 한족, 하남성 신향시) 씨

딸이 한국에 있다. 2년이 넘도록 연락이 되지 않으니 살았는지 죽었는지… 너무 걱정이 된다. 아버지는 현재 건강이 많이 좋지 않으시다. 본인도 양 눈이 백내장에 걸려 잘 보이지 않고, 신장도 좋지 않다.

필자: 딸이 전능신교 신도라는 것을 어떻게 알았나?
보란화: 잘 몰랐다. 멀리 떨어져 있어서 몰랐다. 2016년 5월에 한국에 간 것을 알았다. 현재 연락 두절 상태이다.

필자: 언제 가장 딸이 생각나는가?
보란화: 딸의 생일 때 더 보고 싶다. 매일 보고 싶다. 사람들이 볼까봐 매일매일 참으면서 속으로 우니까 오히려 아버지가 사람들 없는 곳에 가서 크게 소리 지르며 울라고 한다.

필자: 한국에 오면 딸을 만날 줄 알았나?
보란화: 딸이 살아 있다는 소식만이라도 얻어 갔으면 좋겠다. 텔레비전도 못 본다. 혹시나 좋지 않은 소식을 전해들을까봐. 전능신교가 중국에서는

굉장히 폭력적인 집단이라 두렵다. 그러니까 혹시 딸의 안 좋은 소식을 접할까봐 무섭다.

필자: 전능신교가 어떻게 보이나?

보란화: 주위에 아는 사람이 전능신교를 믿다가 전도하라고 했는데, 중간에 안하겠다고 했다가 폭행을 당한 사람이 있다. 그래서 되게 폭력적인 종교이다. 거절을 하면 데려다가 폭력을 행한다. 호법대가 있다. 이탈자들에게도 폭력을 행한다. 가족들에게도 폭력을 행한다. 아이 엄마가 아이를 낳았는데 아이가 그 종교에서 성장할 수 있는데 걸림돌이라고 여기고 엄마가 아이를 죽인 사건도 있었다. 지금까지 그 여자는 감옥에 있다. 두 달 되는 아이를 죽였다.

우리가 살고 있는 가까운 곳에서 어떤 여자가 탈퇴를 하려고 했는데 호법대가 그 여자의 아들을 학교에서 끝나는 시간에 붙잡아 발바닥에 동방번개 표시를 하고 죽였다. 그들은 이것이 너의 벌이라고 했다.

필자: 딸에게 전하고 싶은 말은?

보란화: 내가 눈이 보일 때 빨리 집으로 돌아오렴. 내가 살아있을 때 와야지. 엄마도 버릴 거냐? 아빠도 건강이 많이 좋지 않으시다. 빨리 집으로 돌아오렴.

 # 반대하던 남편을 사탄이라며 각 방 써!

4. 부인이 전능신교 신도였던 양품(52세, 하북성 당산시) 씨

필자: 현재 중국에 전능신교 신도는 어느 정도 되나?

양품: 2012년에 300만 명이었다. 종말이 불발되면서 안 믿는 사람들도

생겨서 인원이 줄었다. 이 조직의 조유산이 중국 내보다 해외로 돌려 활동하고 있다.

중국에는 발달되지 못한 도시도 있다 보니, 글도 모르고 인터넷도 못하는 분들이 많아 당하는 사람들이 많다.

전국 인터넷 QQ 앱이 있는데 그룹 톡(talk) 안에 피해 가족들이 모여 모임을 만들어 피해 사례를 얘기하며 반대 운동을 하고 있다. 전국에 큰 그룹 톡 몇 개가 있다. 이미 해결된 사람들과 피해자들이 모인 단체 톡 중 규모가 큰 그룹 톡은 5천명의 회원이 있고, 작은 규모의 그룹들도 여러 개 있다.

전 세계적으로 600만명 정도 되는 것으로 파악된다. 중국, 한국, 미국, 홍콩, 대만, 캐나다 등. 조유산이 한국에 동영상 제작 기지를 만들어 전 세계에 전파하고 있다. 동남아 기지가 한국이다. 여기에서 제작해서 전 세계에 내보내고 있다. 한국과 중국은 지리상 가까워 동남아 쪽에서는 한국에 기지를 두고 있는 것이다.

필자: 부인도 전능신교 신도였는데, 어떻게 구해냈나?

양품: 원래 장사를 하던 집이었다. 그리고 쉬면서 손자를 본다고 했는데, 부인의 친구가 찾아왔다. 친구가 와서 예수 그림을 집에 붙여 놨다. 믿는 것도 나쁘지 않다고 생각해 처음에는 크게 반대를 하지 않았다.

그런데 신도들이 부인을 미혹하고, 나까지 미혹하려고 했다. 이제는 예수는 구식이고 새로운 신(神)이 여자로 태어나 인간을 구원하러 왔다고 미혹했다.

그들이 책을 세 권을 가지고 왔었다. 나는 원래 책을 좋아했다. 그래서 그것을 다 읽고 그들과 토론을 하였다. 그들은 나를 설득하지 못했다.

필자: 전능신교 책을 보고는 어떠했나?

양품: 종교라기보다 어떤 어두운 조직이라는 느낌을 받았다. 그래서 변론을 했다. 신도와 쟁론을 했는데 그 사람보고 더 높은 사람 데리고 오라고 했

더니, 데리고 왔다. 질문을 13개를 했다. 그랬더니 그 사람이 화를 내며 대응을 했다.

육의 일을 배반하라는 문구가 있어서 이는 남의 가족을 파괴하는 것 아니냐며 물었다. 그들은 부부지간의 생활은 배격해야 한다고 했다. 그 사람들이 부부관계도 못하게 한다. 나랑 쟁론하다가 안 되니까. 나에게 악마, 사탄, 악마의 화신이라며 비방했다.

필자: 부인은 얼마 동안 다녔나?

양품: 2012년 8월부터 2014년에 이탈하다시피 했는데, 지금도 아직 세뇌된 신앙이 남아 있다.

필자: 어떤 부분에서?

양품: 신도가 나를 악마라고 한 이후, 지금까지도 부인이 나를 악마로 보고 갈라서 산다. 한 방을 쓰지 않는다. 부인이 76일을 가출을 한 적이 있는데, 지금은 완전히 그 쪽에서 탈퇴했다.

그 집단은 한 지역에 10개 정도의 비밀 모임 조직이 있다. 비밀리에 모이니 어디에 있는지 찾지 못하고 어렵다. 이 사람들이 또 기성교회에 들어와 교회 사람들을 포교해간다. 교회를 다니는 사람들 중에서도 신앙이 불확실한 사람들을 현혹하여 끌어간다. 그런 팀이 있다.

신도를 만나 왜 비밀리에 하냐고 물으니, 진주가 조개 안에서 남몰래 생기듯이, 신이 우리를 선택해야 우리 조직 안에 온다. 신에게 선택받은 사람만 온다고 했다.

필자: 중국에는 이렇듯 피해 가족들이 얼마나 되나?

양품: 중국 각지에 피해자들이 있다.

필자: 전능신교의 가장 큰 문제들은?

양품: 돈을 목적으로 하고 있다. 정신적으로 사람의 사상을 지배하고 있다. 돈이 많으니 신이라는 이름으로 사람들을 지배하려고 한다.

필자: 전능신교의 가장 위협적인 요소는?
양품: 가정 파괴를 한다는 것이다.
필자: 전 세계 중에 가장 활발하게 활동하는 나라는?
양품: 중국, 대만, 홍콩, 한국이다.
필자: 활동 내용은 비슷한가?
양품: 국내는 은밀하게 하고 국외는 한국의 경우 기독교라고 하면서 위장해서 합법적으로 하다 보니까 한국에서는 내막을 잘 모르는 상황에서 자유롭게 활동하고 있다.

필자: 어떻게 대책이 될까?
양품: 올바른 성경 교육을 하면서 올바른 신앙 교육이 되어야 한다. 사이비라는 것을 널리 알려야 한다.

 # 전능신교 이탈 가족은 중국서 평안히 지내는데, 남편은 왜 박해받는다 할까?

5. 한국에 있는 남편을 찾으러 온 전빈(31세, 한족, 북경시) 씨

필자: 몇 번째 한국 방문인가?
전빈: 7번째이다.

필자: 남편을 한 번도 제대로 만나지 못했고, TV를 통해서만 남편의 최근 얼굴을 보았다. 심정이 어떤지?

전빈: 남편을 봤을 때 흥분되고 긴장도 되고 했는데, 남편의 말에 마음이 아팠다.

필자: 남편의 진심이 아니지 않나?

전빈: 그래서 그것을 알기 때문에 포기를 하지 않는다. 지금도 아이가 아빠 보고 싶다고 매일 잠잘 때도 그렇게 말하고 잔다. 잘 때 아빠에게 이런 말을 하면 내가 하는 말을 아빠가 들을 수 있나? 묻는다. 떨어져 있지만 아빠도 마음으로는 아들의 말을 들을 것이라고 말해준다.

아이가 어린이집에서 오더니 한 번은 아빠가 하늘나라 간 것은 아니냐고 묻더라. 아니라고, 아빠는 죽은 것이 아니라고 했다. 그런데 왜 아빠는 전화도 없냐고 묻더라...

필자: 남편을 포기하지 않는 가장 큰 이유는?

전빈: 가정에는 남편이 필요하고 아이에게 아빠가 필요하다. 아빠의 본의가 아니다. 원래 엄청 착하고 순진한 사람이다. 이렇게 변하기까지는 그 사람의 진심이 아니라고 본다. 우선 아이에게 아빠가 가장 필요하다.

필자: 남편은 부인의 뒤에서 부인을 조종하는 사람들이 있다고 믿고 있다. 여기에 대해?

전빈: 남편이 그렇게 생각하는 이유는 그 조직에서 그렇게 세뇌를 했기 때문이다. 나는 스스로 남편을 찾기 위해 오는 것이다. 뒤에서 조종하는 사람 없고, 가정을 지키고 아이에게 아빠를 찾아주고 싶다. 가장 가까운 사람을 찾기 위해 오는 것이다. 남편이 있어야 친부모 밑에서 아이가 자란다.

필자: 시아버지와 셋째 누가는 완전히 전능신교에서 나온 것인가?

전빈: 시아버지로 인하여 셋째 누나와 남편이 다니게 되었다. 시아버지와 셋째 누나는 나와서 잘 살고 있다. 그런데 전능신교 신도들이 시아버지와 누나를 찾아와 겁을 주기도 했다.

필자: 남편에게 전하고 싶은 말은?

전빈: 제가 지금 한국에 몇 번째 오는 줄 알아요. 올 때마다 아이와 얼마나 고생하는 줄 알아요. 당신을 포기하지 않는 이유는 단 한 가지에요. 아이 때문이에요. 당신이 있어야 우리는 완전한 가족이 돼요. 왜, 제 말은 한 마디도 믿지 않아요? 아이는 날마다 당신을 찾는데... 당신을 원망하지 않아요. 아들에게 말했던 것처럼 모르고 저지른 잘못은 용서할 수 있어요. 아이도 이제 컸어요. 아이가 저녁마다 당신에게 인사하고 잠을 자요. 그런데 아빠는 아이에게 아무 대답이 없어요. 한번 손을 가슴에 얹고 아이가 아빠를 얼마나 그리워하는지를 생각 좀 해봤으면 좋겠어요. 이제 벌써 3년이 지났어요. 이제는 눈물도 다 마른 줄 알았는데, 당신을 생각할 때마다 눈물이 나요... 우리 만나 제 손 잡고는 저에게 잘 해준다고 해놓고서는... 이것이 저에게 잘 해주는 건가요...

그래도 저는 당신 원망하지 않아요. 하루속히 돌아와 훌륭한 아빠가 되어주세요. 당신이 없는 동안 아이와의 생활을 기록한 일기장이 이제 벌써 두 권이 되었어요. 어서 빨리 돌아와 우리가 3년 동안 어떻게 살았는지 보았으면 좋겠어요. 어머니는 돌아가시고, 아버님도 건강이 많이 좋지 않으셔요. 빨리 돌아와 아버지 노릇, 아들 노릇을 잘 해줬으면 좋겠어요. 어떤 일은 흘려보내도 되는 게 있지만, 아버님마저 돌아가시면 그 불효는 되돌릴 수도 없어요. 더 이상 아이와 저 고통스럽게 지내게 하지 말고 빨리 돌아오세요.

전능신교, 무릎꿇고 가족 보내달란 애원에, V자 보이며 비웃어!

방한한 피해 가족들의 한국 일정은 11월 8일, 제주법원 앞 기자회견을 시작으로 하여, 전빈의 남편과 함께 현재 3명이 진행하고 있는 난민 행정소송 2심 재판을 참관하였다. 원고 측 변호인은 법무법인 시민 측 변호사 5명과 제주 복대리인까지 모두 6명이다. 재판 지연시킬 목적으로 답변서 제출한 다며 한 기일이 더 연장되었다.

그리고 11월 9일 서울 프레스센터에서 기자회견을 하였고, 이어서 다음 날에는 서울 출입국사무소 앞에서 난민소송 속행 촉구 일인시위가 있었다. 11월 11일(토)에는 서울 구로구 궁동에 있는 전능신교 앞에서, 가출 가족들 속히 가정으로 돌려보내라는 집회가 있었고, 다음 날인 11월 12일에는 강원도 횡성에 소재한 전능신교 집단 합숙소 앞에서 동일한 집회가 이어졌다. 그리고 이어서 11월 13일 횡성군청에서 기자회견을 한 것이다. 이렇게 집회 및 기자회견이 이어지자, 전능신교 집단에서 가족 상봉 할 수 있게 한 것이다. 그래서 11월 14일(화) 서울 구로구 모 처에서 한국에 있는 가족들과 만나게 되었다.

하지만, 함께 중국으로 돌아가지는 못했다. 그것도 온전한 만남은 아니었다. 가족들끼리 만나는데도, 전능신교 집단에서는 여러 가지 조건을 내걸었고, 이에 부합하지 않으면 만나주지 않는다고 하였다. 중국의 가족들에게 전해주기 위한 사진 촬영이나 녹음도 못하게 했다.

난민법 악용과 사회적 문제에 대한 정일배 변호사의 견해

2012년 난민법 개정 후, 난민 절차나 보호 규정·여러 법적·행정 절차가 들어왔다.

그래서 일단 난민을 무조건 신청을 할 수 있게 되었다. 출입국사무소에 가서 난민 심사만 하면 된다. 그러면 그 순간부터는 강제 송환이 금지된다. 일단 난민 자격 심사는 법무부에서 6개월 정도 하게 된다. 그런데 보통 사실 조사를 해야 하기 때문에 거기에다 또 6개월이 연장된다. 그러니까 1년 정도 걸린다. 법무부에서만 난민 여부 확인 절차가 보통 1년이 걸린다는 것이다.

하지만 대부분 소극적으로 대응하기 때문에 대부분 불인정을 하게 된다. 그러면 이에 대한 이의신청을 하는 것이다. 이것도 기본 심사 기간은 6개월인데, 여기에서 또 검사하고 하다 보면 6개월이 연장이 된다. 그러면 또 1년이 걸리는 것이다. 그러니까 행정적으로 법무부에서 난민 여부 조사 기간 만도 2년이 걸린다는 얘기이다.

그 다음에는 여기에서도 대부분 불인정이 된다. 그러면 이제는 행정소송으로 들어가게 된다. 행정소송 중 1심 기간 만도 보통 1년 6개월이 걸린다. 여기에서도 대부분 패소한다. 난민 인정은 좀 까다롭게 한다는 말이다. 그러면 2심에서 1년에서 1년 6개월, 3심에서 6개월 정도 걸린다. 항소심, 상고, 대법원까지 소송 기간 만도 3년 정도가 걸린다. 이렇게 해서 최종 난민 여부가 결정되는 데 걸리는 기간은 보통 5년 정도가 걸린다. 그런데 예전에는 그 5년 기간 동안 우리나라가 난민을 잘 보호해주지 않았다.

그런데 지금은 난민 처우가 굉장히 좋아졌다. 일단, 송환 금지가 되고, 그 다음에 소액의 생계비가 지원이 된다. 그리고 6개월이 지나면 취업 알선도 해주게 되어 있다. 거기에다 주거 알선, 의료 지원, 교육 지원도 해주고 있다. 이렇게 법이 개정되었다. 그러니까 5년 동안에는 굉장히 안정적으로 우리나라에 있을 수가 있는 것이다.

그런데 전능신교의 문제는 뭐냐면, 현재 법무부에서는 난민이 아니다. 종교적 박해가 없다는 것으로 보고 있다. 그런데 문제는 전능신교 집단에서는 중국에 있는 사람들을 한국으로 오도록 하여 조직적으로 난민 신청을 하고 소송을 제기하고 있는 상황인데, 이때 어떤 한 사람이라도 이탈하여 다시 중국으로 들어가버리면, 자기 스스로 박해를 받지 않는다는 것을 입증하는 것이나 다름이 없게 되는 것이다. 그렇게 되면 우리나라에서는 전능신교 신도는 중국에 가도 박해 받지 않는다는 것이 입증이 되어 버리는 것이 되는 것이다.

그러니까 전능신교 집단에서는 가족들과의 만남을 시킬 수가 없는 것이다.

현재 우리나라에서 난민 신청한 사람이 다시 중국으로 가는 순간, 박해가 없다. 자유롭게 왔다 갔다 한다는 것이 입증되는 것이다. 그 순간 난민에 관한 것은 끝났다고 보면 된다.

그러니까, 전능신교 자체적으로 난민 신청자들을 관리해야 되고, 중국에 가면 반드시 죽는다, 가족들과도 연락을 끊으라고 하는 것이다. 현재 상태가 이렇다.

그래서 이 문제의 심각성에 대해 법무부에 계속 알리고, 또 난민 심사 절차를 줄일 필요가 있다.

법무부 자체에서 사실 심사 과정 만도 2년 정도 걸리는데 사이비 종교가 가정을 파탄시킨다는 것들이 빨리 밝혀지면, 법무부 절차가 금방 끝날 수가 있고, 그에 따라서 재판 절차도 훨씬 빨리 끝날 수가 있는 것이다.

그러면 최종적으로 전능신교는 사이비 집단이다. 난민이 아니다라는 것이 밝혀지면, 다음 입국 심사할 때는 거의 못 들어오게 되는 것이다. 이런 식으로 가야 한다.

만에 하나라도 단 한 명이라도 난민이 인정이 되면, 그 다음부터는 물밀듯이 들어올 가능성이 높다.

그러면 우리나라가 난민을 가장한 사이비종교의 전진 기지가 될 수도 있다.

그래서 현재 전능신교도 법적으로 승소하기 위해 중국의 가족들을 만나거나 와서 접촉하는 것을 철저히 막는 것이다.

여기에서 만약에 중국에 자유롭게 들어가거나 가족과 접촉한다면 박해 가능성이 없다고 보고, 다음부터는 난민으로 들어올 가능성은 어렵게 된다.

그래서 지리적으로 가장 가까운 중국 사이비 집단이 이 난민법을 활용한다면 굉장히 우리나라에도 큰 문제가 생길 수도 있다.

지금 이 단계에서는 전능신교는 종교 피해가 없다는 것이 밝혀져서, 더 이상 난민 루트 기간을 버는 행태를 막아야 한다.

현재 난민소송 2심 진행 중인 Zhangfu(张福)의 부인 전빈의 증언에 의하면,
"난민이라고 주장하는 이유가, 현지 국가에서 해를 받는다는 것인데, 전능신교 집단에서 발표하고 있는 내용들은 거짓말과 속임수가 가득하다. 그들이 주장하는 박해에 대한 명확한 객관적 자료나 직접적 증거는 없다." 남편 Zhangfu(张福)가 제출한 자료에 따르면, "한 모임에서 xiaolin(小林) 형제가 잡혔습니다. xiaolin(小林) 형제는 그의 숨어 있는 주소를 알려줄까봐 경찰에 붙잡히기를 걱정합니다." 이런 내용을 보고 확인 차, 그 후에 Zhangfu(张福)의 가족은 그 자료의 진실성 여부를 확인하러 북경 공안 기관에 여러 번 갔다. 공안 기관은 Zhangfu(张福)와 그의 친구 xiaolin(小林) 형제가 아무 범죄 기록이 없는 것으로 확인됐다고 밝혔다. 다음에 우리는 Zhangfu(张福) 호적부 소재지에 갔는데 경찰서는 Zhangfu(张福)이 무범죄 기록 증명서를 떼어 줬다.

그들이 가짜 자료를 이용해 난민 신청을 하고 있다는 사실을 다시 한 번 확인했다. 전능신교 신도 한 명이 준비한 박해 증명서를 본 적이 있는데 그 증명서에 증언과 박해 사진까지 포함됐다. 그 후에 인터넷에는 그들이 허위 사실을 유포했다는 네티즌들의 증언이 잇따르고 있다. 그 자료는 위조한 것이었고, 사진은 영화의 한 장면을 모방한 것이었다

출국장에서...

부인은 한없이 울기만 했다... 남편이 아이만 만나겠다는 조건을 내걸었던 터라, 얼굴도 못 보고 돌아가야만 했다. 이렇게나 잔인할 수가 있나... 싶다. 7차례나 찾아왔는데, 전능신교 집단에서는 남편과의 만남을 허락하지 않았다.

서울 궁동 전능신교 집단 앞에서 아이를 안고 무릎 꿇고, 남편을 보내달라 애원하는 사람을 보고는, 전능신교 신도 박○하 씨는 웃어 보이며 손가락으로 V자를 내보이며 비웃었다. 그런 행태는 강원도 횡성 합숙소 앞에서

도 동일하게 보였다.

부인을 찾으러 온 이준걸 씨도 내내 한숨을 지었다. "아내가 변했다... 정신이 온통 전능신교 신앙에 세뇌되어 어두운 터널 속에 갇혀 있는 것 같다..."면서 답답한 심경을 토로했다. 2년 7개월 만에 조우한 부인은 5세 딸 아이에게 전해달라며 인형을 안겨 주었다. 애꿎은 모정은 털털 털어봐야 먼지만 나는 인형과 함께 아이에게 전달될 것이다.

현재 한국에 있는 이들 가족들은 전능신교 내에서 웃으면서 노래를 부르고 있다. 이 동영상을 그들의 홈페이지를 통해 접한 중국 가족들의 심정은 어떠할까...

천륜 끊는 가정파괴 집단 전능신교는 한국에서 뿌리내리지 못할 것이다. 반인권, 반기독 단체이다.

중국 사이비 종교 전능신교 피해자 대표단 언론에 공개 서한

존경하는 한국 법무부 장관, 출입구 난민 심사과, 이민국, 경찰서, 인권 보호 협회, 언론인들께:

안녕하십니까? 저희는 중국 사이비 종교 전능신교 피해자 대표단입니다. 한국에서 전능신교에 박해 당하는 피해자의 인권 보장을 위해 중국에서 왔습니다.

근년에 한국 난민법을 공포하고 시행돼서 우리는 보완해지는 한국 인권 보장제도를 확인하였습니다. 그렇지만 사이비 종교 전능신교는 한국 난민 소송 제도를 악용해서 한국은 전능신교가 발전하는 온상이 됐습니다. 오늘 우리는 가족들의 인권을 침해하는 사이비 종교 전능신교와 끝까지 맞서야

합니다.

중국 사이비 종교 전능신교는 또 "동방번개"라고 부릅니다. 1990년대 중국에서 발전해 온 한 사이비 종교 조직이고 설립자는 조유산(중국 흑룡강성)이었습니다. 그들은 재림주 여 그리스도를 믿었습니다(양향빈). 2008년 께 한국에 들어와 2010년에 한국에서 교회 홈페이지를 만들었습니다. 지금까지는 서울, 부산, 경기도, 서울 군자동, 부평, 안산, 강원도, 인천 등지에 다 전능신교 교회를 세웠습니다.

수년 동안 전능신교는 중국에서 수많은 죄를 지었습니다. 1998년 10월 30일부터 10월 10일까지 10여일 동안 사이비 종교 전능신교 조직은 하남성(河南省) 남양시(南阳市) 당하현(唐河). 사기현(社旗县)에서 잔인무도한 폭행을 했습

니다. 누군가의 다리를 부러뜨리고 누군가의 얼굴이 찔렸습니다. 이번 폭행에서 9명이 다치고 그 중에 2명이 오른 쪽 귀를 베였습니다.

2001년에 하남성(河南省) 등 지역에서 종교 목사 20여 명은 집단으로 납치됐습니다. 2010년에 하남(河南)성의 한 초등학교 학생이 하굣길에 실종돼서 결국 땔감더미에서 죽은 학생을 찾아 발바닥에 '번개' 기호를 맞았습니다.

경찰 조사에 의하면, 살해된 어린이는 가족 중 한 명이 전능신교 신도인데 이탈하고자 하니까 전능신교에서 그 가족에 대하여 보복한 것이라고 했습니다.

2012년 12월 14일에 하남성(河南省)에서 남자 한 명이 사이비 종교 세계 종말론에 현혹돼서 22명의 초등학생을 다치게 했다가 2014년 5월 28일에 전능신교 신도들이 산둥(山東)성 초원시(招远) 맥도날드에서 무고한 사람을 때려 죽였습니다.

전능신교 교회를 떠나서 박해를 받아 불구가 되고 때려죽인 모든 사람 뒤에서 다 산산조각 난 가족이 있습니다. 이 모든 것이 다 우리 가족을 박해

하는 확실한 증거가 됩니다.

전능신교는 중국 헌법과 법률에 위배해 중국 정부는 1995년부터 폭력적이고 은폐적인 특성을 가진 동방번개를 불법 조직으로 지목했습니다.

2014년 5월 28일에 산둥(山東)성 초원시(招远) 맥도날드에서 폭력 살인 사건이 발생한 후에 사이비 종교 전능신교 조직은 중국 전능신교 조직이 제재를 피해서 한국에 도망치도록 부추겼습니다. 우리 제시할 증거에서 2014년 10월에 전능신교 해외 관리자는 중국 전능신교회에 제공한 내부 계획이 있습니다. 그 계획에는 출국 조건에 부합하는 전능신교 신도들이 다 출국 수속을 밟을 수 있다고 했습니다.

그는 한국이 중국 조선족들에게 특혜를 악용해 많은 중국 조선족 사람이 한국에 불법 이민했는데 많은 조선족이 아닌 동방번개 신도들이 한국에 이주해 들어와 있습니다. 이 자료는 분명히 구체적인 사실에 입각한 것입니다. 그리고 중국 사람들이 종교적 망명을 이유로 한국에 불법 이민을 가는 직접적인 증거입니다.

우리는 아래와 같이 전능신교의 침해 사건에 대해 논평하겠습니다.

한국에 있는 전능신교 신도들은 심각한 가정 문제에 직면하고 있습니다.

우선 Tianpin(田频)의 남편부터 이야기하겠습니다. 2015년 4월에 그는 제주도 외국 관광객들이 입국 비자를 면제하는 정책을 통해 한국 제주도에 왔습니다. 그들은 3일 동안 난민 비호신청을 다 해서 합법적인 등록증을 받아 서울에 가서 선교했습니다.

그는 전능신교를 위해 집을 떠났기 때문에 남은 것은 산산조각 난 가족입니다. 이 가족에게는 그의 어진 아내 외에도 세 살짜리 아이가 있습니다.

그는 집을 떠나기 전에 아무런 내색도 하지 않고 다음 날 아침에 직장에 출근한다고 거짓말을 하더니 아무 연락이 없었습니다. 어쩔 수 없어서 그의 가족이 경찰에 실종 신고했습니다.

전능신교는 기독교라고 사칭, 선교합니다.

이들은 기독교의 이름으로 몰래 한국 교회에 다니고 선교합니다. 황당무계한 교리에는 이성적 판단을 흐리게(무디게)하고, 이웃이나 친구들과도 담을 쌓게 하며 가족을 버리라고 유도하고 있습니다. 모든 것을 다 버리고 교회에 충성하라고 합니다. Zhangfu(张福)는 전능신교 때문에 중국의 행복한 가정을 버리고 한국에 난민 등록을 신청했으나 난민 자격을 얻지 못해 Zhangfu, Chenglanlan 등 7명이 제주 법원에 행정 소송을 제출한 끝에 지난 1월 12일 법원 판결에서 패소했습니다.

지금까지 3년이 지나버렸습니다. 그의 아들은 유치원에 다니는데 아이가 야리야리하고 귀엽지만 다른 아이와 같이 완전한 가족에서 행복하게 자랄 수 없습니다. 엄마가 일할 때마다 "왜 우리 아빠는 우리를 보러 오지 않나요? 우리 아빠 보고 싶어요."라고 묻습니다. 그럴 때 마다 어머니의 마음은 아프고 괴롭습니다.

난민 비호 신청 자료에는 사기 행위도 포함돼 있습니다.

대한민국 난민법에 따르면 난민 비호 신청자는 난민법을 반드시 정확하고 철저하게 이해할 수 있어야 하며 난민 비호 신청서를 써 놓아야 합니다. 그리고 사실을 숨기고 속이지 말아야 합니다. 그런데도 그는 전능신교 대리자에 따라서 난민 자격이 될 수 없는 요인들을 일부러 속이고 누락시켰습니다. 예컨대, 난민 신청서에서 남편은 세 살짜리 아이가 있는데, 그것도 전능신교 대리자에 따라 아이와 가족 관계에 대해 명확하게 설명하지 않았고, 자신의 직업과 구체적 주소를 써 놓지 않았습니다. 그들은 이런 것들을 모두 속이고 있습니다.

이것도 난민법의 개혁이 필요한 요인 중 하나입니다.

물론, 그들은 난민 비호신청을 하디 전에 전능신교 대리자가 그들에게 난민법의 규정을 충분히 숙지시키고 체계적인 설명을 하도록 했습니다. 그들은 어떻게 빨리 합법적인 난민 신분을 받을 수 있는지를 잘 알고 있습니다.

그러나 낯선 한국에 대해서 중국인이 제주도에 도착한 뒤에 불과 사흘 만에 난민 등록 허가를 받고 합법적인 신분을 쉽게 받을 수 있습니다. 이것은 분명히 이민국의 행정적인 잘못입니다.

사이비 종교 전능신교 단체는 집단 거짓 증언을 했습니다.

그들은 난민이라고 주장하기 때문에 현지 국가에서 명확한 박해를 받는 이유가 있어야 하며, 그래야 난민이 될 수 있습니다. 그래서 종교적 박해를 받는 사람들이라고 믿을 수 있는 이유가 됩니다. 사실은 분명히 이렇지 않습니다. 그들이 여러 언론에 발표한 내용들에는 거짓말과 속임수가 가득합니다.

수많은 토론에서 그들은 객관적인 자료와 믿을 만한 진실한 사례를 제시하기 어려웠습니다. 그들이 박해를 받는 직접적인 증거가 없었습니다. Zhangfu(张福)가 제출한 자료에 따르면 한 모임에서 xiaolin(小林) 형제가 잡혔습니다. xiaolin(小林) 형제는 그의 숨어 있는 주소를 알려줄까봐 경찰에 붙잡히기를 걱정합니다.

그 후에 Zhangfu(张福)의 가족은 그 자료의 진실성 여부를 확인하러 북경 공안 기관에 여러 번 갔습니다. 공안 기관은 Zhangfu(张福)의 그의 친구 xiaolin(小林) 형제가 아무 범죄 기록이 없는 것으로 확인됐다고 밝혔습니다. 다음에 우리는 Zhangfu(张福) 호적부 소재지에 갔는데 경찰서는 Zhangfu(张福)의 무범죄 기록 증명서를 떼어 줬습니다. 그들이 가짜 자료를 이용해 난민 신청을 하는 사실을 다시 한 번 확인했습니다.

저는 전능신교 신도 한 명이 준비한 박해 증명서를 본 적이 있는데 그 증명서에 증언과 박해 사진까지 포함됐습니다. 그 후에 인터넷에는 그들이 허위 사실을 유포했다는 네티즌들의 증언이 잇따르고 있습니다. 그 자료는 위조한 것이고 사진은 영화의 한 장면을 따온 것입니다.

그들은 2008년에 한국에 왔는데 허위 박해 자료는 2014년에 발표됐습니다. 난민 소송 제도의 허점이 난민 단체 사기 행위의 주요 요인이 되었습니다.

2013년 7월 1일부터 한국은 아시아 최초로 난민법을 제정한 나라가 되고 그 후 체류 기간을 연장하기 위해 허위 난민 자격을 취득한 사례가 급증해 졌습니다. 현행 고용 허가제도에 따르면 외국 근로자는 최고 4년 10개월, 외국 관광객은 최고 90일까지 거주할 수 있습니다.

한국 언론 보도에 의하면, 이 중에서 일부는 난민 자격을 신청하는 방식으로 한국에 합법적으로 체류 기간을 연장한다고 했습니다. 일반적으로 난민 심사는 보통 2년 정도 기간이 필요하며, 이 동안에 신청자는 G-1 비자를 받아 합법적으로 한국에 거주할 수 있습니다. 제주 지역의 한 외국인 단체 관계자는 일부 사람들이 난민 신청을 기각한 뒤에 행정 소송을 제기할 경우에는 합법적인 체류 기간이 5~6년 더 연장될 수 있다고 말했습니다.

특히 난민 자격을 신청하는 외국인들은 한국 정부로부터 6개월 간 체류비를 받을 수 있고, 한 달에 30만~40만원입니다. 행정 소송을 제기하면 소송 비용 150만~300만 원을 받을 수 있습니다.

우리는 한국 법무부, 이민국 등을 통해 전능신교 난민 사기 행각이 근절되기를 기대합니다. 모든 피해자와 가족을 구하는 일에 도움을 주십시오.

최근에 세계 각국은 인권 보장 제도를 보완하고 있는데 우리도 한국 인권 보장 제도를 보완하기를 바랍니다. 기독교 신앙과 교리는 신도들에게 성실하고 신의를 지키고 참회하고 구원을 가르치고 있지만 사이비 종교 전능신교는 우리 가족을 박해합니다. 우리 모두가 산산조각 난 가족들입니다. 노인을 부양하지 못하고 아이를 키우는 사람이 없습니다. 이런 불행한 가족은 우리 모두에게 영원한 상처가 될 것입니다. 우리는 직접적인 피해자들입니다.

오늘 우리는 한국에 올 기회가 없는 중국 피해자 가족들을 대표하여 우리의 권익을 보호하며 우리의 가족들을 구하겠습니다.

이를 위해 우리는 전능신교 단체의 속임수에 대한 증거와 자료 및 전능신교가 중국에서 행한 나쁜 행적 자료를 다 가지고 왔습니다. 이는 한국의 수많은 사람들에게 전능신교가 가족을 박해한다는 사실을 알리는 증거가 될 것 입니다. 한국의 수많은 사람들은 사이비 종교 전능신교에 박해받지 못하도록 우리 같이 힘을 내서 사이비 종교 전능신교와 맞서기를 바랍니다.

우리는 한국 법무부, 이민국이 전능신교의 난민 사기 행위를 근절할 수 있기를 희망합니다. 전능신교와 파룬궁(法輪功) 등 사이비 종교 단체가 어떠한 방식과 이유로도 한국 이민 질서를 파괴할 수 없도록 대책이 필요 합니다. 이것이 모든 피해자와 가족을 구하여 도움을 줄 수 있는 일입니다. 사기 수단으로 불법 이민 행위를 엄하게 단속해야 합니다. 그래야 진정한 도탄에 빠진 난민들에게 인도적 원조를 줄 수 있습니다.

이상입니다. 감사합니다!

2017년 10월 19일
중국 사이비 전능신교 피해가족 대표단

8. 전능신교에 빠져 가출한 아내를 찾습니다! (2017년 12월)

　최근, 전능신교에 빠져 가출한 아내를 찾는다며 피켓을 들고 일인시위를 하는 남편의 이야기가 인터넷에 올라와 화제다.

　이 남편은 중국 동북 지방의 농부로 실종된 아내를 찾기 위해 길거리를 배회하며 사람들에게 도움을 요청하고 있다.

　아내의 이름은 딩웨이(丁伟)로 올해 34세이다. 전능신교에 빠져 지난 2016년 8월 17일 가출하였다. 현재까지 아무런 연락도 없고, 감감 무소식이다. 남편은 부인의 신분증에 있는 사진을 확대 출력하여 피켓을 만들어 이리 저리 떠돌며 사람들에게 물어보고 있다.

　연로하신 부모님 집에는 두 딸과 친어머니가 무척이나 그리워하며 딸이 속히 집으로 돌아오기를 간절히 바라고 있다. 가족들은 매일 같이 가출한 딸을 생각하며 괴로워하고 있다고 한다.

　남편은 부인을 생각하며 가슴에 부인의 얼굴을 그리고 사람들에게 알리며 찾고 있다. 그러면서 본인의 전화번호와 QQ 번호를 공개하였다. 혹시 찾으면 연락해 달라고 요청하는 것이다.

7장

2018년

제7장

2018년

1. "견고" 형제와의 편지 (2018년 2/3월)

"견고"형제와 눈 깜빡 할 사이에 9년째 만나지 못했고, 이전의 형제자매들과도 어찌 하면 보고 싶지 않을 수가 있을까!

이국에 가서 제일 고통스러운 것은 외로움이에요. 매일 낯선 얼굴에 언어가 통하지 않고 속엣말을 나누는 사람도 없거니와 같이 진리를 토론할 수 있는 사람도 적으니 심령상의 외로움이 얼마나 큰 고통인가! 몇 년 사이의 일들로 교회 사업도 마무리 되어가는 중이어서 마음도 많이 편안하고 현재 너희들과 속엣말, 옛말도 나누고 싶다.

우리가 예수를 믿는 20여년을 돌이켜 보면 많은 어려움과 고통을 겪어 왔는데 지금은 많은 이익과 수확을 이루었어요. 이 기간 신의 가르침과 신애로 우리가 같이 있게 되었고, 신의 말세 사역을 알게 된 것이 얼마나 큰 행복인가!

신의 은혜로 우리가 자기 본심을 살고 헛되이 행하지 않았어요. 신의 사역을 한지 10여년에 내가 두 가지 소중함을 깨달았다. 첫째는, 신의 말씀의 심판 판결과 수리 대책, 둘째는, 각종 시련이 오면 어떻게 대처할 것인가에 대한 것 인데,

우리는 좋은 점을 배웠고, 또 엄청 큰 구원을 받았어요! 근래에 자주 반성하고 인식한 것이 바로 신의 심판 판결과 수리 대책에 관한 것이다. 그리고 또한 시련을 이기지 못하면 영원히 구원을 받지 못한다는 것이다. 형제가 이런 체험이 있는가? 신의 사역을 하며 겪는 어떠한 고통도, 어떠한 좋은 일도 모두 가치가 있는 것이다.

내가 서방에 도착한 후, 관심을 가지고 종교계의 형세를 관찰해 보니 바로 알게 되었다. 그 어느 나라든 성령사역 열심이 없고 권리, 이름을 중시하고 육적인 것만 추구하고, 진리를 따르는 사람이 적고, 다수의 사람들이 종교 의식 속에만 살고 있었다. 그들은 종교적 신념에만 메어 있어 규칙만 따지고 사람을 숭배하고 있다. 따라서 신의 사역을 인식 못하고 더욱더 진리를 받아들이기 힘들다.

서방 사람의 외부 생김새는 좀 낯설지만 신의 본적 실질을 방어하는 것은 인류 상 같은 것이다. 인류는 낯빛이 다르고 언어가 달라도 인류 품질, 본질은 큰 차이가 없다. 서방인, 이스라엘인, 동방 각 국 인들을 전부 접촉해 보았는데, 우리는 영어를 몰라 교류하지 못해도 사람 내심은 알기 쉽다. 몇 년 내에 내가 알게 되었고, 또 내가 응당 알아야 할 것이다. 현재 나는 해야 할 일도 했고 알아야 할 일도 알아서 서방에서 수확을 보았다. 이것은 전부 신의 은혜이고 신의 인도이다. 신이 전 우주를 틀어쥐고 있다.

미국에 있는 8, 9년 간 나는 자주 우리 동북의 영원, 지시 등 곳곳에서 집회했던 것을 회상하고 있는데 그 후의 하남의 카이펑, 슈창, 등펑에 있던 때를 생각하면 많은 행복을 느낀다. 생활 조건은 물론하고, 형제 자매들과 같이 집회하고 교류하고 예배하는 것이 심령 상에 진심으로 기쁘고 향수였던 것이다. 심령상 평안 행복이 있고 충실함을 느낀 것이 진실한 행복이고 물질상의 추구가 절대적인 것이 아니다.

중국에 있는 동안 생활 조건이 좋지 않았고, 또 대홍룡의 핍박, 박해, 악랄한 환경의 위협에도 옆에 신이 있어 주었고, 성령의 공작을 향수하고 같이 신의 말씀을 듣고 진리를 교류하여 심령 깊은 속에 평안 기쁨의 충만함을 느끼니 환경 위험의 고통이 아무것도 되지 않는다.

그러나 서방에 있는 한 핍박, 박해가 없고 신앙의 자유가 있으나 인류의 허영심, 권리 명예를 중요하게 여기고 자사 자리하고 탐욕이 강하고 자기 이익밖에 모르고 사람과 사람 사이에 심령상 교류가 없거니와 전부 자기 중심이고, 법률 상식의 범위에서 생활하기에 일체 일을 조심하고 법률을 위반하지 않기 위해 고의적으로 사람과의 거리를 두고 있다.

그리고 매일의 편지, 장부, 예약 처리 등 잡일이 많아서 사람으로 하여금 피곤하게 된다. 서방의 생활 수준이 중국보다 높으나 생활이 힘들고 사람과 사람의 거리가 멀어져서 인정이 없고, 속엣말 나누는 친구도 없는 것 같아 많은 고통도 지니고 있다.

미국은 민주주의 국가로서 사회제도가 좋고, 생활 수준이 높고 사회 치안도 좋아, 사람이 생활하는 데는 많이 편안해서 중국과 비교하면 천지 차이다. 내가 생활하는 곳은 중국 성과 멀지 않은 곳인데, 중국 사람으로서 중국 입맛을 벗어나서 살기가 힘들어 나도 자주 중국 성에 가서 각종 야채나 식품을 사서 고향 채나 민간 맛을 하여서 먹는다. 중국 사람이라면 어느 도시에 있든지 자주 중국 성에 와서 보고 중국채도 먹어보고 고향의 그리움을 덜 수 있는데, 특히 북방 사람을 보면 고향사람 만나 듯이 많이 기뻐서 외로움을 느낀 사람으로서는 자그마한 위로라도 된다.

나의 생활은 너무 바쁘지는 않은데, 피곤한 느낌이 들어 책을 많이 보지 못하고 문장도 많이 쓰지 못하는데 예배 날에 집회에 참가하고, 평상시에는 건강을 위해 운동을 좀 하고 있다. 어떤 때는 형제 자매들과 교류도 하는 것 외에 아무 할 일도 없게 된다.

영어를 모르기에 서방 사람들과 교류할 수 없어 영어를 배우자니 기억력이 안

좋거니와 분주하여 교회 일에 지장을 줄까봐 그만 두었다. 어떤 때는 개를 데리고 노는데 그도 운동이야. 나의 신체는 예전과 큰 다름은 없는데 그냥 흰머리가 많아지고 얼굴은 너무 노화되지 않았고, 옷차림은 예보보다 좀 낳은 편인데 양복에 흥미가 없어서 그냥 운동복을 입는데 일이 없을 때에는 산보하고 개를 데리고 놀고 집에서 잡일을 하는 외에 책 보고 뮤직과 시낭송을 듣는 것이 나의 생활 전부이다. 그런데 어떤 때는 대륙에서 집회하다가 뜰기는 꿈을 꾸기도 하는데 8, 9년이란 시간이 지나도 이런 꿈을 꾸니 속으로는 대홍룡이 빨리 무너져서 어서 형제자매들과 모이면 얼마나 좋을까.

중국에 대홍룡의 통제가 있기에 우리한테 엄청 중요한 의의가 있다. 대홍룡의 통제는 일만 악의 근원이다. 이로 인하여 중국 사람들이 생존할 수 없고 죽어가는 원인이다. 이렇게 악랄한 환경 중에서 중국 사람이 깨닫게 되고 대홍룡의 진실 면목을 알게 되는데, 신의 선민이 대홍룡의 잔인한 박해가 없으면 어떻게 이러한 사실을 알 수 있었겠는가? 어떻게 대홍룡의 반동 진실을 알 수 있는가? 어떻게 대홍룡의 악마 본질을 알 수 있는가?

신의 선민 중 일부분이 대홍룡의 악한 본질을 해부하는 것을 거부하고, 이것이 정치를 하는 것이라고 인정하는데 이런 흐리멍덩한 사람이 무엇이 진리이고 무엇이 악한 것임을 전혀 모르고서는 어떻게 신한테 순복하고, 신을 경배하는가? 진리를 모르는 사람이 어떻게 신의 구원을 받을 수 있는가? 대홍룡의 본질을 못 알아보고 대홍룡을 증오하지 않은 사람은 전부가 신의 구원을 받지 못하고 탈락 받을 대상이다.

우리가 신의 사역을 한 지 몇 년 사이에 대홍룡의 박해를 많이 받았는데, 현재 또 얼마만한 사람이 신을 따라오면서 아직도 신심을 가지고 신의 공작을 할수록 더욱 더 신의 공증, 신의 귀여움을 느끼는가? 또 얼마만한 사람이 신심을 잃고 신의 진리, 신의 공증을 알아보지 못하고 나왔는가. 사람이란, 진리를 사랑하느냐가 대단히 중요하다! 진리에 관심이 없는 사람이 신과 같이 갈 수 없거니와 인심이 나빠 자주 악을 피우는 사람이 결국에는 탈락되고 만다.

궁금한 것이 이전의 이러한 면목을 아는 사람이 어떻게 되었는가? 어떠한 사람이 나왔는가? 또 어떠한 사람이 계속 추궁하고 있는가? 나의 마음 속에 이러한 일들을 알고 싶고 속으로 우리가 같이 있던 나날들이 생각난다.

인터넷에서 자주 보는 것이 중국의 재해가 점점 많아지고 대홍룡의 말기가 점점 가까워지고 고급 영도들이 차차 외국으로 탈로하고 대홍룡의 인민이 반항을 시작하고 폭동이 많아지는 한 이제 내부 동란이 생길 것이다. 현재 형세가 점점 명확해지는데 총명한 사람은 알아볼 수 있고 신의 말세 공작의 관건적인 시각에 대륙에서 공작하고 있는 신의 성도들이 대홍룡을 처분하는 것을 보는 것이 얼마나 행운이고 대홍룡의 굴을 쳐 부시는 것이 얼마나 의미있는 일인가!

특히 신의 사역을 하면서 각종 시련과 어려움을 이겨내며 신을 인식하고, 최선을 다 하여 본 책임을 다 하면 아름답고 힘찬 증인이 된다. 대홍룡이 무너질 때 신의 영광을 보게 된다. 그러니 신을 진심으로 찬미하면 얼마나 행복하겠는가. 그런데 이 시기를 포기하고 나온 사람들은 통곡할 것이다. 그러니 중국에서 신의 사역하는 것이 제일 행복한 일이다.

그러기에 대홍룡의 통제 하에 신의 일을 하면서 각종 비난, 고통을 겪어 신의 구원을 받는 것이 얼마나 의미있는 것인가! 이것은 인생의 찬란한 한 페이지로 남게 된다! 이것은 영원한 영광으로 남는다. 하지만 피하고 나간 사람한테는 이런 기회를 놓쳐서 영원한 한으로 남게 되고 만다!

형제여, 너의 형편은 어떠하냐? 소극적인 마음이 있는가? 자기가 당연히 해야 할 일에 대해서는 신의 마음을 알아야 하는데, 운명처럼 사람이 무엇을 해야 할지 무엇을 할 수 있는 지는 전부 신이 지시할 것인데 형제는 그것을 알아보았는가? 사람이란 진리를 따르고 진리로 자기를 무장하는 것이 당연지사, 해야 할 근본이다. 사람이 어떤 일을 잘 하는 지는 사람의 소질과 진리 무장의 상황에만 결정되는데 일단 사람이 진리가 없으면 아무 일도 못하게 되거니와 아무런 간단한 일도 못하게 된다. 사람이 진리를 깨닫고 터득하면 인성이 무조건 좋아질 것이고 인성이 좋아져야만 일을 잘 할 것이다. 인성이 개변 없으면 무조건 진리가 없을 것이고 제 일도 못할 것이다. 사람이 진리를 지녀야 생명 성격이 변화를 보고 진리가 있어야 인성이 좋아지고 인성이 나쁘면 무조건 진리가 없을 것이고 영원히 생명 성격의 변화가 없을 것이다. 그러기에 사람과 접촉할 때 이기적이고, 비겁하고 정의가 없으면 반드시 좋은 것이 아니거니와, 또 진리를 사랑하는 사람이 아니다. 악한 사람은 진리를 사랑하지 않으니, 신은 악한 사람을 구원할 수 없다.

본 책임을 수행할 때 사람이라면 자그마한 악이라도 보이면 회개하고 돌아서서, 다시 진리를 추구한다면 변화를 가져올 것이고, 일도 점점 잘 할 것이며, 마지막에는 진정한 증인이 될 수 있다. 신을 다년 간 믿는 사람이라도 자기가 당연히 해야 할 일을 하기 싫어하면 이런 사람은 인성이 없는 것이고 양심, 이지가 없는 것이다. 신을 믿으면서 자기가 해야 할 일을 하지 않으면 신의 구원을 받기 힘들고, 그런 사람이 진정한 증인으로 설 수 있겠는가?

시간이 많지 않다. 언제, 어느 날에 큰 재난이 나면 신의 사역도 끝나게 될 것이고, 사람이 자기가 당연히 해야 할 일도 없게 된다. 그냥 재난 속에서 오열을 해야 한다.

형제, 너도 많은 고통을 겪어 봐서 큰 진보를 가져 왔겠는데, 이런 고통은 사람한테 도움이 되기에 이전에 겪은 고통이 아주 큰 가치를 볼 수 있다! 나는 지금 예전에 잘 아는 형제 자매들이 그리운데 그들이 어떻게 지내는가를 형제의 답장에 간단히 소개해 달라.

평안, 기쁨을 기도함

형제 구술　　2018년 12월 4일

2. 이단·사이비종교 신도들 중 불법체류자 강력 추방 정책 절실!(2018년 4월)

들어가면서: 이단·사이비종교 신도들 중 불법체류자 강력 추방 정책 절실!

밤 12시. 회사 일이 끝나고 집에 들어오니 아이는 이미 곤히 자고 있었다. 그 모습이 얼마나 짠해 보였는지, 사진을 찍어 보내왔다. 이제 6세. 한국으로 간 아빠는 아이가 겨우 2세를 절반 넘길 무렵인 2015년 4월, 어느 날 갑자기 사라져선 소식도 없다. 우선 실종 신고를 하고 봤더니, 한국으로 간 것이었다. 몇 개월 후, 부인은 아이를 데리고 한국 제주도로 갔다. 영사관이며 출입국사무소를 다니며 겨우 연락이 닿은 남편에게 "아이가 아프다..."며 소식을 전하자, 남편이 왔다. 주위엔 몇몇 남자들이 맴돌고 있는 상태였다. 그렇게 첫 번째 만남이 이뤄졌지만 남편은 비오는 날 저녁, 안고 있던 아이를 길바닥에 내려 놓고는 뒤도 돌아보지 않고 황급히 도망가 버렸다. 그렇게 첫 번째 만남이 이뤄진 후, 2017년 여름, 아이는 또 한 번, 아빠의 얼굴을 보고 품에 안기었다. 몇 년 후의 만남에도 어린 아들이 아빠의 얼굴을 기억하고 있었다. 그리고는 또 깜깜 무소식이다. 엄마와 단 둘이, 아빠의 빈자리를 외로움이라는 것과 사투를 벌이며 성장해가고 있다. 그 나이의 얼굴에서 굳이 있지 않아도 될 표정들이 그런 환경가운데 불쑥불쑥 울그락불그락 튀어나온다.

아빠는, 무사증으로 한국 제주도에 와서는, 난민신청을 하고 단, 3일 만에 바로 서울로 상경하였다. 3년여 가까이, 깜깜 무소식이다. 이제 6세, 어린이집에서 행사가 있는 날이면, 엄마는 아이의 늘상 하던 질문에 어찌할 바를 몰라 한다. "왜 우리에게는 아빠가 없지?" 언젠가는 혹시 하늘나라에 가신

건 아닌가? 묻기도 했단다.

2016년부터 지금 껏, 그 가정과의 연락을 주고 받는 필자로서는 생각할 때마다 답답하여 견디기 힘든 시간을 주욱 보내오고 있다.

한국의 난민법이 가족해체 교리를 가지고 있는 사이비종교 전능신교 집단에 의해 악용되고 있다. 한국으로 가출하여 난민 소송을 벌이고 있는 가족들을 둔 중국의 수많은 피해 가족들은 참으로 고통의 세월을 보내고 있다.

실질적으로 이단·사이비종교 신도들 중 불법체류자 신분이 되었을 때 강려 추방 정책이 절실하게 필요하다 하겠다.

1. 서론

종교를 악용한 사이비종교 사건이 눈에 띄게 많아졌다. 사람들을 더욱 타락하게 만들고, 물질적 피해를 안기며, 가정을 파탄시키는 등 사이비 종교의 행태는 날이 갈수록 심각해지고 있는 상황이다. 부모가 멀쩡히 살아 있는데 자녀들에게 신변보호요청서를 받아내는 사이비종교가 있는가 하면, 부녀들 뒤에서 이혼을 조장하여 위자료를 받아내도록 이용하는 사이비종교도 있다. 이들 대부분 그런 집단에 현혹되어 가출, 학업 포기, 직장 포기한 이들이다.

2. 본론

2.1. 사이비종교의 정의

사이비 종교(似而非宗教) 또는 유사 종교(類似宗教)는 기성 종교와 비슷하지만 실제로는 다른 종교들을 구분하여 이르는 말이다. 사이비(似而非)의 문자 그대로의 뜻은 "비슷해(似) 보이나(而) 그렇지 않다(非)"로, 겉으로는 그것과 같아 보이나 실제로는 전혀 다르거나 아닌 것을 말한다. 따라서 "사이비 종교"는 문자 그대로의 뜻으로는 "종교인 것 같아 보이나 종교가 아닌 것"을 의미한다.

이런 뜻에서는 사이비 종교에 해당하는 단체는 깨달음(다르마 계통의 종교), 구원(아브라함 계통의 종교), 도(도 계통의 종교) 혹은 수기치인(유교) 등과 같은 종교적 본질을 표방하기는 하나 실제로는 추구하지 않는, 종교 단체라고 부를 수 없는 어떤 단체를 가리킨다. 마찬가지로, 사이비 종교인(似而非宗敎人)은 종교적 본질을 자신의 삶의 중심인 것으로 표방하나 실제로는 종교적 본질을 추구하지 않는 사람을 가리킨다. 또한 이러한 문자 그대로의 뜻보다 더 포괄적으로, 사이비 종교는 건전하지 않은 종교를 가리키기도 한다. 이단과 같은 제도권 밖의 종교를 일컫는다.

"이단(異端)"이라는 표현은, 엄밀한 의미에서는, 배타적인 시각에서 자신의 신앙과 일치하지 않는 다른 신앙, 종교 또는 종파를 의미하나, 최근에는 이단과 사이비를 흔히 혼용하여 사용하기도 한다. 이단의 경우 종교적, 도덕적 기준에 따르나, 사이비는 종교적, 도덕적 기준 이외에 법적 기준이 적용되기도 한다.

2.2. 사이비종교의 특징

1) 인간관계가 배타적이다
2) 건전한 윤리관이 결여되어 있다.
3) 교주 중심적 맹목적 신앙-교주의 카리스마가 절대적인 영향력을 갖고 있다. 창시한 후, 점점 교주를 노골적으로 신격화 한다.

4) 자신들 만의 공동체에 절대적으로 결속되어 있다.
5) 반사회적인 종말론을 갖고 있고, 심지어는 자신들 만의 연호, 국가를 상징하는 반국가적 행위들까지 표출한다.
6) 교리를 강조하여 법과 사회 질서를 붕괴시킨다.
7) 극단적인 구원 이해를 갖고 있다. 즉, 자신들의 종교에만 구원이 있다고 믿는 독선 때문에, 자신의 종교를 전하는 일에 맹목적인 열정을 갖게 된다.
8) 교주가 교리를 빙자하여 신도들을 성폭행 하는 경우도 있다.
9) 거액의 헌금을 강요하여 신도들의 재산을 갈취하고, 교주가 이를 통해 부를 축적한다.
10) 불교, 기독교, 유교, 도교 등 기존의 종교나 사상을 왜곡한다.
11) 더러는 신흥종교에서 떨어져 나간 경우도 있다(통일교에서 독립한 JMS 등이 바로 이러한 경우에 속한다).
12) 교주에게 치유 능력이 있다고 하면서 암 등의 중병 환자들을 상대로 불법으로 의료 행위를 자행하는 경우도 있다.
13) 인민사원이나 오대양 사건 등을 통해 알 수 있듯이 집단 자살을 하는 경우도 있다.
14) 이혼, 가출, 휴학 등을 직간접적으로 유도하여 가정과 사회 질서를 파괴한다.
15) 궤변적 교리를 이용하여 종말론을 위한 수단으로 성추행, 감금, 폭력, 협박, 미행 등 반사회적 불법 행위를 자행한다.
16) 집단 신앙촌에 신도들을 정착시켜 노동력을 착취하는 경우도 있다.
17) 교주의 마음에 들지 않는 신도들을 살해하기도 한다.
18) 이외에도 교리를 빙자하여 각종 범죄 행각을 일삼는다.

3. 이단·사이비종교 신도들, 물증 없이 인권 탄압 주장(가짜 뉴스) 반복

실제로 중국에서 한국으로 온 신도들 가운데, 현재 난민소송이 진행 중인 어느 남자 신도는 그저 평범한 직장인이었다. 첫 아이가 출생했을 때도 회사에서 휴가를 내주어 가정에 충실했고, 부부 간의 관계도 문제가 없었다. 다만, 종교 문제로 가끔 부부간 다툼이 있었을 뿐이었다. 교회를 다니려면 문제가 있는 곳에 다니지 말고 정상적인 곳에 다니라는 부인의 권면이 있었을 뿐, 큰 다툼으로 인하여 가정 파괴로까지 가는 상황은 아니었다.

그가 주장하고 있듯, 탄압이나 박해를 받은 바도 없었다. 밖에서 맞고 들어오거나 병원에 입원하거나, 누군가에게 미행을 당한다거나 그런 일은 결코 있지 않았다.

그런데 그런 그가 한국에 와서는 탄압을 받고 왔다고 주장하고 있다.
그의 친구가 잡혀가서 본인도 위험한 처지에 놓여 한국으로 올 수밖에 없었다는 것이다. 그런데 아니다. 그가 말한 친구는 그런 일을 겪지 않았다. 그리고 그가 정말 위험한 처지에 놓여 있었다면 가족들이 그것을 모르겠는가, 그리고 아무 일 없이 거의 매일 전능신교에 다녔으면서 말이다.

아무 일 없이 지냈던 사람이 한국에 와서만 중국에서 인권 탄압이니, 박해를 받았다고 주장하는 이유는 뭔가?

이는 그의 본심이라기보다 그들 집단 내부의 약속된 대응 방법 중 하나라는 것을 알 수 있다. 천여 명이 난민 소송을 벌이고 있으면서, 앵무새처럼 똑같은 레퍼토리를 주장하고 있다.

필자가 2013년부터 잠입 취재 중 알게 된 어느 신도가 2014년 탄압 받고 한국으로 왔다며 인터뷰 한 내용을 그들 홈페이지에 올려 놓은 것을 보았다. 법적 적용이 불가한 그들만의 불합리한 상식이 난민 소송에 이용되고 있다는 사실이 안타까울 뿐이다.

　거짓, 허위로 조작된 주장들을 공공연히 인터넷을 통해 유포하면서, 법에 호소하고 있는데, 살펴보면, 확실한 물증도 없다. 그들 내부에서 연극하여 동영상으로 올려 놓은 것일 뿐이다. 그것을 일반 불특정 다수에 어필한 듯 얼마나 설득력이 있을까만, 문제는 그런 영상들이 암암리에 중국으로 들어가 퍼지고 있다는 것이다. 한국에서 만들어진 가짜 뉴스가 중국 신도들에게 전파되고 있다는 것도 문제이다.

4. 인권도 법 테두리 안에서 외쳐야!

　어떤 경우 또는 모든 경우에 있어서 양도하거나 유보, 또는 제한하거나 빼앗을 수 없는 나와 너 그리고 우리 인간의 권리라는 인권은 누리라고만 있는 것이 아니라 지켜야 할 권리라는 것이 있다. 이 권리를 침해하면 범죄가 되는 것이다. 그렇기 때문에 인권은 법과는 떼려야 뗄 수 없는 관계에 있다.
　더불어 법 테두리 내에서 외쳐져야 그것이 합당한 이유가 성립이 되는 것이지, 법을 악용하고, 집단 이기주의의 이익을 도모하기 위해 법을 이용하거나, 조작된 내용을 가지고 법에 기대어 피해자 코스프레를 하면 안된다.

5. 포교위한 이주를 난민으로 위장한 것

　난민이란 고국을 벗어나 있는 사람으로서 기본적으로 본인이 믿고 있는 바를 따름으로 인해 심각한 인권 위협을 받고 있는 사람들을 말한다. 한국에도 외국인들이 난민 지위를 얻기 위해 해가 갈수록 그 신청자 수가 증가하고 있는 상황이다.
　하지만, 제도권 밖의 종교를 신봉하다가 포교활동에 제약을 받자, 더 자유로운 환경에서 포교하기 위한 목적으로 타국으로 이주해 와서는 난민 신청을 하는 것은 합당한 이유라고 보기 어렵다. 탄압이니 박해를 받지 않은 상황에서 단지 포교를 위한 목적이었다면 거기에 합당한 비자를 가지고 들어올 일이었다. 포교를 위한 이주를 난민이라 위장한 것이다. 이들은, 본국에서 있지도 않은, 그리고 경험해보지도 않은 거짓 이야기들을 타국에 와서 펼쳐 놓는다. 그것은 곤란하다. 오히려 그들 집단의 실체를 더욱 확연히 드러낼 뿐이다.

6. 제도권 밖의 종교는 사회에 해악

　제도권 밖의 종교는 사회에 해악을 끼칠뿐만 아니라 국익에도 저해되고, 안보에도 위협을 줄 수 있다. 이슬람교의 IS가 그렇고, 우리나라에서도 통일교, JMS, 신천지, 영생교, 구원파... 등 여러 제도권 밖의 종파들이 사회에 악영향을 끼친 것은 물론, 국제적 망신을 주기도 한 것을 기억해야 한다.
　사이비종교의 수와 심각성에 대해서는 한국 갤럽의 조사 결과 이미 10여 년 전부터 사이비종교의 수가 아주 많다는 응답이 95%를 넘었고, 심각성에 대해서는 90%가 넘게 대다수의 사람들이 심각하다고 답하였다.

　우리나라에서 종교인의 비율은 50%에 가깝다. 종교의 영향력도 더불어 사회 전반에 걸쳐서 다양하게 포진해 있다. 그리고 그 영향력이란 한 개인이나 작은 집단이 예측할 수 없는 것이고 저항할 수도 없을 정도의 크기가 되어 버렸다. 또한 의식하지 못하는 중에도 종교의 영향을 받게 되었다. 곧 현 시대에는 종교를 믿지 않더라도 종교의 영향을 피할 수 없다는 것이다.

　헌법상 종교의 자유가 있는 한국 사회에서는 수많은 종교들이 공존하면서 저마다 신자 수의 증대와 사회적 영향력의 확대를 위해 노력하고 있다.

이와 같은 다종교 상황과 경쟁적인 선교 활동은 한국 사회의 종교적 열기를 크게 확산시키면서 종교 인구의 증가로 이어져왔다.

우리 사회는 종교 인구가 많은 만큼 종교로 인한 문제도 많이 발생하는데, 한 조사에 따르면, 종교문제 중 가장 심각한 문제는 광신적 신앙생활로 인한 가정파탄이고, 이러한 종교문제 발생의 주원인으로는 신도들의 맹목적인 믿음이라는 지적과 개인적 행복만 추구하는 종교의 특성 등이 있었다. 또 다른 이유로는 사이비 종교로 인한 이단교리 확산이었다.

7. 종교의 주 목적 중 도덕적 사회구현 - 이를 저해하는 종교는 법적 제재장치 열어둬야!

종교 문제에 있어서 가장 기본적으로 전제되는 것이 특정 대상, 즉 종교에 대한 맹목적인 믿음이고, 그 뒤에 개인의 행복만을 추구하는 개인의 이기주의와 종교적 특성이다. 종교 집단에는 여러 형태의 비리나 일탈 행위가 발생할 수 있고, 사회와의 관계에서 사회적 통합과 안정에 기여하는 순기능 뿐 아니라 경우에 따라서는 그에 반대되는 역기능을 나타낼 수도 있다. 건전한 종교 문화를 형성하기 위해서는 종교의 자기 정화 노력이 따라야 한다.

그 노력으로는 종교가 자신의 정체성과 존재 가치를 분명하게 인식하는 것이다. 종교의 존재 가치는 개인에게 삶의 목표와 방법을 제공해 주는 한편 사회에 대해서는 추구해야 할 가치와 따라야 할 윤리 규범을 제시함으로써 도덕적인 사회를 구현하도록 하는데 있다.

그런데 이런 사회 윤리 규범에 저해되거나 도덕적 사회 구현에 오히려 역행하는 종교는 법적으로 제재 대상이 될 수 있는 장치가 마련되어야 할 것이다.

8. 사이비종교의 사건 사례

8.1. 맹신이 부른 비극, 기계교 이야기

사이비 종교인 '기계교'에 빠져 두 딸을 살해한 씨가 직접 털어놓는 기계교 살인의 충격적 진실이 파헤쳐진다. 기계교 사건은 몇 년 전 방송을 통해 세상에 알려졌다. 모텔에서 두 딸을 살해한 권 씨의 행동은 기계교를 가장한 양 씨의 명령에 따른 것이었다. 모임에서 만난 양 씨에게 속아 기계교를 믿게 된 권 씨는 휴대 전화로 전해지는 양 씨의 명령에 따라 1억 4000만 원의 금품을 상납하고 두 딸을 학대해온 것으로 밝혀졌다. 두 딸을 살해한 권 씨와 살인을 명령한 양 씨는 모두 구속되었다.

사건을 조사했던 검찰은 권 씨의 자필 편지를 공개했다. 편지에 따르면, 양 씨는 눈덩이처럼 커져버린 자신의 범죄를 덮기 위해 권 씨에게 살인을 명령했고 두 딸을 살해하는 방법을 가르쳐주기 위해 살인에 관한 영화를 끊임없이 보여줬다. 완전 범죄를 노리며 범죄에 성공하는 내용의 영화까지 보게 했다. 편지에는 권 씨의 딸을 학대한 이가 양 씨뿐이 아니라고 적혀 있었다. 기계교에 속아 두 딸을 살해한 권 씨를 둘러싼 기계교 살인 사건 전말은 방송을 통해 공개되었다.

8.2. 인육만두 먹고 판 브라질 사이비종교 충격

최소한 여성 3명을 살해한 혐의로 체포된 용의자들이 인육으로 만두를 빚어 판 것으로 확인돼 충격을 주고 있다. 브라질 북동부 페르남부코에서 살인 혐의로 체포된 남자 1명과 여자 2명이 사람고기 만두를 팔았다고 진술했다고 현지 언론이 보도했다.

경찰의 수사 결과 발표에 따르면, 용의자 3명은 살인을 인정하고 인육을 일부 먹었다고 진술했다. 또 다른 일부로는 만두를 빚어 이웃 주민들에 팔았다고 밝혔다.

이들은 '나쁜 여자를 세상에서 제거하라'는 이상한 목소리를 듣는다는 사이비 종교의 신자들이었다고 현지 언론은 전했다.

경찰은 3명이 살던 집 마당에서 유기돼 있는 유골 2구를 발견했다. 경찰은 3명이 최소한 5명을 더 살해한 것으로 보고 수사를 진행하였다.

용의자의 저택은 발굴 작업이 끝난 뒤 성난 주민들에 의해 불에 탔다.

경찰은 우연하게 단서를 잡고 수사에 착수, 끔찍한 사건을 세상에 드러나게 했다.

현지 언론에 따르면, 지난 2009년 용의자 중 1명인 51세 남자는 '정신분열증의 계시'라는 책을 들고 공증인을 찾아가 저작권을 공증했다. 자신이 직접 쓴 책이라고 진술하고 공증을 요구했다.

책에는 '나쁜 여자'를 완전히 제거해야 한다는 신의 계시를 받는다는 사이비 종교에 대한 내용이 자세하게 적혀 있었다.

8.3. 자매 살해 30대 엄마, '사이비종교에 빠져서…'

전북 부안의 한 모텔에서 두 딸을 살해한 뒤 자살을 기도했던 38살 권모 여성은 가상의 사이비 종교를 만든 한 여성에게 홀려 이 같은 일을 벌인 것으로 드러났다.

부안경찰서에 따르면 권씨는 지난 2010년 학부모 모임에서 양모 씨(33)를 알게 됐다. 당시 부부관계가 원활치 못했던 권씨는 양씨와 대화를 나누며 위안을 받았고, 급기야 "시스템에 등록하면 부부관계도 좋아지고 모든 일이 잘 풀릴 것"이라는 양씨의 제안을 받았다.

그 '시스템'이란 양씨가 꾸며낸 사이비종교인 '기계교'였다. 권씨는 시스템 등록비로 양씨에게 천만원을 건넸고, 이후 벌금 등의 명목으로 사채를 내면서까지 모두 1억4천여만 원을 건넨 것으로 드러났다.

양씨는 '목욕을 하지 마라', '속옷을 입지 마라', '딸들에게 공부를 시키지 마라' 등의 황당한 요구를 휴대전화 문자메시지로 보냈고, 권씨가 이를 어길 때마다 벌금을 받아낸 것이다.

양씨는 또 권씨의 큰 딸이 공부를 잘 해 자신의 딸과 비교된다며 폭행까지 한 것으로 조사됐다.

경찰 관계자는 "두 여성이 보인 행태를 납득할 수 없어 처음에는 거짓말을 하는 줄 알았지만 조사 결과 다 사실로 드러났다"며 "특별한 사이비종교가 있었던 것은 아니고, 피해자도 권씨 한 명인 것으로 조사됐다"고 말했다.

부안경찰서는 금품을 뜯어내고 아이들을 폭행한 혐의(사기,아동학대)로 양씨를 구속하고 사건을 마무리했다.

9. 한국이 사이비종교 집단의 포교 훈련장인가?

중국 사이비종교 신도들이 무비자로 제주도에 와서는 난민이라며 신청을 한다. 그렇다 해도 심사에서 불허하게 되는데, 그러면 행정 소송을 제기한다. 그것이 길면 6년 내지 7년이 걸린다. 그 기간, 포교 활동을 하며 보내는 것이다. 혹자는 다양한 방법으로 20여년이라도 합법적으로 있을 수 있다고 한다. 여권이 없어도 그렇게 지내는 사람이 있다. 난민소송이 3심인 대법원에서 끝나도 또 다시 재심 신청을 한다. 아니 2심인 고등법원에서 확정 판결 받았어도 재심을 하면 받아준다.

불법 체류자들인 경우, 시골 벽촌으로 들어가버리면 찾을 길이 없다. 더더구나 불체자 단속도 일 개인에게까지 세세하게 미치지 못하는 듯 하다. 그러니 그들을 찾고 있는 피해 가족들의 심경은 나날이 타들어가는 것이다. 우리나라의 법적 장치가 오히려 사이비종교 신도들을 도와주는 꼴이 되고 있는 상황이다.

제주도에 무비자로 온 중국 사이비종교 전능신교 신도들 중 현재 난민 소송 중에 있는 신도들이 전국에 1천여 명은 된다. 그들 대부분 중국에 가족들을 두고 온 이들이다. 하루 아침에 가족들 몰래, 또는 거짓말을 하고는 한국으로 가출해 온 이들이다.

중국 사이비종교인 파룬궁이나 전능신교 집단 같은 경우, 내부에 법률팀이 있어서 신도들이 한국에 오면 그들이 전문적으로 대처하며 길을 안내하고 있다. 그렇기 때문에 무비자로 제주도로 온 신도라 할지라도 단 3일 만에 서울로 들어올 수 있었다.

왜, 한국인가? 중국과 가깝고, 대부분 중국 동포들인지라 말도 통하고, 문화도 비슷하고 종교의 자유가 있으니 종교라는 타이틀만 가지고 있어도 보호받고 공권력의 침입도 자유롭지 못하니, 한국을 그들 포교 활동의 전진기지로 활용하고 있는 것이다. 이곳에서 훈련시켜 재파송하는 형식으로 말이다.

그러니까 한국이 사이비종교 신도들의 포교 훈련장인 것은 물론, 재파송을 위한 기지로 활용되고 있는 게 현실이다.

10. 법률팀에 브로커 끼고 난민 소송 진행 - 공동체로 대응하고 있어!

인도적 차원으로 난민을 받아들이는 난민법이 처음으로 시행된 2012년 제주출입국관리사무소에 난민 자격을 신청한 외국인은 소수에 불과했다. 그러다가 2013년 117명으로 급증한 데 이어 2015년 195명으로 늘어났다. 종교적·정치적 이유를 들어 난민 신청하는 중국인이 많다.

무사증 제도를 시행하는 제주도에서 외국인이 최장 한 달만 합법적으로 체류할 수 있는 것에 비해 난민 신청자에 대해서는 수개월 걸리는 심사 기간에 체류할 수 있는 외국인 등록증을 발부해 주고 있다. 난민 신청이 불허되더라도 행정 심판을 거쳐 소송을 진행하면 그 소송 기간인 최장 6, 7년을 더 체류가 가능하다.

그러나 이런 점 때문에 제주 등지에 불법 취업을 목적으로 난민신청을 악용하는 사례도 발생하고 있다. 최근 가짜 난민신청을 도운 법무부 출입국관리사무소 출신 전직 공무원이 실형을 받기도 했고, 허위 난민 신청을 도운 브로커 일당이 체포되기도 했다.

필자가 제주도에서 입수한 정보에 의하면, 수도권에서 활동하는 브로커들은 더 비싼 금액을 받고, 지방에서 활동하는 브로커들은 더 싼 값을 받기 때문에, 지방에서 난민 신청을 하는 이들도 많다고 한다. 이 브로커들 중 출입국 관리 사무소 前 직원이었던 이들도 있다.

특히 사이비종교 집단의 경우, 법률팀이 있고, 브로커를 끼고 단체로 대응하고 있기 때문에, 시일이 더 걸린다고 볼 수 있다. 어느 소송 건은 원고 5명에 변호사 6명인 경우도 있다.

11. 전능신교 신도들, 해외에서도 난민 신청 모두 기각!

11.1. 전능신교 신도, 캐나다에서도 난민 신청 – 기각!

캐나다 연방 법원이 2016년 2월 11일, 캐나다 국경 수비대(CBSA)에 난민 신청을 한 전능신교 신도에게 기각 판결을 내렸다.

왕(YIXIANG 왕)은 2013년 7월 지인을 통해 동방번개 閃電教堂(Eastern Lightening Church, 전능신교)에 가입했다. 나중에 그가 참석한 家庭教堂은 중국 현지에서 포교 활동에 제약을 받게 되자, 일당은 브로커를 통해 캐나다 여권 1통을 소지하고, 2014년 2월 22일 캐나다 밴쿠버를 찾았다.

하지만, 캐나다 국경 수비대에 의해 체포되었다. 难民局은 그에 대한 의료 기록과 가짜 혼인증, 출생증 등을 숨긴 채 난민 신청을 하였다고 보았다. 왕

씨의 신청은 이 때문에 거절당했다. 위조 서류였던 것이다.

전능신교 신자들을 비롯한 사이비 종교 단체가 해외에서 포교 활동을 하는 중요한 수단으로 투입될 시간과 돈은 많다. 그렇기 때문에 언어, 지역 환경의 눈높이에 맞추기 위해 변호사나 이민 컨설턴트 대리 신청을 하는데 비용이 만만치 않다. 그럼에도 그들은 유료 대리인을 모집하여 신청을 하고 있다고 한다.

11.2. 쿠웨이트 - 전능신교 신도들 난민신청 기각

쿠웨이트 난민 고등 판무관실은 난민 센터가 제출한 난민 신청자에 대해 기각 판결을 내렸다. 신청인은 중화인민공화국 공민으로서 종교 및 불법 행위에 기초한 '동방 번개 闪电(Eastern Lightening, 전능신교)' 신도들로 밝혀졌다.

12. 피해자들 - 가출 가족들, 허위 난민 주장하고 있다!

피해자들이라 함은, 가족 중 누군가가 어느 날 갑자기 없어져서는 한국에서 난민이라 주장하며 소송 진행 중에 있는 이들을 두고 있는 가족들을 말함이다. 자녀가, 남편이, 아내가, 어느 날 갑자기 가출하여 수년 동안 연락이 두절되어 생사를 알 수 없어 고통의 나날을 보내고 있는 이들이 바로 피해 가족들이다. 그들의 인권은 누가 보장해줄 것인가?

30대 초반의 어느 남편은 부인이 회사 연수 간다며 무비자로 한국 제주도에 와서는 깜깜 무소식이다.

한 차례 공중전화로 연락하고는 끝이다. 이들 부부에게는 현재 6세 딸이 있다. 직장 생활을 해야 하는 남편은 혼자 딸을 키우며 어렵게 생활을 하고 있다.

#갓 대학을 졸업한 딸이 1년만 다녀오겠다며 한국으로 가서는 연락이 두절되었다.

후에 알아봤더니, 현재 난민 소송 진행 중이다. 부모가 멀쩡히 살아있는데, 딸이 난민이라며 타국에서 소송을 제기할 것이라고는 꿈에도 생각을 못했다. 현재 어머니는 우울증에 걸여 힘든 세월을 보내고 계시다.

#회산 출근하던 남편에게서 뜬금없이 자기를 찾지 말라는 문자가 왔다.

하루 아침에 무슨 날벼락인가? 이후 휴대폰은 꺼져 있고, 연락이 되지 않았다. 경찰서에 실종 신고 한 결과 그 날, 한국 제주도로 출국한 것을 알았다. 3개월 후 3세 아이를 대동하고 제주도로 왔다. 남편은 이미 다른 사람이 되어 있었다. 그 또한 이미 난민 소송 진행 중이었다. 여권을 상실했고, 재발급도 받지 않은 상황인데도 수년 동안 아무 문제 없이 한국에서 지내고 있다. 그의 부인은 남편이 전능신교 집단의 농락에 넘어가 허위 난민 신청을 했다고 주장하고 있다.

중국에서 핍박이니 탄압이 없었다. 그리고 없다. 아무런 법적 문제가 없는 사람이었기 때문에 그러한 일은 결코 없다는 것이다. 이를 증명할 서류도 법원에 제출하였다. 또한 난민 신청 시 어린 아들이 있다는 것과, 직장, 주소, 가족관계 등을 명확하게 기재하지 않았다고 한다. 한 치의 오차도 없어야 할 신청 서류에 이러한 오류가 있었음에도 분명한 서류 심사가 이루어지지 않은 것은 문제라고 본다.

13. 결론

대부분의 사람들이 사이비 종교에 빠지게 되면 인간성을 상실하면서 인격이 파괴되기도 하며 감정적이 되거나 비이성적인 행동을 하게 된다. 혹은 자신의 말에 따르지 않으면 모두 마귀로 매도하여 가족을 버리기도 하고,

직장을 그만 두거나 학교를 그만 두기도 한다. 뿐만 아니라 현실을 외면하고 세상을 부정함으로써 현실 도피적이고 고립된 생활을 하게 된다. 사회·문화적 생활을 거부하기도 한다. 또한, 사회에 불안을 조성하여 사회 문제를 야기한다. 사이비 종교의 지도자들은 종말이 임박하였다고 주장하면서 신도들을 현혹하여 정신적·물질적 피해를 입히고 있다.

기독교에서 파생된 이단 종파는 그 수를 셀 수 없을 만큼 많다. 이단이 생겼다 없어지고 또 다시 다른 형태로 나타나 기독교계를 혼란스럽게 하고 있다. 그런데 한국의 상황은 더욱 심각하다. 수많은 사이비 이단들이 산재해 있다.

과히 이단·사이비종교의 박물관과도 같다 하기에 충분하다. 그런데, 이런 와중에 외국 사이비 종교까지 들어와 우리 법을 악용하면서까지 포교활동을 하려 하고 있다. 그들은 체류 기간 연장을 목적으로 난민 신청 및 소송을 제기하고 있다.

난민 신청 후, 자격 인정 심사 중 신청자의 신원 파악이 제대로 되지 않았다. 그런 상황에서 유예된 것이다. 이는 하루 아침에 가출하여 가족을 잃은 가족들에게는 심각한 영향을 미치는 일이 아닐 수 없다.

중국의 이단 전능신교 신도들이 한국에 입국하기 시작한 시기는 2007년 2008년경부터이다. 차츰차츰 지도자 급 인물들이 국내에 입국하여 자리를 잡은 다음, 2013년 초부터 대거 입국하였다. 그리고 이들 집단 1000여 명이 현재 난민 신청을 하여, 난민 소송을 진행 중에 있다. 이들은 전국에 걸쳐 활동하고 있으며, 한국의 난민법을 악용하여, 장기 체류의 도구로 이용하고 있다.

이유는, 전능신교 교주의 지령이 있었기 때문이었다. 신도들에게 "유럽 국가로 가라, 조선족은 한국에 가는 것이 좋다. 이렇게 실행하는 것은 전적으로 신의 마음에 부합되는 것이다. 특히 복음을 전파할 수 있는 사람, 영상 촬영을 할 수 있는 사람, 문장을 쓸 수 있는 사람, 공인을 거느릴 수 있는 사람들은 모두 국외로 나가 본분을 다 하라"는 명령을 내렸기 때문에, 신도들이 대거 해외로 출국하여 활동하고 있는 것이다.

이들 집단의 난민 주장은 그러니까, 교주의 지령에 의한 명령 복종에 의한 행동이지, 정당한 이유를 동반한 난민 주장이 아니라는 것을 알 수 있다. 거짓 난민 주장에 의한 난민 소송을 벌이고 있는 것이다.

사이비 종교로 인해서 그저 돈만 뺏고 거짓으로 신을 믿게 하는 사건이 끝인 줄만 알았는데, 사이비 종교로 인해서 아주 많은 살인 사건이 일어났다는 자체에 너무 충격적이다. 사이비 종교를 없애는 방법은 없을 것이다. 사람은 자신의 이익을 추구하기 위해서라면 어떤 거짓말과 사기를 칠 수 있는 동물이기 때문에 드러나지 않을 뿐 아예 없는 세상은 상상하기 힘들 것이다.

하지만 사이비 종교에 대한 기본적인 지식이 쌓아져 있다면, 그 누군가 악마 같은 속삭임을 할 때 잘 빠져나올 수 있게 되지 않을까 생각한다. 종교라는 것은 사랑과 평안과 행복을 위해 건전하게 믿어야 한다. 만약 어떤 종교에 가게 됐을 시에 조금이라도 의심이 들면 바로 빠져나와야 한다. 조금만 더 늦으면 내가 사랑하는 무엇인가를 잃는 일이 생길 지도 모르니까.

전능신교 - 기성교회 잠입, 가정집서 안마해주며 포교 주의!

중국 사이비종교 전능신교 집단 신도들이 신천지 식 포교활동을 하고 있다.

신분을 속이고 기성교회에 추수꾼으로 들어와 교인들을 포섭하고 있는 것이다. 한 신도가 여러 군데 교회를 다니며 활동을 하고 있다.

이들은 남자든, 여자든, 포교된 대상을 가정집으로 유인하여 침술을 놓아주기고 하고, 안마를 해주기도 하며 친근감을 갖게 하고는 자기네 집단으로 인도하려 하고 있다.

대개 중국 동포인 조선족들인데, 처음에는 한 명으로 활동하는 척 하다가, 나중에는 사람들이 돌아가며, 중국 선교사라 하기도 하고, 침술 의사라 하기도 하고, 목사라 하기도 하면서 소개를 시켜준다. 친분이 쌓이면, 자기 네들은 중국 지하교회 교인들이라 소개하면서, 탄압을 받고는 한국으로 왔다고 소개한다.

쉽게 마음을 열지 않으면, 방언 등 신비체험을 해보았는지를 물어보며 마치 성경에 대해 해박한 지식이 있는 양 설명하려 들고, 기성교회의 부정적인 면들을 말하면서 교회에 대해 반감을 갖도록 하며, 신천지에 대하여서도 비판한다.

한 신도가 이 교회 저 교회 다니면서, 포섭된 교인과는 서로 연락을 주고받으며, 각자의 가정을 드나들고, 자기네 집으로 유인하여 안마를 해주며 관계를 형성하고 있는데, 문제는 한밤중에 남자들도 불러 그런 류의 행태를 행하고 있다는 것이다.

전능신교는 1973년생 중국 한족인 양향빈이라는 여자를 여(女) 그리스도로 믿고 있는 중국 자생 사이비 종교이다.

2013년 전능신교 신도들이 중국 어느 지역 패스트푸드 점에서 포교활동 하다, 살인을 저질러 현재 피의자들이 복역 중에 있다. 복역 중인 피의자들은 모두 회심하여 정상적인 생활을 꿈꾸고 있다.

이 집단은 2012년 12월 21일 시한부 종말을 주장하며, 중국 전역의 300

만 신도들에게 물질적 피해를 안겼던 집단이고, 포교활동이 저지되자, 교주 부부는 모두 미국으로 도주하여 미국 시민권자로 있다.

 핵심 신도들 중 일부가 2007년 경부터 한국으로 들어와, 활동하고 있으며, 2013년 경부터 대거 입국하여 대대적으로 허위 난민신청을 진행 중에 있다. 이들 대부분 중국에 있는 가족들을 버리고 온 이들이고, 한국에 있는 전능신교 건물 안에서 집단생활을 하고 있다.
 철저히 계급화 되어 있는 집단이다. 중국에 있는 가족들에게 전화 한 통화 하려 해도 허락을 받아야 되고, 전화를 할 때에도 옆에서 감시하며 지시한다.
 요세화 된 그들 집단 내부는 종교시설이란 보호막 아래 갇혀 폐쇄된 상태로 유지되고 있는 실정이다.

 각 교회에서는 이런 전능신교 신도들의 활동에 주의하기 바란다.

3. 전능신교 신도들, 보따리상로 위장하고 중국 오가며 활동! (2018년 5월)

중국 사이비종교 전능신교(전능하신 하나님교회)가 한국에 유입되어 활동하고 있는 근거지들은 모두 중국의 전능신교 신도들의 헌금으로 매입된 것이다.

교주 양향빈과 조유산이 2012년 21월 21일, 시한부 종말을 주장하였으나 불발로 끝났다. 하지만, 그로 인해 그들은 신도들에게서 수많은 헌금을 받아 챙겼다.

대개 사이비종교 집단 교주들이 돈을 모으는 방식은 시한부 종말 주장과 천국 보상을 노리는 신비주의 신앙으로 인한 착취 교리적 방법이다. 헌신을 강조하며, 그래야만 천국에서의 보상이 따른다는 것이다. 그것이 곧 믿음의 분량의 증거가 된다고도 한다. 때문에 그 안에서는 많이 낼수록 믿음이 훌륭하다 평가받게 되는 것이다.

그렇게 해서는 양향빈과 조유산은 미국으로 도주하였다. 그러고도 인터넷을 통해 계속해서 신도들과 통신하고 있다. 국내 전능신교 신도들끼리는 주로 추적이 어려운 텔레그램(Telegram)을 통해 연락을 하고 있다.

전능신교 신도들이 2013년부터 한국에서 부동산을 매입한 금액은 중국 신도들의 헌금이었다. 미국과 중국을 통해 엄청난 돈이 불법으로 들여왔다.

그렇게 해서 안착하고는 한국에서 영화를 제작하여 중국을 비롯한 해외로 송출하고 있다. 그것이 한국에서의 하나의 포교 방법이다.

최근 홍콩 피해 가족이 제출한 영수증을 받았다. 홍콩 달러이다. 이 돈도 한국의 부동산을 매입할 때 사용되었다. 부동산을 매입한 자는 영주권 획득에 도움을 받는다. 그러니 한 사람이 아닌, 여러 신도들의 이름으로 공동 매입한다. 그 부동산 매입 금액 또한 모두 신도들의 헌금이다.

현재에도 많은 양의 자금이 한국으로 불법 유입되고 있을 것이다.

한국 기독교계에서도 경계의 소리가 높고, 이름을 내걸고 활동하기 어려우니, 이제는 이단 신천지처럼 전능신교 신도들이 일반 기성교회에 위장 신도로 들어가 포교활동을 하고 있다.

드러내놓고 하는 길거리 포교활동은 하지 않으면서, 교회에 들어가 친분을 쌓은 후 가정 집으로 유도해, 안마를 해주거나 침을 놔주며 관계를 이어가다가 자기네 교회로 포섭해가는 것이다.

문제는 또 있다. 한국에서 제작된 영상들이 중국을 비롯한 해외로 송출되며 포교에 활용되고 있다는 점이다. 이미 중국에서도 발각이 되었다.

뿐만 아니라, 전능신교 신도들이 보따리상으로 위장하고는 자유롭게 중국을 오가며 활동하고 있기도 하다.
이들은 비타민제나 옷가지들을 중국에서 매입해 와 한국에서 유통을 하고 있다. 보따리상으로 위장하고 중국을 오가며 활동하고 있는 것이다. 그러니까 한국에서 훈련받아 재파송되고 있는 일들이 일어나고 있는 것을 알 수 있다.
사이비 종교 집단 신도들의 이러한 활동을 예의 주시하고, 그들의 잘못된 교리에 빠져들지 않도록 잘 분별하고 대처해야 할 것이다.

4. 전능신교 집단 – 늙고 병들면 중국으로 귀국조치!
(지난 해, 늙고 병든 요녕성 신도들 중국 보내!) (2018년 6월)

한국 전능신교 집단에서 지난 2017년 3월 4일, 중국 요녕성 출신 신도 4명을 중국으로 귀국 처리시켰다.

자칭 제사장 조유산은 "신이 연세가 많고 몸이 허약한 신도는 집을 떠나 신에게 사용되지 않는다"고 했다면서, 한국의 전능신교 집단 내, 나이 많고 늙고 병들어 특별히 신에게 이용 가치가 없는 신도들을 부담으로 여기고 귀국시킨 것이다.

지난 2017년 3월 4일, 한국 "전능신교"에서는 오(吳○○), 뉴(牛○○), 상(商○○), 상(商○○) 등 4명의 중국 요녕성 신도들을 한국 제주도에서 항공편에 중국 상하이 포동 공항에 입국시켰다. 오씨 등 4명의 신도는 모두 상하이, 홍콩 등지에서 무비자로 한국 제주도에 입국했었다.

이 집단에서는 귀국 전, 신도들에게 보증서에 서명(signature)하도록 강요하였다.

보증서의 내용은,
① 한국에 있는 형제 자매(신도)를 배신하지 않는다. ② 한국의 활동 지점을 아무에게도 알려주지 않는다. ③ 해외의 그 어떠한 정황에 대하여 다른 사람에게 말하지 않는다. ④ 해외에 있는 형제 자매와 연락하지 않는다. 일단 위반하면 상응한 처분을 받는다.

그리고 또 다른 신도는 전능신교 내에서 복종하지 않았다며 출교시키고는 중국으로 돌려보냈다.

지난 2017년 4월 5일 한국 "전능신교"에서 출교시킨 중국 요녕성 신도 최○○(女, 조선족, 58세) 씨가 한국 서울에서 항공편으로 중국 심양에 입국하였다.

전능신교 내에서 출교시키는 5가지 부류의 사람들은, ① 전능신교의 사역을 심하게 방해하거나 이익에 손해를 주어 공분을 사는 자는 교인 80% 이상의 동의하에 출교시킬 수 있다고 규정하고 있고, ② 성격 장애나 정신 질환 혹은 귀신 들린 자, ③ 항상 그릇된 논리로 사람을 미혹하며, 원망이 섞인 말, 전능하신 하나님을 논단하고 대적하는 말을 하는 악령과 적그리스도에 해당되는 자, ④ 발각이 되었을 때 전능신과 동료를 팔아 먹는 유다 같은 자가 되어 전능하신 하나님을 배신한 자, ⑤ 교인들이 전능신에게 드린 제물이나 교회의 재물을 훔치거나 횡령하거나 혹은 사취하고도 배상을 거부하고 회개하지 않는 자는 출교 대상으로 규정하고 있다.

위와 같은 내용에 늙고 병든 신도들을 출교하는 조항은 없다. 그들의 젊음과 재산과 건강을 모두 이용해먹고는 이제 쓸모 없다며 내팽개치고는 중국으로 다시 돌려보낸 것이다.

전능신교 집단, 한국 활동 상황

현재 한국에서 활동 중인 중국 이단 전능신교 집단 신도들이 국내 전역에 흩어져 생활하고 있다. 집단 합숙소인 서울, 안산, 대전, 강원 횡성뿐만 아니라, 다세대 주택 월세를 얻어 숙소로 이용하며, 거처를 자주 이동하고 있다.

대부분 중국의 가족들을 버리고 가출해온 신도들이다. 전능신교는 그들 신앙 교리에 가정파괴 조항이 있다. 한 마디로 가정 파괴 집단이다.

한국에서의 주요 활동은, 영화 제작, 합창 영상, 노래와 춤 영상, 뮤직 비디오, 자칭 전능신 말씀 낭송, 간증 영화 등을 자체 제작하여 인터넷을 통해 보급하는 일이다. 거기에서 주된 목적은 박해 영화 제작이다. 등장 인물들은 모두 전능신교 신도들이다.

문제는, 이 박해 영화가 사실에 입각한 내용이 아니라는 것이다. 필자가 실제 2013년 잠입 취재하며 만났던 이들은 2007년, 2008년부터 전 가족이 입국한 이들이었다. 그런데 이들이 2015년, 2016년 경, 자신들의 실제 경험을 이야기한다며 인터뷰를 하거나, 제작된 영상에서는 2014년 박해를 받고 한국에 왔다는 거짓된 내용들이었다.

필자 앞에서 몇 시간에 걸쳐 눈물을 흘리며 간증했던 내용들과는 전혀 다른 내용들로 조작해 제작, 보급하고 있다.

이런 거짓 박해 영상을 신도들에게 세뇌되다시피 보여주고 가르치고 있으니, 두려운 나머지 이탈은 생각지도 못하고 있는 것이다.

한국 전능신교 내 구조

한국 전능신교 집단의 구조는 다음과 같다. 이들을 관리인이라 한다.

난민 안치 팀/ 난민 안치 팀 관리원/ 낭독 팀/ 녹음 제작 팀/ 연주(반주) 팀/ 뮤직 비디오 팀/ 컴퓨터 팀/ 재무 팀/ 의무 팀/ 영화 팀/ 영화 세트팀/ 중국어 합창단/ 한글 합창단/ 시가(노래) 팀/ 의상 팀/ 일기 예보원/ 세탁소/ 소재(재료) 팀/ 사이트 안전 팀/ 프런트 데스크 접대/ 미공 팀(Graphic arts group)/ 의료 팀/ 환영 팀/ 복음 그룹/ 배악팀(배경 음악 팀)/ 보안 팀/ 공동 촬영 · 제작 팀/ 소년 아동 팀/ 프런트 데스크 접대/ 주방 인원/ 후방 근무 팀/ 네트워크 방송 팀이 있다.

그 외 교회조, 복음조가 있고 교회 노인 모임 팀이 있는데 이 팀은 식사 시간 배정에만 나타난다.

신도들 중 5만원 없어, 채무 독촉 받아!

보따리상으로 중국을 오가며 비타민제와 옷가지들을 가져와 판매하고 있는 어느 신도와 함께 살았던 신도는 수개월째 채무상환 및 채권추심 확정 통지서를 받고 있다. 그들은 대개 월세를 얻어 생활하면서 자주 이주를 하고 있는데, 이들 집에는 6개월째 우편함에 우편물들이 쌓여 있었다.

어느 신도는 휴대폰 요금 5만원을 내지 못해 채무 독촉을 받기도 하였다. 신도들의 생활이 넉넉하지 못하다는 것을 여실히 보여주는 예라 하겠다.

휴거소동보다 무거운 가정파괴 종교의 심각성!

시한부 종말론자들의 휴거 소동은 이단·사이비 종교 문제에 관하여 한 대명사처럼 우리 사회에 각인되어 있다. 그밖에도 신앙촌 박태선 전도관, 영생교, 오대양 사건 등을 비롯해 아가동산 김귀순 사건, JMS 정명석, 통일교, 만민중앙교회, 신천지, 세월호 사건, 은혜로 교회 등 거의 매년 거르지 않고 대형 사회 문제들을 야기시켜 온 이단·사이비 종교로 인한 폐해는 매스컴을 통해 알려진 이상으로 심각한 상황이다. 해외의 '천국의 문 집단' 자살 사건[1]만 해도 사이비 종교의 폐해가 얼마나 사회에 악영향을 주는지 극명하게 드러내는 좋은 예이다.

---

1) 1997년 3월 26일 미국 캘리포니아 샌디에이고에서, '천국의 문'(Heaven's gate) 신도 39명이 집단자살을 한다. 교주 애플화이트는 엘리트 음대 교수였다. 이들은 UFO의 존재를 믿었고, 헤일 밥(Hale Bopp)이라는 혜성 뒤에 따라오는 UFO에 탑승하기 위해 자살한 것이다. 애플화이트는 자살이 지구를 탈출하는 유일한 길이라고 했다.

그런데 이단·사이비 종교 문제를 접하면서 주지해야 할 것은 겉으로 드러난 문제들보다는 그로 인한 가족들이나 주변의 피해가 그 어떤 면에서는 더 심각하다는 사실이다.

매스컴을 통해 전해지는 사건 내용은 현상적으로 나타나는 문제들이 전부이지만 그들 각자의 가족들이 겪는 고통은 사실 그보다 매우 크다.

왜냐하면 종교라는 것이 그 사람의 인격과 가치관의 변화를 일으키는 것이기 때문에 건전하지 못한 종교에 빠지게 되면 보편적인 윤리관이나 가치관이 아닌 종교적인 목적만을 최우선으로 생각하게 되어 사실 껍데기만 내 가족이지 알맹이는 다른 사람이 되어버리는 경우가 많기 때문이다.

피해 가족들은 흔히들 전에는 "안 그랬는데 이상해졌다." "완전히 다른 사람이 되었다"는 호소를 하곤 한다. 특히 부부 간에는 그 고통이 더욱 심하다. 전에 알던 사람이 아닌 다른 인격체가 되어버리기 때문이다.

차라리 음주, 마약, 도박, 사고 등 외적 문제들은 문제가 해소되면 갈등도 해결되지만 신앙의 문제, 사상의 문제로 인한 갈등은 종교와 심리가 병합되어 전혀 다른 정신세계의 사람과의 마찰이기 때문에 그 세계를 이해하지 못하면 외적 중독보다 더한 고통이 된다.

다른 문제들은 뚜렷한 원인이라도 있어서 해결책이 무엇인지 보이기라도 한다지만 그러나 이단·사이비 문제는 외형적으로 아무런 문제가 없는 것처럼 보이고 오히려 겉으로 볼 때는 그의 행동이 매우 정당한 종교활동이라는 이름으로 포장되어 있기 때문에 무엇을 어떻게 제재해야 하고 해결해야 할지 가족들은 막막하게 되기 쉽다.

이런 문제 외에도 가출, 이혼, 재산 탕진 등 극단적인 형태로 가족들의 삶에 개입해 고통을 주고 있으니, 일시적 현상으로 끝나버리는 휴거 소동보다도 더한 문제는 가정을 해체시키는 반(反) 사회적 문제이다.

그러니 외부적으로 돌출된 문제들이 보여지지 않는다 하여, 관망만 하고 있을 일이 아니라는 것이다.

전능신교 집단의 한국 내 활동이 외적으로는 조용하다 하여, 그것을 그대로 묵과해서는 안된다. 우선은 우리의 난민법을 악용해 장기 체류 목적으로 악용하고 있지 않나, 그런데 이런 상황을 사법 당국에서조차 묵인하고 있는 모양새를 보이고 있어 안타까울 뿐이다.

아가동산 사건만 해도 그렇다. 가족들이 서로 떨어져 생활하며 부모 자식 간의 애정을 철저히 끊도록 강요되었다는 사실에 모두 충격을 받았다. 그 외에도 영생교 사건, 오대양 사건, 대순진리회 부녀자 가출 사건, '천국의 문' 집단 자살 사건 등 이러한 사건들의 이면에는 수많은 가족들의 고통과 눈물이 뒤범벅되어 있다.

이제는 이단·사이비 문제에 대한 새로운 문제 인식이 필요하다. 이단·사이비로 인한 문제들, 특히 그로 인한 가정의 파괴 현상은 가족이라는 지극히 기초적인 삶의 토대를 무너뜨리고 있고, 이러한 현상은 결코 일부의 이야기만도 아니기 때문이다. 또한 경제적인 생활 형편이 나아지면서 삶의 질이 중요하게 대두되고 있는 시대에 가족의 기능이 상대적으로 더욱 큰 비중을 차지할 수밖에 없음을 내다보는 안목에서 더 이상 이러한 문제를 예방하지도 않고 치료책을 강구하지도 않은 채 방치만 한다면 이는 결국 사회 불안의 요인으로 작용하게 될 것은 뻔한 이치다.

전체 인구의 반 이상이 종교를 가지고 있는 것을 주목할 때 종교로 인한 가정 내의 갈등은 너욱 늘어날 것이다. 우리는 매일같이 이를 보고 있다. 특히 종교 인구는 늘어나고 있지만 건전한 종교관에 대한 사회 교육이나 가족 간의 종교적 갈등에 대한 대안이 미흡한 현 상황은 반드시 재고되어야 할 것이다.

5. 中 전능신교 피해자들, 김○수 대법관 임명 결사 반대 천명! (2018년 7월)

인권을 표방하는 전능신교, 파룬궁을 변호해왔던 김○수 변호와는, 허위로 소송을 제기하는 것을 방임하였다.

그의 사법 중개로 사이비 종교가 자유롭게 활동하게 되었는데, 또 어떻게 신임 대법관의 중임을 담당하게 되었는가?

1. 핵심 사실

한국 SBS 뉴스 7월 2일 보도에 의하면, 한국 김○수(Kim ○-soo) 변호사는 최근 신임 대법관의 후보자 명단에 추천되었고, 이 안건은 최근 국회의 청문회를 거쳐 투표를 하게 되었다. 8월 1일 현 대법원 원장 김명수는 정년퇴임 할 예정이다. 한국 변호사 김○수(Kim ○-soo)는 인권과 노동으로 자신을 표방하면서 예전에 몇 차례의 전능신교, 파룬궁을 변호하는 일에 참여했었다.

7월 2일, 대법원 원장 김명수는 문제인 대통령에게 김○수(Kim ○-soo), 제주 지방법원 원장 이○원, 법원 도서원 원장 나○희 등 3명을 신임 대법원 대법관의 후보로 추천하였다. 그 중 《민족사회를 위한 변호사 조직》 회장 출신인 후보 김○수(Kim ○-soo)는 인권과 노동 전문의 변호사이다. 만약 신임 대법관에 임명된다면 검찰관 경험이 없는 야당 변호사 출신의 초임 대법관이 된다.

2. 김선수(Kim ○-soo) 변호사는 몇 년 간의 파룬궁, 전능신교 이단 조직의 변호 경력을 갖고 있다.

우리들이 아는 바에 의하면, 김○수(Kim ○-soo)는 30년의 법률 변호 경험을 갖고 있고, 이전에 인권과 노동 문제를 표방하며 한국 민중의 지지를 얻었었다. 그러나 주의해야 할 것은 김○수(Kim ○-soo)는 예전에 장기적으로 중국에서 악명이 자자한 사이비 조직 파룬궁, 전능신교를 변호하는 변호사를 담임한 적이 있다. 한국 법원에서 우리는 2011구합66○○ 사건 법원 판결문에서 김○수(Kim ○-soo)는 4명의 한국 체류 파룬궁 신도가 출입국이 난민지위결정을 승인하지 않은 행정소송안건을 담당한 것을 조사해냈다. 변호를 담임한 4명의 소송인은 모두 중국 연변 조선족이다.

이외에도 우리는 2016구합○○○, 2016구합○○○, 2016구합○○○ 등 5건 이상의 안건에서 김○수(Kim ○-soo)는 예전에 Chenglanlan 등 21명 한국에 체류한 전능신교 사이비 신도들이 출입국에서 난민지위결정을 승인하지 않은 행정소송안건을 맡았다. 법원이 이 안건에 대해서 원고 패소를 판결하였으나 김○수(Kim ○-soo)는 여전히 파룬궁, 전능신교 신도들이 항소한 여러 차례 행정소송을 변론했다.

KBS 보도에 따르면, 한국 정부는 작년 7월에 난민 신청을 다루는 사법 브로커를 체포하였는데 540여명 중국인이 난민 신분을 신청하는 것을 거절하였다고 한다.

3. 사법 브로커가 혐오스러운 거짓 소송신분매매 흑색산업사슬을 야기시켰다.

2018년 4월 9일, 한국 매체는 《악의적으로 난민신청을 이용하는 '전능신교'》를 발표하여 "전능신"이 비자면제제도를 이용하여 제주도를 거쳐 한국에 들어오며 악의적으로 난민신청을 하여 체류 기한을 연장하고, 체류 기간에 한국에서 사이비종교 선교활동을 하면서 한국 사회에 극히 악렬한 영향을 조성하는 것을 폭로하였다.

한국 법무 부 출입국 외국인 정책본부가 정리한 "출입국외국인통계연보"의 통계에 따르면, 2016년 외국인이 한국 난민 신청을 한 인수 가운데서 중국인이 1위를 차지하였다. 2012년부터 2016년에 이르기까지 중국인은 한국에서 난민신청을 한 인수는 각각 다음과 같다.

2012년 3명, 2013년 45명, 2014년 360명, 2015년 401명, 2016년 1061명, 년마다 급증하는 추세를 보였다.

난민 신청 이유는 각양 각색이지만 최근 3년간 종교 탄압을 명목으로 한 신청인은 60%를 넘었다. 중국 정부는 "전능신"을 사이비 조직으로 규정하고, 그의 각종 사회에 해를 끼치는 행위를 통제하였다 이후 많은 "전능신" 신도들은 "난민"을 이유로 한국에 들어왔다. "전능신"의 거점은 미국과 중국으로부터 점차적으로 한국으로 전이되었고, 한국 종교 자유의 특점을 이용하여 악의적으로 난민신청을 하여 한국에 체류하며 끊임없이 그 종교 교의를 한국에서 선전하고 전파되게 하였다.

이것은 실제적으로 "전능신"의 교주 양향빈이 신도들에게 "한국으로 가라"는 지시를 전달하여 신도들이 난민 신청을 통하여 한국에 체류한 것이다. "전능신"은 심지어 한 "난민 팀"을 운영하고 있고, "전능신" 본부가 시켜서 제주도를 거쳐 한국에 와서 다시 난민을 이유로 난민 신청을 하였는데 그 신청은 아직도 통과되지 않았다. 그러나 "전능신" 신도들은 끊임없이 한국에 들어왔고 난민 신청의 발걸음은 종래로 멈추지 않았다.

그들이 난민 신청에서 거절을 당한 후, 이의 신청을 제기하고 행정소송을 제기하는데 소송 기한(가장 길어서 3년) 내에 그들은 합법적으로 한국에 체류한다. 당연히 이 모든 것은 사법 브로커의 조작을 거치게 되는데 김○수(Kim ○-soo) 변호사는 그 중의 한 조직인 가운데 하나이다.

"전능신"을 통하여 거짓으로 난민신청을 하는 이 일을 통하여 추측할 수 있는 바, 이 일은 "전능신"의 조작일 가능성이 매우 크다. 그 "대리인"은 직접 한국 법무부출입국사무소 공무원의 신분으로 "난민신청업무"를 대리 처리하면서 인당 250~500만원 한국 돈(약 인민폐로 1.5~3만 위안)의 대리비를 받는다. 2014년부터 2016년까지 한국 부산출입국관리사무소 공무원의 손을 거친 "난민신청업무" 수수료는 한화로 수천만 원이 되며, 신청을 접수하여 "불인정난민통지서", "불인정 우편물", "난민 접수 명세서" 등 1100여 건을 발부하였다. "대리인"은 난민신청자료를 이용하여 난민신청과정을 분석한다. 2016년 3월부터 이듬해 2월까지 중국 난민이 한국에서 30여명 체류하였다.

최종적으로 그 "대리인"은 "공무원집행공무방해" 및 "변호사법위반"의 혐의로 기소되었고, 1월 12일에 한국 제주지방법원에 2년 형을 선고받았다.

한국 경인일보 7월 1일 보도에 따르면, 법무부 이민국은 지금 자국 변호사들이 수백 명 중국인을 도와서 거짓 소송을 거는 안건을 특별 조사하고 있다. 이민국은 6월 28일, 서울중앙지방법원에 변호사 강 모 씨가 이민법(45조 1항)을 위반하였음을 제기하였고, 법원에 사법 브로커 강모의 체포령을 신청하였다. 2016년 10월부터 변호사 강모는 200여 명의 난민이 되지 못한 중국 변호 신청자로부터 법무부에 거짓 소송 변상을 요구한 것으로 고소되었다. 전문가의 폭로에 의하면 그들은 소송에서 실패하더라도 장기적으로 한국에 체류하게 된다. 변호사의 도움에 의하여 "파룬궁, 전능신" 사이비 종교는 한 무리의 종교단체 인원으로 인정되며 여러 가지 구실을 만들어서 한국에서 체류하게 되는데 예를 들어서 중국 정부의 종교박해 혹은 행정 압박을 받았다고 한다.

그러나 이런 전제에 근거하여 변호사는 전기에 그들을 위해서 변호하기 전에 인당 200만원의 가격으로 중개 수수료를 받기 때문에 지하에서 거짓 난민 신분을 매매하는 회색 산업 사슬이 형성되었다.

4. 전능신교회는 전에 난민법 개정에 대한 염원을 표달하였다.

그 외에 우리는 전능신교회 공식 홈페이지(국도복음 강림 사이트)에서 1월 20일에 발표한 소식에서 2017년 12월 28일까지 한국 전능신교회는 172명 기독교 신도가 법무부에서 발부한 출국 명령서를 받았는데, 이 엄준한 비호 추세를 직면하여 전능신교회는 공식 홈페이지에 취재 동영상을 올려 인권 인사 듀 실렌(Du Silen)이 한국에서 응당 한국《난민법》을 수정해야 한다는 단독 취재를 인용하여 종교난민인권의 핵심 관점을 보장해야 한다는 것을 발표하였다.

이 외에 전능신교회 포털콘텐츠사이트《중문성경사이트网》,《새별추구사이트》의 발표문에서 제기한 바에 의하면, 2018년 1월 22일 오후 한국 IOM 이민정책연구원, 강원대학교난민연구센터에서 공동으로 주최한 2018년 "난민연구·정책" 연구 토론회는 IOM 이민정책연구원 8층에서 진행되었다.

이번 연구 토론회의 주제는 "난민안치제도의 분석과 평가"이다. 난민 문제를 주목하는 정책연구인원, 난민 대표 등 40여 명이 이번 회의에 참석하였다.

전능신교 사이비 종교의 여러 관련사이트는 2018년 초에 거의 동일한 시간대에 한국 정부가 현행의《난민법》을 수정할 것을 발표하였고, 정부 및 사회 각계가 난민 신분을 인정해 줄 것을 호소하였는데 이것은 사법 브로커와 전능신교회의 거짓 소송 사이의 관계를 연상하게 하였다.

5. 예멘 난민사건 시위가 냉각되지 않아서 한국은 이제 난민문제 엄격집행정책을 선포하였는데 Kim ○-soo 변호사가 윗자리에 앉게 되면, 한국 난민법 수정 진척에 영향을 주지 않을 지 민중들의 우려를 자아낸다.

한국 공식 통계에 따르면, 최근 한국 국내에 체류한 예멘 난민 신청자는 모두 982명이다. 거펭배(据澎湃) 뉴스에 따르면 6월 29일 보도하였는 바 한국 남부 제주도는 백계로 예멘전쟁에서 도망을 온 신청비호자를 맞이하였는데 한국 현지 민중의 항의를 받고 로이터 통신사는 29일에 보도하였는데 한국 법무부는 당일 제주도 난민 법률 문제를 엄격하게 하고 관리를 강화할 것이라고 표시하였다고 한다.

2018년 7월 2일, 한국 민중은 청와대 공식 홈페이지에서 인권 변호사가 최고 법원의 수석 대법관 선거에 추천된 것을 반대하고 거짓 난민소송을 중단할 것에 관한 청와대 국민청원 활동을 벌였다.

한국 민중들이 우려를 자아내는 것은 예멘 난민문제의 발생은 한국 국내에 체류한 난민법 수정의 진척을 가속화하게 되는데 현재 새로 수정한 난민법을 공포하기에 이르렀다. 김○수(Kim ○-soo)를 대표로 하는 인권 변호사 단체들이 최고 법원 수석대법관 위치로 올라가면 난민법 수정 절차의 객관, 공정성에 영향을 주지 않을 지 의심된다.

이 외에 사법 브로커는 더욱 공고한 공무원 배경 관계를 형성하게 되는데 법무부가 거짓 소송 결정에 대한 타격도 유명무실하게 된다.

전쟁 원인으로 한국에 온 예멘인이나 아니면 각종 종교 비호를 이유로 한국에 온 중국인이든 그들은 모두 원래 모국의 권리, 의무와 신앙을 갖고 있는 사람인데 그들 배후의 가정관계의 피해는 이와 훤히 꿰뚫어져 있다. 사법 브로커의 존재는 한국 거짓 소송의 고가 행진의 근본 원인이다.

한국 민중들이 극도로 미워하는 지하에서 거짓 난민 신분 매매는 몇 년 동안 성숙한 산업 사슬을 형성하였는데 법률과 도의의 각도에서 보면 사법 브로커의 존재는 국가 법률과 제도에 대한 도전이고 공연히 법률을 유린하고, 인도주의, 인권 핑계를 대고 국가에 가져다 준 것은 재산 상의 손실뿐만 아니라 나아가서 사회의 공신력을 손상시키는 재난이다.

우리는 법률의 틈을 뚫고 들어가서 사법 브로커를 배양하는 사람들이 위엄이 있는 법포를 입고 사회에 판결봉을 두드리는 것은, 허술한 법망을 뚫고 교활하고 약삭빠른 또 다른 한국 법 악용자 양성 거래에 지나지 않는다고 본다. 김○수(Kim ○-soo)를 대표로 하는 인권 변호사 단체가 최고 법원 수석대법관 위치에 올라가는 것은 한국 국가 사법 공신력의 이미지를 정말로 만회하는 것일까. 이 점은 피해자들의 입장에서 깊이 생각하게 된다.

* 참고자료:

저능신 공식 홈페이지: 인권 전문가 듀 실렌(Du Silen) 단독 취재: 한국 《난민법》을 수정하고 종교 난민의 인권을 보장해야 한다.

https://www.kingdomsalvation.org/news/interview-13.html

중문성경사이트 『난민연구·정책』 연구 토론회가 한국에서 열려 한국난민정책의 개진의 추진을 희망한다.

https://www.expecthim.com/south-korean-refugee-policy.html

샛별추구사이트: "난민연구·정책"연구 토론회가 한국에서 열려 한국난민정책 개진의 추진을 희망한다.

https://www.pursuestar.com/refugee-seminar.html

민중이 청와대 공식 홈페이지에서 인권 변호가가 최고 법원의 수석대법관 참선을 반대하고, 거짓 난민 소송을 중단 요청하는 청와대 국민청원활동

https://www1.president.go.kr/petitions/293695

https://youtu.be/m4ou-Ysb5Wo

중국어 원문

中国全能神教受害者,阐明绝对反对金善秀任命为大法官

以人权标榜的全能神、法轮功辩护律师Kim Sun-soo，纵容虚假诉讼的司法中介令韩国民众深恶痛绝，又何能担负起首席大法官之大任？

一、核心事实

据韩国SBS新闻7月2日报道，韩国律师Kim Sun-soo，近日被提名为新任大法院大法官的候选人，竞选韩国最高法院大法官，此提案将在近期的国会选举中投票。8月1日，现任大法院院长金明秀将退休离任。韩国律师Kim Sun-soo，以人权和劳工标榜自身，曾参与多起邪教全能神、法轮功辩护工作。

7月2日，大法院院长金明秀向韩国总统文在寅推荐了Kim Sun-soo，济州地方法院院长李东垣，法院图书馆院长罗政熙3人为新任大法院大法官的候选人，其中《为民主社会的律师组织》会长出身的候选人Kim Sun-soo是人权和劳动专门的律师，如果被任命为大法官，就会成为没有检察官经验的在野党律师出身的首任大法官。

二、Kim Sun-soo具有多年法轮功、全能神异端组织的辩护经历

笔者注意到，Kim Sun-soo，有超过30年的法律辩护经验，曾经以人权和劳工问题标榜，获得韩国民众的投票与支持，不过令人注意的是，Kim Sun-soo，曾经长期担任过来自中国的臭名昭著的邪教组织法轮功、全能神的辩护律师。在韩国法院网笔者查询到2011구합6660法院判决书中，Kim Sun-soo，担任4名滞留在韩国的法轮功邪教信徒在关于出入境不承认难民地位决定的行政诉讼案件。担任辩护的4名诉讼人均来自中国延边朝鲜族。

除此之外，笔者在2016구합548、2016구합555、2016구합5390等不少于5起案件中发现Kim Sun-soo曾经担任Chenglanlan等21名滞留在韩国的中国全能神邪

教信徒对出入境不承认难民地位决定的行政诉讼案件。尽管法院在案件中判决原告败诉，但是Kim Sun-soo仍然组织法轮功、全能神信徒在后续的案件中提起多次行政诉讼。

根据KBS报道，韩国政府在去年7月逮捕了操办难民申请的司法掮客，拒绝了540多名中国人申请难民身份。

三、由司法掮客滋生出令人厌恶的虚假诉讼身份买卖黑产业链

2018年4月9日，韩国媒体《现代宗教》发表《恶意使用难民申请的'全能神教'》，揭批"全能神"利用免签制度经济洲岛进入韩国，并恶意使用难民申请延长其滞留期限，滞留期在韩进行邪教传教活动，对韩国社会造成了极其恶劣的影响。

据韩国法务部出入境外国人政策本部整理的"出入境外国人统计年报"统计，2016年外国人在韩申请难民人数中，中国人位居榜首。2012年至2016年，中国人在韩难民申请人数分别为：2012年3名，2013年45名，2014年360名，2015年401名，2016年1061名，逐年呈剧增趋势。

难民申请理由虽各种各样，但近三年以宗教镇压为名的申请人数超过60%。自中国政府将"全能神"定义为邪教组织，对其各种危害社会的行为予以控制之后，很多"全能神"信徒以"避难"为由进入韩国，"全能神"的据点也由美国和中国逐渐向韩国转移，利用韩国宗教自由的特点，恶意使用难民申请滞留韩国，且不断将其邪教教义在韩宣传渗透。

这实际上是"全能神"头目杨向彬向其信徒传达了"去韩国"的指令，接下来信徒通过难民申请得以在韩滞留。"全能神"甚至运营了一支"难民队伍"，经"全能神"本部授意后便会经济洲岛进入韩国，再以宗教避难为由提交难民申请，其申请至今虽尚未通过，但"全能神"信徒不断进入韩国并继续申请难民的步伐却并未停止。他们在难民申请遭拒后，会提起异议申请，并提请行政审判，因为诉讼期限（最长3年）内，他们可以合法延长在

韩时间，当然这一切都离不开司法掮客的操作，不能排除Kim Sun-soo律师就是其中的操作人之一。

通过"全能神"虚假进行难民申请一事推测，此事很大可能是"全能神"所操作。此"代理人"直接以韩国法务部出入境管理事务所公务员的身份代办"难民申请业务"，收取每人250-500万韩元（约合人民币1.5-3万元）代理费。2014年至2016年，韩国釜山出入境管理事务所公务员经手"难民申请业务"手续费达数千万韩元，接收申请并发放"不认定难民通知书"、"不认定函件"、"难民接收明细"等1100余回。"代理人"通过接收的难民申请材料，分析难民申请流程，2016年3月至次年2月，致使中国难民在韩滞留30余名。最终，其"代理人"以"妨碍公务员执行公务"及"违反律师法"的嫌疑被起诉，1月12日被韩国济洲地方法院宣告处以2年徒刑。

据韩国庆安日报7月1日报道，法务部移民局特别调查处正在调查本国律师帮助数百名中国人参与虚假诉讼的案件。移民局在6月28日，向首尔中央地方法院指控律师康某违法了移民法（45条之一），并向法院申请了对司法掮客康某的逮捕令。自2016年10月以来，律师康某被指控帮助200名未成为难民的中国庇护申请者向法务部提出虚假诉讼索赔。据专业人士透露，即使他们诉讼失败，他们也会选择长期滞留在韩国。在律师的帮助下，"法轮功、全能神"邪教被认为是一群宗教团体人员，创造各种借口滞留韩国，例如受到了中国政府的宗教迫害或者行政压迫。而基于这些前提，律师在前期替他们辩护前按照每人200万韩元的价格收取中介费，以此产生了地下买卖虚假难民身份的灰色产业链。

四、全能神教会曾经表达过修改难民法的意愿

另外笔者发现在全能神教会官网（国度福音降临网）1月20日发布的消息指出，截至2017年12月28日，韩国全能神教会就有172名基督徒收到了法务部发出的离境命令书，针对如此严峻的庇护趋势，全能神教会就官方网站发

布了采访视频，引用人权人士都希伦专访表达出希望韩国应修正韩国《难民法》，保障宗教难民人权的核心观点。

此外在全能神教会门户资讯网站《中文圣经网》、《追逐晨星网》发文指出，2018年1月22日下午，韩国IOM移民政策研究院、江源大学难民研究中心共同主办的2018年"难民研究·政策"研讨会在IOM移民政策研究院8楼举行。此次研讨会的主题为"难民安置制度的分析及评价"。关注难民问题的政策研究人员、难民代表等40多人参与了这次会议。

全能神邪教的多个门户网站在2018年年初几乎同一时间段表达出希望韩国政府能够修改现行的《难民法》，呼吁政府及社会各界给予难民身份的关注，这不得不让人联想到司法掮客与全能神教会虚假诉讼之间的关系。

五、因也门难民事件游行还未冷却，韩国刚刚宣布收紧难民政策，Kim Sun-soo律师的上位是否会影响韩国难民法修正进程，令民众担忧。

据韩国官方统计，目前滞留韩国国内的也门难民申请者共计982人。据据澎湃新闻6月29日报道，韩国南部济州岛在迎来数以百计逃离也门战乱的申请庇护者并引发韩国当地民众的抗议后，路透社29日报道，韩国法务部当天表示，将收紧强化管理济州岛难民法律。

2018年7月2日，韩国民众在青瓦台官方网站上发起了反对人权律师参选最高法院的首席大法官，杜绝虚假难民诉讼的民意请愿活动。令韩国民众的担忧的是也门难民问题的发生，加速了韩国国内对难民法修正的进程，如今在新修订的难民法即将公布之际，以Kim Sun-soo为代表的人权律师群体上位最高法院首席大法官，是否会影响难民法修订程序的客观、公正。此外，司法掮客将形成更加稳固的公务员背景关系，法务部打击虚假诉讼的决定也将成为一纸空文。

不论是因战争原因来到韩国的也门人，还是利用各种宗教庇护的理由来到韩国的中国人，他们都是附着原籍国的权利、义务和信仰的人，他们对背后的家庭关系的伤害深谙与此。司法掮客的存在是加剧了韩国虚假诉讼居高不下的根本原因，令韩国民众深恶痛绝的地下买卖虚假难民身份在近年来已经形成了成熟的产业链，从法律和道义的角度讲，司法掮客的存在是对国家法律和制度的挑衅，公然践踏法律，以人道主义、人权为幌子，为国家带来的不仅是财产的损失更是损害社会公信力的灾难。

我们相信一个钻取法律漏洞培养司法掮客的人穿着威严的法袍，向社会敲响法槌，无非就是另外一个老鼠仓的笑话。以Kim Sun-soo为代表的人权律师群体上位最高法院首席大法官真的是在挽回韩国国家司法公信力的形象吗，这一点令人深思。

* 参考资料：

1´ 全能神官网：专访人权专家都希伦：应修正韩国《难民法》，保障宗教难民人权

https://www.kingdomsalvation.org/news/interview-13.html

2´ 中文圣经网：「難民研究‧政策」研討會在韓召開 希望推動韓國難民政策改進

https://www.expecthim.com/south-korean-refugee-policy.html

3´ 追逐晨星网："难民研究·政策"研讨会在韩召开 希望推动韩国难民政策改进

https://www.pursuestar.com/refugee-seminar.html

4´ 民众在青瓦台官方网站上发起了反对人权律师参选最高法院的首席大法官，杜绝虚假难民诉讼的民意请愿活动地址

https://www1.president.go.kr/petitions/293695

https://youtu.be/m4ou-Ysb5Wo

중국 형법 부문에서 법률이 규정한 이단

중국 형법 제300조 규정은 다음과 같다. 미신이나 종교 조직 혹은 이단 조직을 창설하거나 이용하여 국가 법률이나 행정 법규의 실시를 파괴하는 자에 대해서는 3년 이상 7년 이하의 징역에 처하며 경위가 심각한 자에 대해서는 7년 이상의 징역에 처한다. 미신이나 종교 조직 혹은 이단 조직을 창설하거나 미신을 이용하여 타인을 기만하거나 죽음에 이르게 한 자도 위 조항의 규정에 따라 처벌한다. 미신이나 종교 조직 혹은 이단 조직을 창설하거나 미신을 이용하여 부녀자를 간음하거나 재물을 편취했을 때 본 법의 236조와 266조의 조항을 참조하여 죄목에 따라 처벌한다.

최고 인민 법원과 최고 인민 검찰원이 제출한 <이단 조직을 창설하거나 이용한 범죄 활동에 대한 법률적 응용에 관한 해석>은 다음과 같다.

이단 조직을 창설하거나 이용한 범죄 활동에 대하여 법에 따라 처벌하며 헌법의 해당 규정에 따라 이런 안건에 대한 법률적 응용에 대한 해석은 다음과 같다.

제1조
형법에서 제기한 <이단 조직>이란 바로 종교이거나 기공 혹은 기타 명의를 도용하여 창설한 우두머리를 신격화하고 미신이나 이단학설을 이용하여 타인을 기만하거나 현혹시키는 방식으로 신도들을 발전시키고 컨트롤하는 사회를 위협하는 불법 조직을 말한다.

제2조
이단 조직을 창설하거나 이용하여 아래에서 열거한 사항을 포함시키면

형법 제300조 1항의 규정에 따라 처벌한다.

1. 무리를 지어 국가 기관이나 기업, 사업 단위를 포위 공격하거나 사업, 생산, 경영, 수업, 연구 등 질서를 교란시키는 행위.

2. 비합법 집회이거나 데모, 시위를 진행하거나 조직원이나 그 가족을 조직하거나 기만하고 선동하여 무리를 지어 공공 장소와 종교 활동 장소를 충격하거나 강점하거나 소란을 피워 사회 질서를 교란한 행위.

3. 유관 부문의 금지에 항거하거나 금지를 받았음에도 재불 활동하거나 다른 이단 조직을 창설하거나 이단 활동을 계속 이어나가는 행위.

조직원이나 기타 사람들을 기만하고 선동하는 활동을 조직하여 법적 의무를 거부하게 만드는 엄중한 행위.

이단의 간행물을 출판하고 인쇄하고 복사하여 발행하거나 이단 조직의 마크를 제작하는 행위.

국가 법률이나 행정 법규의 실시를 파괴하는 기타 행위. 이 조항에 부합되는 행위 중 아래 행위가 포함되면 <강력하고 엄중한> 것으로 판단한다.

(1) 성, 자치구, 직할시를 넘나들며 조직 기구를 건립하거나 조직원을 발전시키는 행위.

(2) 해외에 있는 기구이거나 조직, 조직원들과 결탁하여 이단 활동을 하는 행위.

(3) 대량적으로 이단의 간행물을 출판하고 인쇄하고 복사하여 발행하거나 이단 조직의 마크를 제작한 수량이 엄청난 행위.

(4) 조직원이나 기타 사람들을 기만하고 선동하는 활동을 조직하여 국가 법률과 행정 법규의 집행을 파괴시켜 엄중한 결과를 초래한 행위.

제3조

형법 제300조 제2항에서 규정한 이단 조직을 이용하여 타인을 기만하고 죽게 만드는 행위란 바로 이단 조직을 창설하거나 이용하여 미신학설을 꾸며내거나 전파시켜 조직원이나 기타 인원들을 단식이나 자해, 자학하게 하고 기만하는 행위 혹은 환자의 정상 치료를 방해하여 환자가 사망에 이르게 한 정황을 말한다.

아래에 열거한 정황에 부합되면 <엄중 처벌하는> 것으로 간주한다.
(1) 3명 이상을 사망에 이르게 한 행위,
(2) 사망에 이르게 한 인원 수가 3명은 되지 않으나, 많은 사람들이 중상을 입게 만든 행위,
(3) 과거 이단 활동으로 행정 처벌을 받았음에도 불구하고, 또 이단 조직을 창설하거나 이용하여 타인을 기만하거나 사망에 이르게 한 행위,
(4) 기타 특별히 엄중한 후과를 초래한 행위.

제4조
이단 조직을 창설하거나 이용하여 미신학설을 꾸며내고 전파시키고 조직원이나 기타 사람들을 교사하거나 협박하여 자살이나 자해 행위를 하게 한 행위는 형법 제232조와 제234조의 규정에 따라 고의 살인죄 혹은 고의 상해죄의 죄목으로 처벌한다.

제5조
이단 조직을 창설하거나 이용하여 미신학설을 빌미로 협박하거나 기만하는 수단으로 부녀자나 유부녀를 간음한 행위는 형법 제236조의 규정에 따라 강간죄 혹은 유부녀 간음죄의 죄목으로 처벌한다.

제6조
이단 조직을 창설하거나 이용하여 각종 사기 수법으로 타인의 재물을 편

취한 행위는 형법 제266조의 규정에 따라 사기죄의 죄목으로 처벌한다.

제7조

이단 조직을 창설하거나 이용하여 조직하고 획책하고 실시하여 국가 분열을 선동하거나 국가의 통일을 파괴시키거나 혹은 국가 정권이나 사회주의 제도를 전복하려는 행위는 형법 제103조와 제105조, 제113조의 규정에 따라 죄목 별로 처벌한다.

제8조

이단 조직이거나 이단 조직을 이용하여 법률의 집행을 파괴시킨 범죄자가 사용한 각종 수단을 동원하여 비합법적으로 획득한 재물이나 범죄에 이용된 도구, 선전물은 법에 의거하여 추징과 몰수를 진행한다.

한국에 수백억 퍼부은 '전능신교', 한국 침투 방법이 난민 위장!

1. 중국인 수십 명에서 수백 명, 합숙소들

미국과 홍콩 달러를 유입해 와 한국에 수백억 원 퍼부은 가짜 난민 집단이 있다. 바로 중국 사이비종교 '전능신교'(전능하신 하나님교회, 이하 '전능신교'로 한다.)[2] 이다.

'난민'이라 주장하는 이들이 수백억여원을 퍼붓고 있으니, 참으로 아이러니한 일이 아닐 수 없다.

이 집단이 2012년 하반기부터 합숙하고 있는 곳들은 다음과 같다.

---

2) 이단으로 규정된 이후, 활동이 어렵게 되자, 간판을 여러 개로 바꿔 활동하고 있다. 전능하신 하나님교회, 동방번개, 득승교회, 하나님 사랑(愛神)교회 등이다.

① 서울 구로구 가마산로 ○○○
② 서울 광진구 군자동 ○○○
③ 서울 구로구 오리로 ○○○
④ 강원도 횡성군 둔내면 ○○○
⑤ 대전시 동구 계족로 ○○○
⑥ 경기도 안산시 원곡동 ○○○
⑦ 충북 보은군 산외면 ○○○
⑧ 대구 남구 대명동 ○○○
⑨ 수원, 부산, 부평, 전주 등

그리고, 현재 농사를 짓고 있는 농지들과 최근 매입하고 있는 축사들이 있다.
⑩ 수만 평에 달하는 농지와 축사[3] 들

합숙소는 12군데이지만, 각각의 건물 주변 다세대 주택들에도 신도들이 거주하고 있는 곳들이 있다. 대부분 중국인들이다. 내 이웃에 온전한 사상을 가지고 있는 이들이 아닌, 중국 사이비 종교 신도들 수 백여 명이 집단으로 들어와 합숙하며 생활하고 있다고 생각해보라? 또한 이러한 곳들이 우리나라에 몇 군데나 있겠나?

건물 매입 액만도 수백억여 원이 넘고, 인테리어, 영상, 음향 및 촬영 장비들, 대형버스를 비롯한 차량들, 서적 출판 보급, 대부분의 일간지 칼라 전면 광고 170여 회 게재, 농기계 매입... 등 대략 수백억여 원에 달한다.

거짓 종교 탄압 주장하며, 하루 아침에 중국의 가족들을 버리고 가출하여 한국으로 와선 난민 소송 진행 중에 있는 이들이다. 80 노(老) 부모님들이, 젖먹이 포함 어린 자식들이, 이들이 속히 돌아오길 간절히 기다리고 있다.

---

[3] 참고로, 중국 흑룡강 성은 목축업이 주 업이다.

하찮은 미물도 자기 새끼 버리지 않는데, 이들은 천륜도 저버리고, 인간이면 기본적으로 이행해야 할 도리들도 내팽개치고, 한국을 보금자리 삼아 들어 앉아 있는 것이다.

2. 전능신교는 종말사기집단이다!

전능신교는 종말사기집단이다. 이렇게 주장하는 이유는,

이들이 한국에 입국하기 시작한 해는 2007~8년경이다. 당시에는 한국에 1세대들이 있는 가정들로, 대개 전 가족이 입국하였는데, 대부분 중국 전능신교 핵심 신도들이었다. 그러다가 2012년 12월 21일, 시한부 종말 주장하며 길거리에서 무료로 소책자(『마지막 티켓』)를 배포하는가 하면, 일간지들에 전면 광고를 게재하며 홍보하기 시작했다. 당시 주요 일간지 칼라 전면 광고는 한 회당 2,000만 원이었다. 이러다가 2013년 경부터 대거 입국하기 시작했다.

우리나라에서 난민법이 시행된 때는 2013년 7월이었다. 이를 알고 미리 준비하고 난민팀을 꾸려 신도들을 입국시킨 것이다. 대부분 홀로 가출해 온 이들이다. 이 집단 핵심 교리에는 "가족 단절"[4] 교리가 있다. 1,000여명에 달하는 사이비종교 집단 신도들이 대거 난민 소송 진행 중이다. 이는, 어느 나라, 어느 역사에도 없었던 일이다.

이렇듯, 잘못된 신앙에 세뇌된 신도들이 가족까지 버리고 한국으로 입국하면서까지 모험을 하였는데, 전능신교 지도부에서는 자신들이 주장하고 외쳤던 '시한부 종말'을 진정으로 믿지 않았다.

---

4) 전능신교 집단 내 10조 행정이라는 10계명에는 모든 재물과 재산은 제사장(조유산)과 하나님이 사용한다. 그 외에는 자격이나 권리가 없다. 이성교제 발각 시 추방한다, 육에 속한 것을 내려 놓으라, 가정과도 단절하라, 오직 하나님(양향빈)의 일에 집중하라고 하는 내용이 있다.

전능신교에서 주장한 종말인, 2012년 12월 21일, 당일, 대구에 있는 6층 건물을 매입하였다! 종말이라고 주장했던 그 날! 있었던 일이다.

자신들도 믿지 않았던 종말을 신도들로 하여금 믿게 하였고, 일반 세상 사람들에게까지 홍보하며 믿게 하려 했던 것이다. 그렇게 해서 신도들 재산 갈취한 종말사기집단이다.

종교탄압 주장 허위 난민 – 가족의 품으로 돌려보내야!

1. 가짜 난민 실태

#1 – 어느 날 아침, 회사에 출근하던 남편에게서 문자가 왔다. "나를 찾지말라!"
#2 – 갓 대학을 졸업한 딸이 한국에 가서 1년만 있다 온다더니, 3년째 깜깜 무소식이다.
#3 – 회사에서 한국으로 해외 연수 다녀온다던 부인이, 3년째 연락 두절!
#4 – 젖먹이 애를 친정 어머니께 맡기고, 회사 출장 간다던 부인, 4년째 무소식!

이들 모두, 중국에 가족들을 두고 홀로, 무사증으로 한국 제주도에 와서는 난민 신청을 했고, 현재 행정소송 진행 중이다. 대법원까지 패소하고도 재차 재심 신청을 하고 있다.
이들이 난민인가?

2. 행정 재심, 1회로 한정해야!

난민 불인정 됐어도, 현 한국 난민법에는 1심, 2심, 3심 이후 재심을 할 수 있게 돼 있는데, 재심을 몇 회에 걸쳐서 할 수 있다는 세부 조항이 없기 때문에, 계속해서 재차 재심을 신청하고 있다. 항고를 하지 않아 2심인 고등법원에서 확정 판결 받고도 재심 신청을 하면 받아주고 있는 형국이다. 독일처럼 행정 소송에서 재심은 1회로 한정해야 한다.

3. 종교탄압 주장 허위 난민 - 가족의 품으로 돌려보내야!

중국 사이비 종교 파룬궁과 전능신교 신도들의 종교탄압 주장 허위 난민 신청이 해마다 증가하고 있다. 이 집단 신도들이 아님에도 브로커 끼고 신도라며 난민 신청한 이들도 있다.

특히, 전능신교 집단에는 '난민 팀'이 조성되어 있다. 사이비 종교 집단이 계획적·체계적으로 난민 신청을 하고 있다는 방증이다.

이 때문에, 중국에서 가출해서는 무사증으로 제주도에 온 사람이 3일 만에 난민 신청을 해놓고는 서울로 상경하였다. 고작, 3일 만에!

중국에 가족들을 두고, 어느 날 갑자기 사라진 이들이 한국에서 난민 소송을 진행하고 있다. 이들은 허위 난민이다.

4. 종교탄압? 가짜 동영상 제작 배포

2007~8년경, 전 가족이 한국에 온 사람이 2014년, 중국에서 종교로 인한 탄압을 받고 한국에 왔다며, 거짓 인터뷰를 하거나 동영상을 제작해 인터넷에 유포하고 있다. 등장인물은 모두 전능신교 집단 신도들이다. 자기들끼리 노래부르다, 영화 찍다... 하면서, 일인다역을 하고 있다.

배경은 한국, 강원도 횡성이다. 밤중에도 나와 촬영을 하고 있다.

종교탄압 영상 내용은 거짓, 조작, 허위이다.

5. 중국 형법 – 형사, 치안관리법 중, 사이비 종교 관련 조항을 보자!

【 중국 형법 부문에서 법률이 규정한 이단 】

중국 형법 제300조 규정은 다음과 같다. 미신이나 종교 조직 혹은 이단 조직을 창설하거나 이용하여 국가 법률이나 행정 법규의 실시를 파괴하는 자에 대해서는 3년 이상 7년 이하의 징역에 처하며 경위가 심각한 자에 대해서는 7년 이상의 징역에 처한다. 미신이나 종교 조직 혹은 이단 조직을 창설하거나 미신을 이용하여 타인을 기만하거나 죽음에 이르게 한 자도 위 조항의 규정에 따라 처벌한다. 미신이나 종교 조직 혹은 이단 조직을 창설하거나 미신을 이용하여 부녀자를 간음하거나 재물을 편취했을 때 본 법의 236조와 266조의 조항을 참조하여 죄목에 따라 처벌한다.

최고 인민 법원과 최고 인민 검찰원이 제출한 〈이단 조직을 창설하거나 이용한 범죄 활동에 대한 법률적 응용에 관한 해석〉은 다음과 같다. 일부 소개.

제1조. 형법에서 제기한 〈이단 조직〉이란 바로 종교이거나 기공 혹은 기타 명의를 도용하여 창설한 우두머리를 신격화하고 미신이나 이단학설을 이용하여 타인을 기만하거나 현혹시키는 방식으로 신도들을 발전시키고 컨트롤하는 사회를 위협하는 비법조직을 말한다.

제3조. 형법 제300조 제2항에서 규정한 이단 조직을 이용하여 타인을 기만하고 죽게 만드는 행위란 바로 이단 조직을 창설하거나 이용하여 미신 학설을 꾸며내거나 전파시켜 조직원이나 기타 인원들을 단식이나 자해, 자학하게 하고 기만하는 행위 혹은 환자의 정상 치료를 방해하여 환자가 사망에 이르게 한 정황을 말한다. 아래에 열거한 정황에 부합되면 〈엄중한〉 것으로 간주한다.

(1) 3명 이상을 사망에 이르게 한 행위,
(2) 사망에 이르게 한 인원 수가 3명은 되지 않으나, 많은 사람들이 중상을 입게 만든 행위,
(3) 과거 이단 활동으로 행정 처벌을 받았음에도 불구하고, 또 이단 조직을 창설하거나 이용하여 타인을 기만하거나 사망에 이르게 한 행위,
(4) 기타 특별히 엄중한 후과를 초래한 행위.

대부분 이단 조직 창설자에 관한 내용이거나 살인, 간음, 중상, 특별히 엄중한 사건 초래를 했을 경우에 대한 내용들이다. 일반 신도들은 포교활동의 정도에 따라 처벌하거나 권면하고 끝내는 정도이다.

예를 들어, 유인물 100장을 유포한 정도와 10장 유포한 정도의 차이까지 세세하게 규정해 놓고 있다. 법대로 시행되고 있다. 이를 탄압이니 핍박이니 과장, 확대 표현해서는 안 된다.

휴대폰이 없는 중국인이 얼마나 될까, 경찰이 탄압이니 핍박을 한다면, 그런 장면 촬영해 SNS에 올리면, 오히려 그 경찰이 처벌받는다. 파룬궁이나 전능신교 집단 신도들이 진실을 호도하고 있는 것이다.

6. 예멘 난민 사태를 보면서,

무사증 제도를 이용하고 입국, 난민 신청한 사람은 합법적 입국자가 아니다. 장기 체류 목적으로 한국 난민법을 악용해, 계획적으로 들어오는 사람들이다.

난민 사태는 우리가 전혀 예상치 못한 일이 아니었다. 이전부터 예측 가능했던 결과이다. 과거에도 외국인이 관광비자로 와서는 난민 신청을 하는 경우도 있었다. 한국에서 불법적으로 일을 하다 강제 퇴거 명령을 방어하기 위해 난민 신청을 하기도 했다. 우리는 이러한 사태가 언젠가는 발생될 것

이라는 것을 얼마든지 추측할 수 있었다. 그런데 거기에 대한 대응, 예방이 준비되어 있지 않았던 것이다.

이로 인해 한국에서의 불법 체류자는 폭발적으로 급증하고 있으며, 난민 신청자의 수도 해가 갈수록 증가 추세이다. 불법 체류를 하면서 추방 명령에 대한 방어 목적으로, 혹은 개인의 경제적 이익을 목적으로, 어떻게든 한국에 입국해 난민 신청을 하는 등. 우리의 난민법을 악용하는 이들이 늘어나고 있다는 것을 그저 바라보고 있을 수밖에 없었다. 진정한 난민을 반대하는 것이 아니다. 가짜 난민을 반대하는 것이다. 이들을 차단할 수 있는 제도와 난민법을 구축하기를 요구한다.

인두적 지원을 위해 제정된 난민법이 도리어 자국민의 안보와 안전에 위협의 수단으로 작용하고 국가 기관이 이를 방어하지 못한다면, 차라리 난민법은 폐지되어야 할 것이다.

현 한국 난민법에는 허점이 많다. 이것을 알고 있는 이들이 한국으로 몰려들고 있는 것이다.

대한민국에서 난민 신청자는 해가 갈수록 급증하지만, 난민 인정률은 3%에도 미치지 않는다. 이는 대한민국에 와서 난민이라고 신청하는 이들 대부분이 국제 협약에서 말하는 난민의 기준에도 미치지 못 한다는 의미이다. 하지만, 우리 국가 제도는 이러한 이들을 제한할 수 있는 법적 실행력을 가질 수 없게 되어 있다.

예를 들어, 대한민국에서 난민 신청을 한 이들이 난민 불인정 되면, 우리나라는 다섯 번에 걸쳐 재 심사하도록 규정하고 있다. 통상적으로 걸리는 3-4년의 기간 동안, 이들은 단 한 번의 난민 신청으로 합법적 체류가 가능하며, 이들은 난민 신청자의 지위를 가지고 여러 가지 혜택을 받게 된다.

결국, 최종적으로 불인정 판결을 받더라도 계속해서 재차 재심 신청을 하며 살아가고 있다. 그렇지 않으면 불법 체류자의 신분으로 여전히 우리들

사이에서 숨어서 살고 있다. 불법 체류자가 되더라도 대한민국을 떠나지 않는다. 또 다시 난민 신청을 할 수 있다. 무한정... 머물 수 있다. 이렇게 우리의 법과 제도를 남용하고 악용하는 이들은 법무부는 속수무책으로 바라보고만 있다.

따라서 입법부는 속히, 난민법이 가지고 있는 법적, 제도적 허점을 방비해야 한다. 그리고 난민의 지위를 악용하고 사사로이 개인의 경제적 이익을 위해, 우리 국민의 순수한 인도주의적 지위를 착복하는 자들을 추방할 수 있는 법적 근거를 마련해야 한다. 또한 난민 지위를 악용하는 자들을 대한민국에서 내보낼 수 있도록 엄중하고 단호한 행정 집행이 이루어져야 할 것이다. 가짜 난민은 추방해야 한다.

그리고 허위 종교 탄압을 이유로 가출하여 와서는 난민 소송 제기자들도 하루 속히 가족의 품으로 돌아갈 수 있도록 선도해야 한다.

현재 수많은 나라들이 자국의 빗장을 걸어 잠그고 최악의 비극적 참사들을 생각하며 대비하고 있다.

예멘 난민 사태를 보면서,

우리는 신중해야 한다. 과연 우리가 이들을 혐오와 차별의 대상이 아닌, 이 땅에서 뿌리내리고 살아갈 동반자로 받아들일 준비가 되어 있는지, 또한 그들이 우리의 문화와 제도를 존중하고 전통적 가치를 받아들일 준비가 되어 있는지 살펴봐야 한다.

사회적인 합의가 이루어지지 않은 상황에서 이들을 받아들인다면, 우리 사회는 언젠가는 또 다시 끊이지 않은 갈등과 혼란에 휩싸이게 될 것이다. 따라서 단순한 이상주의적, 인도주의적 관점에서 이번 사태에 대한 결정을 내려서는 안 된다. 우리의 가치와 문화를 수호하고, 대한민국의 정체성을 후대에 온전히 돌려줄 수 있도록, 합당한 법적·제도적 장치가 마련돼야 할 것이다.

6. ᶠ⁷ 전능신교, 농업법인 통해 활동보장 받고, 자유왕래 속셈인 듯! (2018년 8월)

타국서 법인 설립해 비자(VISA) 취득 - 이단 집단들 활동 공식

중국 사이비종교 전능신교 집단이, 지난 5월 농업법인을 설립하였다. 교주 조유산과 양향빈이 위조 여권으로 미국으로 도주할 때 사용했던 방법도 농업 법인이었다. 이 집단이 법인을 통해 국내외 자유 왕래를 하려는 듯하다.

또한 강원도와 충북 지역에 수 만여 평의 농지와 임야 및 과수원과 축사를 매입한 것으로 보아, 투자 이민도 계획 중인 듯하다.

이들은 지난 5월 2일, 농업회사법인 주식회사 가나안을 설립하였다. 현재 임원으로는 사내이사와 감사 등 두 명이다. 1주의 금액은 1만원, 총수 10만주, 발행 주식의 총 수는 1,000주로 자본금은 1천만 원이다. 사업 목적에 수출입무역업 및 판매업, 해외농업개발 업무도 포함되어 있다.

외국인이 우리나라에 와서 법인을 설립하면 주어지는 비자(VISA)가 있다. 배우자에게도 주어진다. 단, 영주권 획득까지는 좀 까다로운 과정이 필요하긴 하다. 그래도 이를 이용해 법인 이사 및 임원진, 그리고 주주들까지 자유로 지정할 수 있고, 이들에게도 비자가 주어지니까, 활용 가치가 있는 것이다. 최근 언론을 통해 공개된 '은혜로교회'나 '한농복구회'등도 잘못된 종말사상으로 인하여 브라질이나 남태평양의 피지가 지상낙원이라며, 신도들을 이주시켜 놓았는데, 이들 집단도 모두 농업 법인을 설립하여 해당 비자를 발급받으려 했다. 이단 집단들이 해외에 나갔을 때, 활동 보장 받고 비자(VISA)나 영주권 획득 위한 공식이 바로 법인 설립과 투자 이민이다.

전능신교는 현재 2천여 명의 신도들이 전국에 흩어져 있는데, 다수의 신도들이 위장 난민 소송 중에 있다. 이러한 이들에 대한 관리 감독의 소홀한 틈을 이용해, 아예 마냥 눌러 앉아 신앙촌 형성하고 살 모양이다.

교주 조유산 부부, 아들 숨기고 키워!

조유산 아들 보모의 증언

1995년 3월 10일, 조유산과 자칭 "여신"양향빈 사이에 아들이 출생했다. 그들은 이것은 "신(神)"의 "광명의 자손"이라고 여기고, "여신"의 영예권이 무한하다고 하여 이름을 조명(赵明)이라고 지었다. 당시 조유산에게는 조강지처가 있었다.

교주의 명을 따라서 쇼위(小雨)는 아이를 돌보았고, 외부와 접촉해서는 안 되었다. 그녀는 타이웬칭쉬(太原清徐), 허베이펑펑탄광(河北峰峰煤矿), 산둥쩌우청(山东邹城)탄광, 허난 등지를 돌아다니면서 이 아이를 5세까지 돌보았다.

양향빈은 그녀의 몸이 좋지 않아 아이를 돌보는 것이 매우 고생스럽다고 하였다. 그리고 아이가 울면 수행에 영향을 준다고 했다. 그러므로 아이를 돌볼 수 없다고 했다.

조유산과 양향빈은 함께 아이를 보러 오기도 했는데, 그럴 때면 분유도 들고 왔다. 아이가 5세 되던 때부터 유치원에 다녔었고, 1학년 때에도 몇 개월 다녔다. 이렇듯 조유산 부부는 아들을 다른 이들이 모르게 숨기고 키웠다.

조유산 일가, 위조 여권으로 미국 도주 과정

이 기간 다른 인사인 "우샤"(吳霞)가 나타났다. 바로 그녀가 조유산 일가를 미국으로 가는 수속을 맡아 진행해 주었다.

조유산 일가 3명은 계략을 써서 미국으로 잇달아 도망을 갔다. 쇼위(小雨)는 이에 대하여 누구하고도 이야기를 하지 않았다. 왜냐하면 신의 육체를 논하는 것은 신에 대한 모독이고, "천벌"을 받는다고 했기 때문이었다.

1995년 말, 조유산은 "제사장"이 되었고, 모든 교회의 권리를 장악하고 있었다.

1997년, 조유산은 "전능신"을 위해서 둥베이구역(東北區), 산둥구역(山東區), 안후이구역(安徽區)과 허난구역(河南區)으로 나누었다. 구역 내에는 1, 2선을 세워 "복음을 전달"하게 하였다.

예를 들어 설명하자면, "복음을 전달"하는 것은 회사의 마케팅 경리가 구매자들을 끌어오는 것을 주요 관심 지표로 삼았다. 구역 아래에는 "편(片)"을 세워 "편 인솔"을 임명하였다. 내부에는 3선을 세워 "복음을 전파"하게 하였다. "편" 아래에 "교회"를 세우고 교회 내부에는 "인솔"이 있고, 4선에는 "복음"이 있었다.

1998년 9월, "편"은 "작은 구역"으로 개편하고 구역 아래에 1, 2선 "복음" 대오를 세웠고, 작은 구역은 3선의 "복음"대오를 세웠다. 그리고 교회는 "복음"집사, 생활 집사, 사무 집사와 연락 집사를 세웠다. 1년 후, "복음을 전파"하는 대오는 다시 조정을 거쳐 구역에는 1선이 "복음을 전파"하는 것이고, 작은 구역에는 2선을 "복음을 전파"하는 것으로 하고 교회는 3선 "복음"을 세웠다.

2000년 바로 밀레니엄의 해, 쇼위(小雨, 영명)은 조유산 초기의 충성스러운 신도였는데 그녀는 양향빈의 아들 조명을 5세까지 키웠다.

조씨 일가가 식사를 할 때 쇼위(小雨)는 은연 중에 그들이 미국으로 간다는 계획을 이야기하는 것을 들었다.

그 후 한동안 조유산과 부인 양향빈, 그리고 기타 5명의 핵심 간부들과 함께 미국으로 도망가기로 했다.

2000년 6월 전후, 조유산은 허난상성현(河南襄城县)에서 동료들과 집회를 열어, "신화", 《신이 사람을 사용하는 설법에 관하여》를 하달하였다. 조유산은 "제사장"으로부터 "성령이 사용하는 사람"으로 상승했고, 어떤 사람은 그를 "대제사장"이라고 불렀다.

이때부터, 조유산은 기본적으로 "전능신"의 높은 권력 그룹을 세웠다.

자칭 "여자 예수" 양향빈은 권력의 탑(Top) 끝에 높이 위치하였지만 단지 그릇된 이론을 쓰는 꼭두각시였다. 조유산은 "성령이 사용하는 사람"으로, 그를 "대제사장"으로 부르는 사람도 있었고, 교회의 모든 권력을 쥐고, 실제적인 교주가 되었다.

조유산 아래는 핵심 급 별인 "감찰조"가 있었는데 모두 7명으로 구성이 되었다. 조유산은 동시에 감찰조 구성원을 겸임하였고, 초기 추종자인 허저쉰(何哲迅)이 감찰장으로 봉해졌다.

그때 당시, 국제 바람이 폭풍처럼 거세게 일었다. 개방이 활개를 띄게 하는 수요에 따라서 관련 상업과 무역 기구도 적극적으로 기업과 개인의 출국에 편리를 제공하였다.

조유산 등 7명은 이 틈을 타서 신분을 위조하여 가짜 사인, 가짜 문건을 이용하여 여러 차례의 심사를 거쳐서 출국하게 되었다. 미국으로의 도주 계획은 반년 남짓 준비했었다.

조유산 일가, 신분도 농업회사 직원으로 위조

그 해에 획득한 여러 건의 수속 문건이 알려주는 바, 순조롭게 도망가기 위해서 조유산 등은 무척 애를 썼다. 7명이 우선 가짜 이름으로 바꾸고, 가짜 신분으로 위조했다. 조유산은 쉬원산(許文山)으로 이름을 바꾸고, 양향빈은 왕위룽(王玉榮)으로 이름을 바꾸었으며, 두 사람은 나이를 8세 어리게 고쳤고, 각각 상수이현(商水縣) 농업과학기술홍보서비스센터 주임, 루산현(魯山縣) 농업위원회 주임으로 신분을 바꾸었다. 그 외에 5명은 종자회사, 농기회사의 총경리, 엔지니어 등으로 위장했다.

미국에 간 문건 자료가 알려주는 바, 2000년 5월 11일, 조유산, 리강(李剛) 등 7인은 미국연방 상업회사 부총재의 친필서 초대장을 받았다.

"외국의 선진적인 농업 생산 및 관리 경험을 배우고, 우리 성의 집약 농업 수준을 높이기 위한다."

5월 16일, 관련 상업 기구는 소재 성정부에 공문을 보내어 지시를 바랬는데, 미국연방상업회사의 요청에 응하여 "쉬원산"등 일행 7인은 2000년 6, 7월 경에 미국으로 가서 학습과 교류를 하기로 하여 국외에 15일 체류하기로 했다.

5월 22일, 이 성 정부는 회답하고 그들이 상업무역기구 미국 파견 팀의 명의로 외국을 방문하기로 회답하였다. 외국 방문 일정은 6월이었다.

5월 30일, 조유산은 바삐 가짜 신분증으로 관무 여권을 만들었는데 신청서에 쓰여진 출국 예정 시간은 2000년 6월 30일이었다.

그러나 관건적인 시각에 미국 방문 여권 비자 수속은 이 성 외사 판공실에서 불발되었다.

2000년 7월, 앞서 서술한 상업기구는 성 외사 판공실에 편지를 보내어 지시를 바라며 여권 비자를 빨리 처리할 것을 재촉하였다.

─현재 미국 측은 이미 일정과 항목 교섭 등 각 공무 활동을 확정하였는데 우리 측은 협의 일정에 따라서 미국에 갈 수 없어 신임을 잃게 되고 나아가서 우리 측과 미국 측의 장기 협력 관계에 영향을 준다─는 것이다.

편지 내용은 진지하였고, 약속과 보증을 하였는데 "사전 귀 판공실이 미국 방문 팀 관리를 강화하는 현실을 고려하여 우리들은 팀 인원이 고찰 임무를 완성한 후 제 때에 나라에 돌아가며 제 때에 여권을 귀 판공실에 돌려 드릴 것이다."라고 하였다.

2000년 5월, 조유산 등 일행은 미국연방상업회사와 연락하여 "금후 농업 발전 연구"에 관한 상업 초청서를 받아서 상업 고찰의 명의로 미국에 가기로 했다.

2000년 9월 6일, 조유산 일행은 중국 상하이(上海)를 거쳐 출국하여 미국으로 도주하였다. 동행한 조유산 부인의 언니 외에 조유산의 수속을 해준 숨겨진 인물인 우샤(吳霞)가 있다. 그녀는 신속히 귀국한 후, 이어서 미국으로 갔으며 마지막에 또 귀국하였다.

줄곧 제일 처음 귀국까지 미룬 후, 우샤는 조유산의 아들 조명에게 미국

가는 수속을 밟아주었다.

2001년 3월 7일, 조유산의 아들, 당시 6세인 조명은 쉬텐보우(許天宝)로 이름을 바꾸어 사적인 이유의 출국 여권을 발급받아, 친척과 친구들을 방문한다는 이유로 미국으로 향했다.

2001년 12월 2일, 또 한 명의 40세 가량의 남자는 조명을 데리고 광저우(廣州)로부터 출국하여 미국으로 향했다.

공안 부서가 후에 조사하여 증명하였는데, 조유산의 여권신청증명, 신분증 등 수속은 모두 위조했었다. 동행한 7인의 단위 증명, 2개 심사 문선 상의 문자는 검증을 거쳐 모두 동일인이었음을 확인했다.

전능신교 집단, 교주 빈자리는 '감찰조'가 관리

미국으로 도망가기 전 조유산은 이미 도주 경로를 계획해 두었었다. 그는 전에 자신과 함께 해왔던 절친 허저쉰(何哲迅)을 전능신 감찰조 조장으로 임명하여 국내의 일체 사무를 장악하게 하였다.

전능신 조직 체계에서 감찰조는 권력의 핵심이고, 재정과 인사 임명권을 갖고 있다. 교주가 없는 빈 자리는 감찰조에서 관리하고 있음을 알 수 있다. 한국도 미국의 조유산이 직접 지시하면 조장과 부조장이 받아 알리고 있다.

조유산의 아들이 미국에 간 지 한 달이 지나지 않은 2002년 초, 조유산은 또 요란하게 준비 작업을 거쳐 부인에게 친속관계공증을 하였다. 이번에 그들은 진짜 신분 정보를 사용하였고, 국내 인사들을 배후에서 조종하고 지휘하여 그들에게 공증을 처리하게 하였다. 그리고 이번 계략은 더 순조로웠다.

획득한 공증 자료를 통해 파악할 수 있는 것은, 2002년 1월 26일, 한 "국가 급의 단체나 조직"의 건축 단위가 "우리 단위 직공 조유산"이라고 하는 단위가 위법 규율 위반이 없는 행위의 증명을 발급했다는 것이다.

해당 현지 공안은 조유산 일가의 증명을 발급해 주었는데 "이 가정의 호구, 신분증, 결혼증을 잃어버려 마침 사후 처리하는 중이었다"라고 하였다.

1월 20일, 조유산은 또 "여 동료"에게 위탁하여 이 시 공증처에 가서 친속 관계공증을 처리하여 미국에서 사용하도록 하였다. 1월 22일, 공증은 순조롭게 완성되었다.

2002년, 조유산은 출국 금지인 명단에 올랐다. 그러나 당시 조유산 일가 3명은 이미 미국으로 출국한 후였다.

기타 자료가 나타내는 바, 양향빈의 한 친척 양쯔빈(杨志斌)은 현재 미국에 있는데 양향빈을 도와서 전능신교회를 관리한다고 한다. 여타 이단 집단들처럼 친인척들이 핵심 그룹을 이루고 있다.

전능신교 신도들은 현재, 한국의 난민법을 악용하며, 장기 체류를 하고 있다. 이 집단 내에는 난민팀이 있어서, 조직적이고도 계획적으로 신도들을 기획 입국 시켰다. 이런 사이비 종교도 없었다. 그러더니 최근에는 위조 여권으로 미국으로 출국해 공항에서 발각, 현재 이민국에 억류되어 재판 중인 신도도 나타났다.

위조 여권 사건은 한 건 만이 아니라, 여러 건으로 추정된다. 종교라 할 수도 없는 사교 집단의 범죄 수법이 날로 지능화되고 있다.

전능신교, 가짜 난민 소송자들 - 송환 요청!

- 전능신교 중국 피해 가족들 방한!
- "우리 가족은 난민이 아니다!"
- 중국의 수많은 피해 가족들 중, 15명 방한!

　가짜 난민들 - 가족의 품으로 송환하라!

　□ 중국 사이비 종교 중 '전능신교'(전능하신하나님교회, 동방번개) 집단이 있습니다. 이 종교에 빠진 가족들은 '가족관계단절서'라는 각서를 쓰고 대부분 가출하여, 행방을 모르고 있습니다.

　□ 이들 중, 약 2,000여 명이 한국에 들어와 있습니다. 이들 대부분(1,000여 명으로 추정)은 현재 난민소송을 진행하고 있습니다. 한국에 장기 체류를 목적으로 악용하고 있는 겁니다.

　□ 한국에서 난민 소송을 진행하고 있는 가족이 있는, 중국의 피해 가족들이 한국을 찾아 옵니다.

　□ 젖먹이 어린 아이를 떼 놓고 한국에 와선, 난민이라 주장하며, 난민 소송 진행 중인 어느 엄마가 계시고, 3살배기 아이와 사랑하는 아내를 중국에 두고, 한국에 와선 현재 난민 소송 진행 중에 있는 어느 아빠도 계십니다.

　□ 수년 동안, 한국으로 가출한 가족들과는 연락도 되지 않고, 어디에 있는지, 몸은 건강한지, 무엇을 하며 지내는지... 아무 소식이 없습니다. 연락이 되지 않으니, 중국의 가족들이 직접 찾으러 오는 겁니다.

　□ 전능신교 내부 문서를 통해, 전능신교 교주 양향빈(현재, 미국에 거주)이 신도들에게 내린 지령에 의하면, 조선족들은 한국으로 가라!, 모두들 가출하여 잠적하라! ... 는 등의 내용이 있습니다.

　□ 전능신교 내부 조직에는 '난민팀'이 있습니다. 한국에서 난민 소송 진행 중에 있는 신도들 대부분, 무비자로 제주도로 입국하여, 난민 신청을 한 후, 약 3일 만에 서울로 입성하여 수년 동안 한국에서 지내고 있습니다.

7. 전능신교(동방번개)에 대한 연구 (2018년 9월)

I. 합신 이단사이비대책위원회

서 론

1. 전능신교를 연구하게 된 경위

2017년 대한예수교장로회(합신) 제102회 총회에서 전능신교의 사이비성 및 폐해에 대하여 이단사이비대책위원회에 맡겨 연구하도록 결의하였다.

2. 전능신교의 피해 사례들

중국에서 발원한 전능신교가 한국에 들어온지 얼마 되지 않아서 한국에서도 피해 사례가 발생하고 있다.

2016년 8월 9일 중국 허베이(하북성) 싱타이시에 살고 있는 피해 여성 티엔 잉(전영/田穎,여,33세)의 기자회견을 준비하면서 그 실체를 알게 되었다. 그 남편은 신실한 사람이었는데 전능신교에 빠져 중국에서 가정(아내와 자녀와 모친)을 버리고 한국으로 숨어 들어왔으며 어머니가 소천 했는데도 문상은 커녕 집에 오지도 않았으며 가정을 돌보지 않아 4살 된 아이와 함께 남편을 찾기 위하여 한국에 왔었고 출입국관리소를 통해서 연락처를 받아 잠시 만났지만 전능신교 사람들이 빼돌려 사라져 버린 상황이었다.[5]

---

5) 티엔 잉 2016.8.9. 피해자 기자회견 진술서. 한국기독교이단상담연구소

2017년 11월 13일에도 전능신교에 가족을 빼앗긴 사람들 5명의 피해자(이준걸 씨는 아내가 빠져 가출하여 한국으로 왔고)가 와서 가족을 돌려달라고 기자회견을 하기도 하였다. 주로 중국에 있는 피해자들이 대부분이다. 이들은 중국으로 돌아가면 생명의 위협을 받는다면서 중국으로 돌아가는 것을 거부하였다. 앞으로 한국에서도 많은 피해자가 발생할 수 있어 주의가 요청된다.[6]

전능신교와 관련된 다음과 같은 극단적 피해 사례가 있다.

1) 2003년 가을 여신도 시에윈(射云)이 호남성 장사시 구록구에서 세계의 종말이 왔다며 죽으면 곧 승천할 수 있고 천당에 간다며 농약을 마시고 자살한 사건.

2) 2004.11.9. 근려연이라는 여 신도가 칼로 목을 베어 자살한 사건

3) 2011.12.13. 전능신교 신자들 3명이 길림성 백성시에서 승천하기 위해서 분신 자살한 사건

4) 산동성 용구시 경제개발구에서 전능신교 신도인 왕위력이라는 여신도는 그 교를 믿지 않는 사람은 모두 악마라며 아버지 유옥신을 구타하여 치사하게 한 사건

5) 산시성 서안시에서 남신도 왕도라는 사람이 아내에게서 악령을 제거한다며 2012.3.4. 질식사 시킨 사건.

6) 장수성 술양현에서 1996.2.22. 새벽 3시경 전능신교를 믿는 남 신도 만성언(萬成彦)이 세상을 구원한다며 여덟살된 자기아들을 격살하고 십자가에 못박아 죽인 사건

7) 안후성 화구현에서 로경국(魯慶菊)이라는 여 신도는 2011.11월 경 전능신교의 이탈자에 대한 협박을 받고 스스로 물에 뛰어들어 자살한 사건

---

6) 이준걸 외 4명 2017.11.13. 피해자 기자회견 진술서. 종교와 진리.

8) 허난성 난양에서는 2011.8.16. 소아마비에 걸린 양초(梁超)라는 14세 소년을 전능신교 신도들이 치료한다며 밟아 죽인 사건

9) 산동성 초운시에서 2014.5.28. 전능신교 신도들이 맥도날드에서 식사를 하고 있는 오석염(吳碩艶)이라는 구타하여 죽게 한 사건

이상의 사건의 출처는 산동성 앤타이시 2014년 연형일초자 제 48번 형사판결서[7)]

본 론

1. 전능신교의 발생 경위

1) 전능신교의 창교자 조유산은 누구인가?

조유산(趙維山)은 본래 이름이 조곤(趙坤)이라고 한다. 부친의 이름은 조광발(趙廣发)이요 어머니의 이름은 이계영(李桂榮)이며 아버지는 공산당원으로서 철도사업을 하던 사람이라고 한다. 이 부부에게서 난 자녀가 2남 8녀로서 10명이고 그 중에 장남이 바로 조곤(조유산)이었다. 집안이 너무 가난하여 많은 어려움을 겪었으며 초등학교 시절에 스스로 공사 파출소에 가서 개명을 하였는데 조유산이라는 것이다. 산과 산을 연결한다는 뜻인데 어떤 포부를 가졌다는 것을 나타내는 것이라고 여겨진다.

그는 1966년 문화대혁명을 겪으면서 초등학교 6학년 시절 (만15세정도) 초록색 군복을 입고 반란파 조직을 만들어 앞장서기도 했다고 한다. 초등학교를 졸업하고 야꼬우(亞洵)중학교로 진학을 했고 중등 교육을 마쳤다. 그리고 1970년에 원씨라는 스승 밑에서 목수 일을 3개월간 배웠고

---

7) 고바울 저 <조유산과 동방번개의 실체> 도서출판 북소리 PP.173-187

1975년도에 아버지의 철도사업 하는 직업을 물려받아 일을 하였고 배운 목수일 때문에 다른 사람들의 집에 가서 책상이나 의자 그리고 장롱 등 간단한 가구들을 만들어 주기도 했다.

1979년에는 부운지(付云芝)라는 여자와 결혼을 하여 살다가 양향빈 만난 후 이혼한 것이다.

그는 결혼하면서 기독교를 접했고 혼자 책을 읽고 교회 가서 설교를 들으면서 자기 멋대로 성경을 해석하는 등 비 정상적인 신앙생활을 하면서 정신적 자폐증상과 망상증상을 보이기 시작했다고 한다. 그런데 어느날 조유산의 딸과 부모와 자기 동생의 아내인 제수씨가 가스중독으로 죽게 되고 조유산은 가출하였고 부인 부운지는 기다리다가 집을 팔고 다른 데로 개가하였다.[8]

2) 전능신교의 발생 경위

1976년 문화혁명운동이 끝나고 1983년에는 종교 신앙 자유 정책으로 중국 기독교회 가 설립이 되었다. 조유산은 1993년 아청교회라는 곳에서 목사가 없는 상황에서 자신이 교리를 가르치고 찬송을 가르쳤다.

아청현에서는 장로파(長老派)와 소군파(小群派)가 있었는데 장로파는 세례를 주장하고 소군파는 침례를 주장했다고 한다. 바로 이 소군파가 지방교회(地方教會)라는 단체이며 워치만 니가 창교자인데 그 본 이름은 예탁성(倪柝聲)이다.

조유산은 소군파 곧 워치만 니의 가르침을 따랐는데 목사 후보자중 한 사람으로 나섰다가 목사 선거에서 낙선되었고 "삼자애국교회위원회"에 들어갈 수 없었으며 그는 하얼삔시 잉웬진(永源陣)을 중심으로 비밀리에 모임

---

8) 고바울 저 <조유산과 동방번개의 실체> 도서출판 북소리 PP.173-187

장소를 가지고 자신의 이단적 교리를 전파하기 시작했다.

결국 그는 지방교회의 호함파 교리를 접촉하게 되면서 활발하게 포교활동을 계속하다가 세력이 점점 커지자 자신을 능력주(能力主)로 자처하고 실제 하나님(實際神)이라 주장하면서 교파를 형성하게 되었다.

처음에는 능력주교(能力主教)라고 하기도 하고 실제 하나님교(實際神教)라고도 하다가 나중에는 동방번개(東方閃電)라고 하기도 하였다. 이는 동방에서 번개같이 재림주가 나타난다는 뜻이다.

자신을 능력주로 칭하면서 신격화시키게 된 배경은 다음과 같다.
  조유산은 호함파의 왕옥정(王玉庭)이라는 여자를 통하여 소군파의 침례를 받았고 왕옥적은 조유산에게 "능력(能力)"이라는 영적 이름을 하사하였으며 그 때부터 호함파 이상수(위트니스 리)밑에 들어가 활동하게 된 것이다.[9]
  호암파에서는 이상수를 상수주(常受主)라 부르고 상수주(常受主) 이름을 주여 주여 주여 세 번 부르면 구원을 얻는다고 가르쳤는데 조유산은 자신을 능력주라 부르도록 사람들을 미혹했다.
  조유산은 잉웬(永源)에 "능력주 참 하나님이 바로 우리 잉웬에 있다고 계시를 받았다"는 유언비어를 퍼뜨리게 하고 스스로 영가(靈歌)를 만들어 퍼뜨렸는데 그 중 한곡이 "능력주는 어디에 계신가"라는 것이며 거짓 간증을 하도록 유도하고 교회 모임에서 부르도록 유도하였다.

사람들의 관심이 능력주는 누구일까? 의혹을 가지게 되자 "능력의 주는 예수님이 두 번째 말씀이 육신이 되어 나타나신 분인데 이는 성령 계시의

---

9) 현문근. 중국의 이단 전능신교. 아티클. 2012. 인천기독교이단상담실장.

최고봉이다" "능력주는 곧 그리스도이다"라고 전하게 하였다. 조유산이 바로 능력주라는 것이다. 호암파에서 받은 영명이 능력이기 때문에 사람들에게 맞아 떨어진다고 합리화하며 선전한 것이다.

"말씀이 육신이 되어 살아있는 그리스도께서는 하나님의 단으로 나아가셨다. 참 하나님 교파 참 하나님교회가 되는 목적을 이루시고 계신다"라며 사람들을 미혹하고 "최후의 날에 능력주와 함께 왕노릇한다"며 선전하였다.

그러나 공안기관의 검거 작전이 시작되자 허난성으로 도망쳤고 이리저리 도피하다가 미국으로 가서 활동을 하고 있는데 도망다니는 동안 1992년 싼시성(山西省) 따통시(大同市)에 갔다가 젊은 여성을 만나는데 당시 나이가 18세였던 양향빈(楊向彬)이었다. 당시 고등학교를 다니고 있었는데 미혹하여 데리고 다니면서 사람들의 관심이 집중되자 양향빈을 "여 그리스도" "전능하신 여 하나님"으로 간증하게 하고 자기는 뒤로 물러나 배후에서 조종을 하기 시작했다.

능력주의 사명은 끝나고 능력주의 시대가 곧 끝나며 계1:8의 "이제도 있고 전에도 있었고 장차 올 자요 전능한 자라 하시더라"는 성경구절을 이용하여 장차올 전능자가 곧 나타나게 될 전능하신 하나님이고 전능하신 하나님은 예수님이 육신이 되어 두 번째로 나타나신 것이라고 주장하게 된다. 그 전능하신 하나님이 여자 그리스도로 성육신 했는데 바로 양향빈이라는 것이다.

조유산은 자기 스스로 교주직을 내려놓고 자기는 제사장직을 담임했다. 자신은 제사장이고 여 하나님의 전권대표이며 신도들과 여 하나님 사이의 중보라고 공표를 하였다. 여자 하나님이 이미 인간 세상에 나타났고 자기에게 전권(全權)이라는 이름을 하사하였고 대제사장의 직무를 주었고 여자 하나님을 대표하여 모든 일을 지시하게 하였다고 했다.

　조유산이 제기한 "하나님의 본체는 총 8명인데 전권(全權), 전지(全知), 전영(全榮),전성(全誠), 전비(全備), 전승(全勝), 전존(全尊), 전귀(全貴)이라고 했다.
4명은 남자고 4명은 여자라는 것이다.

　2. 전능신교의 현황

　2000.,7.14 조유산과 양향빈은 공안 경찰들을 피해서 조유산은 허문산(許文山)이라는 이름으로 바꾸고 양향빈은 왕옥영(王玉榮)이라는 이름으로 바꾸고 수하 5명과 함께 고찰을 명의로 일반 공민여권을 만든 후에 2000년 9월 6일 샹하이 푸동공항을 통해 일본을 경유하여 미국으로 도망을 쳤다. 조유산은 중화인민공화국 공안부의 출국금지 리스트에 올라갔지만 이미 출국한 뒤였고 미국에서는 종교박해를 이유로 정치적 난민신청을 해서 받아들여졌다.

　미국에 정착한 조유산은 2003년부터 해외에서 원격 조종을 하며 인터넷으로 감시하고 규제하면서 중국 전역에 8개 대구역을 설립했고(흑룡강성, 요녕성,예남성,예북성,안후이성,강소성,하북성,산동성등) 2005년도에는 화남성, 절강성, 원귀성등 3개의 특별 목양 구역을 설립하였다.

　신도수는 2001년 40만명, 2002년 100만명, 2003년 140만명, 2004년 180만명, 2005년 200만명을 돌파하였고 현재 중국에는 약 600만 명의 신도가 있으며 한국에는 약 1000여명이 있다고 추정된다.
　서울에 서울 1곳 부천 1곳 안산 1곳 대전 1곳 횡성 1곳인데 주로 구로와

부천과 횡성에 집단생활을 하고 있는 것으로 파악이 되고 있다.

미국이나 동남아에도 약간의 신도가 있다고 추정되나 얼마 정도인지는 파악되지 않고 있으며 중국 정부 당국이 중국 발 이단들이 해외로 나가서 중국의 국격을 손상하고 있다는 사실에 신경을 곤두세우고 있는 실정이다.

2013년 전능신교는 조선일보를 비롯한 4대 신문과 각종 일간지에 800여회 이상의 전면광고를 싣고 "전능하신 하나님의 교회"를 선전하고 "예수의 재림-전능하신 하나님의 국도시대에 발표하신 말씀"이라며 "구주는 이미 흰구름을 타고 다시 돌아왔다"고 선전하였다.

특히 경제력은 대단하다.

조유산과 양향빈이 미국으로 도주한 후 2002년 중국위웬화로 100만위웬(한화 1억7천만원)이 미국으로 보내졌으며 2003년 200만위웬(한화 3억4천만원) 2004년 400만위웬(한화 6억8천만원)이 보내졌고 매년 증가하여 2007년부터는 2천만위웬(30억4천만원)으로 2012년에는 4천4백만위웬(한화 74억8천만원)으로 엄청난 금액의 돈이 흘러들어 갔다. 지금까지 미국으로 흘러간 돈은 수백억에 달할 것으로 추정된다.[10]

우리나라에 벌써 건물을 5동이나 샀다면 그 액수도 무시할 수 없는 액수이다.

---

10) 고바울 <조유산과 동방번개의 실체> 도서출판 북소리. 2017.

3. 전능신교의 주요 교리

1) 동방번개(전능신교)는 국도시대 선민 10조행정(十條行政) 10계명[11]

1 계명 : 사람은 하나님만을 경배하고 높여야 하며 자신을 망령되이 여기거나 높이지 말라

(여기서 하나님은 여자 하나님 혹은 여자 그리스도 곧 양향빈을 가리킨다)

2 계명 : 사람은 하나님의 일에 유익해야 하며 하나님의 일을 방해해서는 안되며 하나님의 이름을 잘 지켜야 하고 하나님에 대해서 간증하여야 한다.

3 계명 : 사람은 금전 물질뿐 아니라 모든 재산이나 재물을 하나님에게 드려야 한다. 이 재물은 제사장과 하나님 외에 사용하거나 누릴 수 없다. 왜냐하면 사람이 바친 재물은 하나님을 즐겁게 하기 위한 것이기 때문에 하나님은 제사장과 같이 재물을 향유하고 사람은 이러한 자격과 권리가 없다.

4 계명 : 사람은 부패한 성정을 가지고 있을 뿐 아니라 감정을 갖고 있기 때문에 봉사를 위하여 인원을 배치할 때에 누구도 예외 없이 이성 간에 짝을 이루지 않도록 해야 하고 만약 발견되면 추방된다. (이성교재 금지)

5. 계명 : 사람은 하나님과 하나님의 일을 마음대로 말하지 말아야 하며 각기 자기의 할 일과 할 말만 할 것이며 범위와 한계를 벗어나지 않도록 하고 자기의 입과 걸음을 지켜야 한다.

6 계명 : 너의 해야 할 일만 하고 너의 의무를 다하고 너의 직책을 이행하고 네 본분을 지키고 하나님을 믿으며 하나님의 일을 위해 일하고 그에게 모든 것을 드려라.

7 계명 : 사람교회에 봉사하는 중에 하나님에게 순종하여야 하며 또한 성령이 사용하는 사람의 말을 들어야 하고 절대 복종해야 하고 시비를 분석하

---

11) 위의 책 p.188. <어린양이 펼친 책> 전능한 하나님의 교회 출판사 pp.1024-1025

지 말라 옳고 그름을 판단하는 것은 하나님의 일로 너와 무관한 것이고 너는 절대적으로 순종만 하라.

8 계명 : 사람이 하나님을 믿으니 당연히 하나님께 순종하고 사람을 높여서는 안되고 사람을 바라보지 말라 네가 숭배하는 어떤 사람이라도 하나님과 동등하게 여겨서는 안되며 사람으로 여겨야 한다.

9 계명 : 사람은 당연히 교회 일을 생각하여야 하며 육에 속한 장래 일을 내려놓아야 하고 가정과도 단절해야 하고 오직 온 마음과 뜻으로 하나님의 일에 집중해야 한다. 하나님의 일을 우선으로 하고 자신의 생활을 뒤로 하는 것이 성도의 마땅한 본분이다.

10 계명 : 하나님의 집에 사람이 부족하지 않기 때문에 안 믿는 친척 (자녀,남편,아내,자매,부모들)은 억지로 데려오지 말며 필요 없는 사람이 와서 머리수를 채우는 것도 필요 없고 자원한 마음이 없는 사람도 교회로 데리고 오지말라.

2) 국도시대에 하나님의 선민이 반드시 지켜야 할 17 조목 계명[12]

① 실제 하나님이 하는 일을 논단해서는 안 된다.
② 하나님이 증거한 사람을 대적해서는 안 된다.
③ 하나님 앞에서 성실히 자기의 본분을 지키고 방탕하지 말아야 한다.
④ 말은 분수 있게 해야 하고 행실과 말은 반드시 하나님이 증거한 사람의 안배에 따라야 한다.
⑤ 하나님의 증거를 경외해야 하고 하나님의 역사와 하나님 입의 말씀을 홀시해서는 안 된다.
⑥ 하나님이 말씀하는 말투와 말씀하는 목적을 모방해서는 안된다.

---

12) 전능하신 하나님 교회 복음사이트 http://kr.kingdomsalvation.org

⑦ 하나님이 증거한 사람에게 겉으로 뚜렷하게 대적하는 일을 해서는 안 된다.

⑧ 네 눈앞에 있는 하나님을 기만하고 속여서는 안 된다.

⑨ 네 앞의 하나님 앞에서 음탕한 말과 망령된 말을 해서는 안된다.

⑩ 감언이설로 네 눈앞의 하나님의 신임을 얻어서는 안 된다.

⑪ 하나님 앞에서 이래라 저래라 해서는 안 되며, 하나님 입에서 나온 모든 말씀에 순복해야지 반항하고 대적해서는 안 되고 변박해서도 안 된다.

⑫ 하나님 입으로 한 말씀을 제멋대로 해석하지 말고 너의 입과 혀로 인하여 악인의 궤계에 빠지지 않도록 입과 혀를 경계해야 한다.

⑬ 하나님이 너에게 나누어 준 경계를 벗어나 네가 하나님의 각도에 서서 오만한 말을 하는 것으로 인하여 하나님께 혐오 받지 않도록, 너의 발걸음을 경계해야 한다.

⑭ 사람이 너를 조소하지 않도록, 마귀가 너를 조롱하지 않도록 하나님 입으로 한 말씀을 제멋대로 전하지 말라.

⑮ 오늘의 하나님의 모든 역사에 순복하며, 설사 알지 못한다 하더라도 논단해서는 안 되고, 다만 찾고 구하고 교통해야한다.

⑯ 어떠한 사람도 하나님의 고유한 지위를 넘어서는 안 되며, 다만 사람의 각도에 서서 오늘의 하나님을 섬겨야 하지 사람의 각도에 서서 오늘의 하나님을 가르쳐서는 안 된다. 이것은 잘못된 행실이다.

⑰ 누구도 하나님이 증거한 사람의 지위에 서서는 안 되고, 말과 행동, 생각은 다 사람의 위치에 서야 한다. 이것은 반드시 지켜야 하는 것이고 사람의 직책이니, 누구도 변경해서는 안 된다. 이것은 행정을 범하는 일이니, 사람마다 명심해야 한다.

3) 전능신교가 주장하는 교리들[13]

① 삼시대론을 주장하여 율법시대 은혜시대 국도시대(하나님나라 시대)로 나눈다.

② 율법시대의 하나님의 이름은 여호와이고 은혜시대의 하나님의 이름은 예수이고 국도시대의 하나님의 이름은 "전능한 하나님"이라는 주장을 한다.

③ 이미 구주이신 재림예수가 두 번째 흰 구름을 타고 재림했다고 주장한다.

④ 재림한 예수는 중국으로 재림하셨다고 하여 동방을 중국으로 해석한다. 동방번개

⑤ 초림주는 유대인으로서 예수님이고 재림주는 중국의 여자 히니님(양향빈)이라고 한다.

⑥ 여자 재림예수가 재림하신 목적은 사탄의 권세 아래 있는 인류를 탈환하기 위해서 라고 주장한다.

⑦ 지금은 은혜시대의 예수만 믿으면 구원을 얻을 수 없고 국도시대의 전능하신 하나님을 믿어야 구원받는다고 한다.

⑧ 전능한 하나님(양향빈)을 다시 십자가에 못 박는 사람은 화가 있다고 주장한다.

⑨ 6천년 역사가운데 율법시대는 여호와가 죄를 깨닫게 했고 은혜시대에는 예수님이 죄를 위해 죽었고 국도시대 곧 하나님 나라 시대에는 마귀에게서 인류를 탈환하기 위해서 재림했다고 한다.

⑩ 첫 번째 예수님도 육신으로 도성인신했고 재림 예수도 두 번째 도성인신했다고 주장한다.

---

13) 전능신교에서 발행한 책자들 <구원받기 위해서 하나님을 믿는다, 국도복음 간증문답, 국도복음 설교특집, 어린양이 펼친책, ㄴ 전능하신 하나님의 교회 말세의 방주, 하나님의 말씀이 하나님의 나타남과 하나님의 역사를 증거한다>는 책등에서 발췌한 내용이다

⑪ 구약성경은 여호와의 말씀이고 신약성경은 예수님의 말씀이고 "육신에 나타난 하나님의 말씀"은 전능하신 하나님이 말씀하신 것이며 곧 진리하고 주장한다.

⑫ 구름을 타고 다시 재림하셨는데 그 구름은 흰 구름은 그의 영, 그의 말씀, 그의 모든 성품과 소시를 가리킨다고 한다.

⑬ 유대교는 여호와가 율법시대 사역을 한 후에 생겨났고, 기독교는 예수가 구속사역을 하신 후 생겨났고, 전능신교는 전능하신 하나님이 말세에 성육신하여 심판사역을 하면서 생겨났다고 주장한다.

4. 전능신교의 포교 방법

조유산의 측근인 하철신이 중국 공안에 체포되고 교화가 된 후에 전능신교의 포교방법 5가지와 권력기구의 설정 및 자금 유동등 상황을 털어놓았다. 포교방법을 보면

1) 관심과 사랑으로 사람을 감화한다는 것이다. 의식적으로 포교 대상에게 도움을 제공함으로서 호감을 얻게 하는 방법을 쓴다. 애인 소개, 농사일 보조, 청소도 해주고 설거지도 해주고 아픈 사람에게 의사와 약을 찾아주고 명절에는 쌀과 밀가루 식용유등 생활품을 보내기도 한다.

2) 끈질기게 달라붙어 귀찮게 하고 속임수와 협박 등 온갖 방법을 동원하여 전능신교를 받아들이게 한다.

3) 이성끼리 교제를 통해서 포교한다. 남성이 여성을 거절하기 어려워하는 특성을 이용해서 성적 포교방법을 쓴다.

4) 인간관계를 철저하게 이용한다. 친척 친구 지인들에게 접근해서 포교를 한다.

5) 전능신교에서 발행한 책과 포교를 위한 음악을 넣은 CD를 주고 UCC를 이용한다.

알려진 바에 의하면 불법 구금이나 협박으로 강제 포교를 하거나 여색으로 유혹하는 섹스 포교도 서슴치 않는다고 한다. 특히 귀신이 몸에 붙었다며 쫓아내야 한다는 등 귀신론을 이용하고,

형광 물질의 분말로 벽이나 계란에다 전능하신 하나님은 좋다는 글을 써 놓거나 글을 종이에 써서 비닐로 싼 다음 물고기 뱃속에 집어넣고 시장에서 사오는 것처럼하여 사람을 속이는 수법도 사용한다는 것이다.

6) "실정을 알아보고 길을 내는 세칙"이라는 책을 만들어 전문 기만술책을 펼치는데 다른 교파 교인들을 포교하는 기만 술책도 기재되어 있다고 한다.

2012년 12월 중국 남방일보에서 전능신교의 포교방법에 대한 실체를 폭로하는 기사가 났는데 "실제 하나님 전파 및 조직 통제수법 비밀 폭로"제목이다.

거기에 보면 1-3 대오가 있는데 선전과 포교를 위한 3단계 포교방법이다.[14]

1 대오는 성경에 대해 익숙하고 설교수준이 높은 사람들로 구성해서 각 교파의 중층 책임자와 설교자를 대상으로 포교하는 팀이고

2 대오는 소 구역에서 책임지고 지위하는데 그들의 주요 임무는 각 교파의 중,하층의 책임자와 지도자들을 포교하는 팀이고

3 대오는 교회에서 책임지고 지휘하는데 각 교파의 신도들을 대상으로 포교하는 팀이라고 한다.

5. 전능신교의 이단적 사상 비판

1) 성경의 완전성 부정, 계시의 연속성 주장

요한복음 21장 25절을 보면 "예수께서 행하신 일이 이 외에도 많으니 만

---

14) 고바울 <조유산과 동방번개의 실체> 도서출판 북소리. 2017. p.161

일 낱낱이 기록된다면, 이 세상이라도 그 기록된 책을 두기에 부족할 줄 아노라"는 말씀을 인용하여, 예수님이 행하신 일들을 완전히 기록하지 못했고 그 기록은 유한하기 때문에 더 기록할 것이 있다고 주장하여, 하나님이 행하실 일이 더 있고 기록할 것도 더 있다는 것이다. 조유산과 양향빈의 말도 하나님의 말씀으로 포함시키고자 하는 것이다.

모든 이단들은 성경외에 다른 계시를 주장하므로 자신들이 기록한 책이나 어록을 성경에 포함시키고 있다. 다시 말하면 ≪구약성경≫과 ≪신약성경≫ 그리고 말세에 다시오신 예수님 즉, 전능하신 하나님이 발표하신 하나님 나라시대의 성경인 ≪말씀이 육신에서 나타남≫이라는 이 세 권의 책이 바로 전능하신 하나님 교회의 기본신앙과 교리라면서 전능신교에서 말하는 책도 성경에 포함시킨다.

성경은 계시의 완성으로서 성경 외에 더 이상의 계시가 없다. 요한계시록22:18-19의 말씀에 더하거나 빼거나 하지 못하도록 말씀하시고 성경을 완성하시고 계시를 닫으셨다. 결국 전능신교는 성경의 완전성과 충족성과 종결성을 부정하고 전능신교의 책을 성경에 포함시키므로서 이단임을 스스로 드러내고 있다.

2) 성경에 대한 성령의 영감 부정

① 디모데후서 3:16의 말씀에서 "모든 성경은 하나님의 감동으로 된 것으로" 라는 말씀에서 바울 사도가 이 말씀을 기록할 때 신약성경은 없었으므로 "모든 성경"이라는 말씀은 구약성경을 말하는 것이지 신약성경을 말하는 것이 아니라는 것이다. 결국 신약성경도 성령으로 영감된 말씀으로 받아들이지 않으며

② 심지어 구약에서 한 부분은 모세오경, 역사서, 시가, 지혜서인데, 이런 책들은 사람의 기록에서 온 것이고, 모두 하나님이 사역하신 후 사람이 하

나님 역사의 사실이나 사람의 경력과 보임을 그대로 기록한 것이지, 결코 하나님의 감동으로 된 것이 아니라는 주장이다. 하나님의 감동으로 된 책은 선지자들을 통해서 주신 예언서 뿐이라는 것이다. 이것은 하나님이 직접 선지자들에게 말씀하셨다는 이유에서이다.[15]

전능신교는 성령의 영감에 대한 내용을 전혀 이해하지 못하고 있다. 말하자면 성령의 영감을 하나님이 직접 말씀하시는 것으로 이해하기 때문이다. 성령의 영감이란 성경의 저자들에게 인간의 자율적 활동을 없애지 않고 오히려 그들을 성령께서 감동하사 저자가 가진 기능이나 특성을 강화하시고 기록상 오류가 발생하지 않도록 도우셨다는 것이다.

베드로후서 1:20-22에서는 경의 모든 예언은 사람의 뜻으로 낸 것이 아니요 성령의 감동하심을 입은 사람들이 하나님께 받아 말한 것임으로 사사로이 풀어서는 안된다고 말씀하시고 3:15-16에서는 바울 사도의 편지를 거론하며 다른 성경과 같이 억지로 풀다가 스스로 멸망에 이른다고 말하고 있음을 본다. 바울 사도의 편지도 성경과 같은 계시임을 말씀한 것이다.

또한 주님께서 친히 시편을 말씀하시면서 "성경에 이르기를"이라고 언급하셨다. 시편의 말씀을 예수님도 성경으로 받아들이신 것이다. 결국 전능신교는 조유산이나 양향빈의 말을 하나님의 말씀으로 만들기 위해 성령의 영감도 부정하는 것이다.

3) 왜곡된 성경해석과 성경 짜깁기

전능신교는 성경을 가끔 거론하기는 하지만 "전능하신 하나님이 말씀하

---

15) 전능한 하나님의 교회 출판사 <국도복음 설교 특집> 14번 "정말 성경외에 하나님의 말씀이 없는가" p.182

셨다"며 교주 양향빈과 조유산의 말도 하나님의 말씀으로 만들고 있다. 그런데 자신들의 말씀을 합리화하기 위하여 성경의 완전성과 성령의 영감을 부인하고 성경을 왜곡해서 해석하고 성경을 짜깁기하여 자신의 논리를 합리화 시킨다. 이것은 모든 이단들의 특징이기도 하다.

예를 들면 계시록 1:7의 주님께서 구름타고 오신다는 말씀에 대하여 구름에다 의미를 부여하여 어떤 이단은 영이라고 하고 어떤 이단을 육체라고 하고 어떤 이단은 사람이라고 하는데 전능신교는 구름을 그의 영, 그의 말씀, 그의 모든 성품과 소시(所是)를 가리킨다고 주장한다. 여기서 "그"는 인자로서 재림하신 예수 그리스도가 아니라 재림주인 양향빈이다. 결국 자신들의 논리에 맞추어 구름을 "그의 영" "그의 말씀"으로 해석하는 것이다. 그래서 재림하시는 재림주는 말세에 이긴 자의 무리가운데 재림한다고 주장한다. 사람의 상상대로 하늘의 어느 흰 구름을타고 강림하신 것이 아니라 말세에 온전케 하려는 한 무리 즉 이긴 자들 가운데 말씀이 육신 되어 은밀히 강림하신 것이라고 한다.(p.6)

또 말세에 나타나는 재림 예수는 "전능하신 하나님"으로 나타난다고 하면서 계시록 1:8을 가져다 붙인다. "하나님이 가라사대 나는 알파와 오메가라 이제도 있고 전에도 있었고 장차 올자요 전능한 자라 하시더라"에서 하나님의 전능하심을 설명한 말로 해석하는 것이 아니라 "전능한 하나님이 바로 양향빈"이라는 교리를 만들어 낸 것이다.

4) 인간의 신격화

전능신교는 창조주와 피조물을 구분하지 못한다. 피조물을 조물주로 만들고 구원자로 만든다. 창조주는 피조물이 될 수 없고 피조물은 창조주가 될 수 없다. 하나님이 인간이 될 수 없고 인간이 하나님이 될 수 없다. 전능신교는 하나님이신 예수님을 피조물로 만들고 피조물인 자신도 하나님이

될 수 있다고 만드는 전형적인 이단들이 수법이다.[16]

예수님은 하나님(요1:1-3,18,사9:6)이시며 다윗도 그리스도를 주라 칭하였고(마22:43-45) 아브라함이 나기 전부터 계신 분이시며(요8:58) 창세 전부터 계신(요17:5,24) 창조주(히1:2)이시다.

예수님은 단순히 인간이 아니다. 하나님이 죄인 된 인간을 구원하기 위하여 사람이 되신 것이다. 모든 인간은 죄인으로서 구원자가 될 수 없고 피조물로서 창조주 곧 하나님이 될 수 없다. 모든 이단들은 피조물과 창조주를 동일시하거나 뒤바꾸어 신격화시키고 있다. 전능신교 또한 연약한 인간이요 죄인인 피조물을 창조주로 만들어 구원자로 만들어 사람을 신격화시키고 있는 것이다.

5) 삼위일체 하나님 부정

지방교회는 삼위일체 하나님을 부정하며 "삼일 하나님"을 주장한다. 하나님이 예수님이요 예수님이 성령이라는 주장이다. 그래서 한 하나님, 한 영, 한 위격의 하나님을 주장한다. 전능신교 역시 지방교회 이상수의 영향을 받았기 때문에 분명하게 세대론적 양태론을 주장한다. 전능신교는 성부, 성자, 성령 삼위일체 하나님 자체가 존재하지 않는다고 한다. 단지 하나님의 6천년 경륜을 따라서 시대마다 다르게 역사하는 삼이일(三而一)하나님이 아니라 사이일(四而一)하나님이라는 이상한 교리를 만들어 냈다.

구약 율법시대에는 여호와 하나님으로 역사했고 은혜시대에는 예수라는 이름으로 역사했고 국도시대에는 전능하신 하나님으로 역사한다는 것이다. 시대마다 다른 이름으로 역사한다고 주장하면서 한 하나님, 한 영, 한 위격

---

16) 전능한 하나님의 교회 출판사 발행 <말씀이 육신에서 나타남>에서 발췌. 요한계시록 1:8에 구름타고 오시는 예수님에 대하여 "전능한 하나님이라"는 말씀을 여자 그리스도라고 주장하는 양향빈에게 가져다 붙임으로서 여 재림주라고 주장한다.

을 주장하여 이단적인 양태론적 삼위일체를 주장한다. 아니 삼위일체라는 말 자체를 부정한다. 그는 성령으로 잉태되었고 즉 여호와의 영이 직접 잉태되었기에, 강생한 예수는 여전히 하나님 영의 화신인 것이고(p.603) 그의 영을 여호와라고 할 수 있고 예수라고 할 수 있으며 전능자라고도 할 수 있다(603)고 주장한다. 이름만 바꾸어 시대별로 역사했는데 마지막 하나님은 전능하신 하나님으로 양향빈이라는 것이다. 결국 양향빈은 구약의 여호와요 신약의 예수요 국도시대의 재림주라는 것이다.[17]

예수님께서 요단강에서 세례를 받으시고 올라오실 새 하늘로서 성부 하나님이 아들 하나님에게 "저는 내 사랑하는 아들이요 내 기뻐하는 자라" 말씀하셨고 성령은 비둘기 같이 아들 하나님이신 예수 위에 임하셨다. 동시에 한 곳에 성부 성자 성령이 현현(顯現)하신 것이다. 삼위일체 하나님은 본질적으로는 동일하시나 인격적으로는 구별되신다.

6) 인간영혼의 불멸성은 인정하나 윤회설을 주장

성경은 죽은 자의 부활에 대하여 분명하게 말씀하는데 전능신교는 죽은 자의 부활을 믿지 않고 마태복음 11장 14-15 주님께서 "오리라 한 엘리야가 바로 세례요한이라"고 말씀하신 것을 인용하여 왜 주님께서 엘리야를 세례요한이라고 했을까? 의문을 제시하면서 "사람의 생존은 영혼이 윤번으로 다시 태어나는 기초에 있다"는 교리를 것이다. 다시 말하면, 각 사람은 모두 그 영혼이 다시 태어날 때 사람의 육체적 생명이 있게 되는데 사람의 육체가 강생한 후이면, 이 생명이 시작하여 육체의 최대한도 즉 영혼이 빠져 나

---

17) 전능한 하나님의 교회 출판사 발행 <어린양이 펼친 책> pp.601-603 <국도 복음설교 특집> 17번 "삼위일체 하나님 이 논법은 성립되는가?" p.214

가는 최후의 시각까지 지속된다면서 "윤회설"(輪回說)을 주장한다. 이 세상에 온 사람은 모두 생(生)과 사(死)의 과정을 거치게 된다고 한다. 더 많은 사람들은 생사 윤회의 과정을 거쳤는데, 살아 있는 사람은 머지않아 곧 '죽을 것'이고 '죽은' 사람은 또 머지않아 돌아올 것이라는 것이다.[18]

주님께서 오리라한 엘리야가 세례요한이라고 말씀하신 것은 구약의 엘리야와 같은 사역을 세례요한이 한다는 뜻이지 "윤회"가 아니다. 한국의 이단들은 엘리야와 세례요한의 관계를 이용하여 "실상교리"를 만들어 냈는데 전능신교는 윤회교리를 만들어 냈다. 중국의 사상이 불교사상이고 그 사상이 바로 윤회설이다.

그러나 성경은 결코 윤회설을 말하지 않는다. 사람이 죽으면 다시 새로운 사람으로 태어나는 것이 아니라 천국과 지옥으로 가서 한 사람은 구원과 보상을 받고 한 사람은 심판과 보복을 받게 되는 것이고 그것을 영생 혹은 영원한 멸망으로 분명하게 말씀하신다.

7) 시대마다 이름이 다른 하나님 사역 주장

전능신교는 하나님의 6천년 경영계획을 거론하면서 3단계 사역을 하셨다고 한다. 그것이 바로 율법시대, 은혜시대, 국도시대를 주장한다. 시대마다 역사하는 하나님의 이름이 다르고 역사하는 내용도 다르고 교(敎)가 다르다고 주장한다.

율법시대에는 여호와라는 이름으로 역사했고, 은혜시대에는 예수라는 이름으로 역사했고, 국도시대에는 전능하신 하나님의 이름으로 역사한다고 주장한다.

---

18) 전능한 하나님의 교회 출판사 발행 <국도 복음설교 특집> 15번 "죽은 자의 부활은 도대체 무엇을 가리키는가?" p.193

율법시대는 율법시대 여호와 하나님께서는 율법을 반포하셔서 인류가 생활하도록 인솔하셨고 사람들에게 마땅히 하나님을 경배해야 한다는 것을 알게 하셨고, 무엇이 죄인지를 알게 하셨다는 것이다.

그런데 사람들이 율법을 어기고 더욱 부패해져서 죽게 되어 하나님은 인간의 필요를 따라 예수님을 보내서 은혜시대를 열게 하셨다고 한다. 하나님께서는 인류의 필요에 따라 은혜시대에 예수님으로 성육신하시어 인류를 위해 십자가에 못 박혀 사람을 죄에서 속량해 주셨다는 것이다.

하지만 사람의 죄성은 여전히 해결되지 않아 계속 죄를 지어 늘 하나님을 대적하였기 때문에 국도시대 곧 하나님나라 시대에 하나님은 또다시 성육신하셔서 전능하신 하나님이라는 이름으로 예수님의 구속 사역의 기초에서 인류를 구원하고 정결케 하시는 모든 진리를 발표하심으로 인류의 죄짓는 본성을 철저히 제거하여, 인류로 더 이상 하나님을 거역하거나 하나님을 대적하지 않게 하고, 참으로 하나님께 순종하고 하나님을 경배할 수 있게 하며, 최종에는 인류를 아름다운 귀숙으로 이끌어 간다고 한다.[19]

또한 유대교는 율법시대에 하나님이 사역 후에 생겨난 종교이고 천주교 정교회와 기독교는 은혜시대에 예수님의 사역후에 생겨난 종교이고, 전능하신 하나님 교회는 하나님이 말세에 성육신하여 심판 사역을 하심으로 생긴 교회라고 주장한다.

전능신교는 자신들의 논리에 맞추어 삼시대론을 주장하며 시대마다 사역도 이름도 종교도 다르다고 하는데 꼭 이단들은 삼시대론을 만들어서 하나님과 예수와 재림예수 시대로 만들어 자신이 재림 예수라고 주장하는 다른

---

19) 전능한 하나님의 교회 출판사 발행 <어린양이 펼친 책> pp.603-604, 879.

이단과 동일하다. 통일교는 구약시대 신약시대 성약시대를 만들고 신천지는 구약시대 신약시대 요한계시록시대를 만들어내는 것과 같다.

구약시대에는 율법을 보고 신약시대에는 신구약 성경을 보고 국도시대에는 전능하신 하나님이 친히 하신 말씀 〈말씀이 육신에 나타남〉이라는 성경을 본다고도 주장한다.

8) 시대별 구원의 방법이 다르다고 주장

전능신교는 은혜시대에 예수님이 한 단계의 구속 사역을 하여 사람들이 믿음으로 구원을 얻었고, 사람이 죄를 범해도 더 이상 율법에 정죄 받지 않고 처형당하지 않게 됐다고 주장하면서 예수님은 사람의 죄만 사해 주셨지, 사람의 죄짓는 본성을 사해 주시지 않았고 해결해 주시지도 않았다고 주장한다. 그래서 말세에 다시 돌아오신 예수님-전능하신 하나님(양향빈)이 죄 짓는 본성까지 없애 준다고 주장한다. 따라서 한사코 전능신교를 정죄하고 대적하고, 전능하신 하나님의 말세 심판 사역을 거절한다면, 결국 다 하나님의 역사에 도태될 것이고 구원받지 못한다는 것이다. 신약시대에는 믿음으로 구원 받았지만 국도시대에는 전능하는 하나님을 믿고 따라야 구원받는다는 주장이다.

성경은 오직 주님만이 구원자로서 오직 길이요 진리요 생명이라고 말씀하시며 (요14:6) 천하 인간에 예수 그리스도 외에는 구원얻을 다른 이름을 우리에게 주신일이 없다고 선언한다.(행4:12) 다른 구원자도 없고 오직 믿음으로 구원얻는 길외에 다른 방법이 없다.

통일교나 통일교출신의 정명석은 구약의 하나님은 육만 구원하였고 신약의 예수님은 영만 구원하였지만 성약시대 재림주는 영육을 다 구원한다고 주장하는 것과 같다.

9) 위험한 재림주 재림론

모든 이단들은 항상 초림 예수와 재림 예수를 구분하여 초림 예수는 2천년 전에 오신 예수님이고 재림예수는 다른 사람이라고 주장한다. 한국에는 자신이 재림예수라고 주장하는 사람이 47명이나 된다.

전능신교 또한 처음에는 조유산을 능력주라고 하여 재림 예수로 만들었고 나중에는 양향빈이라는 여자를 여 그리스도로 만들어 여 재림 예수가 되었다.
한국에도 자신을 여 하나님 혹은 여 그리스도로 주장하는 사람들이 여럿이 있다. 자기를 여자 하나님이라고 주장하는 안상홍증인회의 장길자. 하나님의 독생녀라고 주장하는 통일교의 한학자, 왕권을 가진 여자 재림예수라고 주장하는 세계선교회 심화실등이며 그 외에도 다수가 있다.

예수님은 이 땅에 오셔서 십자가에 죽으시고 부활하시고 승천하시고 하나님의 보좌 우편에 앉아 계시다가 다시 그 분이 이 땅에 심판을 위하여 재림하신다. 처음 이 땅에 오셨던 예수님 바로 그 분이다. 신령한 몸으로 변화하셔서 우리도 그와 같은 신령한 몸으로 변화시키실 주님 바로 그 분이 오신다. 초림 예수나 재림 예수는 동일하신 분이다. 초림하신 주님이나 재림하시는 주님이나 그 분이 그 분이기 때문에 초림주 재림주를 기독교회에서는 논할 이유가 없다. 그러나 이단들은 교주 자신을 재림주로 만들기 위해 초림주 재림주를 거론하면서 재림주가 바로 자신이라고 주장하는 것이다.

재림하시는 방법은 하늘 구름을 타고 영광중에 가시적인 방법으로 재림하신다. 다시 육신을 입고 태어나지도 않고 은밀하게 영으로 오시는 분이 아니다. 모든 사람들이 눈으로 볼 수 있도록 변화된 육체 곧 부활체의 몸을 가지시고 가시적으로 재림을 하신다. 계시록 1:7은 구름을 타고 오시는데 각인의 눈이 그를 보겠고 그를 찌른 자도 볼 것이라고 분명히 말씀하신다.

10) 동방번개로 재림의 방법

전능신교는 마태복음 24:27 "번개가 동편에서 나서 서편까지 번쩍임 같이 인자의 임함도 그러하리라"(p.366)는 말씀을 인용하여 동방은 중국을 뜻하고 주님께서 번개처럼 임한다고 하여 조유산을 동방번개라고 하였다. 예수님의 재림을 고대하는 그들에게 예수님이 이미 육신으로 돌아와 세계의 동방 중국에 오셔서 국도시대를 개척하였고 사람을 심판하고 정결케 하는 한 단계 더 새롭고 더 높은 사역을 하셨다고 주장한다.[20]

그러나 이 말씀은 인자되신 재림 그리스도께서 재림하시는 모습을 표현한 내용으로 동편이나 서편이 어떤 지역을 말씀하는 것이 아니라 동편은 동쪽 방향을 말씀하는 것이고 서편은 서쪽 방향을 말씀하는 것이다. "동편에서 시작해서 서편까지"라는 말은 주님의 재림은 모든 사람들이 다 알 수 있도록 오신다는 말씀이지 어느 지역에서 온다는 말씀이 아니다. 한국의 재림 예수라고 주장하는 사람들은 동방을 한국이라고 주장하고 중국 이단은 동방을 중국이라고 주장하지만 사실은 지역이 아니라 방향을 가리킨다. 해 뜨는 방향 곧 동쪽을 가리킨다. 한국의 이단들은 이사야 41:2이나 46:11을 인용하여 동방이 한국이라고 주장하고 있다.

---

20) 전능한 하나님의 교회 출판사 발행 <국도 복음설교 특집> 27. 동방번개의 근원은 도대체 어디인가? p.364. 28. 동방번개는 왜 반대하는 소리가운데서도 온 중화대륙에 전파될 수 있었는가?pp.366-371

결론

전능신교는 조유산이라는 한 인간이 만든 이단으로서 사람을 신격화시켜 하나님으로 만들고 재림 예수로 만들어 사람을 미혹시키고 각종 범죄를 저지르는 반사회적인 집단이며 이단사이비 집단임에 틀림이 없다. 따라서 그 정체를 확실하게 밝히고 드러내서 사람들로 하여금 미혹되지 않도록 해야할 것이며

1. 전능신교의 발원지인 중국 교계와 또한 정부와 연계하여 대처하도록 해야할 것이고

2. 전능신교 신도들들이 무비자로 제주도에 입국하여 난민신청을 하고 시간을 벌어 활동을 하고 잠적하는 등 많은 피해가 발생하므로 중국에서 전능신교 신도들의 유입차단을 위한 조치를 하는 것이 중요하고

3. 계속적으로 전능신교의 정체 폭로해서 이단에 빠지지 않도록 사전 예방에 힘을 기울여야 하고 적극 이단집단의 거짓된 홍보를 차단하기 위해서 노력해야 하며

4. 실제로 피해를 당하고 있는 피해자 가족과 피해당사자들을 위한 구제와 상담을 위해 노력해야 한다고 여겨진다.

8. 전능신교 '과잇상'(过夾床), 영체교환 및 성상납 실태 고발! (2018년 10월)

들어가면서: 문제 제기

대체적으로 이단 사이비 집단에서 공통적으로 드러나는 문제들은 교리문제, 이성문제, 물질문제 등이다. 이중 가장 악랄하게 증오 범죄로까지 이어지는 경우는 이성문제이다. 그리고 이성문제의 발단으로 사회 고발된 이단 사이비 집단으로는 통일교, JMS, 성락교회, 만민중앙교회... 등이다. 우리가 여기에서 관심을 가져야 할 것은 이런 이단 집단의 생성 시부터 발전, 흥왕, 그리고 패망의 단계에까지 이르게 한 주요 요인 중 이성문제가 얽혀 있다는 것이다.

중국 사이비종교 전능신교가 국내에서 본격적으로 활동한지도 이제 6년여가 되어가고 있다. 신도들 대부분이 중국 가정을 뒤로 하루아침에 가출해서 온 이들로 합숙 생활을 하고 있다. 6년이 지난 지금, 이 집단 내부에서 일어나는 사건 사고가 접수된 건 수는 아직 구체적으로 드러나지 않고 있다.

하지만, 이 집단 내 음란을 합리화하는 교리가 있다는 것이 발견되면서 우려를 금할 수가 없는 상황이다. 필자가 2013년 보았던 어느 20대 후반의 청년 설교자는 당시에는 미혼이었으나, 최근 보아하니 결혼한 상태인 듯 하였다. 그런데 혼인 신고 여부는 확인되지 않았다. 6년 어간에 사망한 사례는 또 없었을까, 그런데 사망 신고가 있었다든가, 장례식을 치른 일이 있었다든가 하는 일들은 밖에서는 확인할 길이 없다. 외국인들이 국내에서 집단 합숙을 하며 이곳저곳 이동을 하며 생활을 하고 있는데, 전입 신고도 하지 않고 있다. 그들에 대한 동향 파악은 누가 해야 하고, 또 하고 있는가?

1. 전능신교, 불법 성관계 용인하는 교리 있어!

전능신교 집단 내에 불법 성관계를 합리화 하는 교리가 있다. 그것이 바로 '과영상'(过灵床)이다.

남녀 사이의 불법 성관계를 중국 말로는 上(올라가다) 床(침대)라고 표현한다. 즉 "침대에 올라가다"라는 의미인데, 전능신교에서는 자체가 불법 성관계를 공공연히 주장할 수 없고, 또 금지도 할 수도 없기에, "신성한 하나님이 허락하신 침대에 올라가다"라고 하여, 남녀 신도 사이의 실질적인 불법 성관계를 묵인하고 있다. 중국 말 上(올라가다) 灵(신성하다, 하나님이 지정하다) 床(침대)이라고 한다. 이때 영체교환도 이루어진다고 한다. 단지 퇴폐적인 교리를 숨기기 위해 상영상(上灵床) 또는 과영상(过灵床)이란 말장난 같은 용어를 사용하는 것이다.

전능신교 초기 신도들을 끌어들이기 위해 사용했던 성 상납 수법인데, 요즘에도 여전히 행해지고 있다고 한다. 주로 운남과 사천, 광저우 및 기타 지역에서 피해자들이 많이 나타났다.

'과영 침대'는 전능신교 내부에서 암암리에 행해지고 있는 규칙과도 같은 것이다. '과영상(过灵床)'을 처음 시작한 이도 조유산이고, 이를 허락한 이도 조유산이다. 전능신교에서는 그를 대제사장이라 칭하고 있지만, 실제 교주이다.

조유산이 초기 영원교회를 설립하고 활동할 당시에도 여신도 2명을 데리고 다녔다. 그리고 중국 허난성에서 20세 양향빈을 만난 것이다.

전능신교 집단은 내부 조직과 등급이 치밀하고 엄격하게 정리되어 있다. 내부 구조는 대제사, 감독 그룹, 목회 지역, 지역, 공동체, 교회 및 작은 모임의 7단계로 분명하게 구분되어 있다.

전능신교는 자태가 뛰어난 여 신도들을 매우 중시한 후에 이 신도들을 각 그룹의 책임자들에게 붙여 주었다. 한편으로는 음란한 욕망을 충족시켜 주면서, 다른 한편으로는 감독, 감시를 겸용하도록 한 것이다.

'과영상', '성 교통'은 사이비 종교 전능신교 교화의 비밀 무기였고, 내부적으로 음란을 수단으로 포교 활동을 벌인 것이다.

그들 집단의 십계명 중 제 9계명에도, "사람들은 당연히 교회 일을 생각하여야 하며, 육에 속한 장래의 일을 내려 놓아야 하고, 가정과도 단절해야 하고, 오직 온 마음과 뜻으로 하나님의 일에 집중해야 한다."며 육에 속한 것을 내려 놓으라 명하고 있다.

2. 과영상(过灵床)으로 인한 피해사례들

중국 허난성 당히현 원담진의 마립재라는 사람은, 아내가 병으로 사망하였다. 전능신교 신도인 정씨라는 여 신도가 그를 주시하고는, 미인계 포교를 하여 거기에 넘어가 전능신교에 가입하게 되었다. 마립재가 사기를 당한 것을 알고는, 그 사교에서 벗어나려고 하자, 전능신교 사람들이 마립재가 정 여인과 성관계를 맺은 사진을 보여주며 여자를 유혹하여 간통하였다며 두 다리를 자르고 싶으냐며 협박을 했다고 한다. 너무 무서워 겉으로는 안 나가겠다고 해 놓고는 한밤중에 도망하여 3년 동안 집에도 못 들어가고 숨어 지냈다고 한다.

자칭 거짓 여자 그리스도를 믿고 따르는 전능신교에서는 더 이상 남녀의 구별이 없다. 동침할 수도 있고, 영체교환이나 성상납 등 교주 조유산이 음란을 합리화하고 있다. 그는 '과영상'을 신앙의 진보를 구현하기 위해 추구하는 것이라고 한다. 이런 황당무계한 논리의 오도 하에, 대단히 많은 젊은 여 신도들이 자신의 정조를 잃어버리고 자칭 전능신 사이비 종교에 현혹되어 성 노리개로, 죄악의 도구로 이용당해 왔다.

3. 여신도들에게 '과영상'은 악몽과도 같다!

전능신교와 같은 음란한 사이비 종교에서 '과영 침대', '성 교통' 등으로 인하여 가장 큰 피해자는 세뇌된 가련한 여 신도들이다. 몸도 마음도 아프고 가족에게까지 악 영향을 미칠 뿐만 아니라 소중한 생명도 잃었다!

중국 안양시 동공로 채원단지에 사는 진강평이라는 사람은, 초등학교 동창 장샤오후설국에게 속아 전능신교에 입교하게 되었다. 이후 그동안 모은 돈 4만 6000위안을 가지고 몰래 가출했다. 이후 수년 동안 얼마나 많은 신분을 알 수 없는 사람들을 '과령 침대'를 이끌었는지 모른다. 그녀 자신은 헤아릴 수 없다고 했다. 지난 2011년 봄, 잦은 '과령 침대'로 부인과 치료를 받지 못한데다가 엄격한 생활 규율과 영양 결핍으로 인해 2012년 9월 30일 갑자기 뇌경색이 발생해 의식을 잃었다. 생명이 위독한 결정적 시기에, 전능신교 조직에서는 진강평을 황산의 낡은 사당에 이동시켜 버렸다. 다행히 양치기 노인에게 발견되어 경찰에 신고하여 병원으로 후송되어 응급 처치를 받고 목숨을 건졌다.

또 "전능신의 음행은 나를 깨우친다"며 간증을 하기도 했던, 어느 병원 간호사 순매매(가명)는 사교 전능신교에 현혹된 후, 복음을 전하기 위해 20일 동안 계속 지각과 조퇴, 그리고 근태를 당했다고 밝혔다. 순매매는 다행히도 탈출해 집으로 돌아왔지만, 병원에서 쫓겨나고 남편과 이혼까지 하는 등, 멀쩡한 가정이 이렇게 산산이 부서졌다.

지난 2008년 12월, 허난성 안양 네이황현 장용향의 전능신 신도였던 장변분은 신도들에게 '과영상'을 강요당하였다. 약물 이용 강간을 당한 후, 차후에는 거절하자, 협박과 생명의 위협을 당하였다. 무력하게 당하기만 했던 장변분은, 결국 목을 매 자살을 하였다.

중국 쓰촨성 농민 대학생 리링은 '전능신(全能神)'이라는 그릇된 신앙에 현혹되어, 이건이라는 작은 단체장과 함께 '과령 침대' 의식을 거행하였다. 이건의 유도로 더 많은 사람을 포교하기 위해 자신의 몸을 미끼로 몇 달 동안 낯선 남자 20여 명과 성관계를 가졌다. 그러나 그녀는 그 누구도 구하지 못하고 오히려 자신의 몸만 점점 상하게 되었다. 그녀가 중병에 걸렸을 때, 전능신교에서는 그녀를 거들떠보지도 않았고, 절망에 빠져 있던 리링은 2012년 8월 27일 투신 자살을 하였다.

여신도들에게 '과영상'은 악몽과도 같다!

신앙인이라면, 육체의 허물은 영혼을 좀먹으며 끝내 자신과 이웃을 심각한 위경으로 몰고 간다는 사실을 인식하고 전인격적 성결에 매진해야 한다.

육체는 영혼을 담는 그릇으로서 육체의 순결은 영혼의 순결과 직결된다. 그렇기 때문에 간음, 남색 등 제 형태의 성범죄는 신앙인으로서는 행할 수 없는 중한 범죄들이다.

4. 전능신교와 미국의 인민사원(People's temple) 비교

전능신교와 미국의 인민사원(People's temple)과의 유사점이 있다.

미국의 인민사원(People's temple)은 샌프란시스코에서 시작된 사이비 종교 단체로, 교주는 짐 존스(Jim Jones)이다.

1979년, 세계가 대화재의 습격을 받을 것이라며 900명의 신도들을 샌프란시스코에서 유카이어로 단체 이주시킨 후 집단으로 자살하게 만들었다. 짐 존스는 많은 여성 신도들과 성관계를 갖고 그것을 빌미로 그들을 '기획

위원회'의 간부로 기용하였다. 간부들은 믿음이 부족한 신도 혹은 우유부단한 신도들의 집을 한밤중에 침입해서, 신도들의 병력과 같은 일상생활에 관한 정보를 수집하는 일을 수행했다. 이런 정보들을 가지고 존스는 설교 중에 적절하게 인용해 자신의 거짓 투시력을 과시하고, 신도들의 믿음을 확고하게 만들었다.

간부들은 바람잡이 역할도 하였다. 예를 들어, 휠체어를 타고 할머니로 변장해 있다가 존스의 신앙 치료가 영험함을 나타내기 위해 벌떡 일어나 걸어 다니는 등, 여러 가지 가상의 상황을 설정하고는 자작 행위를 하기도 하였다.

그리고 가족으로부터의 탈피를 명분으로 내세워서 친자식을 낳는 것을 심하게 제한하고, 혹 아이가 태어나더라도 출생 즉시 친부모로부터 격리시켜 여러 명의 대리 부모가 키우도록 했다. 이들은 아이들을 학대하기도 하였다.

이후 언론의 보도에 따른 압박과 CIA의 조사가 시작되자, 1974년에 존스는 가이아나로의 이주를 결심했다. 여기가 바로 존스타운이다. 이곳에 이주한 신도들의 여권을 모두 빼앗았고, 설교 도중에 "집단 자살로 자유로운 세계로 들어가자"고 주장하며, "지금부터 결행하자!"고 선동해 신도들의 간담을 서늘하게 만들곤 했다. 실제로 간부들에게는 여러 차례 자살 훈련을 시켰다고 한다.

그러다 1979년 11월에 미국에서 조사 팀을 존스타운으로 파견시키자 사원의 경비원들이 조사 팀의 팀장이자 미국 하원의원이었던 R. 라이언과 보도진들에게 무차별 총격을 난사해 사살해버렸다.

의원 사살 소식을 접하고 흡족해 한 존스는 신도들을 불러 모은 후 자살할 것을 독려했다. 제일 먼저 한 젊은 여자가 청산가리를 넣은 음료를 자신의 아이에게 마시게 한 후 자신도 음독을 감행했다. 그들 모자는 4분도 지나지 않아 숨졌고, 결국 910명이나 되는 신도들이 자진하여 자살을 했다.

이후 수많은 무덤 틈에서 짐 존스로 보이는 시체가 발견되었으나, 그 시체가 확실히 그인지는 밝혀지지 않았다고 한다.

이렇듯 여 신도 이용, 신앙촌 형성, 말세 피난처 이동은 전능신교와도 유사하다.

5. 파룬궁처럼, 신도들의 생각 통제와 자기들만의 세계 창조

중국 사이비 종교 파룬궁의 경우, 1992년 5월, 중국 사회에 보급되기 시작한 이후 총본산인 법륜대법연구회를 정점으로 39개의 수련총부, 1,900개의 지부, 2만 8천 개의 수련장이 세워졌고, 1억 명이 넘는 수련자들이 생겨났다.

파룬궁 수련자들은 개인 생활이 포기되는 수준에 이르기까지 열성적으로 수련하는 사람도 적지 않았다. 이런 사람들은 수련하는 것에 너무나 깊이 빠지기 때문에 하루 종일 아무 일을 안 하고 수련만 한다.

또한 수련의 최고 단계까지 달성하기 위해 어떤 사람들은 현실과 허황을 구별하지 못하는 지경에 이르러 극단적인 경우 이는 자살까지 이어지거나 너무나 깊게 심취한 나머지 스스로 분신하기도 했다. 그 결과가 너무 참혹하고 국가와 사회에 나쁜 영향을 미칠 수 있다고 판단한 중국 정부는 1999년 7월, 법륜대법연구회와 산하 조직을 불법화하고 활동을 전면 금지하는 조치를 취하는 한편, 파룬궁을 사이비 집단으로 규정하였다.

파룬궁에서는 정기적으로 시작되는 9일 학습반 공부를 통하여, 교주 이홍지의 설법 비디오를 보며 수련법을 배우고, 이홍지가 저서 한 책을 읽으며, 그가 만든 음악을 듣고 수련을 한다. 신도들의 생각과 사상을 온통 이홍지의 사상으로 물들이는 것이다. 이홍지에게서 나오는 파룬이 인간과 세계를 움직이는 바퀴와도 같은 것이다. 그리고 그 파룬이 새로운 세포를 창조해내고, 생사를 주관한다고 믿는다. 그래서 세상 종말이 오면 자기들만 살아남아 구원 받는다고 한다. 신도들의 생각을 통제하고, 자기들 만의 세상을 재창조한 것이다.

그리고 파룬궁 수련서적 전법륜에 보면, 파룬궁을 전할 때 절대 돈을 받지 말라고 적혀 있다. 이것은 평민이나 학생들과 같은 경제적 능력이 없는 집단에게 가장 효과적인 선전 방법이었다. 수련에 관한 서적을 무료로 나누어 주고 공법을 배우는 9일 분량의 강의 테이프까지도 모든 사람에게 다 주었다.

또한 신도들은 사람들이 하루에도 몇 차례 전화를 걸어 수련에 대해 궁금한 점을 물어봐도 짜증 한 번 안 내고 친절하게 다 받아 주고 가르쳐 준다.
이런 설득 방법은 실제로 큰 효과를 발휘하여 사람들이 파룬궁 신도들로부터 빚을 졌다는 느낌을 유발하여 더욱 종교에 몰입하게 하는 결과를 낳았다.

6. 전능신교, 인민사원, 파룬궁의 공통점

1) 그들만의 세계 창조

토착 주민들이 그리 많지 않은 산간벽지에 자신들 만의 주거지역을 만들고 생활함으로써 신도들의 결속력을 강하게 한다. 가정에서 가출할 때에는 그들의 모든 생활을 청산하도록 유도했기 때문에 신도들에게는 오직 그 종교만이 삶의 모든 것이 되어버렸다. 그 공동체 안에서 그들 모두는 서로를 친형제, 친부모, 친자식이라고 부른다. 그리고 세상 종말이 임박했다며 각양 재난이며 전쟁의 공포를 유발하는 동영상을 편집해 매일같이 보여준다. 인민사원의 경우 이러한 세상에 대한 공포심이 집단 자살로까지 쉽게 유도되었다.

2) 외부 집단에 대한 두려움

내부 집단의 결속을 강화함과 동시에 적이 되는 외부 집단을 설정해 놓는다. 그러한 외부의 적이 항시 자신들의 종교와 신도들을 위협한다고 주장한다. 단지 말 뿐만이 아니라 수많은 자작 사건을 계획하고 제작하여 세뇌를 시킨다. 이렇게 외부세계에 대한 두려움을 증폭시켜서 신도들은 이 종교만이 행복하고 안전한 삶을 위한 유일한 해결책이라는 믿음을 갖게 하는 것이다.

3) 합리화라는 올가미

이 종교를 위하여 자신의 젊은 청춘을 바치고, 가족을 버리고, 어린 자식까지… 거기에 재산을 바치거나 적든 크든 물질까지 헌신한 이들은 그 집단과의 관계에서 심리적으로 손을 떼기가 쉽지 않게 된다. 그 집단을 부인하게 되면, 자신이 그동안 투자했던, 아니 헌신했던 모든 것들이 공중분해 되는 것이 되기 때문에, 그럴 경우 거기에서 오는 공허함, 허무함… 이런 심리 상태를 감내하기가 어려운 것이다.

그렇기 때문에 의식적으로라도 부인하지 않으려 한다. 사회적으로 지식층에 속했던 이들도, 그토록 헌신과 충성을 바치고는 부인해야만 하는 상황이 닥치더라도 오히려 드러난 불법까지도 덮어주려고 노력하고, 합리화하려 한다. 올가미에 걸려든 것이다.

4) 지도자에 대한 신뢰와 매력 구축

자신의 믿음의 대상이 재림주, 구원자라고 믿고 따르며, 그를 중심으로 온 우주 만물이 움직이고, 세계가 돌아가고 있다고 믿는다. 신앙 치료를 할 수 있다고 주장하며 불치병이나, 암을 제거하거나 걷지 못하는 환자를 걷게 만드는 연출을 자행하기도 한다. 신도들의 뒷조사를 하고는, 설교 중에 그 정보를 이용하여 자신의 능력인 것처럼 꾸미기도 한다. 지도자로서의 카리스마에 이런 연출들이 더해져 신도들은 그를 마치 신처럼 떠받들고, 이런 믿음이 종교에 더 집중하고 심취하게 만든다.

 5) 신도들의 생각 통제

 배고픔에 시달리고, 물질적 곤궁에 빠지면, 신도들은 생각할 힘을 잃는다. 생각을 하지 못한다는 것은 종교에 대한 의심을 못하게 만드는 아주 직접적인 방법이다. 또한 신도들이 소모임을 결성하지 못하게 제어하는 것도 생각 통제의 한 방법이다. 가족과 단절하고 오라고 한 이상, 소수 가족 단위의 모임이 생기면 전체주의가 해체될 것을 우려해, 신도들 간 사사로운 친분 쌓기나 친밀한 관계 형성도 자유롭게 허락되지 않는다. 사상, 생각, 행동 일체를 통제하고 제어한다.

 7. 종말 공포 조장, 여성들의 취약점 이용 포교

 어느 여성문제연구전문가의 말에 의하면, 사이비 종교는 여성의 취약한 심리를 이용하여 그들에 대하여 정신적으로 통제하고는 심신에 상해를 입힌다고 하였다. 전능신교 또한 신도들의 약점을 잡고, 종교 심리를 이용하여 정신적·물질적 피해를 안기고 있다.
 아이가 아픈데 병원비가 없는 가정에 병원비를 대주고, 아이를 학교에 입학시켜야 하는데, 학비가 없다고 하면 학비를 대주고... 하면 신도들은 현혹되게 되어 있다. 그러면서 전능신교에 헌신하게 되는 것이다.

 거기에다 세상 종말이 곧 도래하는데, 전능신교에 다녀야만 살아남고 구원받는다, 재난을 피하려면 전능신교에 다녀야 한다면서 재난, 전염병, 기근, 지진, 수재, 한재 등 현상을 무한 공유, 확대 해석하여 종말 공포 조장하며 신도들을 현혹하고 있다.

2014년에는 악령을 제거한다며 한 신도를 집단 폭행해 사망한 사례도 있고, 허난성 난양(河南南阳)의 조슈샤(赵秀霞)는 그녀의 아들 량초(梁超)가 소아마비로 다리 부위에 질병이 있었는데, 전능신교에서 신(神)을 잘 믿어야 한다. 마음이 흔들리면 아들이 잘못될 것이라 하여, 이 때문에 그녀는 1만 위안을 전능신교에 바쳤으나, 아이는 잃고 말았다.

이렇듯 종말 공포를 조장하거나, 여성들에게 취약한 부분인 아이의 문제를 가지고 호의를 베풀거나 배려하는 척 하여 피해를 입히는 것이다.

8. 전능신교 피해자들 - 강압에 의한 난민소송 중단하고, 가족들 보내라!

지난 8월 31일, 전능신교 피해 가족 15명이 가출한 가족들을 찾기 위해 방한하였다. 한국에 있는 이들 가족들은 대부분 위장 거짓 난민 소송 진행 중에 있는 이들이다.

1) 우리 딸은 난민이 뭔지도 모른다! 전능신교의 강압에 의해 강제 난민소송 진행 중이다!

(*필자 주; 20대 초반, 전능신교에 가입한 딸이 현재 20대 후반이 되었다. 가출 후 한국으로 가서는 2년이 넘도록 연락 두절이다. 그의 어머니가 딸을 찾기 위해 방한하였다.)

사랑하는 딸이 창창한 20대를 사이비 종교 집단인 전능신교에서 허비하고 있다. 어느 날 갑자기 울면서 어디 다녀온다며 가방 하나 들고 나간 딸이, 무비자로 한국 제주도로 가서는 3년 반이 지난 현재까지 허위 난민 소송 진행 중에 있다. 가출 당시 수중에는 65만원 있었고, 개인 통장도 없었다. 가족들은 하루 아침에 참변을 당한 것이나 다를 바 없게 된 것이다. 한 방을 썼던 할머니는 매일같이 울고 계시고, 어머니는 우울증 약을 수년 째 복용하고 계시다.

딸은 현재까지 일체 전화 한 통화 없다. 전능신교 집단에서 중국 가족들에게 전화하는 것까지 통제하고 감시하고 자유롭게 연락도 취하지 못하게 하고 있기 때문이다.

그 집단에서 2012년 시한부 종말 주장을 할 때, 딸은 오히려 가족들을 설득하며 하루 빨리 전능신교에 같이 다니자 하였으나, 잘못된 종교라는 것을 알고는 계속 설득하였으나 듣지 않았다. 전능신교에서는 딸에게 그 집단을 나가면 죽는다, 핍박 받는다, 심한 폭행을 당할 것이라는 등. 허위 사실을 유포하고, 세뇌를 시켰다. 그래서 가족들의 이야기도 듣지 않은 것이다.

필자: 딸이 한국으로 간 다음부터 가정의 변화는?

어머니: 모든 것을 잃었다. 가족들은 매일 같이 슬픔에 잠겨 있고, 밤에 잠이 오지 않는다. 집도 정리하기도 싫고 뭘 하기도 귀찮고, 19세 아들 하나 있는데 그 아이마저 어떻게 될까봐... 엄청 걱정된다. 일 때문에 딸이 어렸을 적에 외조부모 밑에서 자랐는데, 사랑을 많이 받았다. 그런데 할아버지 돌아가셨을 때 오지도 않았다. 집안도 부족함 없이 넉넉하게 살았다. 남자 친구와 약혼도 한 상태였는데, 결혼하자고 하니까 3년만 기다려 달라고 했다. 전능신교 때문이었다. 남자 친구가 안 된다고 하니까, 2개월 후에 한국으로 가버린 것이다. 딸이 가출한 날, 막 울면서 나갔다.

필자: 딸이 난민이라고 보는가?

어머니: 아니다.

필자: 딸이 스스로 난민 신청을 한 것 같나?

어머니: 아니다. 전능신교에서 강제로 시킨 것 같다. 딸은 중국의 법에도 무지하고, 변호사도 주변에 없었다. 그런데 한국의 난민법을 어떻게 알겠는가? 전혀 모른다. 변호사 선임하는 것도 모른다. 현재 딸은 전능신교에 의해 강제적으로 난민 소송을 하고 있는 것이다... 딸이 한국에 가는 줄 알았으면, 잡았을 것이다... 집에 사람이 없으면, 혼자 운다... 이웃들이 딸에 대해서 물으면, 그냥 타지에 가서 직장생활을 한다고 한다.

외할머니께서 86세인데, 간절히 기다리고 있다. 명절만 돌아오면 손녀가 오는가 물으신다. 다른 집은 명절이면, 가족들이 모여 행복하게 보내는데, 우리 집은 슬픔에 잠겨 보낸다.

필자: 언제 가장 딸이 보고 싶나?

어머니: 명절, 생일, 잘 먹지도 못하고 입지도 못하면서 지낼 텐데... 딸이 원래 참 착하고, 예쁘고... 그랬다. 그런 딸이 전능신교에 다니고부터는, "그냥 엄마 배를 빌려 태어난 것이라고 했다. "하나님 뜻대로 온 것"이라고 했다.

잠이 오지 않을 때는 혼자 집을 나가 거리를 배회하다 들어온다. 새벽 1시든, 2시든 길거리를 헤매다가 들어온다... 그냥 죽고 싶은 생각도 한다. 우울증 약을 너무 먹어서 머리가 예전 같지 않다.

우리 부부는 북경에서 작은 장사부터 시작해 주위 돌아보지 않고, 20여년 참 바쁘게 살았다. 그래서 외조부모가 아이들을 키웠다... 부모와 떨어져 지내면서... 그래서, 더욱 너무 미안하다...

하루 빨리 집으로 돌아오면 좋겠다. 우리 아이는 정말 난민이 뭔지도 모른다. 20대 아이가 한국의 난민법을 어떻게 알고... 본인이 무슨 난민이라고... 전능신교의 강압에 의해 난민 소송 진행 중에 있는 것이다. 빨리 멈추고, 돌아왔으면 좋겠다. 할머니의 건강도, 부모님들의 건강도 좋지 않다.

(*필자 주; 어머니는 제주도까지 오셨다. 일주일 가까이 머물면서 딸과 전화 통화 만이라도 원했으나, 전능신교에서는 단 한 차례도 딸과의 통화를 허락하지 않았다.)

2) 부인을 기다리며… "혼자 벽 보고, 울기도 많이 했다."

(* 필자 주; 전능신교에 빠져 한국으로 가출한 부인을 찾기 위해 남편이 제주도에 오셨다. 일주일 가량 머물면서 전화 통화도 못 하고 다시 돌아가셨다. 전능신교에서 부인과의 통화를 차단했기 때문이다. 부인은 전능신교에서 강요한 각서를 쓰고는 그것을 지키지 않으면 죽는다고 하였다. 나중에야 부인이 남편에게 자신이 한국에 가야 한다. 각서를 썼기 때문에, 가지 않으면 당신도 죽고 아들도 죽는다며 애원했다고 한다.)

결혼 전, 바로 옆집이 유치원이었다. 부인은 유치원 교사였고, 그래서 거의 매일 마주치며 보다가 사귀게 되었다. 2003년에 결혼했는데, 장모님이 교회를 다니다가 전능신교에 다니게 되었다. 그래서 딸을 데리고 간 것이다. 부인은 지난 2010년부터 다니게 되었다.

거짓말을 하고 다녔기 때문에 몰랐다가 1년여 지난 후부터는 나쁜 종교라는 것을 알고, 반대를 하였다. 전능신교에서는 부인에게 일도 하지 말라고 하고, 노래 부르고 책 읽고... 그쪽 신앙에만 전념하게 하였다. 아이도 잘 돌보지 않게 되었다. 유치원이 끝나면 데리고 오고 해야 하는데, 그런 일도 소홀히 하였다.

아이는 현재 13세이다. 부인은 한국에 가기 몇 년 전, 여권을 준비하기에 무슨 일을 계획하는가? 의심을 했다. 그래서 채근을 하니, 한국에 돈 벌기 위해 갈 것이라고 했다. 그러더니 지난 2015년에 어느 날 갑자기 가출하여 떠난 것이다.

3) 부인은 전능신교에서 강요한 각서를 쓰고는 그것을 지키지 않으면 죽는다고 하였다.

필자: 어떤 내용의 각서를 썼다고 하던가?

부인 찾으러 온 남편: 한국에 간다는 각서를 썼다. 부인도 한국에 가는 것에 대하여 본인도 가기 싫다고 했다. 그런데 각서를 써서 안 된다고 했다. "내가 가지 않으면 당신도 죽고, 아들도 죽는다"고 했다. 각서를 썼기 때문에 그것을 이행하지 않으면 안 된다고 했다.

그러면서 침대 맡에 앉아 울기도 하고 화장대와 마주 앉아 울기도 하고, 많이 괴로워했다. 각서대로 이행해야 한다고 하면서... 자기도 쓰고 싶지 않았는데, 그 집단에서 쓰라고 해서 어쩔 수 없이 썼다고 했다. 부인이 한국으로 간 지 4년 동안 한 번도 연락이 없었다.

필자: 부인이 떠나고 나서 어떻게 생활했나?

부인 찾으러 온 남편: 아들이 원래 공부도 잘하고 그랬는데, 성적이 많이 떨어졌다. 어느 날 학교 선생님이 부르셔서 갔더니, 아이가 엄마를 너무 보고 싶어 하고 있고, 공부도 하기 싫다고 했다면서 아이에게 좋지 않은 영향을 미치니 무슨 방안이 있어야 한다고 했다.

부인은 한국에 가서 1년만 있다가 온다고 했는데, 3년이 지났다. 그러니까 아이는 "엄마가 나를 버렸나?"고 묻기도 했다. 아빠로서 아이에게 엄마가 사이비 종교에 빠져서 나갔다고 차마 말 못하고, 그냥 한국에 일을 하러 갔다고 했다. 일 하느라 밥도 잘 못 챙겨 먹이고 아이를 잘 챙기지 못했다. 아이는 엄마 생각만 한다. 이제 아이가 중학생, 사춘기이다. 예민한 시기이다. 엄마와 연락도 안 되고 하니까, 더 보고 싶은 것 같다.

부인도 자의에 의해 온 것이 아니라 강제로 왔기 때문에 만나기라도 하면 설득할 수 있을 것 같은데, 만나지도 못하고 연락도 안 되니까 답답하고 안타깝다.

4년 동안 일 하면서 아이 키우면서, 빈 방에 앉아 혼자 벽 보고 울기도 많이 했다. 순진한 부인이었다. 각서까지 쓰고 협박받은 것 같다. 아무 일도 안 하고 가만히 있으면 더 괴로우니까 그냥 일 많이 하며 시간 많이 채우고 지낸다.

부인과의 감정이 좋았다. 보기만 하면 집에 데리고 갈 수 있다.
4) 남동생, 전능신교에 세뇌돼, 대화 안 통해!

* **남동생을 찾으러 온 누나의 이야기**

남동생이 대학교에서 기계설비 학과를 졸업하였다. 2010년부터 전능신교 집단에 다니게 되었는데, 동영상 편집, 컴퓨터 수리도 한다. 지난 2014년에 한국에 갔다.

필자: 동생이 전능신교에 어떻게 다니게 되었나?
남동생을 찾으러 온 누나: 누나도 지방에서 학교에 다니고 있었고, 동생도 타 지역에서 학교에 다녔다. 방학 때, 동생이 상하이에서 아르바이트 하다가 한국에 가서 일 한다고 하면서 갔다. 그때 돈이 없다고 해서 100만 원을 주었다. 동생이 아르바이트 하며 번 돈은 어머니께 드렸다. 그렇게 착실한 아이였다.

필자: 동생한테 연락은 있었나?
남동생을 찾으러 온 누나: 돈이 필요할 때만 한두 번 오고 말았다. 언제 올 거냐? 물으면 얼버무리며 그냥 끊어버렸다. 동생과 연락 두절된 것은 작년에 한 번 오고는 안 왔다. 전화는 공중전화로 했다.

5) 동생이 남기고 간 가족까지 돌봐야 하는 형!

* **남동생을 찾으러 온 형의 이야기**

남동생은 결혼했다. 부인이 먼저 전능신교 신도였는데, 질병으로 사망했다. 자식들을 모두 중국에 두고 한국으로 갔다. 큰 아이가 21세, 작은 아이가 16세로 남매이다. 이들은 모두 형님이 키우고 있다. 현재는 둘 다 직장생활을 하고 있다. 동생이 9년 전부터 전능신교에 다니고 있는데 지난 2015년에 한국에 왔다. 부인 사망 후 일주일 만에 한국으로 간 것이다. 4년째 연락 두절 상태이다. 어머니가 현재 84세이시다. 건강이 많이 좋지 않다. 동생을 데리고 중국에 가고 싶다. 어머니가 고혈압과 심장병을 앓고 있다.

동생 사진은 10년 전 것만 있어, 그것 들고 왔다!
형님 혼자 연로하신 어머니, 자기 자식, 동생 자식들 등. 혼자 거대한 가족을 챙겨야 하니 많이 힘들었다.

6) 이혼서류 들고 왔다, 다시 가지고 간 부인

*** 남편 찾으러 온 부인의 이야기**

남편은 2012년부터 전능신교에 다니게 되었다. 그때는 그냥 일반 교회 신도였다. 선교사가 되겠다고 예전부터 말을 했다. 그런데 남편이 어쩌다 전능신교에 다니게 되었다. 혼자 일하며 딸 아이를 키우고 있는데, 딸은 현재 17세이다.

남편이 한국에 간 뒤로 지난 2015년 경, 남편을 찾기 위해 1년 동안 한국에 머물기도 했다. 하지만 남편은 요지부동이었다. 더 이상은 관계 유지가 어려울 것 같아 이번에는 이혼 서류를 가지고 왔다.

필자: 남편을 만났을 때, 이혼 서류를 내밀었나?
남편 찾으러 온 부인: 못했다.
부인은 가지고 온 이혼 서류를 다시 가지고 중국으로 돌아갔다.

* 나오면서: 왜, 중국 사이비 종교 피해자들의 멍 자국을 한국에 남겨야 하나?

중국 형법과 치안관리법에서 규정한 이단에 대하여, 그리고 어떠한 상황에 처했을 경우에 처벌까지 가는지를 알아보자.

중국 형법 제300조 규정은 다음과 같다.
미신이나 종교 조직 혹은 이단 조직을 창설하거나 이용하여 국가 법률이나 행정 법규를 파괴하는 자에 대해서는 3년 이상 7년 이하의 징역에 처하며 경위가 심각한 자에 대해서는 7년 이상의 징역에 처한다.
미신이나 종교 조직 혹은 이단 조직을 창설하거나 미신을 이용하여 타인을 기만하거나 죽음에 이르게 한 자도 위 조항의 규정에 따라 처벌한다. 미신이나 종교 조직 혹은 이단 조직을 창설하거나 미신을 이용하여 부녀자를 간음하거나 재물을 편취했을 때 본 법의 236조와 266조의 조항을 참조하여 죄목에 따라 처벌한다.
형법 제300조 제2항에서 규정한 이단 조직을 이용하여 타인을 기만하고 죽게 만드는 행위란 바로 이단 조직을 창설하거나 이용하여 미신학설을 꾸며내거나 전파시켜 조직원이나 기타 인원들을 단식이나 자해, 자학하게 하고 기만하는 행위 혹은 환자의 정상 치료를 방해하여 환자가 사망에 이르게 한 정황을 말한다.
아래에 열거한 정황에 부합되면 <엄중한> 것으로 간주한다. (1) 3명 이상을 사망에 이르게 한 행위, (2) 사망에 이르게 한 인원 수가 3명은 되지 않으나 많은 사람들이 중상을 입게 만든 행위, (3) 과거 이단 활동으로 행정처벌을 받았음에도 불구하고 또 이단 조직을 창설하거나 이용하여 타인을 기만하거나 사망에 이르게 한 행위, (4) 기타 특별히 엄중한 후과를 초래한 행위 등으로 규정하고 있다.

즉, 살인, 타인의 재물 편취, 자해와 자살 방조, 살인 교사, 각종 사기, 간음, 강간 등에 해당하는 범죄들에 대해서 합당한 처벌을 하고 있는 것이다.

이단 사이비종교 집단은 대부분 시한부 종말 신앙 등 잘못된 교리 전파, 교주 신격화, 수단과 방법을 가리지 않는 포교 활동, 물질적 피해, 가정 파탄, 때로는 생명의 위협, 자살 방조 등 정상적인 사회 질서를 어지럽히고, 공공 질서와 안전을 저해한다. 이에 중국 치안관리처벌법 제27조는 위와 같은 행위를 할 경우, 10일 이상 15일 이하의 수감, 1,000위안 이하의 벌금, 비교적 가벼운 경우, 5일 이상 10일 이하의 수감에 처할 수 있도록 규정하고 있다.

전능신교 신도들이 계속해서 주장하는 것이, 중국에 가면 강력한 처벌이 있을 것이다, 그러니 갈 수 없다, 죽을 수도 있고, 장애우가 될 수도 있다... 이런 낭설이다. 전능신교 내에서 신도들에게 이런 식의 세뇌를 시키고 있기 때문에, 중국 가정으로 돌아가고 싶어도 가지 못하고 있다. 하지만 이들 신도들 대부분은 평신도들이고, 중국 내의 법을 위반한 일이 없기 때문에 중국에 돌아가도 형사상 처벌을 받지 않는다. 핍박도 없다. 거짓에 속아 인생을 허비하고 낭비할 필요 없다.

금번 방한한 전능신교 피해 가족들은 그 외에도 딸을 찾으러 온 엄마는 매일 우울증 약을 복용하고 있다며, 약을 보여준다. 여동생을 찾으러 온 오빠는 생사 만이라도 확인하고 가야겠다, 그 전에는 가지 않겠다고 했다. 누나 가족을 찾으러 온 동생, 남편, 부인 찾으러 온 이들의 멍 자국을 왜, 이 한국 땅에 남겨야 하나? 왜, 중국 사이비 종교 피해 가족들이 한국에까지 와 울부짖으며 호소하는데도 정부는, 눈을 가리고 귀를 막고, 보지도 듣지도 않나!

8장

2019년

제8장

2019년

1. 전능신교 가짜 난민들, 한국인 상대 적반하장 고소남발–패소 (2019년 1월)

사이비 전능신교 집단은?

1. 1973년생 중국인 여자를 자칭 女 그리스도로 추앙, 그녀의 남편 조유산을 대제사장으로 믿고 있다. 아들까지 모두 위조 여권으로 미국으로 도주하였다.

2. 10조 행정이란 교리에 '가족과 단절'하라는 내용이 있다.

3. 성경은 독약이다. 먹으면 죽는다. 지금은 국도시대이니 새로운 말씀을 듣고 믿어야 한다. 성경은 보지 말라고 가르친다.

4. 2012년 시한부 종말을 주장했던, 종말 사기 집단이다.

5. 기독교라 할 수 없는 반(反)기독교 단체이다.

6. 조국과 민족과 가족을 버리고 온 이들이 한국을 중심으로 사이버 포교 활동을 하고 있다.

7. 타국(他國)에 와서 자기들이 태어나 자라고 보살핌 받은 조국과 민족을 배반하고, 비방한다. 종교 집단이 아닌, "反 정부 단체이다"! "反 정부 정치 조직"이다!

8. 2014년 10월, 교주가 신도들에게 가출하여 해외 및 한국으로 가라고 명령하였다.

9. 무비자로 한국 제주도에 입국, 허위 가짜 난민 신청 후, 행정소송, 재심... 불법체류자 신분이 있다. 이 집단 내에 불법 체류자가 다수 있다.

10. 장기 체류 목적으로 한국의 허술한 난민법을 악용하고 있다.

11. 대부분 중국 가족 버리고 가출한 이들로, 각 지교회 건물에서 집단 합숙 생활을 하고 있다. 신분 위장 위해 가짜 이름으로 활동하고, 각 지부를 수시로 이동하며 집단생활을 한다.

12. 가족들과의 연락 두절, 버리고 온 젖먹이 아이가 이제는 초등학교에 입학하는 데도 전능신교 신도들은 관심이 없다. 부모, 가족들이 사망해도 무관심이다. 철면피한 반(反)인류적 집단이다.

13. 수년 동안 연락 두절된 딸을 찾기, 제주도에 찾아온 어머니와의 만남은 커녕, 7일 동안 단 한 차례의 전화 연락도 허락하지 않았다.

14. 가정파탄, 물질피해, 정신피해, 여성 아동 인권 침해 집단, 반(反) 인권 집단이다.

15. 전능신교 가짜 난민들이 한국인 상대 - 난민법 위반했다(?), 가족 찾기 위한 활동에 업무 방해(?) 등으로 고소 남발하였다.

그런데, 이러한 전능신교 집단에 이용당하는, 또는 이용당하려고 하는 언론들이 있다.

<KNS 뉴스통신>, <태국세계일보>, <Asia Times>, <K- NEWSONLINE> …등

이러한 언론들은 자신과 가족들이 이단 사이비 집단으로 인한 피해를 직접적으로 받아보지 못했기 때문에 그들의 고통에 대해서 무감각한 것인지는 모르겠으나, 언론인으로서의 기본 소양은 인류애인데, 그것이 갖춰져 있다고 보기 어렵다.

전능신교 집단 또한, 장기체류 목적으로 한국의 난민법을 악용하고 있으면서, 한국인을 상대로 난민법 위반했다며 적반하장 격으로 고소를 하였다. 하지만 패소하였다. 그리고 가족들을 찾기 위해 중국에서부터 오신 분들을 돕는 사이비 종교 피해 가족들을 상대로는 업무 방해했다며 고소 남발하였다.

이러한 반인륜적인 사이비 집단의 활동은 반드시 저지되어야 한다. 그래야 더 이상의 피해를 방지하고 대책할 수 있다. 더구나 타국의 사이비 반(反)정부 정치 집단이 한국에 들어와 암암리에 활발한 활동을 하고 있다는 것은, 한국의 이미지에도 타격이 될 수 있다.

최근에는 농업 법인 설립해 중국에 있는 신도들에게 취업 비자로 한국으로 가라고 종용하고 있다. 또한 강원도 횡성 지역의 농지 구매를 위해, 주민들을 접촉하고 있고, 그들의 숙소 근처에서 수시로 영화 촬영을 하고 있다. 주민들과 기독교 연합체의 방비가 필요하다.

지금 이 시간에도 전능신교에 빠져 가출한 가족을 찾기 위해, 수많은 피해 가족들은 참으로 피눈물 나는 세월을 보내고 있다. 그들의 심정을 조금이라도 헤아린다면, 신도들을 더 이상 옭아매고 있지 말고, 그들을 가족의 품으로 돌려보내야 할 것이다.

2. 전능신교, 전국 거점 만들기 중단하라! (2019년 2월)

전능신교 집단에서 그동안 밝혀진 것 외에, 경기도 수원과 부천, 전주에도 거점을 마련해 놓고 생활하고 있다. 최근에는 충북 보은군 산외면 소재 청소년 수련원 건물을 매입 시도하고 있다.

세월호 사건 이후, 전국의 청소년 수련원들의 운영이 어려워지자 경매 물건으로 나오는 경우들이 있는데, 이곳은 주채권 은행이 농협으로, 19억 원의 채무와 개인 채무가 9억 원, 그래서 총 28억 원에 매입을 시도하고 있는 것이다. 이 사실이 인근 주민들에게 알려지자, 모두들 염려하고 계시다.

이전 충북 보은군 산외면 길탕리 소재 수련원과는 20분 거리에 있는 건물로, 지하 1층, 지상 5층의 본관 건물과 식당, 주택 1채, 별도 숙소로 사용할 수 있는 건물 등이 빙 둘러 있고, 넓은 운동장과 수영장이 있다. 객실은 총 100개로 700여 명을 수용할 수 있다.

최근에는, 강원도 횡성에서도 농지를 매입하기 위해 부동산들을 드나들고 있다고 한다. 지난 해 이 집단이 횡성에서 매입한 농지 만도 수천 평이었다.

전능신교 집단이 전국에 거점을 마련해 놓고, 신도들을 수시로 이동시키려 하고 있는 것이다.

이 집단 신도인 '린○ 왕'이란 여 신도는 한국에 투자 이민 신청으로 영주권을 획득했다는 제보도 있다. 제주도에 그녀 명의 콘도가 7채가 있는데, 1

채는 매각하고 총 6채가 있다. 전능신교 신도들이 무비자로 제주도에 입국 시, 이 콘도들과 아파트에서 생활했었다.

이렇게 하면, 이 집단에서 신도들의 고혈로 한국에 퍼부은 금액 만도 1,000억여 원이 넘는다.

전능신교 집단, 시골 마을 곳곳에 쓰레기 무단 투기!

몇 년 전, 대전 전능신교 집단을 방문했을 때, 주변 이웃들의 원성이 자자했다. 쓰레기 분리 수거를 하지 않는다는 것 때문이었다. 매일 같이 주민들과의 마찰이 있었다고 하는데, 최근까지도 세대도 이루어지지 않는다고 한다.

그런데, 충북 보은군에 소재한 그들 집단 합숙소에서도 마찬가지였다.
여기에서는 산업 쓰레기, 조립식 판넬 용 스티로폴, 전기 판넬, 음식물 쓰레기... 등 시골 5개 마을과 야산에 한 밤중에 다니며 투척한 것이다. 그것도 산업 쓰레기를 폐비닐 지파장에 버려 분리시키는 것도 어렵게 만들어 버렸다. 음식물 쓰레기는 이웃 주민 논두렁에 투척하였다.

주민들이 항의하기도 하였으나, 비양심적 행위는 계속되었다. 이에 관할 면사무소에 건의하였으나, 담당 공무원은 형식적 방문만 하고는 별다른 조치를 취하지 않았다고 한다. 이는 그 건물에서 요란한 소음이 흘러나올 때에도 마찬가지였다.

남자 신도들이 한 밤중에 검정 옷을 입고 우르르 몰려다니는 것도 주민들에게는 거북스럽고, 여간 불편한 것이 아닌데, 주민들과 소통도 없는 이들은 한 밤 중에만 다니며 활동한다.

횡성에서도 한 밤중에 나와 영화 촬영하고, 아파트 단지 돌아다니며 뛰어내리는 장면을 촬영하기도 하였다. 그런 장면들도 주민들에게는 불편하다고 한다.

중국 이단 사이비 집단이 한국 곳곳에 거점을 마련하여 집단 합숙 생활을 하는 것에 대하여, 이웃 주민들은 그리 달가워하지 않는 분위기다. 그것도 대부분 가출해 온 이들이 아닌가.

특히나 농지, 축사를 매입해 농사를 지으며 영농법인 설립해 사업화 하게 되면, 그것이 한국 시골 농촌에 어떤 유익이 될까? 연로하신 어르신들만 계시는 시골 마을에 외딴 중국인들이 들어와 장기 거주하게 되면, 과연 그것이 농촌 발전에 무슨 이익이 되겠는가 이 말이다.

벌써부터 주민들은 부동산 가격대를 들쑥날쑥 만들어 놓았다며 안타까워하고 계시다.

가출한 이들이 속히 가정으로 돌아가길 간절히 기대해본다.

3. '전능신교' 관련 124명 허위 난민신청 알선한 법무법인 사무장 등 2명 구속 (2019년 5월)

중국 사이비종교 전능신교 관련 중국인들에게 허위 난민신청을 알선한 법무법인 사무장과 중국인이 구속됐다.

인천 뉴스1 기사에 의하면, 법무부 인천출입국·외국인청(청장 안규석)은 중국인 124명에게 허위 난민신청을 알선한 법무법인 사무장 A씨(52)와 중국 조선족 B씨(30)를 출입국관리법 위반 혐의로 구속해 검찰에 송치했다고 30일 밝혔다.

A씨는 중국 연길에서 여행사를 운영하는 중국인 C씨(40)에게 "종교단체에게 가입해 협박을 받고 있다"라는 내용의 난민신청 사유서를 받은 후 변호사인 것처럼 난민신청을 대행한 혐의를 받고 있다.

B씨는 C씨가 모집한 중국인들에게 난민신청에 필요한 건강 진단서를 발급받게 하거나 허위 고시원 계약서를 만들어 준 혐의를 받고 있다.

이들은 대행업무 대가로 C씨에게 1인당 100만원씩 받아 챙겼다.

조사 결과, 이들은 2016년 11월부터 2019년 1월까지 중국인 124명을 단체 관광객이나 여행사 보증 개별 관광객으로 위장해 국내로 입국시켰다.

이후 난민 신청을 하는 날 중국인들을 법무법인 사무실로 불러낸 후 난민 신청 사유를 외우게 하거나 컴퓨터로 만들어진 난민 신청서를 중국인들에게 자필로 베껴 쓰게 한 후 출입국·외국인관서에 제출하도록 했다.

인천출입국·외국인청은 "전능신교 교인들에게 탄압을 받았다"는 내용의 난민 신청서가 공통적으로 접수되자 이를 수상히 여겨 수사에 착수했다.

인천출입국·외국인청은 범행을 주도한 중국인 C씨가 현지에서 운영하는 여행사가 재외공관 사증신청 대행사로 지정된 것을 확인, 사증신청 대행사 지정 취소를 요청했다.

출입국 외국인청 관계자는 "난민을 신청한 중국인들 대부분이 단기 비자로 국내에 입국한 후 곧바로 난민을 신청한 경우가 많다"며 "유사 사례가 더 있는지 수사를 확대할 계획"이라고 말했다.(인천 뉴스1 기사 인용)

4. "전능신교", 홍콩(香港, Hongkong)서 게릴라식 포교 위험 수위! (2019년 6월)

1. "전능신교" 홍콩에서 게릴라식 포교, 중산층 가정주부 집중 겨냥!

1) 화쓰런(결정권 있는 사람 话事人) 리쟈메이(李迦美) 폭로

"전능신교"는 행적이 은밀하고, 자주 장소를 바꾸어 "친교모임 식"집회를 소집하고 음식 제공, 어린이 돌보기 등 서비스로 가정주부들을 집중 포섭하고 있다.
모든 사람은 가족들이 함께 행복한 삶을 누리며 단란한 가정을 이루기 위해 노력한다.

하지만 대륙에서 이미 사이비 종교로 규정된 "전능신교"는 수많은 가정을 파탄의 구렁텅이로 몰아넣었다. 《대공보(大公报)》는 2년 전에 "호라이 굴"에 들어가 "전능신교"의 이단설을 백일하에 폭로했었다.

"전능신교"는 계속 신도들을 포섭하기 위해 빈번하게 수단과 방법을 바꾸어 가며 큰 공장용 빌딩이나 탕러우(唐楼 홍콩 특색의 빌라)에서 모집하던 큰 집회를 "게릴라" 식으로 바꾸어 작은 패션숍 같은 곳에서 서너 명이 모여 "교리 공부"를 했다.

그들이 겨냥하는 포섭 대상들도 새 이주민들로부터 홍콩에서 태어나서 자란 사람으로 바뀌었다. 그들은 합법적인 교회에 들어가, 직장에서 퇴직했거나 혹은 중산층 가정주부들을 집중적으로 겨냥했다.

"전능신교"는 또 월간 수업, 가정 도우미 수업 등 훈련 과정에 사람을 침투시키거나 심지어 냉동육 체인점에 파견하여 중년 가정주부들을 포섭하면서 차례차례로 가정들을 파탄시켰다.

《대공보》는 최근에 도움을 청하는 쿼이융(葵涌)의 한 사건에 대해 추적 취재를 하며 심도 깊은 조사를 거쳐 홍콩의 진짜 "전능신교" 화쓰런이 회사 등록에 적혀 있는 어느 아파트 할아버지나 아주머니가 아니라 일찍 2012년에 홍콩에 정착한 전문 인사 리쟈메이(李迦美)라는 것을 발견했다.

저밀도 사택에 살면서 가정 도우미를 두고 근심 없는 생활을 누리는 50대 가정주부 아인(阿茵가명)은 한 집안 식구와 사이좋게 지내며 명절이나 휴가 때마다 가족 모임에 참가하곤 했다. 아인(阿茵)은 대학에 다니는 딸과 세대차를 느끼지 못 할 정도로 다정했고, 남편은 곧 퇴직하게 되어, 남편과 함께 세계 여행을 떠나기로 계획하였다. 그렇게 한가한 퇴직 생활을 누릴 수 있었다.

그런데 약 반년 전부터 아인(阿茵)은 성격이 급변하여 이상하게 남편과 딸을 멀리하면서 예전에는 집안의 하루 세 끼를 잘 챙기고, 가족들과 아무런 화젯거리도 거리낌 없이 나누던 것이 이상한 종교를 믿고 나서, 밥도 하기 싫어했고 식구들을 거들떠보지도 않았고, 매 주마다 아침 일찍 나갔다가 밤 늦게 돌아오는 날이 3일, 또는 4일이나 되었다. 차츰 그녀의 행적이 수상해졌다.

아인(阿茵)의 가족들은 "이상한 종교를 믿고 나서 컴맹이었던 사람이 개인용 컴퓨터를 마련하고, 매일 밤마다 인터넷에 깊이 빠져 새벽까지 잠들지 않았으며, 비밀리에 전화로 교우와 이름 모를 APP로 연락하거나 동영상을 보았다. 무슨 종교인지? 짧디 짧은 3개월 만에 마치 다른 사람으로 탈바꿈

한 것 같이 갑자기 집안 일을 아예 돌보지 않았다"고 말했다.

아인(阿茵)은 "나의 이상을 추구하고, 나의 인생을 되찾아야 하며, 이전의 나는 나 자신이 아니었다"고 말했다. 아인(阿茵)의 남편은 몹시 상심하게 되었고, 아내는 급기야 이혼하자고 요구하였다. 이상한 종교에 빠진 아인(阿茵)에게 남편이 더 이상 그 종교 모임에 참가하지 못하게 하자 아인은 이혼하겠다고 위협하기 시작했던 것이다.

아인(阿茵)은 원래 불신자이었는데 2년 전, 친척들과 함께 한 기독교회에 예배하러 갔다가 기독교도인 것처럼 가장하고 교회에 침투한 "전능신교" 신도 쉬×진에게 미혹되어 "전능신교"를 믿게 되었다. 아인(阿茵)의 괴이한 행동은 집 사람들을 걱정하게 만들었다. 나중에야 가족들이 집에서 "전능신교"에 관한 서적들을 발견하고서야 그녀가 잘못된 길에 들어섰다는 것을 알게 되었다.

《대공보》가 2년 전에 전능신교에 대한 본질을 폭로하자 "전능신교"는 급기야 모임의 패러다임을 바꿨다.

《대공보》 기자는 2년 전, 구도하는 척 하고 "전능신교"의 모임에 참가했다. 썬쉬이뿌(深水埗지명)에 위치한 탕러우(唐楼) 및 왠란(元朗)의 공장용 빌딩에서 진행되는 "친교모임 식" 집회에는 십여 명에서 수십 명이 함께 "전능신교"의 "성경"으로 "성경 읽기"와 기도를 했는데 그때까지 대부분 신도들은 홍콩의 생활에 적응하지 못한 새 이주민들이었다. 《대공보》가 "전능신"의 베일을 벗겨 버리자, "전능신교"는 모임의 패러다임을 바꾼 것이다.

《대공보》기자가 며칠 간 쉬×진을 추적조사 한 결과, 쉬×진의 부하되는 50대 여성 두 명이 쌍쉬이강(上水港) 전철역에서 아인(阿茵)과 약속하고 만난 후, 함께 보행으로 인근 주택에 가서 3시간 넘게 머무는 것을 발견했다. 이틀이 지나, 아인(阿茵)은 또 두 명의 중년 여성과 먼(屯門)시내 광장에서 만난 후, 역시 보행으로 인근에 있는 개인 주택 지역으로 가서 2시간 가량 머물렀다. 서너 명의 "신도"들이 모이는 주택은 자주 바뀌었는데 매번마다 이 "신도"들과 반갑게 이야기를 나누었고, 이따금 서로 손을 잡으면서 친밀한 모습을 보였다.

　가장 신비한 모임 장소는 펀링(粉岭) 쇼핑몰에 있는 수십 척 되는 패션숍이었다. 어느 날, 아인(阿茵)은 아침 9시에 쌍쉬이 전철역 부근에서 펀링까지 보행하여 쇼핑몰 안에 있는 패션숍에 들어갔다. 가게 안에는 아인(阿茵)이 지난 번에 만난 적이 있던 중년 여성 한 명과 다른 여성이 대기하고 있었다. 사람들은 가게 안에서 이야기를 나눈 뒤, 두 손을 합장하고 기도를 드리는 듯 하고 나서 곧 "경서(그들이 보는 책)"를 꺼내 들고 함께 낭독했는데, 그 사이에 고객들이 문을 열고 가게에 들어오려 했으나 문은 이미 안에서부터 잠겨져 있었다. 아인(阿茵)은 이 두 명의 여성과 가게 안에서 2시간 넘게 머물고 있다가 떠났는데, 패션숍의 주인은 50대 중반의 주부였다. 주인 아주머니는 아침의 "신비"한 모임을 끝내고 나서야 태연스럽게 문을 열고 장사를 시작했다. 3일이 지나, 이 펀링 쇼핑몰의 패션숍은 또 다시 아인(阿茵) 등 "전능신교" 신도들이 "경서"를 읽는 신비한 장소였던 것이다.

2. "독성(毒性)"이 강하여 90% 넘는 가정이 도움 요청

　양즈충(杨子聪)의 폭로에 의하면 가족이 "전능신교"를 잘못 믿은 사건 중에서 90%되는 가정이 이혼으로 파탄이 났다.

　이단을 잘못 믿어 도움을 청하는 사건을 처리하는 "신흥종교 연구"의 총

간사 양즈충(杨子聪)은 가족이 "전능신교"를 잘못 믿어 도움을 청하는 사건 중에서 90%가 모두 가정의 파탄, 부부의 이혼으로 끝났다고 밝히면서 "전능신교"에는 믿음이 적은 신도들이 없었는데 그 독성이 너무도 강하여 입교만 했다면 각성하지 못하다보니 이탈하기 어렵다고 말했다.

1) 모임을 가로 막으면 이혼을 초래

양즈충은 일찍 2008년에 이미 "전능신교" 신도 가족들의 도움을 간혹 입수했다고 밝혔다.

그의 말에 의하면, 이 여성 신도는 내륙에 있을 때, 이미 "전능신교"의 전신인 "동방 번개(东方闪电)"의 신도였고, 홍콩에 있는 남편과 결혼 하면서 2006년에 홍콩으로 이주했는데, 남편은 아내가 홍콩에 금방 와서 자주 비밀리에 여타 신도들과 만남을 갖는 것을 목격하였다.

아내는 처음에는 신분이 노출될까봐 집 안에 있는 "전능신교" 관련 서적들을 신문으로 포장하여 감춰 두었었다.

양즈충은 "남편이 모임에 가는 것을 가로막을 때마다 아내는 바로 이혼하겠다고 협박하면서 남편한테 이해를 구했는데 이 유명무실한 혼인은 결국 2014년에 이혼으로 끝났다"고 말했다.

양즈충이 입수한 수십 건의 도움을 청하는 사건에 대한 분석에 의하면, "전능신교"는 왠랑(元朗), 먼, 퀴이융과 썬쉬이뿌 등 지역에서 활약했는데 초기에는 주요하게 새로 이주해 온 부녀들을 포섭 대상으로 삼았다. 그들은 그녀들이 홍콩의 생활에 적응하지 못하고, 고부관계가 화목하지 못한 점을 이용하여 소위 "심령부축위로(心灵扶持慰藉)"를 제공했다. 《대공보》 기자가 재작년에 "전능신교" 모임에 참가했을 때에는 마침 어린이 돌보기, 음식 제공 원스톱 서비스로 신도들을 끌어들이고 있었다.

양즈충은 "전능신교" 여성 신도, 특히는 새 이주민들은 오로지 교회만 믿으면서 가정을 포기한다고 경고하면서 "'전능신교' 모임에 참가하게 되면, 홍콩에서 이혼할 때, 남편의 재산 절반을 위자료로 나눌 수 있다는 것을 바로 알게 된다. 내가 접수한 사건 중에서 90% 가정이 파탄되었는데, 이혼하지 않은 가정은 대부분 나이가 많은 사람이었고, 그녀들의 남편은 이런 부인이 아예 없었던 것으로 간주하고 있다"고 말했다.

지난 2012년에 "전능신교"의 핵심 신도들은 이미 홍콩 현지 교회에 침투하여 온갖 수단과 방법을 가리지 않고 교인들을 끌어들였는데, 일찍 믿음이 깊은 신도가 "덫에 걸려" 면직 당한적도 있다. 양즈충은 이번의 중산층 퇴직 주부의 사건을 예로 들며 "전능신교"가 신도 모집 범위를 확장하는 것을 볼 수 있고, 이미 홍콩 원주민들 울타리에 침투하는 일련의 전통 모임으로 발전시켰으며, 그 상황이 아주 걱정스럽다고 말했다.

3. 비밀 암호화 파일로 신규 "포섭 수법" 폭로!

화쓰런(결정권 있는 사람 话事人) 리쟈메이(李迦美) 폭로

홍콩에서 "전능신교"의 진짜 화쓰런은 2012년에 홍콩에 이주하여 정착한 리쟈메이었다.
"전능신교"의 핵심 신도들은 행적이 신비롭고 수상한데, 회사 등록에 등기한 이사는 모두 허울뿐인 연장자 신도이고, 진정한 홍콩의 화쓰런은 일찍

2012년에 홍콩에 이주하여 정착한 리쟈메이었다.

《대공보》에서 조사한 결과, "전능신교"는 조직이 엄밀하고, 발전 계획이 세밀한데, 금년의 중점 포교 프로젝트 기획, 교류회 소집, 새로운 한 해의 "도우티(道題)" 사이트 갱신 작업 등이 포함되었으며, 그리고 이미 "깊은 단계"인 핵심 신도의 명단을 두 개의 암호화 파일로 나누어 처리한 것을 발견했다.

조직의 "중점" 작업에는 신규 기획이 있었는데 여기에서 "전능신교"가 전방위적으로 새로 가입한 신도들을 잡아 두고 그들이 이탈하지 못하게 하는 것을 볼 수 있다.

"전능신교"의 내부 네트워크 중에 신비한 암호화 파일 "견증 서류 쟈메이(加美)"가 있는데, 내막을 아는 사람의 폭로에 의하면, "쟈메이"는 홍콩에서의 "전능신" 막후 화쓰런 리쟈메이었다. 2012년에 "전능신교"는 홍콩에서 대대적으로 포교 활동을 했는데, 그 때, 리쟈메이는 썬쉬이뿌 총단(总坛)에서 강좌를 열고 "종말론"을 강의했다. 그 시기에 조직은 아직 "전능신교"라는 간판을 내세우지 않았다. 약 100여명 되는 인사들이 현장에 있었는데 리쟈메이는 사람들을 이끌고 "경서(교리)"를 연구하고 찬송하면서 가짜를 진짜인 것처럼 속였다.

고학력, 외모가 우아한 리쟈메이가 전하는 바에 의하면, 애버딘(香港仔)에 거주하는데, 그녀는 일찍 30여명 고위층 신도들을 거느리고 총단과 분단에서 시가 찬송, 설교, 경서 연구와 기적 체험 "간증" 등의 활동을 했었다. 말투가 부드러운 그녀는 가출한 신도의 가족이 찾아와 야단쳐도 여전히 "전능신교"는 "최고의 종교"라고 성토했다. "전능신교"는 홍콩 부녀들을 포섭, 확장하는 외에, 2012년에 이미 젊은이들의 "경서 연구회"로까지 발전시키고 전면적으로 사회 각 계층에 해를 끼치고 있다.

4. "전능신교" 배후에 신비한 "거액 자금"이 협력

"전능신교" 신도들은 집회하는 동안 흥분하며 춤을 춘다.

"전능신교" 조직의 경제 수입이 아주 비밀스러운데 기자가 깊이 조사한 결과 홍콩의 "전능신"조직은 정식으로 등록하기 전에 이미 유동 자금이 146만원이 있었고, 정식으로 설립한 후, 신도들을 광범위하게 모집하면서 2015년에는 194만원에 달하는 흑자를 기록했는데, 2016년에 한꺼번에 170만원을 헌금하고, 홍콩에서의 활동 지출이 비례에 맞지 않게 적다는 것을 발견했다.

어느 인쇄 회사는 《대공보》에 "전능신교"는 돈을 지불할 때 흔적을 남기지 않은데, 절대로 은행 계좌로 이체하거나 혹은 수표로 지불하지 않고, 회사 직원과 지정한 장소에서 약속하고 한 묶음 되는 현금으로 지불했는데 아주 비밀리에 한다고 밝혔다.

"전능신교"는 1991년, 허난성(河南省)에서 한 "후한파이(호함파 呼喊派)"의 핵심 신도 조워이산(赵维山)에 의해 창립되었다. 조워이산은 자기의 정부 양쌍빈(杨向彬)을 여 그리스도로 추켜세우고 "종말론"을 전파했고, 또 신도들을 세뇌하여 정부를 뒤엎으라고 호소했다. 1995년, 조워이산은 정부(情婦)를 데리고 미국으로 도주하여 미국 정부에 정치 망명을 신청했는데 비준을 받고 현재까지 미국에 거주하고 있다.

이후, 국내의 "전능신교"는 지하 전장(钱庄)을 통해 자금을 홍콩으로 이전시키고, 국내외 활동을 지지했다. 그리고 조워이산은 중국 본토, 홍콩, 타이완(台湾), 일본, 캐나다 등지에 지사를 세워 지휘하였다. "전능신교"는 "가정

파탄"을 조장하는 위해가 갈수록 심각한데, 2009년부터, 중국 내의 "전능신교" 핵심 멤버들은 홍콩에 집합하여 새로 시작했는데, 2013년 10월에 비사인 담보 유한 회사를 등록하고, 회사 명칭은 "국가 신시대 교회 유한 회사"이었고, 등록한 이사 및 기금 수탁인(基金受託人)은 탕러우(唐楼)에 거주한다고 신고한 뤄궈이팡(罗桂芳)과 공영 주택에 거주한다고 신고한 우웬챵(吴远强) 등 평범한 시민들이었다.

기금 수탁인은 공영 주택 거주민

"전능신교"의 재무 보고를 살펴 보면, 종교 단체로 보고한 이 조직의 수입은 수상했는데, 등록하기 전에 홍콩 "전능신교" 소식은 2011년에 이미 146만의 유동 자금이 있었고, 2013년부터 2014년까지, 자선 활동을 통해 얻은 기부금 수입은 172만 8천원에 달했지만 유독 홍콩에서의 활동 지출이 비례에 맞지 않게 적었다. 연간 전도 및 연관 활동 지출은 대략 8.2만원이고, 전단지 인쇄 및 문방구 지출은 겨우 천원이며, 가장 큰 지출은 관탕 공업용 빌라의 임대료였는데 1년 지출이 14.8만원이었다.

일부러 저조한 "전능신교"가 이전에 홍콩에서 끌어들인 신도는 대부분 기층의 새 이주민이었는데 유독 2014년부터 2015년까지 재무 보고만 자선 활동 기부금 수입이 95만원에 가깝고, 누계 기금은 194만원에 달했다. 2015년 3월부터 2016년 3월까지의 재무 보고에는 한 가지 항목의 기부금 지출이 170여만 원으로써 거의 한꺼번에 "탕진"한 셈이다.

홍콩의 "전능신교" 조직은 90%의 자금이 적어진 후, 2017년 3월에 회사 등록 명칭을 "전능신교 유한회사"로 바꾸고, 기금 수탁인도 선후하여 공영 주택에 거주하는 리워이광 및 천쇼링으로 바꿨으며, 최신 재무 제표에 의하면 2018년 "전능신교 유한회사"의 기금은 겨우 23만원이었다.

재무 제표에 지출을 상세하게 열거하지 않은 듯

소식통은 재무 제표가 반영한 "전능신교"가 홍콩에서의 활동 지출 일부분을 제외하고, 신비한 "거액 자금"이 따로 협력했을 가능성이 있다고 지적했다. 정보에 의하면, "전능신교"는 2012년 말에 장소를 임대하고 종교 집회를 하였고, 2013년부터 2013년 중반기까지, 홍콩에서 대대적으로 전판 신문 광고를 실었다. 그리고 또 강쥬(港九) 각 지역에 역을 설치하고 각 집마다 방문하면서 전단지를 보급했는데 이런 몇 가지 광고 비용과 인쇄 지출을 그 해의 재무 제표에는 보고되지 않았다.

한 인쇄 회사의 책임자는 《대공보》 기자에게 "전능신교"는 돈을 지불할 때, 절대로 흔적을 남기지 않았는데, 은행 계좌나 지로로 돈을 이체하지 않고, 인쇄 회사 직원과 모 장소에서 약속하고는 한 묶음의 현금을 지불하는 식으로, 아주 신비하다고 폭로했다.

소식통은 또 "전능신교"는 2년 전부터 한국을 홍보 영상 제작 본부로 정하고 활동하고 있으며, 홍콩은 다만 "전능신교"의 훈련 중심이라고 밝혔다. 정확한 정보에 의하면, 작년 중반기에 미국에 거주하는 조위이산은 홍콩에 와서 중요한 회의를 주최한 적이 있었는데 그가 "조위이산"의 이름이 박힌 여권으로 입국했는가에 대해서는 미지수라고 말했다.

5. 미국 국회가 "전능신교"를 추켜세워 중국을 타격

미국 부통령 펜스는 "종교의 자유를 촉진"한다는 구실로 "전능신교"를 지지

사이비 종교인 "전능신교"는 반인륜적 행태를 취하고 있지만 미국 국회만은 중미 관계가 경색되었을 때, 사이비 종교를 국제 청치무대에 올려 세우고 중국을 타격하려 한다. 6개월 전에 미국 국무원은 "종교의 자유 촉진"이라는 제목으로 전 세계 부장급 회의를 개최했는데, 부통령 펜스는 대통령 트럼프가 종교의 자유 촉진은 미국 외교 정책의 소임이라고 했다면서 "전능신교"를 지지하기 위해 격조 높이 변명했다.

　　전국 홍콩, 마카오 연구회 부회장 류조우쟈(刘兆佳)는 그 배후의 의도를 자세히 밝혀 놓으면서 미국은 사이비 종교 조직을 이용하여 분열 활동에 종사하는 상투적인 수단을 되풀이 하고 있는 것이지 실제로는 선교가 아니라고 지적했다.

　　2018년 7월 26일, 미국 국무원은 "종교의 자유 촉진"이라는 제목으로 제1차 전 세계 부장급회의를 개최했다. 같은 시간, 워싱턴 연방참의원에서 진행한 개회식 주최 단체는 최근 수년간 "신장재교육캠프(新疆再教育营)"에 관한 가짜 뉴스를 제멋대로 위조하여 중국 정부를 모독하는 인터넷 매체인 《엄동(寒冬)》이었고, 국제 종교의 자유 원탁회의 주석 그렉 미첼(Greg Mitchell)이 공동으로 주최했다. 두 반중(反中) 조직은 "전능신교"를 국제 정치 무대에 밀어 올렸다. "전능신교" 대표는 회의에서 "신도"들이 중국에서 종교의 박해를 받고 있다는 둥 언급하면서 국제 여론을 위조했다. 3개월 후, 10월 11일에 미국 국회는 또 "종교의 자유"라는 구실을 이용하여 "중국 인권을 수호하기 위한 최종 시도"라는 회의를 열고, "전능신교" 대표를 요청하여 국회 회의에서 연설하게 하고 또 다시 종교의 자유라는 명목으로 중국 정부를 공격했다.

《엄동》 편집장이 "전능신교"를 위해 변호

　　"전능신교"가 국제 청치무대에 오르게 된 배후의 조타수는 작년 5월에 설립된, 가짜 뉴스를 제멋대로 위조하여 중국의 종교의 자유와 신장재교육영을 모독하는 인터넷 매체《엄동》의 편집장 마시모.인트로우(Massimo Introvigne)이다.

이탈리아 학자 마시모.인트로우가 창립한 신흥종교연구센터(CESNUR)는 이탈리아 정부의 후원을 받고 있다.

그는 마치 "전능신교"의 국제 대변인마냥 일부 국제 인권 강좌에서 자기의 소셜 미디어나 신흥종교연구센터의 간행물에서 마시모는 "사이비 종교" 화제를 빌어 중국의 "인권"을 비난했고, 또 "전능신교"를 기독교 신흥종교운동이라고 긍정적으로 평가했다.

2017년 9월, 그는 홍콩대학 "국제 반사이비종교 교류 학술회의"에 출석하여 2014년에 산둥성 자오위안시(山东招远) 맥도날드에서 발생한 인명 사건이 "전능신교"와 아무런 관계가 없다고 궤변을 늘여 놓았다. 최근에 마시모는 빈번하게 자기의 페이스북에서 "전능신교"의 긍정적인 이미지를 수립하면서 국제 동정을 받았다. 2017년 11월에《대공보》는 "전능신교"가 신도들을 세뇌시키는 실황을 보도하자, 마시모는 악독하게《대공보》를 비난했다.

6. 종교 세뇌의 위험성, 신도들 가정 이탈로 드러나

기독교회 목사, 종교 세뇌의 위험성 규탄, 신도들 수시로 가정 이탈 문제 지적

"전능신교" 신도들은 행위가 극단적인데, 중국의 신도들은 일찍이 "호위대"를 조직하고 선교를 강행했다.

홍콩 강푸탕(港福堂) 주임 린청신(林诚信) 목사는 자유는 보편적 가치이지만 단체의 언론 자유, 종교 자유를 보호한다면 윤리 도덕의 기초를 무시해서는 안 된다고 하였다. 그는 지금 구미 언론 매체에서는 인권법을 남용하고 있고, 전체 사회와 국가의 윤리 도덕 및 규범을 무시하고 있으며, 기타 목적을 달성하려고 자유를 남용하고 있다고 지적했다.

"전능신교"를 연구하는 린청신 목사는 "전능신교"는 기독교 교의에 대한 착오적인 해석일 뿐 아니라 성경에 대한 해석도 왜곡적이고, 예수 그리스도의 신분을 잘못 이해하고 있으며, "전능신교"의 위험성은 언제나 경서 연구의 명의로 신도들을 세뇌시키는 것도 포함한다고 지적했다. 그는 또 이전에 중국과 홍콩의 "전능신교" 신도들은 일부 기독교회에 침투하여, 감금, 협박, 회유, 사형(私刑), 성적 유혹, 심지어 암살 등 위법 수단으로 "전능신교"를 믿도록 기독교도와 전도인을 미혹한 적이 있고, "전능신교 는 반사회, 반정부적이며, 행위가 극단적인데 폭력적 경향과 위험성이 있다고 폭로했다.

린청신 목사는 "2014년에 산둥성 자오위안시 맥도날드에서 발생한 참사를 통해 "전능신교" 신도의 극단적 행위를 볼 수 있으며, 홍콩의 영향받은 사건은 가정의 파탄을 초래했다. 성경 10계명의 제5계명이 효도인데 '전능신교' 신도들은 부, 모, 형, 제, 처, 자, 육친의 정을 모두 끊으라고 한다. 이 자체가 이미 사이비 종교의 특성이다"고 말했다.

린청신 목사는 최근에 "전능신교"가 소셜 미디어나 전화 app로 설교하는 것을 유의하고 있다고 말했다. 최근 미국 매체를 포함한 서방 매체에서는 중국에서 종교의 자유에 먹칠한다는 가짜 뉴스가 널리 전파되고 있고, 인터넷에는 국내에서 한 교회당을 허물어버리는 동영상이 전해지고 있는데, 린 목사는 그들이 검증한 결과, 사실은 이 교회당과 기타 상점이 모두 토지 규정을 위반하는 강변에 건축되었기 때문에 현지 정부에서 합법적으로 다시

교회당을 건설하고 있는 것이라고 말했다.

미친 듯이 중국을 공격하는 인터넷 매체《엄동》은 최근 몇 달, 허난(河南) 기독교회의 성경 십계명이 정부의 강박에 의해 9계명으로 개변되었다는 가짜 뉴스를 발표했는데, 린 목사는 이것 역시 가짜 뉴스라는 것을 해명해야 할 필요가 있다고 강조했다.

7. 종교 세뇌의 위험성, 신도들 가정 이탈로 드러나

아첨하는데 전력하는 영화 제작해 미국(美國) 찬송

전능신교에서 제작한 영화는 후안무치하게 미국이 응당 기타 국가를 간섭해야 하고, "세계 경찰"이 되어야 한다고 주장했다.

본부가 미국에 있는 "전능신교"는 영화를 제작하여 미국을 찬송하면서 온 힘을 전력하여 미국에 아첨하고 있다.

"전능신교"에서 자금을 대고 제작한 뮤직 비디오 《모든 것을 지배하는 그 분》은 "전능신교"의 여(女) 그리스도, 종말론을 선양한 것이 아니라, 오히려 미국의 위대함을 선양하며 아첨하는 영화였다.

영화는 2018년 5월 15일에 개봉하였는데 원래는 하나님의 견증을 선양하는 종교 영화였는데, 괴이하게 기독교 역사를 이야기 하던 데로부터 억지로 영국의 융성과 쇠퇴 역사에로 이끌어 가더니 터무니없이 석양 화면이 나오면서 "영국은 쇠락으로 가고 있고, 그의 역사적 사명은 완성되었다" 는 한 마디 나레이션이 나온다. 이어서 "아메리카합중국의 궐기와 그 사명"으로 전환되면서 영화는 한심하게 미국의 환심을 사려고 아첨하기 시작했다.

영화는 미국은 영국에서 추방당한 "청교도"들이 건립한 나라이고, 또 역사를 왜곡하여 이 영국의 청교도들이 아메리카 인디언들과 서로 감사해 주고 협조하고, 사이좋게 사귀었다고 하면서 식민주의자들이 인디언을 대학살한 역사 사실을 전부 없애버렸다.

8. 한국까지 악영향, 피해 가족들-울면서 호소!

한국 언론들에서 "전능신교"의 악영향을 대규모로 보도하고, 신도 가족들이 "전능신교"를 사이비 종교라고 울면서 성토했다.

"전능신교"는 지난 2012년부터 한국에까지 영향을 미쳐 적극적으로 홍보하고 있고, 서울 구로동, 강원도 횡성군 등 지역에 부동산을 매입하고, 사람을 해치는 활동을 대규모적으로 벌이고 있다.

2016년, 한국기독교감리회는 "전능신교"를 이단으로 규정했고 지난 2018년에는 예장 합신 교단에서도 이단으로 규정 발표하였다. 2018년 9월, 한국국가정책위원회 사이트는 "전능신교"가 그리스도 교의에 부합되지 않고 이단에 속한다고 명백히 주장했다. 2개월 전인 2018년 10월 26일에 한국 CBS 텔레비젼 방송국에서는 다큐멘터리 《전능신교: 가정의 눈물》을 제작하고, 중국 산둥성 자오위안 참사의 진상을 폭로하고, 여러 명의 "전능신교" 신도 가족을 방문하면서 사이비 종교의 피해를 받은 사실을 폭로했다. 이 한국 방송 제작 팀은 또 "전능신교"의 창설자 조위이산의 전처를 인터뷰하고, 조위이산이 사악한 자로 변하는 과정을 상세히 다루었다. 다큐멘터리는 한국 신도들 가족이 한국에서 기자회견을 열고 사이비 종교 "전능신교"의 폐해를 울면서 성토하여 정부의 관심을 요청하였다.

5. 파룬궁, 전능신교, 이슬람교 집단들 손 잡고 단체 행동!
(2019년 6월)

한국의 여러 교단에서 이단 사이비로 규정된 파룬궁, 전능신교 집단이 이슬람교와 손잡고 단체 행동을 하였다. 가짜 위장 난민 집단들이 극단적 이슬람교를 따르는 위구르족과 함께 한 것이다.

6월 20일 오후 1시, 서울 종로구 율곡로 47 걸스카웃 빌딩 10층에서 "용의 긴 팔"이란 타이틀로 기자회견을 개최하였다.

이날 파룬궁, 전능신교, 위구르족(이슬람교) 집단 신도들은 확인되지도 않고, 검증되지도 않은 허위 사실들을 담은 책자를 보급했고, 자체 제작한 영화를 상영하였다. 이에 편승한 법무법인 어○ 소속 이모 변호사가 사회를 보고, 전능신교 집단의 일을 도와주고 있는 마시모 인트로빈(Massimo Introvigne)과 비터 윈터(Bitter Winter)의 발표가 있었다.

인터넷을 통해 계속해서 명예훼손 관련 허위 사실들을 유포해오다가 작성된 기사가 게시 중단된 일도 여러 차례 있었던 이들이다.

1. 파룬궁(교주 이홍지) - 사이비종교로 규정된 이유

전법륜(轉法輪)이란, 본래 부처가 설한 가르침을 법륜(法輪)이라고 한다. 전법륜이라는 용어는 부처의 가르침을 분류하는 교상판석(敎相判釋)에 널리 사용되었다.

석가모니가 깨달음을 이룬 후 최초로 교진여(憍蓮如) 등의 5비구에게 중도(中道)와 사성제를 설한 것을 가리켜 초전법륜(初轉法輪)이라고 하고, 대승 경전의 가르침을 제2전법륜(第二轉法輪) 또는 제3전법륜(第三轉法輪)이라고 한다.

삼론종에서는 석가모니의 가르침을 근본법륜(根本法輪)·지말법륜(枝末法輪)·섭말귀본법륜(攝末歸本法輪)의 3가지로 나누어 3전법륜이라고 한다.

첫째, 근본 법륜은 석가모니가 이룬 깨달음의 내용 모두를 직접적으로 보인 근본적인 가르침으로, 〈화엄경 華嚴經〉이 여기에 속한다.

둘째, 지말 법륜은 근본 법륜을 듣고도 이해하지 못하는 둔한 근기(根機)의 중생들을 위해 근본의 가르침인 일승(一乘)을 성문승·연각승·보살승의 3승으로 나누어 보인 방편시설(方便施設)의 가르침이다.

셋째, 섭말귀본법륜은 지말 법륜인 3승의 가르침을 포섭하여 근본 법륜의 일불승에 귀결시킨 가르침으로 〈법화경 法華經〉을 말한다.

파룬궁에 대한 사이비 규정 이유,

이홍지는 본래 석가모니 부처가 전파한 내용으로서 전법륜을 왜곡 수정하여 "법륜대법(法輪大法)"(파룬따파)라는 책자를 만들었고 불교의 사상을 도교 사상과 혼합시켜 자신의 사상으로 전법륜이라는 책과 법륜공이라는 책자를 발행하였다. 각종 요가와 체조를 혼합한 기(氣)운동으로 건강운동을 내세우고 있지만 사실은 사이비 종교이며 이홍지 자신을 신격화하여 자신을 신처럼 따르게 하고 있다. 우리나라에도 건강을 위한 기(氣)수련을 빌미로 사람들을 미혹하고 있는 사람이 바로 이승헌이라는 자로서 "단월드"라는 단체를 만들었고 자신을 살아있는 단군으로 신격화시키며 각종 반(反)사회적인 물의를 일으키고 있기도 하다.

파룬궁의 이홍지는 사람들이 "대사(大師)" 칭하기도 하고 "사부(師父)"라 칭하기도 하는데 결국 자신을 세상의 구원자로 내세우는 사이비라 판단할 수 있다. 교단에서는 중국에서 건너온 사이비로 규정하고 더 이상의 피해자가 발생하지 않도록 주의를 상기시켜야 하리라고 판단된다.

사이비 파룬궁에 대한 대처
많은 기독교인들이 건강운동을 위하여 기수련에 참여하고 요가에 참여했다가 거기에 빠져 침륜에 빠진 경우와 정신질환을 앓게 되는 경우가 있으며 경제적 손실을 입기도 한다.

이러한 사이비에 빠지지 않도록 성도들에게 총회의 결정 사항을 알리고 경계하도록 해야 하고 신문이나 책자를 통해서도 이들의 정체를 알리는데 주력해야 할 것이다.
단월드나 파룬궁의 특징은 건강 증진을 하러 갔다가 사이비 종교에 빠지게 하는 아주 위험한 집단이다. 빠지지 않도록 주의와 경계가 필요하다.

2. 전능신교 - 이단 사이비종교로 규정된 이유

전능신교는 조유산이라는 한 인간이 만든 이단으로서 사람을 신격화시켜 하나님으로 만들고 재림 예수로 만들어 사람을 미혹시키고 각종 범죄를 저지르는 반사회적인 집단이며 이단사이비 집단임에 틀림이 없다. 따라서 그 정체를 확실하게 밝히고 드러내서 사람들로 하여금 미혹되지 않도록 해야 할 것이며,

1) 전능신교의 발원지인 중국 교계와 또한 정부와 연계하여 대처하도록 해야 할 것이고,
2) 전능신교 신도들들이 무비자로 제주도에 입국하여 난민신청을 하고 시간을 벌어 활동을 하고 잠적하는 등 많은 피해가 발생하므로 중국에서 전능신교 신도들의 유입차단을 위한 조치를 하는 것이 중요하고,

3) 계속적으로 전능신교의 정체 폭로해서 이단에 빠지지 않도록 사전 예방에 힘을 기울여야 하고 적극 이단 집단의 거짓된 홍보를 차단하기 위해서 노력해야 하며,

4) 실제로 피해를 당하고 있는 피해자 가족과 피해 당사자들을 위한 구제와 상담을 위해 노력해야 한다고 여겨진다.

3. 위구르족(이슬람교)의 문제

중국 소수 민족 중 하나인 위구르족은 중국의 주류 민족인 한족과는 판이한 인종적·종교적·문화적 배경을 지녔다. 투르크계인 이들은 터키 민족에 가깝다. 종교는 이슬람교를 믿는다. 위구르족은 과거 돌궐족이란 이름으로 중국 역대 왕조를 위협한 것으로도 유명하다.

1996년 신강위구르자치구 남부 호탄(和田)에서 10여개 독립 조직이 대표회의를 열어 이슬람 알라당 결성을 선포하고 동돌궐(투르키스탄) 이슬람공화국 건국을 목표로 내걸었다. 동투르키스탄 이슬람운동(ETIM : East Turkistan Independence Movement) 등이 신강위구르자치구 분리 독립 운동으로 주목받는 단체다.

이슬람은 보혜사 성령을 인정하지 않는다. 무하마드를 아흐맏(찬양받을 자)로 보혜사로 여기고 있기 때문이다. 또한 예수의 신성도 인정하지 않기 때문에 삼위일체의 교리에 대해서 정면으로 거부하고 있다.

이슬람의 신관은 삼위일체를 부정하고, 한위의 하나님만 주장하는 단일신론에 근거한 것이라 할 수 있다. 이처럼 이슬람은 유일신을 내세우고 있으나, 신관에 있어서 단일신론으로 삼위일체를 부정하고, 특히 예수 그리스

도의 양성 교리를 정면으로 부정하고 있으며, 보혜사의 위치도 왜곡하고 있는 실정이다. 이러한 이유에서 이슬람은 세계 3대 종교의 하나로 인정하기보다는 기독교에 대한 이단이라 보는 것이 합당하다.

9.11테러 이후, 이슬람에 대해서 더욱 더 전 세계적으로 관심이 있어왔고, 극단적 이슬람인 IS 집단의 테러 문제는 우리나라에도 큰 위협으로 다가오고 있다. 위장 난민으로 들어올 가능성도 배제할 수 없다.

파룬궁, 전능신교, 이슬람교를 따르는 위구르족 등은 가짜 위장 난민 집단들이다. 이들이 퍼트리는 허위 사실들에 현혹되지 않길 바란다.

6. "전능신교" 측 유령회사 설립, "거액 자금" 조달

(2019년 7월)

전능신교 집단, 홍콩서 페이퍼 컴퍼니 설립해 자금 조달

이단 사이비 종교인 전능신교 집단이 홍콩에서 유령회사(페이퍼 컴퍼니)를 설립하여 자금 조달을 하고 있는 것이 드러났다.

"전능신교" 조직의 경제 수입이 아주 비밀스러운데 조사 결과 홍콩의 "전능신교" 조직은 정식으로 등록하기 전에 이미 유동 자금이 146만원이 있었고, 정식으로 설립한 후, 신도들을 광범위하게 모집하면서 2015년에는 194만원에 달하는 흑자를 기록했는데, 2016년에 한꺼번에 170만원을 헌납하고, 홍콩에서의 활동 지출이 비례에 맞지 않게 적다는 것을 발견했다.

어느 인쇄 회사는 《대공보》에 "전능신교"는 돈을 지불할 때 흔적을 남기지 않는데, 절대로 은행 계좌로 이체하거나 혹은 수표로 지불하지 않고, 회사 직원과 약속된 지정 장소에서 한 묶음 되는 현금으로 아주 비밀리에 지불했다고 한다.

"전능신교"는 1991년, 허난성(河南省)에서 한 "후한파이(호함파 呼喊派)"의 핵심 신도 조위이산(赵维山)에 의해 창립되었다. 조위이산은 자기의 첩 양쌍빈(杨向彬)을 여(女) 그리스도로 추켜세우고 "종말론"을 전파했다. 또 신도들을 세뇌하여 정부를 뒤엎으라고 호소했다. 1995년, 조위이산은 첩과 함께 미국으로 도주하여 미국 정부에 정치 망명을 신청했는데, 비준을 받고 현재까지 미국에 거주하고 있다.

이후, "전능신교"는 지하 활동을 통해 자금을 홍콩으로 이체하고, 국내외 활동을 지원했다. 그리고 조위이산은 중국 본토, 홍콩, 타이완(台湾), 일본, 캐나다 등지에 지부를 세워 지휘하였다. "전능신교"는 "가정 파탄"을 조장하는 위해가 갈수록 심각한데, 2009년부터, 중국 내의 "전능신교" 핵심 멤버들은 홍콩에 집합하여 새로 시작했다.

그리고 2013년 10월, 비사인 담보 유한 회사를 등록하고, 회사 명칭은 "국가 신시대 교회 유한 회사"라고 하였다. 등록한 이사 및 기금 수탁인(基金受托人)은 탕러우(唐楼)에 거주한다고 신고했다. 뤄궈이팡(罗桂芳)과 공영 주택에 거주한다고 신고한 우웬챵(吴远强) 등 평범한 시민들이었다. 유령회사를 설립해 자금 조달을 하고 있는 것이다.

기금 수탁인은 공영 주택 거주민

"전능신교"의 재무 보고를 보면, 종교 단체로 보고되어 있는데, 조직의 수입은 은폐되어 있다. 등록하기 전에 홍콩 "전능신교" 조직은 2011년에 이미 146만원의 유동 자금이 있었고, 2013년부터 2014년까지, 자선 활동을 통해 얻은 기부금 수입은 172만 8천원에 달했지만 유독 홍콩에서의 활동 지출이 비례에 맞지 않게 적었다. 연간 전도 및 연관 활동 지출은 대략 8.2만원이고, 전단지 인쇄 및 문방구 지출은 겨우 천원이며, 가장 큰 지출은 관탕 공업용 빌라의 임대료였는데, 1년 지출이 14.8만원이었다. 일부러 저조하게 보고된 것이다.

"전능신교"가 홍콩에서 포섭한 신도들은 대부분 새 이주민들이었는데 유독 2014년부터 2015년까지 재무 보고만 자선 활동 기부금 수입이 95만원에 가깝고, 누계 기금은 194만원에 달했다. 2015년 3월부터 2016년 3월까지의 재무 보고에는 한 가지 항목의 기부금 지출이 170여만 원으로 거의 한꺼번에 "탕진"한 셈이다.

홍콩의 "전능신교" 조직은 90%의 자금이 적어진 후, 2017년 3월에 회사 등록 명칭을 "전능신교 유한회사"로 바꾸고, 기금 수탁인도 선후하여 공영 주택에 거주하는 리워이광 및 천쇼링으로 바꿨으며, 최신 재무 제표에 의하면 2018년 "전능신교 유한회사"의 기금은 겨우 23만원이었다.

재무 제표에 지출을 상세하게 기록하지 않은 듯

소식통은 재무 제표가 반영한 "전능신교"가 홍콩에서의 활동 지출 일부분을 제외하고, 은닉한 "거액 자금"이 따로 존재할 가능성이 있다고 지적했다. 정보에 의하면, "전능신교"는 2012년 말, 장소를 임대하고 종교 집회를 하였고, 2013년 중반기까지, 홍콩에서 대대적으로 전면 신문 광고를 실었다. 그리고 또 강쥬(港九) 각 지역에 역을 설치하고 각 집마다 방문하면서 전단지를 보급했는데, 이런 몇 가지 광고 비용과 인쇄 지출을 그 해의 재무 제표에는 보고되지 않았다.

이들은 거래처에 돈을 지불할 때 절대로 흔적을 남기지 않았다. 은행 계좌나 지로로 돈을 이체하지 않았고, 인쇄 회사 직원과 모 장소에서 약속하고는 한 묶음의 현금을 지불하는 식이었다.

종교 세뇌의 위험성, 신도들 가정 이탈로 드러나!

중국과 홍콩의 "전능신교" 신도들은 일부 기독교회에 침투하여, 감금, 협박, 회유, 성적 유혹 등 위법 수단으로 "전능신교"를 믿도록 기독교도와 여타 사람들을 미혹하고 있다. "전능신교"는 반(反)사회, 반(反)정부 조직이며,

행위가 극단적이고 폭력적이며 위험성이 크다.

2014년, 중국 산둥성 맥도날드에서 발생한 참사를 통해 "전능신교" 신도의 극단적 행위를 볼 수 있다. 홍콩에서도 신도들은 가정 파탄을 초래했다. 성경 10계명의 제5계명이 효도인데 '전능신교' 신도들은 부, 모, 형, 제, 처, 자, 육친의 정을 모두 끊으라고 한다. 사이비종교 세뇌의 위험성이 이렇게 가족관계 단절로 이어져 파탄에 이르게 하고 있다.

이 자체가 이미 사이비 종교의 특성을 드러내고 있는 것이다.

최근에는 "전능신교"가 소셜 미디어나 전화 app로 포교 행위를 하며 미국(美國)을 포함한 서방 매체들을 통하여 가짜 뉴스들을 널리 전파하고 있고, 한국 강원도 횡성의 그들 집단 합숙소에는 영화 세트장까지 설치해 놓고 활동하고 있다.

7. 전능신교 신도들, 한국인 감금 및 폭행!

중국에서 건너온 사이비종교인 전능신교 집단 신도들이 한국인을 상대로 감금 및 폭행한 사건이 벌어졌다.

1. 방문 동기: 한국인 피해사례 접수돼

서울 광진구 군자동에 소재한 중국 사이비집단 전능하신하나님교회(전능신교, 동방번개, 애신교회(愛神敎會)) 근처에 살고 있는 어느 한국인 피해 가정의 제보가 본사에 접수되었다.

몇 개월 전부터 어머니(64세)께서 다니시던 교회를 그만 두고 다른 교회로 옮겼는데, 주일에 교회를 가지 않고 집에 계시고(최근에는 구로에 있는 교회에 행사가 있다며 주일에 가셨다. 전라북도 전주에 있는 신도들이 와서 간증을 했다고 한다.), 식전 기도도 하지 않고, 전에는 교회 다니라고 말씀도 많이 하셨는데 그런 것도 없으시고, 주로 평일에 매일 같이 가시는 것이다. 이런 몇 가지 일들이 이전과는 다르게 보여서, 도대체 어느 교회에 다니느냐 여쭸더니, '전능하신하나님교회'(전능신교, 군자동 애신교회)를 다닌다고 하셨다. 그래서 인터넷 검색을 해보니 너무나 이상한 곳인지라, 남편과 함께 다니지 말라고 설득을 했으나 듣지 않았다.

딸: 엄마, 그곳은 이상한 교회 같은데 제대로 알아보고 다니시는 것인가?
어머니: SNS에서 하는 말들은 다 헛소리다. 믿지 말라.

설득해도 듣지 않자, 딸이 어머니와 함께 전능신교 집단을 방문하게 되었다. 신도들이 오히려 계속해서 딸을 설득하려 하자, 그런 말은 귀에 들어오지 않는다면서 되레 질문을 했다.

딸: 보통 일반 교회에서는 목사님들께서 설교하고, 예배 인도하고, 기도하고, 주일예배도 있는데 이 교회는 어떤 방식인 거죠?

전능신교 신도: 저희 교회는 회사원들이 일하러 갔다가 시간될 때 교회 들르면 되고, 목사도 없고, 함께 모여 저희 교재의 내용들을 토론 형식으로 연구하면서 서로 공부한다. 원래 하나님이 주일을 설정해 주신 것이 아닙니다. 그리하여 일반 교회가 잘못된 겁니다. 지금은 하나님 시대입니다. 율법시대(구원의 시작) – 은혜시대(구원의 연속) – 하나님 나라 시대(완전한 구원), 하나님 나라 시대만이 인류를 구원하는 완전한 사역임을 알아야 합니다. 하나님은 다시 살아서 동방번개로 나타났다고 성경에도 있어요.

딸: 그런데 왜 이 교회에서는 성경책 위주로 공부하지 않고 자체 인쇄물로 공부하고 있나요?

전능신교 신도: 어차피 성경도 사람이 만든 것이고 저희 책은 하나님 성령을 몸으로 나타난 그분께서 하나님 말씀대로 적어주시는 겁니다. 여호와, 예수, 전능하신 하나님의 세 이름이 있고 하나님께서 율법시대, 은혜시대, 하나님 나라 시대 사역을 합니다…

지식 레벨이 맞는 등급의 사람들끼리 따로 모여서 공부합니다. 그리고 교회 전체 신자가 몇 명인지 아무도 모릅니다.

이렇게 이상한 말들만 하니까 신앙이 없고 성경 공부도 많이 하지 않았어도 교회에 대한 의문을 갖게 되었다고 한다. 그래서 집에 돌아와 어머니께 이 교회는 확실히 이상하다고 말씀드렸더니 오히려 언성만 높아지고 싸우게 되었다며 설득하기가 쉽지 않다고 하였다.

딸은, "엄마는 중국 여성에게 재림 예수의 영이 임했다고 굳게 믿고 있고 오히려 저보고 성경 공부도 제대로 안 하고 인터넷 소문만 믿는다고 하셨습니다. 심지어 제가 이 교회를 경찰에 신고하겠다고 하자 저랑 인연을 끊자는 뜻으로 너는 너 인생을 살고 나는 나대로 살 테니까 내버려두라고 하셨습니다... 저는 그 이후로 하루도 마음 편히 지낸 적이 없고 매일이 우울합니다. 몸이 아프면 약 처방받아 먹으면 낫고, 돈을 잃으면 다시 벌면 됩니다. 하지만 잘못된 신앙에 빠지면 더 어려운 것 같습니다. 도움을 받고 싶습니다. 동생이 몸이 좋지 않고, 어머니께서 두 번의 결혼과 이혼을 겪으면서 고생을 많이 하셨습니다. 이제는 연세도 있으시고, 편히 사실 수 있는데, 이런 사이비종교에 빠진 것이 너무 안타깝습니다."라고 하였다.

그래서 필자는 어머니께서 그 곳이 그렇게 좋으시다면 도대체 무엇 때문에 좋다고 하시는지 같이 가서 확인해보자 하고 가게 된 것이다. 그곳에 대해 더 자세히 알고 싶어 어머니와 딸과 함께 방문하게 된 것이다.

2. 양지 형제를 비롯, 신도들과의 면담

군자동 애신교회(전능신교)에 들어갔더니, 신도들이 2층 상담실로 안내하며 차를 대접해 주었다. 두 명의 여 신도들이 웃으며 인사말을 건넸다. 조금 지나자, 전직 목사였다는 양지 형제(그곳에서는 여자, 남자를 형제 자매라 호칭)라는 사람이 앞에 앉아 그쪽 신앙에 대해 설명을 하기 시작했다. 계속해서 하나님의 이름과 동물과 사람의 이름에 대해서만 말을 하자,

필자: 제가 이곳에 온 이유는 이곳이 다른 교회들과 다른 특별한 점이 무엇인지 알고 싶어서 온 것이다. 그것에 대하여 말해 달라.

양지(전능신교 신도): 다른 교회에는 목사가 있어서, 사람이 주도해 인도

한다. 우리는 목사가 없다.

필자: 그것이 다른 것인가? 목사는 누가 이끄는가? 하나님이 이끄시지 않나?

양지: (말을 멈칫하더니) 인간이 주관하는 것이다. 우리는 그렇지 않다.

필자: 또 다른 점은 무엇인가? 이곳에만 하나님이 계시는가? 다른 교회에는 하나님이 계시지 않나?

양지: 아니다. 하지만 이곳에서는 하나님을 더 깊이 알 수 있다.

필자: 신학 대학교가 있는가?

양지: 없다. 신학은 지식만 배우는 것이다.

필자: 신학이란 용어의 의미가 무엇인가?

양지: (제대로 대답을 못 함) 그것은 지식만 추구하는 것이다.

필자: 그러면 성경은 어떻게 배우는가?

양지: 여기에서는 성령이 직접 가르쳐주신다.

필자: 그것은 본인들 생각이고, 주장이지 않나?

3. 자꾸 질문하자, 민감하게 반응

자꾸 질문을 하니, 민감하게 반응을 하였다.(양지는 더 이상 대답 못 함, 자리를 떴다.)

신도들: 예수님이 사람의 몸으로 재림해 계시다.

필자: 그럼, 그 사람은 지금 어디에 계시는가?

신도들: 그것은 중요하지 않다.

필자: 그러면, 그 사람은 중국인인가? 한국인인가? 미국인인가? 10개월 동안 어머니 뱃 속에 있다 나온 사람이 재림주라는 말인가? 가짜 예수다.

(다시 돌아온 양지는 더 이상 대화를 못하게 막았다. 대화를 못하게 하자,

자리에서 일어나며 사진 한 컷 찍고 가려 하니)

3. 이후 어떤 일이? 신도들, 실실 웃으며 폭력행사

양지는 필자의 팔을 잡고, 못 가게 막아섰다. 문 밖을 나가지 못하게 하였다. 계속 가겠다며 나와 신발을 신으려 하자. 신발도 신지 못하도록 팔을 잡고 밀쳤다. 삽시간에 수십여 명이 신도들이 윗 계단과 아랫 계단, 통로를 막아섰다. 필자를 상대로 둘러서서 감금하고, 폭력을 행사했다.

4. 그래서? 112 신고 아닌, 외사계 직원 불러

경찰 부르라! 소리소리 지르니, 신도들 중 어느 여 신도가 우리가 경찰을 부르겠다며 전화를 했다.
"그렇다면 경찰이 오면 얘기하자. 나는 이제 신발을 신고 1층으로 내려갈 것이다." 했더니, 계속해서 못 가게 막아서며 움직이지 못하게 하였다.
간신히 1층에 내려왔는데, 30분이 지나도 경찰이 오지 않았다. 신도들끼리 대화하기를,
"경찰이 어느 행사장에 가 계신데 오시려면 1시간 쯤 걸린단다."

'아니, 이게 지금 무슨 상황이지? 경찰을 불렀는데, 1시간을 기다려?'

이상하게 생각하고는 신도들에 둘러싸인 상태에서, 직접 112에 신고를 했다. 10분 쯤 지나자 도착해 조사를 진행하고 있는데, 전능신교 신도들이 자기들과 자주 왕래하는 경찰이 왔다고 하는 것이다.

광진경찰서 외사계 직원이었다.

'아하, 이렇구나...?!'

이 종교에 빠지면 가족관계 단절한다는 각서를 쓰고, 반대하는 가족과는 단절하게 하며 가정 파탄시키는 사이비종교, 하루아침에 중국 가정에서 가출하여 한국에 와서는 장기 체류 목적으로 한국의 난민법을 악용하며 난민 소송 제기하는 가짜 난민 집단, 여권 말소돼도 재신청 하지 않고 불법체류자 신분으로 머물러 있는 사람들, 외국인 신분으로 여권도 없이 5년여 기간 동안 아무 일 없이 잘 살고 있는 사람, 젖먹이 애까지 버리고 와서는 웃으며 노래 부르는 사람들, 부모가 돌아가셔도 눈 하나 깜짝 안하고, 남편이 사망했다 해도 들은 채도 안하는 부인, 부모가 자식 만나러 왔는데 전화 한 통화도 못하게 만든 집단, 아이 학교 입학도 방해하는 신도인 부모들, 중국 본토에서 살인 사건 저지른 집단이 한국에 와서는 농사 짓고? 각종 허위사실들 인터넷에 유포하면서 신도들에게는 인터넷 정보 믿지 말라? 중국에 가면 죽는다며 종교를 이용해 세뇌시키고 종교사기 치는 사람들, 성경은 독이다 보지 말라는 반(反)기독교 집단, 유부남과 미국으로 도주해선 가정 파괴시킨 여성을 재림주로 믿는 집단...

이런 집단 신도들이, 무슨 일 생기니 112 신고 아닌, 경찰서 외사계 직원을 불렀다. 그들이 자기들을 보호해주는 존재라고 믿고 있기 때문이다.

한국의 현실이 이렇다.
정치인들, 경찰들, 사법 당국까지... 사이비 종교인 전능신교 집단을 물밑에서 보호해주며, 도움을 주고 있는 세력들이 있다.

5. 결국엔? 상해(傷害) 2주 진단 발급

전능신교 집단 건물은 안팎으로 CCTV가 더덕더덕 달려 있다. 필자의 행적 일체를 찍고 있는 것이다. 그래서 필자도 본인 보호 차원에서 핸드폰으로 촬영을 한 것이었다. 그런데, 그 모습을 보던 한 분이,

외사계 직원: "경찰이 있는데 사진을 찍느냐?"
필자: "제가 아저씨가 경찰인지 여부를 어떻게 아는가? 명함도 보여주지 않으셨다."
(그때야 신분증을 보여주고, 지갑을 꺼내 펼치면서)
외사계 직원: "내가 왜 내 명함을 (필자에게) 주어야 하는지 이유를 모르겠지만..."
필자: (신분증 보았으니) "필요 없다."
(그리고는 다시는 그분과 얼굴을 대하거나 눈도 마주치지 않았다. 사이비 종교 집단 신도들을 보호해주는 사람?)

한국인 혼자, 수십여 명의 신도들에 둘러싸여 감금 및 폭행 당했다며 신고하여, 출동한 경찰들이 되레,

"무슨 불손한 의도를 가지고 들어온 것인가?" 물었다.
딸이 자기 어머니가 이 교회에 다니면서 너무 좋다고 하니, 무엇이 그리 좋은지 한 번 가서 알아보자고 갔는데 말이다. 한국인이 한국 경찰의 보호를 받고 있다는 느낌을 받지 못했다.
그리고 다음 날, 병원에서 상해로 2주 진단을 받았다.

"합의는 없다!"

8. 中 전능신교 가짜난민, 불체자들—韓 출국명령 응하라!

제8장 2019년

사이비종교 전능신교 가짜난민 집단이 한국 정부의 출국 명령에, 비웃듯 응하지 않으며 버티고 있다. 그러면서, IS 이슬람 과격 단체와 연합 활동을 비롯하여, 한국 정치인에 불법 정치 자금 조달, 탈북자 단체와 연계 활동 등을 펼치고 있어 심각한 우려를 낳고 있다. 이 전능신교 집단은 현재 한국 곳곳(12곳 外)에서 외부와 단절한 채 집단 합숙 생활을 하며, 인터넷 온라인 포교 활동을 하고 있다. 대부분 중국의 가정에서 하루아침에 가출해 온 이들이다. 이 집단 신앙 교리 중 주요 항목에는 '가족관계단절' 하라는 조항이 있다. 신도들에게 이행 각서까지 받고 있다.

전능신교 집단, 신도들에게 '가족관계단절' 각서 요구!

전능신교 신도인 정진머이(曾金梅)가 자신의 가족에게 보낸 <자녀관계 단절서>가 있다. 신도로서의 충성을 보이기 위해, 자녀 셋과의 관계를 단절하기로 결정했음을 확인할 수 있는 내용이다. 이는 사교(邪敎) 전능신교가 얼마나 反인륜적이고, 反인권, 反사회적 집단인지를 알 수 있는 증거이다. 아래는 각서 내용이다.

<자녀관계 단절서>
"본인 정진메이(曾金梅)는 전능신을 믿기 위해, 전능신께 충성하기 위해, 신의 구원을 얻기 위해, 나는 신의 취지에 따라, 주어앤(左彦)과의 모자 관계를 단절하고, 딸 주오잉(左穎), 주어환(左欢)과의 모녀 관계를 단절하기로 결정한다. 금후, 그들은 나와 아무런 관계가 없다. 내가 신을 믿는 것은 내 자신을 위해서이

> 지, 그 어느 누구를 위해서가 아니다. 그들의 앞으로 성장과 지금의 모든 부담은 전부 나와 아무런 관계가 없다. 이 단절서는 모두 나의 내심에서 우러러 나온 것으로써 절대로 후회하지 않는다. 이 단절서 서명은 언약으로써 일체 후과는 자부담한다."
>
> * 이상의 글을 쓴 것은 사람: 정진메이
> * 정진메이가 1월 3일 밤중 1시에 씀

전능신교 신도들이 왜 혈육의 정을 끊고 가정을 포기할 수밖에 없었는가? 사교(邪敎) 전능신교의 홍보자료 <말씀이 육신에서 나타남>에서 나와 있듯이, "부모, 남편, 자녀, 친족과의 왕래는 '세속의 부대낌'이며 남편, 자녀를 포기할 수 있는 때가 바로 생명이 성숙되는 때"라고 가르치고 있기 때문이다.

전능신교 집단, 신도들 종교세뇌 더 이상 안 돼!

위와 같이 집단 내 잘못된 반성경적 교리로, 신도들의 가정을 파탄에 이르게 하고는, 중국 가정으로 돌아가면 '죽는다'며 구체적 증거나 근거자료도 없이 조직적으로 허위사실들을 유포하고 있다. 단 한 명의 난민도 인정되지 않은 사례에서, 우리는 그 사실을 명확히 알 수 있다.

외부와 차단된 폐쇄적 공간에서 집단 합숙 생활을 하며, 매일 같이 수 시간 씩, 조작된 내용으로 종교 세뇌를 당하고 있으니, 그곳에서 벗어나기란 쉽지 않은 것이다.

전능신교는 더 이상, 신도들의 인생을 볼모로 가족 해체를 정당화 해서는 안 된다. 피를 나눈 내 가족은 내가 지킨다. 가족들 사이에 사이비종교가 틈타 마음대로 연락도 못하게 하고, 만나지도 못하게 하는 것은 인권 유린이란 중대한 범법 행위와도 같다.

내가 내 남편 만나고,
내가 내 자식 만나고,
내가 내 형제자매 만나는데,
왜?
중간에서 종교 같지도 않은 사이비 전능신교가 저울질을 하고 있는가?

이미 한국 정부로부터 출국 명령을 받은 신도들은 이제 그만, 가족의 품으로 돌려보내야 한다. 교주 양향빈은 자신의 가족을 미국으로 불러들여 함께 생활하고 있다. 그런데 신도들의 가정은 파탄 일로에 이르게 하는 것은 반(反)인륜, 반(反)인권, 반(反)종교, 반(反)사회 집단이란 것을 스스로 증명하는 셈이다.

전능신교 가짜난민, 불법 체류자들은 韓 정부의 출국 명령에 응해야 한다.
현재에도 자유롭게 중국을 오가는 신도들이 있지 않은가? 그러면서 중국에 가면 죽는다는 헛소문은 이제 그만 중단해야 마땅하다.

전능신교 피해, 이 지구상 각양 사연 담을 그릇 없어!

지난 7월 22~24일, 사이비종교 전능신교 피해자들이, 한국으로 가출하여 가짜난민, 불법체류자 신분으로 행방이 묘연한 가족들을 찾기 위해 방한하였다. 이 지구상 어디에도 가족을 잃은 피해자들의 각양 각색의 피해 사실들을 담을 그릇은 없다.

회사에 출근하던 남편이, 해외 연수 간다던 부인이, 출장 간다던 사람이, 한국에 돈 벌러 간다는 자식이, 1년만 있다 오겠다던 딸 아이가... 하루 아침에 가출해서는 무비자로 한국으로 출국, 그리고 난민이란다.
그 세월이 이제는 짧으면 3년, 벌써 6~7년 되어가는 가족들이 대부분이다.

핸드폰 유심 칩도 빼 놓고 본체만 가지고 갔다. 연락도 두절이다. 생사 확인도 안 된다. 가끔 돈이 필요하면 공중전화로 연락하는 이가 있기도 하였다.
이러니 부모 및 가족들의 심정은 새까맣게 타들어가 숯검댕이가 다 되었다.

삶의 끝자락이란 간절함으로...

삶의 끝자락에 서면~ 누구든 지푸라기라도 잡고 싶은 심정이 들 것이다.
제3자의 입장에서 보면 이해하기 어려운 거라도, 그들에겐 가장 절실한 마음의 표현이다.
생존 시기 3개월이란 시한부 판정을 받은 말기 암 환자가 삶의 끈을 놓지 않고 열심히 치료받은 관계로 5년여 기끼이 그야말로 버티셨다. 그 모습을 지근거리에서 지켜본 적이 있다.
그분에게서도 희망으로 보이는 지푸라기 같은 것이 있었다. 은반지, 한방약... 등. 나쁜 장사꾼들이 그런 분들을 상대로 상술을 부리며 사기를 치고 있었던 것이다. 그저 보면 아는데, 당사자에겐, 그것도 믿어진 것이다.
사이비종교 전능신교에 가족을 빼앗긴 피해자 분들의 입장에선, 그 소굴에서 가족을 되찾아오기 위해, 진술서를 써내고, 탄원서를 제출하고, 집회며 시위를 통해 호소도 하였다. 그런데 전능신교 집단에서는 오히려 비웃고, 맞불 집회로 대응하며, 온라인을 통해 허위사실들을 무작위적으로 유포하고 있다. 여기에 탈북자 단체 회원들을 이용하고 있는 것 같다.
교주 양향빈은? 자기 가족과 함께 호위호식하며 미국에서 함께 지내고 있지 않나? 자기 가정은 지키면서 신도들의 가정은 해체시키는 파렴치한이 또 어디에 있나!

가족들 소원의 항구엔 언제쯤? 전능신교 피해사례들

1 저는 류시앤카이, 남, 58세, 산동성 빈저우시 사람입니다. 저의 아들 류야난, 며느리 최호우위는 전능신조직의 유혹되어 전능신조직에 가입하고, 2015년1월에 상하이 푸둥공항을 거쳐 한국에 가서 전능신 기지에 가입했습니다. 저는 년세가 많다보니 아들, 며느리가 아주 그립습니다. 집에 있는 7살 되는 손자도 자기의 아빠 엄마를 아주 그리워하고 있는대 몹시 가엾습니다. 하지만 전능신때문에 아들, 며느리는 집사람들과 모이지 못하고 있습니다. 수년간 가족 찾느라 평범한 저의 가정은 모든 정력과 재력을 소모했지만 친인들이 모임을 실현하지 못하고 있습니다. 우리는 전능신 이 사교조직을 몹시 증오합니다.

2 저는 권태성, 남, 53세, 허이룽쟝성 오상 사람입니다. 남동새 권태봉은 2015년4월18일에 하얼빈에서 출국하여 한국 서울로 갔는데 오늘까지 돌아오지 않았습니다. 권태봉이 전능신 사교를 믿고, 출국한 후, 가족들과 줄곧 연계가 없기에 가족이 갈라지고, 집사람들이 아주 그리워하고 있습니다.

3 저는 허금화, 여, 43세, 지린성 옌지시 사람입니다. 저의 남편은 본래 기독교를 신앙했는데 2012년 중반에 전능신교를 접촉한 후, 2013년5월에 한국에 가서 지금까지 돌아오지 않았습니다. 그는 전능신교를 믿고나서 저와 아이를 버리고, 집 살 돈을 전부 교회에 바쳤고, 아이의 양육비로 부담하지 않았고, 저에 대해서도 아무런 관심이 없습니다. 비록 제가 입이 닳도록 타일렀지만 여전히 아무런 반응이 없었고, 시아버지와 시어머니께서 죽었을 때에도 집에 감히 돌아오지 못했습니다. 작년에 그를 만난 적 있는데, 그이 태도는 견결했고, 중국에 돌아오는 것을 두려워 하며 터무니없는 말만 했습니다. 아이는 학교로 다녀야 하고, 제 혼자 몸으로 아이를 돌보기에 너무도

힘겹고, 가정형편도 아주 어렵다보니 저와 아이의 생활질량에 아주 큰 영향을 끼치고 있으며, 미래를 어떻게 살아나가야 할지 막막합니다. 사악한 전능신교는 너무나도 괘씸스럽고, 사실을 날조하고 전도하는 수단으로 신도들을 통제하고 있습니다. 그들이 하루빨리 각성하여 정상적이 생활로 돌아오기를 바랍니다.

④ 저는 루어수훈, 46세, 허난성 루어허시 사람입니다. 저의 여동생 루어수쥐앤은 전능신 사교활동에 참여하여 가출한지 여러해가 됩니다. 부모님은 년세가 많아 딸을 그리워하고, 하루빠리 부모 곁으로 돌아오길 고대하고 있습니다.

⑤ 저는 허즈청, 남, 33세, 스촨성 남부현 사람입니다.

2015년 어느 하루, 그녀 시댁의 고모가 그녀에게 "하와"라는 비디오를 보여주었는데 처음으로 전능신교를 접촉했는데 가족들은 반대하면서 공작을 위주로 하고 이런 것들을 접촉하지 말라고 했습니다. 그런데 그녀는 후에, 매번 집으로 돌아 올 때마다 핸드폰으로 이러한 동영상을 우리에게 보였습니다. 우리는 모두 저축하면서 번마다 그녀를 타일렀습니다. 2015년5월에 사교를 접촉한 후, 처음으로 외출하여 청두(成都)에 일하러 갔습니다. 2015년5월에 집에 한번 돌아 왔다가 그달 29일에 또 청두로 떠났습니다. 2016년1월11일에 편지를 남기고 떠난 후, 다시는 집에 돌아오지 않았습니다. 편지 내용은; 아버지, 어머니, 남동생, 여동생, 저 홀로 일하러 떠나겠으니 경찰에 신고하지 말고, 저를 찾지 말아 주세요. 후에 다시는 아무런 소식도 없었습니다.

⑥ 저는 샤러이, 남, 18세, 안후이성 서우현 사람입니다. 저의 아버지 샤시앤리(夏先利)는 전능신 신도인데 제가 어릴적에 이미 집을 떠나 한국에 갔습

니다. 저의 어머니는 일찍 세상을 하직하고, 저는 할머니와 함께 생활하고 있는데 지금 할머니도 갈수록 늙어가고 있습니다. 저는 올해 18세지만 밖에서 알바를 한지 이미 2년이 되며, 제가 번 돈으로 생활하고 있습니다. 저는 아버지가 집에 돌아와 한가족이 모이기를 바랍니다.

7 저는 주싱, 남, 28세이고 허베이성 친황다오시 사람입니다. 어머니 마수훙(马素红)은 2012년 경에 전능신 사교를 잘못 믿었습니다.

2014년 4월21일에 집에서 나갔는데 전혀 무소식이였습니다. 여러방면으로 알아 본 결과 한국의 전능신 사교 조직에 있다는 것을 확정하게 되었습니다. 2019년5월2일에 전화가 온 적 있고, 메시지를 보낸 적 있습니다.

저는 원래 행복한 가정이 있었는데 어머니 마수훙이 2013년에 전능신 사교를 믿은 후 부터, 더 이상 가정을 돌보지 않고, 공작도 그만두고, 나중에는 심지어 전능신의 지휘하에 집에서 가출하여 한국으로 갔습니다. 어머니가 집을 떠난 후, 가족들은 고통을 겪게 되었습니다. 아버지는 원한을 품은채 세상을 떠났는데 임종시에 꼭 어머니를 찾아 오라고 유언을 남겼습니다. 외할아버지는 80에 가까운 고령인데 온종일 눈물로 얼굴을 적시고 있으면서, 딸의 얼굴이 그리울 때면 큰 소리로 울기도 합니다. 저는 한국대사관 도움을 요청합니다. 전능신 사교 조직이 한국에서 법률의 틈서리를 이용하여 천하에 몹쓸 짓을 하면서 사교 신도들을 협박하고 교사하여 한국에 체류하게 하는 것을 금지시켜 주십시오. 저의 어머니와 더욱 많은 피해자들을 중국으로 돌려 보내어 우리 가정이 또다시 한자리에 모이도록 한국 정부에 간절히 부탁합니다.

8 저는 왕스다이, 남, 66세, 헤이룽쟝성 보우칭현 사람입니다. 저의 딸 왕리나(王丽娜)는 전능신 사교조직에 유혹되어 가입하고 2015년4월에 따이랜 저우수이즈(大连周水子机场) 공항을 거쳐 한국에 가서 전능신 사교 기지에 갔습

니다. 저와 아내는 이미 년세가 많다보니 딸이 몹시 그립습니다. 하지만 전능신 사교가 딸애를 한국에 체류하게 하는 바람에 우리는 혈육이 갈라져 모이지 못하고 있습니다. 특히는 명절때마다 우리는 항상 눈물로 얼굴을 적시며 딸이 하루빨리 우리 곁으로 돌아오기를 고대합니다. 수년간 가족을 찾느라 평범한 우리 가정은 모든 재력과 정력을 소모하다보니 정상적이 생활도 하기 어렵습니다. 하지만 딸은 아직도 돌아오지 못하고 있습니다. 우리 온 가정은 전능신 이 사교조직을 몹시 증오합니다.

9️⃣ 저는 왕위, 남, 44세, 헤이룽쟝성 보우칭현 사람입니다. 저의 여동생 왕리나는 남자친구가 원촨(汶川)지진에서 죽은 후, 큰 타격을 받았는데 후에 전능신 조직에 유혹되어 전능신소식에 가입했습니다. 2015년4월에 따리엔 저우쉬이즈 공항을 거쳐 한국에 가서 전능신 기지에 가입했습니다. 저의 부모는 년세가 많고, 이 사랑하는 딸을 몹시 그리워하고 있습니다. 하지만 전능신때문에 저의 여동생은 부모의 곁에서 효도를 드리지 못하고 있고, 가족들은 모이지 못하고 있습니다. 수년가 가족 찾느라 평범한 우리 가정은 많은 정력과 물력을 소모했지만 아지도 가족들은 모이지 못하고 있습니다 우리는 전능신 사교를 몹시 증오합니다.

🔟 저는 차이민, 남, 31세, 스촨성 청두시 사람입니다. 아내가 전능시 사교조직에 가입하여 3년이 지나도록 집에 돌아오지 않고, 연계도 되지 않습니다.

1️⃣1️⃣ 저는 구어펑안, 여, 54세, 허베이성 보우딩시 라이우앤향 사람입니다. 딸애가 대학에 다닐 때, 전능신 사교를 전달 받고 또한 사교에 의해 한국으로 건너가 차압되고 세뇌되어 가족들과 모든 연계가 끊어졌습니다.

⑫ 저는 구어랑랑, 남, 25세, 안후이성 지에서우시 사람입니다. 저의 누님 구어란란(郭兰兰)은 전능신 사교를 믿어 사교의 기만을 당해 2017년에 가출하여 멀리 한국으로 가서 아직까지 소식이 없습니다. 가족들은 누님을 몹시 그리워하며, 누님이 집으로 돌아오기를 고대하고 있습니다.

⑬ 저는 둥청차이, 남, 28세, 후베이서 스앤시 사람입니다. 둘째누님 둥궈이위는 2012년 전후에 전능신 사교를 잘못 믿어 2014년에 가족들 몰래 가출하여 감감 무소식입니다. 후에, 여러모로 알아보아서야 한국에 있다는 것을 확인했습니다. 그간, 아무런 소식도 없었는데, 2019년5월1일에 갑자기 국외에서 전화가 와서 잠간 동안 통화했습니다.

⑭ 저는 티앤핀, 여, 33세, 허베이성 칭허현 사람입니다. 2005년부터, 대학을 졸업하고 지금까지 베이징에서 공작했습니다. 저의 남편 장푸(张福)는 전능신 사교의 기만과 미혹에 걸려들어 2015년4월4일에 베이징에서 가출하고, 한국의 전능신 사교 기지에 가서 선교하고 있습니다. 저의 남편이 전능신 사교의 기만으로 인해 가출하여 실종된 후, 저는 모든 노력을 다 해 찾았습니다. 하지만 저 개인의 힘은 너무나도 약하다보니 지금까지도 남편은 집으로 돌아오지 않았습니다. 저는 진심으로 저의 가족을 찾기를 바라고 있습니다 어린 아이를 위해 아버지를 찾아, 아이에게 완전한 가정을 주고 싶습니다. 다시 한번 한국정부의 도움과 관심에 감사를 드립니다.

⑮ 저는 왕창앤, 여, 37세, 안후이성 안칭시 사람입니다. 아버지를 일찍 여의다보니 어려서부터 언니 왕창메이(汪昌美)와 감정이 깊었는데 후에 자형이 다단계에 종사하면서 언니의 가정이 파탄되었고, 언니는 정신타격을 받았습니다. 대략 10년 전에 언니는 전능신 사교조직에 가입하였는데 그로부터 집사람들에게 감정이 냉담해 졌습니다. 2013년3월15일에 아예 가출해 버

렸는데 자기의 하나뿐이 아들도 돌보지 않았습니다. 그 후, 그 아들을 제가 줄곧 돌보고 있습니다. 2016년 구정에 만났을 때, 가족들이 언니를 전능신 조직에서 떠나라고 권고하자 언니는 또다시 가출하였는데 지금까지 아무런 소식이 없습니다.

16 저는 위린천, 남, 77세, 헤이룽쟝성 쉬이화시(绥化市) 조우둥시 사람입니다. 위쥔원 (于俊文)은 저의 세째 아들이고, 집에 아내 한앤핑(韩艳萍)과 세 자녀가 있습니다. 원래는 가정이 화목하고, 생활이 행복했는데, 후에 위쥔원이 전능신 사교를 믿고나서 점차 가족들과 멀리 하였습니다. 2014년11월 11일에 그는 전능신의 지시에 따라 한국으로 갔는데 그후, 가족들과 연계가 없어졌습니다. 가정의 곧바로 경제내원이 없다보니 생활은 곤경에 처하게 되었습니다. 몇년전, 그의 아내는 고난한 생활을 이겨내지 못하고 위쥔원과 이혼하고 말았습니다. 그로부터 가정은 파탄되로 말았습니다. 이것은 모두 전능신 사교가 빚어낸 것입니다. 우리는 이 사교를 죽도록 증오합니다.

위쥔원의 부모로서 우리는 이미 년세가 많습니다. 우리는 살아있는 세월에 위쥔원을 찾아 가족이 한자리에 모이기를 간절히 바라고 있습니다. 저는 각별히 한국정부에 도움을 요청하는 바입니다. 한국정부의 노력을 통해 저의 가족이 하루빨리 돌아오기를 바랍니다. 다시 한번 감사를 드립니다!

17 저는 리펑, 남, 35세, 산둥성 허저시 사람입니다. 저의 누님 리휘이(李慧)는 전능신조직의 미혹에 걸려 전능신조직에 가입하고, 2014년에 홍콩 공항을 거쳐 한국에 가서 전능시 기지에 가입했습니다. 저의 아버지는 년세가 많고, 몹시 사랑하는 딸을 아주 그리워하고 있습니다. 하지만 전능시 사교로 인해 누님은 아버지 곁에서 효도를 하지 못하고 있고, 가족들도 모이지 못하고 있습니다. 수년간, 누님을 찾으려고 우리의 이 평범한 가정은 대량의 물력, 정력을 소모했지만 가족들이 모임을 실현하지 못했습니다. 우리는

전능신 이 사교조직을 사무치게 미워하고 있습니다.

⑱ 저는 리수조우, 남, 61세, 산둥성 허저시 사람입니다. 저의 딸 리훠이(李慧)는 전능신조직의 미혹되어 전능신 조직에 가입하였는데, 2014년에 홍콩공항을 거쳐 한국에 가서 전능신 기지에 가입했습니다. 저는 년세도 많고, 이 딸을 몹시 그리워하고 있지만. 전능신으로 인해 저의 딸이 가족들과 모이지 못하고 있습니다. 수년간, 가족을 찾느라고 평범한 우리 가정은 많은 정력과 물력을 소모했지만 가족의 모임은 아직 실현하지 못했습니다. 우리는 전능신 이 사교조직을 몹시 증오합니다.

⑲ 저는 리쥔지에, 남, 34세, 산시성 시안시 사람입니다. 저는 2010년11월30일에 류징시우(刘景秀)와 등기하고 결혼했는데, 결혼 후, 딸 하나 낳았고, 올해에 7살입니다.

류징시우는 어려서부터 기독교를 신앙했었는데, 2009년에 시안시의 교회당에서 모임이 있을 때, 신중하지 못하게 사교 인원들을 알게 되었습니다. 그 후, 사교 인원의 장기적인 세뇌를 받았는데 가족들에게 알리지 않고 있다가 2015년3월9일 이른 새벽에 갑자기 가출했습니다.

2015년3월11일에 그녀는 한국 제주도에 도착한 후, 전능신 사교의 조직하에 "난민 신분"을 신청하고, 서울에 있는 전능신교회에서 거주하고 생활하고 있습니다.

"난민 신분" 신청이 기각 당한 후, 또 여러차례 한국 법원에 소송을 제기했지만(2016구합555 , 2017누1447 , 2017두62952), 최종적으로 서울 대법원에서 패소 판결을 받았고 또한 2018년5월7일 전에 한국을 떠나라고 요구했습니다. 그녀가 소송한 것은 전부 패소 당했지만 지금까지 전능신 사교의 통제아래 한국에 체류하고 있습니다.

이런 불행에 부딪치어 저의 가정은 산산쪼각이 나고 말았고, 큰 피해를 당하고 있습니다. 저는 한국에 가서 그녀를 여러번 찾았는데 나중에 한국 매체와 경찰의 도움으로 그녀와 만났습니다.

　매번 만날 때마다, 그녀는 친인들에 대한 강렬한 그리움을 표달했고, 집으로 돌아가 한가족이 모이려고 생각했습니다. 하지만 동시에 그녀는 또 전능신교의 정신 통제를 받아 내심속의 공포에 사로잡혀 빠져 나오지 못하다보니 지금까지 귀국하지 못하고 있습니다. 그야말로 뼈저리게 가슴아프고, 고생은 말로는 하기 어렵습니다.

　㉠ 저는 루어수훈이라 부르고, 올해에 46이고, 허난성 루어허시에 살고 있습니다. 저의 여동생 루어수잰(罗淑娟)은 전능신 사교 활동에 참여한 원인으로 가출한지 여러해가 되었습니다. 부모님은 년세가 높으신데 그 딸을 보기를 간절히 바라고 있고, 서도 또한 그가 하루 빨리 집으로 돌아와 가족들과 상봉하기를 바라고 있습니다.

　㉡ 저는 창융창, 50세입니다. 저의 딸 창징이(常婧毅)는 2014년 12월에 갑자기 실종되어 저는 친척, 친구들을 동원하여 찾았습니다. 내부자가 알려준데 따르면 저의 딸이 전능신조직에 가입하여 지금 가능하면 한국으로 건너가 그곳의 전능신조직에 참가했다고 합니다. 전능신조직의 연관 상황을 검색해 보고 저는 전능신이 산둥성 자오위안시에서 빚어낸 사건을 알게 되었습니다. 저는 몹시 두렵습니다. 저의 딸이 한국에서 생명위협을 받을가봐 두렵습니다. 저의 딸을 찾아오도록 도와주기를 바랍니다. 감사합니다!

　㉢ 저는 왕세대라고 합니다. 남. 66세. 흑룡강성보청현에 거주하고있습니다. 저의 딸 왕려나는 "전능신"조직의 유혹으로 "전능신"조직에 가입하였습니다. 2015년 4월에 대련주수자공항을 거쳐 한국에 입국하여 "전능신"조직에 가입하였습니다. 저와 그의 모친은 년령이 많아짐에 따라 이 사랑스러운 딸에대한 그리움이 더해가고있습니다. 하지만 "전능신"으로 하여 저의 딸은

아직까지 우리 품으로 돌아오지 못하고있습니다. 다년간 딸을 찾느라고 심신물력으로 헛고생을 하고 아직까지 찾지못했습니다.

㉓ 저는 왕옥 이라고 합니다. 남. 44세. 흑룡강성 보청현에 거주하고 있습니다. 저의 여동생 왕려나의 남자친구는 원촨지진때 중상을 입었습니다. 이 충격을 받고 왕려나는 "전능신"조직의 유혹하에 "전능신"조직에 가입하였습니다. 2015년 4월에 대련주수자공항을 거쳐 한국에 입국하여 "전능신"조직에 가입하였습니다. 저의 년로하신 부모님들은 따님을 아주 그리워하고 있습니다. 하지만 전능신조직의 협박으로 저의 여동생은 부모님들의 신변에서 효도하지 못하고 있습니다. 우리는 여동생을 찾느라 심신물력으로 많은 헛고생을 하고있습니다.

㉔ 저는 이붕 이라고 합니다. 남. 35세. 산동성허쩌시인. 저의 누나 이혜는 "전능신"조직의 유혹하에 "전능신"조직에 가입하였습니다. 2014년에 홍콩공항을 거쳐 한국에 입국하여 "전능신"조직에 가입하였습니다. 저의 년로하신 부모님들은 따님을 아주 그리워하고 있습니다. 하지만 전능신조직의 협박으로 저의 누나는 부모님들의 신변에서 효도하지 못하고 있습니다. 우리는 누나를 찾느라 심신물력으로 많은 헛고생을 하고있습니다.

㉕ 저는 이수고 이라고 합니다. 남. 61세. 산동성허쩌시인. 저의 딸 이혜는 "전능신"조직의 유혹하에 "전능신"조직에 가입하였습니다. 2014년에 홍콩공항을 거쳐 한국에 입국하여 "전능신"조직에 가입하였습니다. 저는 연로해서 따님을 아주 그리워하고 있습니다. 하지만 전능신조직의 협박으로 저의 딸은 부모님들의 신변에서 효도하지 못하고 있습니다. 우리는 딸을 찾느라 심신물력으로 많은 헛고생을 하고 있습니다.

26 저는 허즈청, 남, 33세, 스촨성 남부현 사람입니다.

2015년 어느 하루, 그녀 시댁의 고모가 그녀에게 "하와"라는 비디오를 보여주었는데 처음으로 전능신교를 접촉했는데 가족들은 반대하면서 공작을 위주로 하고 이런 것들을 접촉하지 말라고 했습니다. 그런데 그녀는 후에, 매번 집으로 돌아 올 때마다 핸드폰으로 이러한 동영상을 우리에게 보였습니다. 우리는 모두 저촉하면서 번마다 그녀를 타일렀습니다. 2015년5월에 사교를 접촉한 후, 처음으로 외출하여 청두(成都)에 일하러 갔습니다. 2015년5월에 집에 한번 돌아 왔다가 그달 29일에 또 청두로 떠났습니다. 2016년1월11일에 편지를 남기고 떠난 후, 다시는 집에 돌아오지 않았습니다. 편지 내용은; 아버지, 어머니, 남동생, 여동생, 저 홀로 일하러 떠나겠으니 경찰에 신고하지 말고, 저를 찾지 말아 주세요. 후에 다시는 아무런 소식도 없었습니다.

27 저는 올해 33세, 사천성 남부현에서 태어난 하즈청(何自城) 입니다. 누나 하슝잉(何雄鷹)은 2016년 사이비 종교에 가입한 이후에 연락두절 되었고 어머님은 이 충격으로 앓아누웠습니다.

그 후 여러 수소문 결과 누나는 사이비 종교에 속아 한국에 가서 선교활동을 하고 있다는 소식을 얻게 되었습니다.

28 7세 아이의 편지(3세 때 전능신교에 부모를 잃음)

"아빠, 엄마, 안녕하세요. 몹시 그리워요. 신체 건강 하세요? 저는 할아버지, 할머니와 함께 잘 지내고 있어요. 아빠, 엄마는 언제 돌아 오시나요? 만약 돌아오지 않으면 제가 아빠, 엄마 찾아 뵙겠어요. 전화라도 해 주세요. 집에서 저는 아빠, 엄마께서 신체 건강하시고, 행복하시고, 즐겁기를 바래요."

*류위천이 아빠, 엄마께 올리는 편지.

맺음말

피해 가족들의 가정이 회복되는 그 날까지
그 분들과 함께 울고, 함께 웃을 것이다.

이 땅에서 사이비 전능신교가 사라지고,
현혹되고 미혹된 이들이
올바른 길로 돌아서는 그 날까지
현장의 펜은 녹슬지 않을 것이다.

대륙의 상처를 싸매는
한반도가 되길 희망한다!